大宋之变，1063—1086

SONG

著 赵冬梅

广西师范大学出版社
·桂林·

大宋之变
DASONG ZHI BIAN

图书在版编目（CIP）数据

大宋之变，1063—1086 / 赵冬梅著. —桂林：广西师范大学出版社，2020.6（2025.6 重印）
ISBN 978-7-5598-2699-2

Ⅰ．①大… Ⅱ．①赵… Ⅲ．①北宋历史事件 Ⅳ．①K244.05

中国版本图书馆 CIP 数据核字（2020）第 042790 号

广西师范大学出版社出版发行
（广西桂林市五里店路 9 号　邮政编码：541004）
（网址：http://www.bbtpress.com）
出版人：黄轩庄
全国新华书店经销
广西广大印务有限责任公司印刷
（桂林市临桂区秧塘工业园西城大道北侧广西师范大学出版社集团有限公司创意产业园内　邮政编码：541199）
开本：880 mm ×1 240 mm　1/32
印张：17.375　　字数：400 千
2020 年 6 月第 1 版　2025 年 6 月第 15 次印刷
印数：99 301~103 300 册　定价：88.00 元
如发现印装质量问题，影响阅读，请与出版社发行部门联系调换。

前 言

一、细节·真实·偶然性

本书所讲的,是北宋政治家司马光和他的时代的历史,叙事时间上接《司马光和他的时代》(生活·读书·新知三联书店,2014年)。那本书从司马家世一直讲到仁宗朝结束,是以司马光的成长为主线的真、仁两朝政治史。本书从仁宗养子英宗委屈纠结的即位开始,一直讲到哲宗初年司马光含恨离世。

英宗荒唐的四年给北宋政治造成了深度伤害,财政困难加剧,官僚集团裂隙横生。作为英宗之子,血气方刚的神宗因而背负了为父亲和血统"正名"的责任,必欲"大有为"。开疆拓土、治礼作乐都是题中应有之义,然而财政困窘其奈何?王安石"乃能趋赴,以向圣意所在",[1] 施展理财之术,创为青苗、免役诸法,以朝廷而行商贾之事,与富民争利,多方敛财,乃使国库充盈,有效配合了神宗的拓边事业。王安石与神宗先后相继,变本加厉,"一道德""同风俗",斥"异见""人言"为"流俗",弃"祖宗之法"于不顾,自熙宁二年(1069)二月王安石参政至元丰八年(1085)三月神宗驾崩,十六年间,"靡然变天下风俗",把仁宗朝独立思考有担当的士大夫改造成为工具性十足的官僚。理想主义在消逝。北宋前中期朝堂上"异论相搅"的宽容风气，君主体貌大臣、存恤"大体"的"和气"氛围，宰相大臣、侍从台谏敢争是非的独立精神，都在崩解消散。"危辱时代"即将来临。司马光抗争不得，自熙宁四年（1071）起，退居洛阳十五年，成就了伟大的《资治通鉴》。

神宗驾崩后，哲宗少年即位，神宗之母太皇太后摄政，邀请司马光还朝主政，更化调整。司马光对于"神宗的官场"缺乏基本认识，对追随者毫无约束意愿，对国家的实际状况缺乏调查研究，对政策调整缺乏通盘考虑，无队伍，无手段，无能力，无经验，空怀一腔热血，以皎皎之身投诸滚滚浊流，执政十六个月即抱憾而终，徒留一曲失败英雄的悲歌。

司马光身后，官僚集团的矛盾白热化，陷入"恶性分裂"，宋朝政治跌入"危辱时代"。士大夫因内斗自我消耗，集体迷失方向，失去了制衡皇权的力量。皇帝和宰相将个人私欲与派别利益置于王朝整体利益之上，朝有弄权之相，国无"大忠"之臣。大宋朝廷失去了调节社会矛盾、应对内外打击的能力。最终，女真人兵临城下，结束了这个可耻的时代。

是的，我要讲的，是一个有关衰亡的故事，是北宋政治文化由盛转衰的历史，而司马光是贯穿其中的叙事线索和核心人物。

宋朝历史中的很多事件和人物，貌似尽人皆知、题无剩义，实际上人们所了解的，只是一个从开头到结尾的简单轮廓，至于特定开头是如何走向了特定结尾的，中间过程如何，"相关各方"的选择如何，彼此间是如何互动的，我们即使不能说是一无所知，也是知之甚少。现时代史学研究者的任务，我以为，就是通过扎扎实实的研究，尽可能地揭露细节，通过细节展现过程，接近真实。

十六个月的"司马相业",导致了后世对司马光评价的两极分化,爱之者视之为悲剧英雄,不吝赞美;恶之者斥之为顽固保守,大张挞伐。认识分歧巨大、冰火不容的双方,却拥有共同的认识前提,那便是,这十六个月里,司马光得到了太皇太后的绝对信任,拥有呼吸之间成祸福、改变一切的洪荒之力。

然而,"细节"却告诉我们,在执政的最初九个月当中,司马光其实是"什么也做不了"的。首先,中央领导集体人员构成新旧力量对比悬殊,司马光一派处于绝对弱势。其次,神宗元丰改制后的"三省宰相制"给司马光所提供的施政空间极其有限。元丰新制仿照《唐六典》把宰相府一分为三——门下、中书、尚书三省,三省长官俱为宰相,按照政务处理程序分工,中书取旨,门下复核,尚书监督执行。三省宰相中,中书省长官负责上奏皇帝听取最高决策,稳定拥有议政权,实际上把握着"政治的权柄";而司马光只是门下省的第二把手,他的盟友吕公著是尚书省的第三把手。在"三省宰相制"中,根本轮不到他们说话。最后,司马光和太皇太后都缺乏抛开体制、另起炉灶的能力和意愿——太皇太后是政坛新手,初学乍练,缺乏经验;司马光骨子里尊重体制,缺乏像王安石那样的魄力。这就是"司马相公"的体制困境(本书第32章)。

九个月之后,神宗旧相中最具影响力的蔡确、章惇外放,高层人事调整结束,理应提倡和解,打破新旧间的芥蒂,从思想上解放在神宗时代成长起来的绝大多数官僚,集中力量致力于政策调整。然而,大宋朝廷却无力完成这一转变。在"政治实习"的过程中,太皇太后与台谏官之间建立了更为紧密的信任关系。台谏官的年辈和职务特征让他们更倾向于从教条出发,非黑即白,夸大对立,鼓吹仇恨。在台谏官的引导下，太皇太后的核心关切转向了对自身权威的维护；对于身居高位、更具全局眼光的宰相大臣，她已经不再信任无间。司马光的健康状况江河日下，日益陷入有心无力的境地。吕公著、范纯仁极力主张和解，却无法左右太皇太后。"和解诏书"终于出台，却删去了最关键的内容，实际上等于一纸空文。在政策调整方面，司马光的政策主张漏洞百出，章惇的批评合情合理，可是，被"政治正确"蒙住了眼睛的朝廷却选择"站在司马光一边"。被政治纠葛高度扭曲的政策选择，已经无法因应政府和社会所面临的真实问题。北宋政治，除了可耻地堕落，不可能再有其他结局。

以上种种，唯有进入细节，才能"看见"。然而，进入细节之后，我们难免会由衷感叹"偶然"对历史发展的塑造力。比如，仁宗与英宗的关系，倘若英宗是仁宗亲子，或者倘若仁宗对英宗的承认来得不是如此艰难被动，那么，英宗朝及以后宋朝政治的走向很可能是另外一种样子。再比如，倘若张方平的父亲不是那样长寿，偏偏在儿子被任命为副宰相之后离世，那么，以张方平的能力，他一定能担当起整顿财政的责任来，而王安石也就未必会获得神宗的信任和重用。仁宗无子是偶然，张方平丧父是偶然……无数偶然的碰撞，最终铸成了实然，这便是我们看见的历史。

二、北宋政治的法家转向

倘若只是揭露细节、展示"偶然"，本书传递给人的信息则未免太过悲观，仿佛人只能做"偶然"的奴隶——当时人逆来顺受，后来者徒呼奈何。"偶然"的背后，还存在着非偶然的结构性因素，这便是政治制度与政治文化。

北宋政治是皇帝制度下的王朝政治。皇帝制度之下，王朝政治以一姓统治的长治久安为最高目标，追求一个"稳定"——整个社会生产生活秩序的稳定，两个"安全"——朝廷国家的统一与安全和皇权的安全。为达此目标，王朝政治的"理想状态"应当包括下列内容：第一，国家制度的设计倾向于地方、部门、机构、个人的分权制衡，以确保皇帝和中央的集权。第二，政策制定要避免对社会的频繁骚扰和过度压榨，以"不扰"为善政，皇帝与朝廷国家必须承认并敬畏社会所具有的"可载舟亦可覆舟"的集体力量。第三，在政治运作中，一方面，皇帝应当保持其超越性，克制私欲，不受制于任何利益群体（比如后宫、外戚、宦官、权臣、勋贵、强藩），并具有良好的判断力，兼听独断；另一方面，士大夫要能够有效地辅助皇帝治理国家，这种"有效的辅助"不仅仅是作为行政官员承担治理功能，更重要的是要及时纠正皇帝的错误缺失，提醒皇帝统治中可能存在的治平隐患，防患于未然，弭患于已发，消除小矛盾，避免大冲突。

以上述标准衡量，截止到仁宗朝的北宋政治，已接近于"理想状态"，取得了皇帝制度下王朝政治的"最好成绩"：第一，国家制度设计精良，近乎完美地实现了分权制衡，基本消除了强藩、宦官、权臣、外戚等因素对国家统一和皇权稳定的干扰，做到了"百年无内乱"。第二，政策制定顾及社会的承受能力，在国家利益与社会利益之间寻求平衡，避免过度扰民，所谓"出政发令之间，一以安利元元为事"[2]。第三，批评纠错机制实施有效，这套机制包括复杂精密的舆论、监察、信息沟通制度，以及包容批评的思想基础和政治风气——"最好成绩"的政治不等于没有问题，而是有问题能够被及时指出，加以纠正。

北宋政治的三项核心特征——分权制衡的制度设计、追求国家—社会平衡的政策倾向以及实施有效的批评纠错机制——之中，制度设计具有较强的稳定性或者说惰性；政策倾向与批评机制的稳定性则是脆弱的，影响其稳定性的主要是人的因素，可以分为皇帝因素、宰相大臣因素和士大夫因素。

第一，皇帝因素，包括皇帝的思想、道德和心理因素。皇帝制度之下，皇帝"享有至高无上，超越一切制度、法律的权力。来自臣下的任何限制，如果他想拒绝，都有权拒绝；他的任何荒谬决定，只要坚持，臣下都不得不执行"。[3]只要不打破君臣秩序，就没有任何力量可以对皇权实施强制性约束。作为皇权的行使者，"皇帝"具有双重性。一方面，作为时间序列中"列祖列宗"的延续，和空间秩序中"代天理物"的人间统治者，皇帝代表着包括朝廷国家和社会在内的"江山社稷"的整体利益和长远利益，他应当做出符合上述利益的选择和决定——这是"抽象的皇帝"。另一方面，皇帝又是一个有血有肉、有情有欲的人，巨大的权力让他可以任意妄为、打破一切制度和传统的约束；当然，这样一来，皇帝本人、朝廷国家以及整个社会，都将付出惨重代价——这是"具体的皇帝"。"抽象的皇帝"通过"具体的皇帝"来表达，行使皇权。如何让"具体的皇帝"更接近于"抽象的皇帝"，是皇帝制度的最大挑战。在北宋政治中，"抽象的皇帝"应当尊重政策制定中的国家与社会利益平衡原则，避免个人私欲的过度膨胀；"抽象的皇帝"还应接纳士大夫对皇权的约束，对批评采取开放态度，承认这是一种正向的力量。那么，怎样才能让"具体的皇帝"做到这些呢？归根结底还是要靠教育，包括本朝传统的熏染、儒家经典的学习和士大夫集团特别是宰相大臣的引导。当然，教育不是万能的,"具体的皇帝"的具体遭遇所造成的具体心理状态,会影响甚至逆转政治的方向。

第二,宰相大臣因素。宋朝以枢密院分掌军政,宰相府只管民事,宰相府与枢密院合称"二府",二府长官构成了广义的宰相群体。宰相"佐天子而理大政","入则参对而议政事,出则监察而董是非",同时拥有参与最高决策的权力和监督百官执行的权力。[4]因此,不管是对于国家政策的制定,还是对于批评机制的维护,宰相的想法、说法与做法都具有风向标的作用。作为士大夫集团的领袖,宰相代表群臣引导、规谏皇帝;作为政府首脑,宰相大臣本身也要有容纳批评的雅量。

第三,士大夫因素。以儒家思想为核心的意识形态赋予了士大夫教育、引导、规谏皇帝的权力与责任,士大夫引用儒家经典、天意人心与祖宗法度对皇权施行约束。这种约束,就其本质而言,属于非强制性的道德约束。因此,作为一个整体,士大夫必须展现出较高的道德水准;或者更确切地说,集体的道德败坏会使士大夫丧失约束皇帝的力量。衡量士大夫集体道德败坏的标准,不是个别人物的道德水平,而是这个群体是否陷入"恶性分裂"[5]。所谓"恶性分裂",指士大夫群体分裂成为利益集团,集团利益超越朝廷国家的整体利益,成为影响个人与群体政治选择的决定性因素,集团之间党同伐异,互相攻击,甚而至于水火不容、你死我活,其表现形式包括政治清洗、政治黑名单等。一旦陷入"恶性分裂"局面,"忠义廉耻"必然变成虚伪的口号,士大夫必将跌下道德制高点,沦为权势的奴仆;而皇帝也将失去超越性,不得不与更善于玩弄权势的集团结合。一个王朝也就距离灭亡不远了。

王安石变法导致了北宋政治的逆转。当然，这一切不能只归咎于王安石，逆转的根源在英宗朝就已经埋下。漫长而艰险的即位过程造成英宗心理扭曲，行为失当。神宗少年即位，力图为父雪耻，"大有为"之心呼之欲出。皇帝因素发生变化，王安石作为宰相，只不过是逢君之欲，顺势而为。

首先，王安石变法改变了北宋朝廷国家的政策倾向。"出政发令之间，一以安利元元为事"，在朝廷国家的目标与社会利益之间追求平衡的政策倾向消失了。[6]不管变法派如何标榜"摧抑兼并""凡此皆以为民，而公家无所利其入"[7]，但是神宗的府库里积攒下来的钱物是事实俱在的。哲宗即位之初，户部尚书李常算过一笔账，"今天下常平、免役、坊场积剩钱共五千六百余万贯，京师米盐钱及元丰库封桩钱及千万贯，总金、银、谷、帛之数，复又过半，"[8]总计达一亿贯以上。而这是在神宗对西北用兵、开疆拓土、长期消耗之后剩下来的钱物。变法的敛财本质不容否认。至于新法推行人员的违规操作对当地社会造成的损害，王安石的态度基本上是置之不理，只问其"实利"多少，"功状"如何。处理程昉淤田"广害民稼"案，处理王广渊在京东强制推行青苗贷款案，皆如此类。

其次，王安石破坏了宽容政治共识，釜底抽薪，撤掉了批评纠错机制得以发挥作用的思想基础。北宋士大夫群体的"恶性分裂"出现在哲宗亲政以后，然论其根源，则必上溯至王安石变法。王安石本人反对"异论相搅"，主张"一道德，同风俗"。在王安石的纵容鼓励下，神宗不再承认批评是一种正向的力量，斥之为"流俗"，理直气壮地拒绝约束。王安石提出"天变不足畏，祖宗不足法，人言不足恤"的"三不足"之说[9]：天变没什么可怕的，"祖宗"也不再值得效法，而一切反对变法的言论都是流俗,不值得留意。那还有什么是可以约束皇帝的呢?王安石还告诉神宗,"上身"即"祖宗"(第13章),"活着的皇帝本人"就是"祖宗",可以自我作古,而不必听命于太庙中的死人牌位——神宗被彻底"解放"了,皇权被从无形的笼子里放出来,北宋政治从宽容走向了专制。

神宗朝的专制,按照时序,首先表现为"皇帝支持下的宰相的专制";然后表现为"皇帝的专制",宰相沦为高级秘书。南宋政治中特别突出的"权相"现象,即滥觞于此。这两种专制在本质上都是皇权的专制。正如刘子健先生观察到的,"从北宋末到南宋,原本分享的权力逐渐被皇帝和权相集中起来,官僚参议朝政的空间近乎于无,沮丧越来越普遍地成为士大夫的典型心态"[10]。

最后,以逐利为目的的政策倾向,斤斤计较的赏格罚条,过度依靠法度、忽略道德、抹杀官员个人能动性的用人方针,培养出工具性极其突出的"新官僚",他们服从、高效、无心肝,只关心上之所欲,不关心下之所苦,其极端典型是神宗御笔亲题的"内外理财之臣未有出其右者"[11]的吴居厚。如学者指出:"官僚像商人追逐利润一样将新法推广到帝国的每一个角落。他们日常所面对的正是利益的算计和官位的升迁。在这种背景下,一种新的士风开始形成。"[12]仁宗朝欧阳修那种"但民称便即是良吏"的为官理念,和"不见治迹,不求声誉,以宽简不扰为意"的行政作风,[13]一时烟消云散。

神宗与王安石相得"如一人"的千古君臣知遇,被当时的宰相曾公亮叹为天意。这天意的背后,是君臣间共同的思想基础——王安石与神宗都受到法家的深刻影响。南宋的李焘作北宋编年史《续资治通鉴长编》,记录了一个耐人寻味的细节——即位之前,神宗曾亲自抄写《韩非子》。从某种意义上说，是王安石和神宗共同造成了北宋政治的法家转向。

我希望让学术的回归学术，以朴素的历史学态度来观察"王安石变法"——把它"回放"到当时的历史情境中去，看做法，看结果。王安石的新法中有很多从"现在"看过去显得非常"先进""具有现代性"的做法，比如青苗法像小额信贷、免役法像现代税制，然其本质却是似是而非的。倘若"混淆了历史时代的界限，任意地把古今中外的事物拉扯在一起"，所得的解释就必然是"不伦不类"的。[14]把新法中的某些做法从特定的历史情境中"抽提"出来，用现代的逻辑去解释、包装，这种做法，是打着历史的旗号反历史，必须警惕。新法是由朝廷制定的国家政策，政策要实现，必须作用于社会。因此，要评价新法，必须看它在当时的实施效果，包括对朝廷和对社会两方面的效果。总体而言，新法具有强大的敛财功能，与民争利，"富国强兵"。但是，综合目前已知的材料和研究成果，似乎仍难断言新法在多大程度上对宋朝经济造成了毁灭性破坏；个人认为，王安石和神宗的做法对于宋朝最大的损害不在经济方面，而在政治文化方面。北宋政治走向了皇帝和宰相的专制，士大夫参政空间被极度压缩，批评纠错机制失效，腐败横行，朝廷国家因而丧失了因应内外打击的能力。国破家亡的惨剧虽然发生在徽宗—蔡京治下，根子却在王安石与神宗。

三、作为"文字"的史料

北宋政治的法家转向隐藏在诸多偶然事件的背后，这些偶然事件和活动于其间的各色人等推动着北宋政治的走向，人物、事件构成了本书的主体。选取不同代际的代表性政治人物，以人物故事为线索探寻和描述北宋政治的演变轨迹,这是我为自己选定的北宋政治史研究路径。北宋的政治代际可以粗略地分为五代:与太祖共同创业者为零代,赵普是其中的代表;掌政于太宗、真宗朝的政治家为第一代,代表人物为寇准和他的同年们;范仲淹及其同辈政治家为第二代,他们活跃于仁宗、英宗两朝;司马光、王安石属于第三代,在神宗朝接掌大政,主导了国家的命运;再往下是第四代,包括了著名的苏轼、苏辙兄弟和"奸臣"们——章惇、曾布、蔡京。我选择的第一个研究和写作对象是属于第一代的寇准(已出版《千秋是非话寇准》,电子工业出版社,2011年),第二个就是司马光(已出版《司马光和他的时代》,生活·读书·新知三联书店,2014年)。在写作方面,我为自己设定的写作目标是:第一,吸收融纳既有的专题研究成果,体察"当时常识",力图构筑整体性的历史场景。第二,尽可能同情地理解、平实地叙述人物选择及其命运。第三,文字叙述力求"光滑"顺畅,内容的选择则坚持"有一分材料说一分话"的史学基本原则,史料依据、学术讨论部分埋入注释,以免影响普通读者的阅读感受。以上三原则,本书继续贯彻。相较于前两部,本书正文用了较大篇幅对"史料"进行辨析处理,因为这些辨析处理,直接关系到我们对那个时代、那群人物的理解。

研究宋代,所依靠的"史料"当然以宋人所遗留的"文字"为首选。本文所引的宋人"文字",可以粗略地分为三类。第一类,南宋人编纂的北宋史,比如李焘的《续资治通鉴长编》、王称的《东都事略》。这类文字,虽今人以"史料"目之,在古人却是史学撰述。第二类,宋代官私历史记录,官方记注比如皇帝的"实录"、宰相的"时政记"、史官所修的"起居注"等,多已不存;大量存世的是各种私人记录,比如行状、墓志铭、神道碑。比如最早的司马光传——《司马光行状》是司马光的学生苏轼在司马光死后不久受司马家委托所作。相较于第一类,这类文字更接近"事发现场",理应存留更多的"原始信息"。第三类,当时人的诗文奏议,这类文字产生于"事发当时",即便后来或有删改,仍然保留了最多的"原始信息"。原则上,生产时间越靠前,保留的"原始信息"越多,便越能传递真实。然而,事实上,"文字"与真实之间的关系却要复杂得多。在很多时候,"字面所展现的"与"实际所发生的"甚至可以南辕北辙。勘破"文字",方能接近"真实"。

作为"文字"的生产者、主要消费者和"文字"意义的阐释者,宋朝的士大夫了解并重视"文字"的力量,"文字"是他们抒发情感、表达思想、谋取功名、干预现实的工具。"文字"还是士大夫之间政治斗争的武器和战场。哲宗朝以后,伴随着士大夫的"恶性分裂","文字"中的战斗也越发惨烈。《神宗实录》在太皇太后摄政时期已经修成。元祐六年(1091)三月四日,举行进读典礼,首相吕大防"于帝前披读。未久,帝中恸哭。止读,令进",[15]场面感人。然而,哲宗亲政之后随即推翻重修。绍圣元年(1094)四月,王安石的女婿蔡卞以为"《实录》所纪,类多疑似不根",请求重修;旧录"尽书王安石之过",新修则"请以王安石《日录》载之《神宗实录》"。[16]《旧录》本用墨书",绍圣间重修,在《旧录》上删改,"添入者用朱书,删去者用黄抹",由此形成《神宗实录》朱墨本"[17]——原本清楚的墨迹上朱书黄抹纵横,就像是一场大战之后尸横遍野的战场。南宋高宗时,在"朱墨本"的基础上,再次重修了《神宗实录》。三种《神宗实录》,今皆不存。然而,透过李焘的《续资治通鉴长编》,我们仍然可以清晰感知到"文字"中的刀光剑影。

我们所接收和使用的,就是这样一批带有强烈意图的"文字"。我试图穿透"字面"去努力接近真实。苏轼的《司马光行状》《司马光神道碑》《王安石赠太傅制》,苏辙的《亡兄子瞻端明墓志铭》,书中都做了不同以往的解读。执政初期即具呼风唤雨能力的司马光,即出自苏轼笔下,而那显然是一个天大的误会。苏轼特别强调的神宗对司马光的特别知遇,同样也无关事实,而是苏轼的"建构",这大概是苏轼最具政治敏感力的文字了。《王安石赠太傅制》表面上看充满了赞美,但仔细阅读并与苏轼同期的其他文字比对,便会发现苏轼的皮里阳秋。《亡兄子瞻端明墓志铭》刻画了一个刚愎自用、拒不接受不同意见并试图打击异议人士的"司马相公"的形象,深刻地影响了后人对于晚年司马光的认识,然而,联系写作时间,便会发现苏辙的真实用意——他要尽力撇清兄长与司马光的关系,以求自保。排除"书写"的偏见,才能接近真实。

是为序。

2019年12月9日

1　此王安石言王广渊语,施之安石,当无大碍。《宋朝诸臣奏议》卷一一一李常《上神宗论王广渊和买抑配取息》原注,上海古籍出版社,1999年版,1204页。

2　出自王安石《本朝百年无事札子》。[宋]吕祖谦编,齐治平点校《宋文鉴》卷五一《论本朝百年无事》,中华书局,1992年1版,774页。

3　祝总斌《试论我国封建君主专制权力发展的总趋势——附论古代的人治与法治》,《北京大学学报》1988年第2期。

4　这一宰相概念来自祝总斌《两汉魏晋南北朝宰相制度研究》,中国社会科学出版社,1990年初版,1998年重印。

5　我有意没有使用"党争"这样常用的词语,主要是因为"党争"含义的不确定性。个人认为,既往的党争研究大多在某种程度上沿袭了传统的君子—小人二分法,并且习惯于站在传统的"君子"一边论其成败,对于政治中本来就应该存在的分歧与斗争的涵容度不够。

6　葛金芳《熙宁新法的富民与富国之争》(1988)、《王安石变法新论》(1990)认为王安石的目标是"富民",宋神宗的目标是"富国"。李华瑞《神宗与王安石共定"国是"考辨》(2008)引用葛说。笔者认真阅读葛文,没有被说服。所以我在这里不严格区分王安石主政时期与神宗主政时期。

7　熙宁二年制置三司条例司上言,《宋史》卷一七六《食货志上四·常平义仓》,4279页。

8　[宋]李焘撰,上海师范大学古籍整理研究所、华东师范大学古籍整理研究所点校《续资治通鉴长编》卷四○七,中华书局,2004年第2版,9904页。

9　邓广铭《北宋政治改革家王安石》,《邓广铭全集》第一卷,河北教育出版社,2005年版,101页。

10　[美]刘子健著,赵冬梅译《中国转向内在:两宋之际的文化转向》,江苏人民出版社,2012年版,77页。

11　《续资治通鉴长编》卷三一九,8161页。

12　张呈忠《神宗法度与北宋晚期改革史研究》,清华大学博士论文,

2017年3月，83页。

13 ［宋］朱熹《三朝名臣言行录》卷二，［宋］欧阳修著，李逸安点校《欧阳修全集》附录卷二《朱子考欧阳文忠公事迹·连典大郡》，中华书局，2001年1版，2648页。

14 此为漆侠批评梁启超《王荆公》的话。漆侠《王安石变法》，上海人民出版社，1979年第2版，9页。

15 《续资治通鉴长编》卷四五六，10918—10919页。

16 ［清］黄以周等辑注，顾吉辰点校《续资治通鉴长编拾补》卷九，中华书局，2004年版，404页。

17 《宋史》卷二〇三《艺文志二》，5090页。

目 录

前言

第一部

父子君臣，
1063—1067

1	父死子继	2
2	帝后·母子·天下	17
3	强撤帘	30
4	"式微"歌	45
5	濮议：父亲名义战	58
6	把名字刻入石头	73
7	没有赢家的战争	85

第二部

旧邦新命，
1067—1069

8	新皇帝二十岁	100
9	"大有为"锋芒初露	114
10	一朝天子一朝臣	126
11	话题人物王安石	140
12	四月谈话	152

| 13 理财争论出延和 | 162 |
| 14 司法分歧起阿云 | 176 |

第三部

风云初变，1069—1071

15 开封山雨欲来	190
16 马王初较量	212
17 王安石的胜利	224
18 皇帝爱韩非	240
19 去意决绝	252
20 青苗法红线	266
21 登楼不见山	278

第四部

长安不见使人愁，1071—1085

22 勇敢者的墓志铭	286
23 独乐园中狮子吼	298
24 新法得失	312
25 书局风波	320
26 遗表真情献大忠	331
27 神宗的眼泪	341

第五部

黄叶在烈风中，1085—1086

28	开封的呼唤	354
29	言路何难开	364
30	"黄叶在烈风中"	375
31	"司马相公"的体制困境	385
32	神宗旧相	396
33	僵局	411
34	"奸臣"去	426
35	政治中的政策	441
36	病榻上的宰相	454
37	复仇与和解	466
38	人间最是宽容难	480
39	葬礼与哀歌	494

附录

北宋（1063—1086）大事记　　517
元丰改制前宋朝国家机构与政府组织示意图　　527
元丰改制后宋朝国家机构与政府组织示意图　　528

后记

第一部

父子君臣，
1063—1067

英宗朝短短四年，以皇位交接始，以皇位交接终，仁宗—英宗的皇位交接一波三折，委曲回环，占据了太多的篇幅，以至于英宗朝的历史已很难容纳其他。那是一场暗伤不断、摧折无数的大戏，情感与理智、道义与权势、死者与生者、皇帝与太后、宰相与台谏，你来我往，激烈争锋。看似简单的皇位传递，开启了一段曲折的扰攘纷争，现实权势挑战礼法秩序，重建何如打破易？国有忧兮君有疾，鹬蚌相争谁之利？

1
父死子继

新皇帝疯了

嘉祐八年三月二十九日（1063年4月30日）的半夜，仁宗皇帝突然驾崩。第二天，四月初一，宰相韩琦（1008—1075）宣读大行皇帝《遗制》，命皇子赵曙（1032—1067）即位，尊皇后曹氏（1016—1079）为皇太后。

《遗制》就是皇帝的遗嘱，它的主要功能和核心内容当然是交代后事。尽管如此，仁宗《遗制》的一头一尾还是流露出强烈的个人情感。《遗制》的开头简单地回顾了仁宗的帝业："我继承大统四十二年来，一度担心自己资质浅薄，不足以担当祖宗留下的宏图大业。幸而战乱平息，百姓安居乐业，我何德何能，得以致此?!……"在结尾处，仁宗感叹："当死亡与生命交界，只有圣人才能参透它的奥秘，幸好我大宋天命不堕，后继有人，更要仰赖各位文武大臣悉心辅佐，补充新皇帝的不足。我还有什么可遗憾的呢？"[1]

这篇《遗制》当然不是仁宗的亲笔，而是仁宗去世之后翰林学士王珪（1019—1085）的代笔之作。然而，如果仁宗在天有灵，应当也会同意《遗制》中所表达的不舍得与不甘心。作为一个皇帝，仁宗十三岁即位，在位四十二年，撇开刘太后摄政的十年，仁宗亲掌大政三十二年，他和宰相大臣们一起，领导宋朝摆脱了西北边疆的危机，保卫了国家安全，重建了宋—辽—西夏间的国家关系平衡；对于宋朝建国以来在官僚特权、行政体制等方面积累下来的弊端，仁宗有着清醒的认识和强烈的改革意愿，经过庆历新政的演练磨合，仁宗与改革派之间最终达成了更深刻的信任与默契，在仁宗晚年，改革派重返朝廷，各项改革措施稳健推行；对于列祖列宗以来所形成的宽容的政治风气，仁宗身体力行，他尊重士大夫，容忍并鼓励批评，在仁宗的朝堂上，始终存在着不同的政见和争论的声音，对于国家的各项政策措施，官员们各抒己见，激烈讨论，最终得到更加符合国家利益的决定。仁宗不是一个英明果断、雄才大略的君主，但是，在他的治下，宋朝也称得上国泰民安、百姓富足。嘉祐（1056—1063）作为仁宗最后一个年号，在宋朝人的历史记忆中，将会散发出越来越迷人的光彩。

如今，新皇帝上台，开封的宫阙换了主人，大宋王朝的历史即将翻开新的一页。

新皇帝赵曙，史称英宗。新皇帝的作风如何？开封政坛翘首以待。开封人都听说，这位皇帝陛下，从小喜欢读书，受过良好的儒学教育，衣着简朴，为人谦和有礼，看上去就像是个读书人。况且，他即位的时候已经三十二岁，有足够的社会经验了。所谓"国赖长君"，看起来，大宋王朝也算是所托得人。

最初的四天，一切安好。

英宗是四月初一即的大位。初二日，他颁布诏令，大赦天下，百官普加一级，厚赏三军。初四日，他任命首相韩琦担任仁宗的山陵使，负责先皇的丧葬事务。一应政务都在有条不紊地进行着，新皇帝显得谦虚老到，他尊重先帝留下来的各位宰相大臣，从不直呼其名，宰相报告任何事情,他都要详细询问来龙去脉,然后再做决定,而对于他所做的决定,大臣们私底下都表示赞赏。其间发生的一件事情甚至让宰相们感到了一丝惶恐。按照惯例,那些在最后关头为先皇治疗的倒霉的御医要受到处分。其中的两位,是在三月初二才从外地调过来的,奉御日浅,有人便为他们求情说:"先帝最初服用这两位的药,还是有疗效的。不幸到了这个地步,这是天命,不是医官能决定的。"没想到年轻的皇帝顿时变了脸色,问道:"听说这两位是各位大臣推荐的,对吗?"宰相们说"是"。新皇帝又说:"那我就不敢说什么了,还是请诸公亲自裁决吧。"最终,在十二名受到处分的御医中,只有这两位被贬到了偏远地区。[2]这件小事让宰相们心下悚然,再不敢小瞧刚刚上任的皇帝——他知道他的权力是什么、有多大、在哪里。皇帝虽然是新的,但是并不嫩,所作所为符合他的年龄。

权力交接平稳,新皇帝政务实习及格,一切平顺,诸事大吉。然而,谁都没有想到,这种状态只持续了四天。到了四月五日,事情忽然发生了大逆转——新皇帝疯了!

这一天,天还没亮,宰相大臣们正在待漏院等待上朝,忽然接到宫中消息:皇帝突染重病,朝会取消,先皇的治丧活动暂由宰相代理主持。皇帝究竟怎么了呢?宰相们得到的密报是,皇帝头天晚上忽然发了狂症,不认识人了,说话颠三倒四,语无伦次。前一日在朝堂上好端端的皇帝,怎么进宫去睡一觉就变成了这般模样?这中间究竟发生了什么?皇帝受到了怎样的刺激?还有,更重要的是,皇帝的病还要持续多久?

整个外朝都在打探,在猜测。就这样,从初五挨到了初八。按照礼官选定的日子,初八是仁宗大殓,遗体正式移入棺木的日子,[3]这是作为儿子的新皇帝必须亲自主持的仪式。皇帝病情是否能够好转，到时自见分晓。

结果又怎样呢？更糟了！英宗皇帝病情加剧，当着众臣的面，"号呼狂走，不能成礼"。情急之下，宰相韩琦丢掉手里的哭丧棒，拉起帘子，冲上前去，牢牢抱住皇帝，这才稳住了局面。接下来，韩琦叫来宫人，让她们把皇帝扶进宫去，小心看护。安顿了皇帝，韩琦又率领着两府大臣觐见太后，经过一番紧张的商量之后，最终商定，以英宗的名义下诏请求太后"权同处分"政事。根据太常礼院拟定的规矩，届时太后会和皇帝一起出现在内东门小殿，垂帘听政。

时隔四十一年，大宋王朝再一次出现了太后垂帘听政的局面，只不过，上一次皇帝十三岁，而这一次皇帝三十二岁；上一次是奉了先皇的遗制，而这一次却是皇帝病狂，太后不得已出来主持局面。

活了三十二岁都好端端的赵曙，怎么做了皇帝反倒发起疯来？难道是压力太大，不胜负荷？还是别有隐衷？还是说曹太后对于英宗的即位心存保留，所以她有意逼疯英宗，以便自己掌权？一时之间，疑云笼罩宫城，英宗的皇位乃至开封的稳定都成了变数。

仁宗的不甘心

太后的态度的确可疑。新皇帝已经即位九天了，可是告哀使者还没有出发。

什么是告哀使者？自从景德二年（1005）宋辽签订澶渊之盟、结为兄弟之国以来，每逢老皇帝去世、最高权力易主，双方都要互派使者通报消息,这就叫"告哀"。仁宗的告哀使者,早在四月初二就已经任命,然而,直到初九,七天过去了,却还没有出发。原因却也简单——"上面"尚未明确训示"使者对答继嗣之辞",即向契丹方面通报新皇帝的即位消息的外交辞令。难道说,"上面"有意滞留告哀使者,想要改弦易辙,另立新人吗?而在皇帝"上面",只有太后。遭此大丧,理当及时遣使告哀。况且契丹在宋朝有的是眼线,如今天下缟素,契丹焉能不知?而政府的告哀使臣却迟迟不能送去正式的讣告,那么,契丹方面会怎么想,怎么可能不心生猜疑,以为宋朝发生了特别的变故?!"国有大故,正是邻敌窥伺之时",万一处置不当,岂不白白造成两国猜疑,自找麻烦?!

谏官们坐不住了。四月九日,司马光(1019—1086)代表谏官上疏,提出两点主张:第一,告哀使必须立即上路,"昼夜兼数程进发";第二,至于"使者对答继嗣之辞",则应"尽以实对",坦诚相告。万万不能推说"不知道",更不能编造谎言,自取其辱。

父死子继,天经地义,这还需要解释吗?难道说英宗的即位在合法性上存在争论?司马光当然认为没有,然而,他却不能不担心别有用心的人会拿着此事做文章。

奏札最核心的部分,就是解释英宗即位的合法性以及实话实说的必要性:

> 自古以来,如果嫡系长房没有儿子,那么就从旁支过继男性后裔作为继承人,这一原则,儒家礼典里记载得清清楚楚,对于国家怎么会有损害?!如果契丹人问起,实话实说,又有什么不对的?倘若契丹人问起,而使者回答说"不知道",那又有什么

好处呢?! 陛下刚刚成为皇子的时候，诏书已经布告天下，契丹人那边怎么可能不知道？如果现在编造一套谎话来搪塞契丹人，那么不但骗不了他们，反而会让契丹人看了我们的笑话。[4]

英宗不是先帝的亲生儿子，尽管先帝过继了他，可是他跟先帝之间终归没有直接的血缘联系。这就是一切犹疑的根源！

英宗的生父名叫允让，封濮王，四年前过世。英宗的祖父名叫元份，封商王。元份和仁宗的父亲真宗是亲兄弟，都是太宗的儿子，真宗行三，元份行四。也就是说，英宗的父亲濮王和仁宗是堂兄弟，英宗是仁宗的再堂侄，他们的共同血缘要向上数四代追溯到太宗——而这已经是仁宗所能找到的血缘关系最近的男性继承人了。

诚如司马光所言，"如果嫡系长房没有儿子，那么就从旁支过继男性后裔作为继承人，这一原则，儒家礼典里记载得清清楚楚，对于国家怎么会有损害？"宗法制度的核心就是维护大宗的绵延不绝，小宗可以无后，大宗则必须保证传承，皇帝更没有"绝户"的道理，过继儿子，合情合理，实在没什么大不了的。问题是，仁宗对英宗的过继，却是一波三折，这中间，缠夹着仁宗太多的无奈、太多的不甘心，而英宗也因此蓄积了满怀的委屈和压抑。

仁宗正式过继英宗为皇子，是在嘉祐七年（1062）八月，也就是他去世七个月之前。而早在嘉祐元年（1056），仁宗的继承人问题就已经成为朝野内外关注的焦点。这一年的大年初一，四十七岁、还没有儿子的仁宗突然中风，一度宣告病危，后来虽然死亡的警报解除，但是仍然长时间——连续几个月——无法正常处理政务。大宋王朝后继无人的危机暴露无遗，一时之间，各种猜测、谣言满天飞，皇室大家族内部有人蠢蠢欲动、跃跃欲试，眼见得是黑云压城、山雨欲来。而仁宗却是讳疾忌医，竭力回避继承人问题。

当此之时，司马光还只是一个小小的并州通判，正在遥远而寒冷的边城太原。然而，"人臣不以疏远忘忠爱"，身处僻远江湖，心忧社稷君主，司马光从并州连上三状，"手书缄封而进之"，引经据典，剖陈利害，劝说仁宗直面现实，及时选定继承人。并州三状石沉大海之后，司马光又把自己的奏稿誊抄了一份寄给老同年、谏官范镇（1007—1088），希望范镇"因进见之际，为明主开陈"。[5]其实，同样心忧社稷的范镇又何待老友催促？他"凡章十九上，待罪百余日，须发为白"，为了劝说仁宗立储，一共上了十九道奏章，看到仁宗不听，干脆在家中闭门待罪，愁得头发、胡子都白了。到最后，范镇面见皇帝，"至泣以请"，哭着请求仁宗撇开个人私利，为江山社稷着想。范镇哭，仁宗也哭，仁宗说："朕知卿忠，卿言是也，当更俟三二年！"[6]我知道你忠心耿耿，你说得很对，可是，你让我再等个三两年，行吗?! 等什么呢？五年之后，宰相韩琦再度提起立嗣的事情，仁宗回答说："后宫一二将就馆，卿且待之！"[7]"就馆"，意思是分娩。宫里边又有女人怀孕了，万一生出来的是儿子呢？仁宗等的就是自己万一生出来的儿子！

仁宗就这样努力着、祈祷着、盼望着。根据《续资治通鉴长编》和《宋史》的记载，在生命的最后时光，仁宗迎来了又一次后宫生育高峰。从嘉祐四年（1059）到嘉祐六年（1061），短短三年时间里，后宫一共诞育了五个孩子，只可惜，这五个都是公主。伴随那些肚子不断鼓起来又瘪下去的，还有"诞育皇嗣"的希望。

仁宗的不甘心简直是明摆着的。嘉祐六年六月，宰相富弼

（1004—1083）因母亲去世，丁忧离职。他临去告白，推心置腹，对仁宗殷切相嘱，表达了三点希望。第一，富弼说，陛下临朝四十年，刑法宽平，仁慈爱民，是这样难得的好皇帝，上天应当会垂怜，圣嗣早晚会来的，陛下且放宽心；第二，请陛下节制娱乐、饮食，"动风发气之物"不要吃——陛下曾经中风，一定要保养；第三，请陛下爱惜身体，节制性生活，"圣嗣既系天命，自有天时，不可以人力强致"。[8]富弼说这话的时候，董贵人的肚子还是鼓的，仁宗的希望也是满的。到了七月间，董贵人诞下仁宗最小的孩子，皇十三女。而这个小女孩只活了六十一天。[9]从此之后，仁宗的后宫就再也没听到过新生儿的啼哭。

就这样，从嘉祐元年中风算起，在跟老天僵持了六年零八个月之后，嘉祐七年八月，仁宗宣布立再堂侄赵宗实为皇子，并为他改名赵曙。[10]但是，直到嘉祐八年三月突然去世为止，仁宗也没有再进一步，正式立赵曙为皇太子。也许，在仁宗的内心深处，一直到死都是心存侥幸的，他还是希望能生出自己的儿子来。

可以说，尽管仁宗还是正式过继了英宗，但是在内心的最深处，他从头到尾、一直到死都排斥、拒绝这个不是亲生的儿子。或者更准确地说，仁宗排斥、拒绝的并不是英宗这个人，而是自己生不出儿子的命运。

仁宗太不甘心了。作为个人，仁宗的生命之中充满了无奈。首先，作为人子，他自从剪断了脐带就被从母亲身边抱走、被当作刘皇后的儿子抚养，从未享受过亲生母亲的爱抚——这是他的终生之憾。其次，作为丈夫，仁宗的感情生活并不如意，他废黜了养母刘太后为他选择的郭皇后却又与她藕断丝连，最终导致了郭氏不明不白地死亡;他宠爱张贵妃,甚至愿意为她暂时堕落成一个昏君,违反制度和原则,可惜,这个美丽可爱的女人只活了短短的三十一岁。最后,作为父亲,他竟然没有儿子。仁宗一生一共生过十六个孩子,其中,三个儿子,一个都没有活下来;十三个女儿,活到成年的只有四个,这四个当中,还有三个是老来得女。所以,真正陪伴在仁宗生命中的,其实只有一个女儿。而这个女儿的婚姻,在仁宗的包办之下,却是万分的不幸——她嫁了一个相貌丑陋、举止粗俗的驸马,离过一次婚,后来勉强复婚,也过得极为惨淡,而这位可怜的公主也只活了短短的三十三岁。[11]

一个没有儿子的皇帝,必须把皇位传给别人的儿子。仁宗死不瞑目!

从嘉祐元年第一次中风到嘉祐七年八月立皇子,这中间的曲曲折折,对于仁宗来讲,是生理与心理上的双重折磨。对于他所最终选定的皇子、未来的英宗来说,又何尝不是一场更残酷的心理折磨?

濮王府"老十三"的奇遇

英宗赵曙,本名赵宗实,宗是他的排行字。跟仁宗生不出儿子来正好相反,英宗的生父濮王允让大约可以算得上是最高产的天潢贵胄,如果《宋史》没有记错的话,他一共生了二十八个儿子。宗实排行第十三,不前不后,这是个很容易被忽略的位置。宗实的生母任氏是濮王一个不起眼儿的妾。所以,这个孩子本来应该过的是富贵闲人的平淡生活。谁都没有料到,到四岁上,这濮王府的老十三突然交了好运。

这一年,仁宗因为没有儿子,就派了内夫人(宫中女官)到濮王府来,想要挑一个孩子养在宫里"招弟"。这种做法在赵宋王室已经不是第一次。濮王允让也曾因此入宫,后来仁宗出生,允让"招弟"成功,真宗用"箫韶部乐"把允让礼送回家,此后也一直另眼相待。[12] 到宫里去住,这是多大的荣耀啊!濮王府里谁也没拿这老十三当回事儿,这样的好事儿,根本就没有推荐他。可是,内夫人在濮王府的"推荐人选"中挑来挑去,一个都没看上。眼看着天色已晚,内夫人准备上车回宫了。就在此时,老十三从屏风后边爬出来,自顾自地玩儿上了。内夫人一看,就笑了,拍手说道:"独此儿可耳!"据说,此言一出,围观的人都觉得好笑——这样的好事儿,怎么可能轮得到老十三呢?!没想到那位内夫人抱起老十三就上了车,进了宫。[13]

这个故事在老十三成为皇帝之后传为美谈,成了老十三天生奇相的标志。其实,一个四虚岁的娃娃能有多奇呢?事情的真相大概是,宫里想找的是个不大不小、养着好玩儿的小男孩,而濮王府推荐的都是些年龄更大的小人儿精。

这一进宫,濮王府老十三顿时高贵起来,四年之后,仁宗的亲生儿子出世,八岁的宗实"招弟"成功,又回到了濮王府。宗实给仁宗招来的那个儿子只活了三岁,这个儿子之后,仁宗又生过一个儿子,可惜也只活了三岁。自从庆历三年(1043)正月之后,仁宗的后宫里就再也没有男孩出生。于是,曾经养在宫里的宗实的地位就变得越发醒目。仁宗对他"问劳赏赐不绝,诸宗室莫得比"。[14] 如果皇帝要过继一个儿子,那再也没有谁比宗实更合适的了。

皇帝的恩宠、众人的期待,宗实怎么可能不知道?既然知道,就必然有压力。化压力为动力，宗实对自己采取了高标准、严要求。他喜欢读书，穿着打扮就像是个普通读书人，每次去见老师，总是穿着正式的朝服，以示尊重。这在当时的宗室子弟当中是很不一般的。

忧惧抑郁终成疾

1056年仁宗中风的时候，二十五岁的赵宗实曾经被推到前台。当时仁宗命悬一线，后继无人，宰相文彦博、富弼、刘沆在第一时间想到的皇位继承人选便是宗实。为了防止仁宗突然驾崩可能造成的恐慌，他们私下草拟了让宗实即位所必需的奏议和诏书，仁宗一旦撒手尘寰，便一手奏议、一手诏书，让宗实顺理成章地以仁宗的遗愿接掌大位。[15]这其实已经接近"阴谋"，只不过，它是一个有利于江山社稷稳定的好阴谋。此事绝密，参与策划的只有文彦博、富弼、刘沆三位宰相、副宰相王尧臣等少数几个人，[16]没有任何史料表明宗实也参与了策划，但是，作为这个"阴谋"的最关键因素，他怎么可能毫不知情?! 至少，他是"被参与"了。这项拥立计划，由于仁宗病情好转，并未实施，直到仁宗去世、英宗即位，这才披露出来，并最终传为美谈。而在此之前，它却像是头发丝上吊着的一把利剑，高悬在文彦博、富弼、刘沆、王尧臣以及赵宗实的头上，万一走漏一点风声，那就不只是掉脑袋那么简单的事情了。

要么当皇帝，要么掉脑袋。宗实的神经长期处于高度紧张、高度分裂的状态。嘉祐七年（1062），当仁宗终于下定决心给他皇子的名分时，宗实的表现就已经有一点儿失常。

仁宗认儿子的诏书是八月初五颁布的。在此之后，仁宗首先召集宗室开会宣布决定，而后又命人给新儿子安排住房，又是赏衣服又是赏钱，还郑重其事地向天地和祖宗报告此事，态度诚恳。可是宗实呢，一直拖到二十七日才肯进宫。足足耗了二十二天。为什么要拖？难道是摆姿态吗？宗实对亲信、王府记事（秘书）周孟阳说："非敢徼福，以避祸也！"那么为什么最终又肯了呢？因为周孟阳反问他："皇帝陛下为了江山社稷立您为皇子。您坚持不肯，如果皇帝准了，许您回去接着当一个普通宗室，您觉得从此就可以高枕无忧了吗？"所谓"一语惊醒梦中人"，闻听此言，宗实"抚榻而起"，[17]立刻就骑上马乖乖地进宫了。

嘉祐七年（1062）八月，宗实入宫。这时候他已经有了三儿三女，一妻一妾，全家九口再加上仆人，不满三十口，"行李萧然，无异寒士，有书数橱而已"，简朴之中，透着无法言说的寒酸与压抑。[18]

从此之后，赵宗实获得了皇子地位，改名赵曙，但仍然是一个"备胎"皇子。随着年龄和阅历的增长，他的野心不可能不增长，他已经在观察、在学习怎样做一个皇帝了。可是，万一后宫里"哇"的一声有了新生男婴，他还是会被打回原形，回去做个贤德的宗室。而且，万一发生了这种事情，他能不能再全身而退、他的生命安全能否得到保障，恐怕都难说。由于仁宗的态度，宫中管事对待宗实一家十分刻薄，甚至一度"饮食悉皆缺供"。[19]很多人，包括从前的老朋友老部下，为了自身安全，也跟宗实拉开了距离。

就这样，皇子赵曙的心情与命运在仁宗的不甘心里颠沛流离，在极度希望与极度失望之间摇摆动荡。嘉祐八年仁宗去世，备胎皇子终登大宝，总算尘埃落定，可是长期当"备胎"积累下来的委屈却使得新皇帝疲倦而脆弱。英宗的疯病，多半由此而起。而司马光的奏札直指英宗心结，说出了英宗无法自己表达的心意。英宗怎么能不感激？

那么，英宗的疯病可就此好了吗？远远没有。

1 ［宋］不著撰人，司义祖点校《宋大诏令集》卷七《嘉祐遗制》，中华书局，1962年版，1997年2印，30页。结尾部分意译，原文如下："死生之际，惟圣为能达其归，矧天之宝命，不坠于我有邦，更赖文武列辟，辅其不逮，朕何慊焉？"

2 《续资治通鉴长编》卷一九八，4792—4795页。［元］脱脱监修《宋史》卷一三《英宗本纪》，中华书局，1977年第1版，254页。

3 钱玄《三礼通论》，南京师范大学出版社，1996年版，601—602页。

4 《续资治通鉴长编》卷一九八，4796页。［宋］司马光撰，李文泽、霞绍晖点校《司马光集》卷二五《告哀使札子》，四川大学出版社，2010年1版，645—646页。

5 《司马光集》卷五八《与范景仁书》，1237—1239页。

6 ［宋］苏轼撰，［明］茅维编，孔凡礼点校《苏轼文集》卷一四《范景仁墓志铭》，中华书局，1986年1版，438页。《宋名臣言行录·后集》卷五。《续资治通鉴长编》卷一八四，4454页。

7 《续资治通鉴长编》卷一九五，4727—4728页。

8 《续资治通鉴长编》卷一九三，4675页。

9 《续资治通鉴长编》卷一九四，七月戊申条，4698页。《续资治通鉴长编》卷一九五，4719页，闰八月丙午，皇第十三女薨，赠楚国公主，其生才六十一日云。

10 《宋史》卷一三《英宗本纪》，254页。

11 《宋史》卷二四五《宗室三》对于仁宗诸子的记载简单得凄凉："仁宗三子：长杨王昉，次雍王昕，次荆王曦，皆早亡。徽宗时改封。"《宋史》卷二四八《公主·仁宗十三女传》，8776—8778页；《续资治通鉴长编》详细记录了各位公主的诞育与薨逝，这些可怜的公主，通常只活到两三岁，有一个活了六天，还有一个活了六十一天。仁宗长女（1039—1070），封兖国公主，英宗进封越国长公主，神宗进楚国大长公主。

12 《宋史》卷二四五《宗室·濮安懿王允让传》，8708页。

13 苏辙《龙川别志》卷下。

14 《续资治通鉴长编》卷一八二,4406页。

15 《续资治通鉴长编》卷一八二,嘉祐元年五月甲申,4406页。《续资治通鉴长编》卷一九五,嘉祐六年十月壬辰条有对这件事的简单回顾,4727页。

16 《续资治通鉴长编》卷一八二,4406页,记载:"参知政事王尧臣之弟纯臣为王府官,数与尧臣言宗实之贤,尧臣以告彦博等。彦博等亦知宗实帝意所属,乃定议,乞立宗实为嗣,既具稿,未及进而上疾有瘳,其事中辍。"

17 《续资治通鉴长编》卷一九七,4777页。

18 《续资治通鉴长编》卷一九七,4777页。

19 治平元年闰五月,英宗亲政之后富弼的回忆,《续资治通鉴长编》卷二〇一,4879页。

2
帝后·母子·天下

皇帝的怪病

英宗的病看起来真的是很严重。从嘉祐八年（1063）四月初四犯病，到二十四日，整整二十一天，皇帝都没有离开病榻。"丧皆礼官执事"，仁宗丧礼的一应事务都是礼官在操持举行。按照礼仪，英宗是孝子，是整场丧礼中那个最悲伤的人，所以，群臣要向他表示慰问，这叫"奉慰"。奉慰仪式倒是举行了，实际情况却是"群臣奉慰，则垂帘不坐"。¹群臣向皇帝的宝座表示慰问，宝座前垂着帘子，帘子后面、宝座上头却没有坐着皇帝。这是英宗第一次"病休"。

四月二十五，仁宗大祥，英宗终于亲自出来行了礼，还让人卷起帘子，接受百官的慰问，并且在三天之后"临朝听政"。司马光本来以为，英宗从此就可以正常履行皇帝的权力和责任了。但是，谁都没有想到，到了六月初三，"上复以疾不出"，再次病休。正常的朝会、听政活动再次中断，国家大事又只好靠皇太后隔着帘子跟宰相大臣们商量决策。皇帝跟外界的唯一联系就只剩下了与两府大臣的例行会面。

根据宫里传出的消息，英宗是个奇怪的病人——他拒绝吃药，"传闻太医所上汤剂，鲜用服饵"，²基本不吃。

宰相韩琦当面领教了英宗的怪症。韩琦奉召进宫觐见曹太后和英宗，正赶上英宗的服药时间。发病之后，英宗搬到了柔仪殿东阁的西室居住，而太后住在东室，以便监督英宗服药。³英宗在榻上半躺半卧，紧闭双唇，看都不看药杯。曹太后坐在一旁，冷着脸，气急无奈。韩琦见状，只好"亲执药杯以进"，亲自拿着盛药的杯子喂给英宗。英宗"不尽饮而却之"，没喝完就推开药杯。这一推显然是用了力的，杯子里的药汤洒了，洒在了韩琦的官袍上。曹太后赶紧命人取出袍服来让韩琦换上。宫里的男人衣服，多半是仁宗的旧物，韩琦哪里敢穿？

正推辞间，曹太后忽然叹道："相公实在是太不容易了。"

相公不易，太后岂不是更难？如此说来，皇帝实在是不讲道理极了。太后这话，分明是谋求共识的意思。韩琦低着头，以沉默作答。药杯推挡之际，他与英宗刹那目光交会，分明看见英宗眼底的委屈、隐忍和不安——皇帝不信任太后的宫廷为他煎的药，换言之，皇帝对自己的人身安全心怀忧惧！

从韩琦那里没能得到响应，曹太后又转向了英宗的长子、十六岁的仲针，对他说："你为什么不自己劝劝你爹呢？"

仲针当然就听话地拿起药杯，继续劝进。可是英宗连眼皮都不肯再抬起。⁴

英宗的病是对内不对外的。面对太后，他癫狂、无礼，"时出语颇伤太后"；⁵对于那些在仁宗后期跋扈一时的宦官，他的态度极不客气，"其遇宦官尤少恩，左右多不悦者"⁶。于是乎，宦官们成群结队跑到曹太后跟前说他的坏话，曹太后与英宗的关系越来越僵。

有关英宗行为失当的流言蜚语不断越过宫墙，流向开封的茶楼酒肆、桥头街市。越来越多的人开始怀疑英宗南面为君的能力。本朝以孝治天下，这样一个病恹恹、连自己的行为都无法控制的悖逆之子，又怎能担当起治理天下的重任？

喊喊喳喳的窃窃私语甚至蔓延到了朝堂之上，大臣之中也出现了怀疑和摇摆。面对质疑的声浪，韩琦说："岂有殿上不曾错了一语，而入宫门即得许多错！固不信也！"[7]这一句话，声音不大不小，语气坦然坚定，一时之间，解了很多人的惑。

韩琦可以在外面维护皇帝的形象，却无法深入后宫去缓解皇帝与太后的关系。曹太后对英宗的耐心越来越少，甚至竟然对着宰相大臣出口抱怨了。该怎样应对？

韩琦丝毫没有犹豫，开口就说："臣等只在外见得官家，内中保护，全在太后。若官家失照管，太后亦未安稳。"皇帝在宫里面好不好，全靠太后保护周全。不把皇帝照顾好，只怕太后也难以安稳吧！

这是什么话？！韩琦竟然这般犀利露骨，曹太后的心理准备显然不足。她像是小孩子碰到了滚水，慌忙回应道："相公是何言！自家更切用心。"

不想韩琦步步紧逼，竟又接口道："太后照管，则众人自然照管矣。"众人，指的是宫里的宦官、女官。

这一下，轮到曹太后沉默以对了。

这番对话，让所有在场的大臣都为韩琦捏了一把汗。退下来之后，有人问他："跟皇太后这么说话，不是太过分了吗？"韩琦回答："不如此不得。"[8]

泥塑皇帝

英宗的第二次病休，从六月初三开始，一直延续到七月十三，共计四十天，比第一次长了一倍。七月十三，英宗初次驾临紫宸殿，接见文武百官，举行起居大典。[9]这是英宗自六月初三发病之后第一次与百官相见。除二府大臣之外的大多数官员，包括谏官司马光都是自六月初三之后第一次见到皇帝。这四十天来，流言漫天，人们甚至怀疑皇帝的生死。此番重见，君臣双方都是百感交集，皇帝流了泪，司马光也是泪眼蒙眬。

七月十三，起居大典结束之后，英宗转入垂拱殿，轮流接见宰相府、枢密院等重要机构负责人，讨论政事。五天之后，英宗首次接见契丹使者，并且恢复接见新任及离京中高级官员。这些虽然都是礼仪性的活动，但是礼仪之中从来都蕴含着权力。皇帝在向邻国契丹和掌握实权、实际管理国家的中高级官员展示自己的存在和权力。进入八月，英宗的办公时间延长到午后。[10]表面上看起来，英宗基本上已经开始正常办公，履行皇帝之职。从首都开封到河北边境，闻知此事的官员百姓都松了一口气。可是，作为谏官的司马光却越发不安了，因为，他离皇帝很近，能够看到更真实的细节，而他所看到的英宗皇帝的实际情况，距离正常履职实在还差得太远。

司马光发现，英宗虽然已经开始正式视朝听政，但是却不肯说话，"群臣奏事，一无可否"，"独于万几，未加裁决"。[11]人是一本正经地坐在宝座上了，可是什么主意也不拿，什么判断也不做。简直像泥塑木胎一般！

这样的皇帝，实在是让人感到不安。它让司马光很容易就联想起仁宗晚年的情形。可是，那究竟是不一样的。仁宗晚年的沉默，是因为身体状况不允许，中风之后言语艰难。眼下，当今圣上"御殿听政，已遵旧式。出入起居，皆复常度"。明明是可以正常工作了，为什么却不肯拿主意，行使权力？司马光上疏直言，"臣窃惑之"。[12]同样察觉到英宗状况异常的，还有御史中丞王畴，他的表述方式比司马光更为直接，王畴反问，难道皇帝是"有所畏忌而不言"吗？[13]

司马光的"窃惑"之叹，王畴的"畏忌"之问，表面上是在追问皇帝，实际上剑指后宫，直逼曹太后。台谏官与两府大臣在打配合，敦促曹太后调整态度。母子失和已经不是传说，作为儿子，特别是过继儿子，英宗在孝道伦理中处于下风，无法直接对太后表达不满。他的沉默即是抵抗。

诈孕奇案

九月间，宫中又传出一桩奇案。

九月二十一日，皇太后下旨，宫中贵妇永昌郡夫人翁氏降一级，她的"私身"（女奴）韩虫儿发配到尼姑庵带发修行。这则看似简单的处分决定背后所隐藏的离奇案情，则令开封政界目瞪口呆。

翁氏降级是因为受了韩虫儿的牵连，而韩虫儿这个卑微的女奴究竟能犯下什么样的过错，值得皇太后亲下教旨处分，甚至震惊开封政界呢？

在此之前，韩虫儿一直宣称，她肚子里怀了仁宗皇帝的龙种！

她说,有一次,她去打水,仁宗皇帝看见有一条小龙沿着拴水桶的绳子爬了上来,这条小龙只有仁宗看见,旁边的人都没看见。仁宗觉得这是生儿子的吉兆,就召幸了韩虫儿,又留给她一个金钏做表记。然后,韩虫儿就怀孕了——至少是她觉得自己怀孕了。到得九月,仁宗皇帝已经驾崩五个月,韩虫儿肚子里的龙种也早该呱呱坠地了。可是,竟然一点动静也没有!九月十七日,太后下旨,传召产科医官十人、产婆三人入宫验看,并将韩虫儿身边的三名宫女送内侍省盘问,真相终于大白。

调查的结果很简单,打水的故事是韩虫儿想象出来的,仁宗根本没有召幸过她。就像大部分幽闭宫中的女子一样,这个可怜的小女奴做着被皇帝临幸的美梦,她用想象做大了肚子——很可能是得了某种怪病,比如心包炎、肝部肿瘤,[14]骗过了别人也骗过了自己,结果是镜花水月一场空忙。韩虫儿撒了这样一个弥天大谎,理由却简单得可怜。她想要不挨打,每天都有好吃的![15]

韩虫儿诈孕事败露之后,曹太后通报了宰相。宰相们都主张处死这个不知天高地厚的女奴。曹太后反对,她说:"把虫儿安置在尼姑庵里,目的就是要消除宫里宫外的怀疑。如果杀了虫儿,那些不知情的人必定会以为她真的生过皇子!"[16]

毫无疑问,在韩虫儿的处置问题上,曹太后的方案更稳妥。但是,当司马光等人仔细回想韩虫儿事件的整个过程时,却不能不为英宗捏了一把冷汗。韩虫儿怀孕是得到了曹太后肯定和保护的,自从虫儿自称有孕,太后就派了宫女专门照顾她,还每天拨给二千铜钱让她购买可口的食物。[17]换言之,在诈孕被揭露以前,曹太后、翁夫人以及所有的知情人应当都认为,韩虫儿的肚子里仍然保留着仁宗最后的骨血。也就是说，如果那是个男孩，他就应当是仁宗的独生子，是仁宗当之无愧的继承人！说得再直白一点，从四月到九月，在英宗即位这五个月的时间里，韩虫儿的肚子里一直隐藏着对英宗皇位最大的威胁，而那个威胁是曹太后所允许的！曹太后究竟意欲何为?！当然，也许曹太后绝无恶意，她只是作为仁宗的妻子和仁宗大家庭幸存的女性家长，本能地保护仁宗的龙裔。然而，当英宗与曹太后的关系恶化之后，就不由人不做邪恶的猜想了。

诈孕奇案所引发的邪恶猜想，很快就在现实中得到了可怕的印证。

十月末，昭陵复土，仁宗入土为安。[18]山陵使韩琦使命已毕，从巩县赶回开封，在政事堂里还没有坐稳当，太后就派宦官送来了一包密封的文书。韩琦打开一看，里面全是英宗所写的流露着怨气的歌词，以及一封长长的英宗所犯过失的清单。当着来人的面，韩琦面无表情地把这些东西全都烧成了灰，然后对来人说："请你覆奏太后，太后常常说官家现在心神不宁，所以，他有些出格的语言、举动，又有什么好奇怪的呢！"

第二天，太后隔着帘子痛哭流涕、一五一十地数落英宗的不是，最后说："我老太太简直没有活路了，相公得给我做主啊！"韩琦回答得极干脆："这是因为生病的缘故，病好了，就不这样了。儿子生病，母亲怎么可以不容纳他呢?！"这番话把老太太噎得很是不高兴，倘若没有参知政事欧阳修（1007—1072）从旁劝解，赞美曹太后一贯大度，非寻常妇人可比，只怕曹太后真要当面翻脸。然而，欧阳修也只是话语柔软，态度却是跟韩琦一样，丝毫不肯退缩。他接下来的一席话，又说得老太太无言以对了。欧阳修说什么？"仁宗皇帝在位时间久，恩德润泽,天下信服。所以仁宗皇帝晏驾之日,天下秉承他的遗命,尊奉爱戴他所选定的皇子继承大统,没有人敢说一个'不'字。如今太后深居宫中,我们也不过是五六个措大(读书人),一举一动如果不符合仁宗的遗意,天下又有谁肯听从?"[19]这就等于向太后明言,宰相支持皇帝,皇帝不可以动摇!

帝后·母子·天下

在宰相那里得不到安慰,曹太后就转向了枢密院。枢密院和中书是分班奏事的,所以,曹太后有机会跟枢密使们单独接触。老太太哭诉说:"无夫孤孀妇人,无所告诉。"她说自己是一个没了丈夫,也没有儿子的可怜的寡妇,满心的委屈不知向谁诉说。堂堂太后,天子之母,以天下养,竟然像一个普通寡妇老太太一样抹着眼泪。富弼、胡宿、吴奎几个听了,都觉得鼻子发酸,[20]可是除了劝老太太放宽心,也更无他辞——在维护英宗皇位的原则问题上,他们和宰相们并无二致。

为了维护政权的稳定,二府大臣选择了维护皇帝,结果是冷落了太后。而太后则牢牢地把持着垂帘听政的权力,不肯撒手。亲情无处着落,老太太怎么舍得放弃这最后的护身符?!可是,皇太后与皇帝的关系终归不是普通母子,也不是寻常对手。他们的关系实在不同一般。对此,司马光有着最到位的阐述:

臣愚窃惟今日之事,皇帝非皇太后无以君天下,皇太后非皇

> 帝无以安天下，两宫相恃，犹头目之与心腹也。

这是六月二十三日，英宗第二次病休二十天之后，司马光给皇太后及皇帝的上疏中的文字。这段话道出了英宗与皇太后之间关系的真谛：第一，"皇帝非皇太后无以君天下"，若没有皇太后的支持，皇帝就没办法君临天下——选择皇帝为继承人的是先帝，在先帝死后扶助皇帝登上皇位的是皇太后。皇帝继承大统的合法性来源于先帝和皇太后，而皇帝的继续统治则需要皇太后的持续支持。因此，皇帝应当感恩，勉力做先帝和太后的孝子，此外别无他途。第二，"皇太后非皇帝无以安天下"，若没有皇帝，皇太后也不可能安定天下。皇帝已经即位，其合法性受到大宋列祖列宗的承认和天下臣民的拥戴，皇太后想要抛开皇帝另起炉灶，是不可能获得承认的！皇太后必须接纳皇帝这个儿子，此外亦无他途。最后，综上所述，"两宫相恃，犹头目之与心腹也"，皇帝和皇太后之间，是相互支撑的关系，只能改善，不能恶化。这封奏札，司马光是同时上给皇帝和皇太后两个人的。他希望他们勘破利害，从大局出发，尽释前嫌，和衷共济。

皇帝与皇太后两下里纠结撕扯的，是个人情感。而司马光所说的，是道理，是形势，是格局。形势比人大，个人若不肯委屈情感，服从于形势格局，到头来只能是两败俱伤。问题是，人在伤心时，哪里还顾得上形势格局？

英宗的病不是无源之水，曹太后的伤心也有根有据，理由充足。

曹太后实在想不通，英宗为什么会这样对她。他们本来渊源至深，有过短暂的母子情分。景祐二年（1035），四岁的英宗入宫时，曹太后二十岁，是前一年仁宗刚刚以盛礼册封的皇后，仁宗的一生至爱——张贵妃还没有出现,仁宗和皇后关系融洽,曹皇后在尽力掌管后宫,也盼望着自己能为仁宗诞下一子。对于这个进宫"招弟"的小男孩,曹皇后心里喜欢,照顾有加。[21]

曹太后更想不通,英宗的高皇后(1032—1093)为什么竟然也冷待她。她们可是如假包换的至亲骨肉。高皇后的母亲是曹太后的亲姐姐,她是曹太后的外甥女兼养女——这个跟英宗同岁的女孩,小名滔滔,同样也是四岁入宫,养在姨妈的身边,长大之后才出宫。

英宗和高皇后的婚姻大事,更是曹太后与仁宗一力操持的。那时候,英宗还是濮王府的老十三宗实,高家的滔滔还是一个聪明温顺、不解世事的小女孩,曹太后还是曹皇后,仁宗和曹皇后的关系也还融洽。仁宗和曹皇后对坐闲谈,宗实和滔滔在旁玩耍,活脱脱是一双好儿女。仁宗看着有趣,对曹皇后笑说:"将来一定把这两个小的配成一对儿!"曹皇后微笑颔首。这样的话,仁宗说过好多次,直说得滔滔羞红了脸,直说得宗实的眼睛再也不好意思望向滔滔。

转眼到庆历七年(1047),宗实和滔滔满了十六,大家都以为仁宗早已忘记了当日的戏言。可是,有一天,他忽然对曹皇后说:"咱们夫妇都老了,也没个儿子。从前养在宫里的十三和滔滔都长大了,我为十三,你为滔滔主婚,就让他们男婚女嫁,做成一对吧!"仁宗的恩典和情义,让曹皇后偷偷哭湿了两方绣帕。差不多七年了,张贵妃宠遇长盛,骄横跋扈,曹皇后隐忍避让,处处小心,简直恨不得把自己裹藏起来。如今,仁宗旧事重提,践行前诺,这对她,对曹家和高家,是多么厚重的恩典,而这一番荣耀,是张贵妃怎么样也夺不去的。曹皇后甚至觉得,之前再多的冷落寂寞,也都是值得的了。

曹皇后打点起十二分的精神,操办了宗实与滔滔的婚礼。英宗和高皇后婚礼的盛况,司马光当时在开封国子监教书,亲眼所见。多少年之后,开封人还在津津乐道。那是"天子娶妇、皇后嫁女",哪怕是公主皇子的婚礼,也没有这样的风光体面啊! [22]

人们都说,仁宗和曹太后选择过继英宗,那是"圣意素定"的,要不然,为什么要把他养在宫里,又为什么曹太后要把外甥女嫁给他?"此殆天命,非人力也。"[23]曹太后没有亲生子女,自小养在身边的高皇后就等于是她的女儿,是她的至亲骨肉!

可是,就是这样的一对好儿女,竟然在登上皇帝、皇后的宝座之后这样待她,英宗出语伤人,高皇后也不冷不热,他们凭什么?难道这就是人们所说的,过河拆桥,人心难测?!

万般委屈之下,为了自卫,曹太后的本能反应便是握紧权力,唯有那道帘子垂着,能够直接过问政事,代表着皇权的皇帝"符宝"还在手里,才能让她感到安全。[24]

1 《续资治通鉴长编》卷一九八,4804页。

2 《续资治通鉴长编》卷一九八,侍御史吕诲上疏言,4811页。

3 《续资治通鉴长编》卷一九八,四月壬午条,4797页。

4 《续资治通鉴长编》卷一九八,4811、4812页。

5 《续资治通鉴长编》卷二〇二,4893页。

6 《续资治通鉴长编》卷一九八,4815页。

7 《续资治通鉴长编》卷一九八,4815—4816页。

8 《续资治通鉴长编》卷一九八,4815页。

9 "百官大起居每五日举行,又称五日起居,在紫宸殿或垂拱殿举行。""每天一早,皇帝御垂拱殿,首先接受到场'宰臣、枢密使以下要近职事者,并武班'的行礼朝拜,称为常起居。"英宗此番御紫宸殿,应当属于五日起居。赵冬梅《试论宋代的阁门官员》,《中国史研究》2004年第4期。

10 《续资治通鉴长编》卷一九九,4825页。

11 《续资治通鉴长编》卷一九九,4825页。

12 《续资治通鉴长编》卷一九九,4825页。

13 《续资治通鉴长编》卷一九九,4828页。

14 大河网2013年1月23日报道《少女因"心病"挺着大肚子十五年》,http://newpaper.dahe.cn/dhb/html/2013—01/23/content_843370.htm?div=—1,2014年9月1日查询。

15 《欧阳修全集》卷一一九《奏事录》,1842页。

16 《续资治通鉴长编》卷一九九,嘉祐八年九月己未条,4827页。

17 《欧阳修全集》卷一一九《奏事录》。

18 《宋史》卷一三《英宗本纪》:"冬十月甲午,葬仁宗于永昭陵。"255页。

19 《续资治通鉴长编》卷一九九,4838页。

20 《续资治通鉴长编》卷二〇一,4880页。当时的枢密使一共两位,富弼之外,还有张昇,但是富弼并未提到他,张昇可能在休病假。《宋史》

卷二一一《宰辅表二》："张昇，嘉祐六年（1061）闰八月除枢密使，治平二年（1065）七月，以疾辞。"5480、5482页。

21 《宋史》卷二四二《后妃上·慈圣光献曹皇后传》。

22 《续资治通鉴长编》卷一九八，4804页。[宋]邵伯温撰，李剑雄、刘德权点校《邵氏闻见录》卷三，中华书局，1983年1版，20页。

23 《邵氏闻见录》卷三，20页。

24 符宝在太后手里，见《续资治通鉴长编》卷二〇一，御史龚鼎臣、傅尧俞、吕诲的批评，4877页。

3
强撤帘

曹太后的权力欲

在韩虫儿诈孕案之后，英宗与曹太后之间的矛盾已经是公开的秘密。而士大夫集团的态度明显倾向于皇帝一边，韩琦和欧阳修早已向太后明示，皇帝是绝不能换的。英宗皇帝的病，在获得士大夫集团的明确支持之后，也渐渐好转，从嘉祐八年（1063）秋天起，他已经可以做到隔天办公，早起在前殿跟宰相大臣处理大事，吃完饭之后在后殿处理其他事务。

皇帝已经表现得像是一个能力完整的皇帝，可是，皇太后的帘子还在内东门小殿的御座前挂着。两府大臣退朝之后，还要到内东门小殿去，隔着那道半透明的帘子，向太后汇报情况。太后对于具体政务，其实并没有多少实质性的干预。只是，这一道手续——哪怕只是一道手续的存在，却分明让皇帝不像个囫囵皇帝。英宗的不耐烦是显而易见的；多数大臣也感到气闷。那么，太后的帘子何时能撤？又如何撤法？

《宋史·曹皇后传》所描述的曹太后，权力欲是非常淡泊的。她虽然迫不得已出面主持大局，但是非常尊重大臣，每当大臣奏事遇到意见不能统一、有疑义的，曹太后就会说"你们几位再商量商量"，从来没有自己拿过主意。后来，英宗的病好起来，她立刻下令撤帘还政,倒是英宗皇帝舍不得她,"持书久不下",从夏天一直拖到秋天,才实行撤帘。[1]

这当然是后来的粉饰。史书当中多的是这样的谎话,有时候甚至一篇之内都不能自圆其说,比如,《宋史·曹皇后传》在"她从来没有自己拿过主意"的后面,紧接着就说"曹太后对于经书和史籍涉猎颇多,常常引经据典来决策。朝廷内外每天奏上来的报告有几十篇,她每一篇都能记得大概"。[2]这哪里是"从不拿主意"的样子?!

论家世背景、论个人经历,曹太后都应该懂一点政治。这位曹皇后是仁宗的第二任皇后,开国元勋曹彬(931—999)的亲孙女。曹彬何许人也?宋朝最成功的武官之一,职位最高做到枢密使,还获得了节度使兼名誉宰相的头衔。此公为人,谦虚低调,懂得藏锋。宋朝消灭南唐小朝廷——就是著名的"春花秋月何时了"李煜的政权——战役的总指挥就是曹彬。他灭了南唐回开封来向太祖皇帝复命,那么大的功劳,报告书上的署衔却只写七个大字"奉敕江南干事回"![3]——奉皇帝的命令到江南出差回来了!低调务实,谨慎到极致,这就是曹氏家风。

论个人经历,曹太后是经过真磨砺的。她十八岁入宫,十九岁被仁宗以盛大典礼册封为皇后。这是宋朝开国以来第一次举行皇后册典,多年以后,宫中老人还在津津乐道它的无限风光。可是,这风光的皇后日子并不如意,她跟仁宗做了二十九年夫妻,却没有一次生育记录,而仁宗身边一直是内宠不断。仁宗最宠爱的张贵妃甚至曾经当面向曹皇后借华盖,要打着皇后的华盖出去玩。华盖是什么?那是皇后的仪仗,是皇后身份地位的标志!而张贵妃竟然敢开口来借。更令人意想不到的是,曹皇后竟然就大大方方地同意了。到最后,还是仁宗觉得不妥，拦住了张贵妃。⁴曹皇后的心胸，曹皇后的克制，可以想见。

只是这样大度、朴素、懂道理的女人，仁宗却未必喜欢。仁宗晚年，和曹皇后之间的关系是非常紧张的。嘉祐元年（1056）正月中风之后，仁宗曾经有一次突然跑出来，大叫"皇后与张茂则谋大逆！"张茂则是个宦官，跟曹皇后关系很好，而仁宗则一向不喜欢他。闻听此言，张茂则立刻找了根绳子往房梁上一拴，要上吊自杀，还好被人及时发现，没有死成。宰相文彦博（1006—1097）闻知此事，咬着牙根儿对张茂则说了一句话："你要是死了，让皇后还怎么活?!"听到这个话，不单是张茂则，所有在场的人都吓出了一身冷汗。自此之后，一直到嘉祐八年（1063）初仁宗去世，在超过八年的时光里，曹皇后再也不敢随随便便到仁宗跟前去了，⁵她只是名义上是后宫之主。

家传的低调务实，加上二十九年宫中磨砺所养成的隐忍顽强，造就了曹太后。出来垂帘听政也许只是偶然，只是出来之后，则难免恋栈。尤其是当母子、婆媳关系都变得高度紧张之后，曹太后当然不愿意轻易放弃权力。

士大夫的选择

可是这件事情，却由不得曹太后。士大夫集团的方向是明确的，皇帝不能动摇，太后必须撤帘，只是此事急不得，必须寻找合适的契机。当务之急，是确立皇帝的领导地位——皇帝必须表现得更像一个皇帝。

嘉祐八年（1063）十二月，在司马光的劝说下，皇帝的御用读书会——经筵正式开讲，他在跟最优秀的儒家学者学习、讨论儒家经典和历史经验。同月，皇长子仲针（已经改名"顼"）正式出阁，搬出宫城单住，这是建立太子的预备步骤。其目的，是明确英宗一系的正统地位，"以固根本，旁绝窥觎"。[6]就这样，在士大夫的拥护庇佑之下，到了治平元年（1064）四月，英宗平稳度过了即位周年。皇帝已经履新满周岁，按照常规在殿上接见朝臣、处理政务了，而皇太后却仍然坐在帘子后面，重要决定仍然需要宰相大臣们到帘前禀告。虽然皇太后通常并不干预决策，但是这道手续对于皇帝的最高领导人形象，毕竟是一种损害。如何才能进一步确立皇帝的领导人形象呢？

四月十一日上朝的时候，权御史中丞王畴（1007—1065）提出建议，让皇帝出宫，在开封城里公开露面。这个主意让英宗感到十分兴奋，他立刻下令太常礼院制定相关服装、仪仗——毕竟，仁宗的三年丧期未满，还是要谨慎从事的。礼院的建议很快出台，随驾人等不得穿锦绣、红色，一应器物都用浅淡颜色。一时之间，整个朝廷都迷上了这个想法，宰相大臣，还有司马光等几位谏官纷纷附议。就在这个时候，英宗突然想起来："这事应当跟太后商量商量。"

听到韩琦的报告，曹太后在帘子后头沉吟了一会儿，说："皇帝的病刚刚好一点，恐怕不方便出去吧。"这摆明是不愿意皇帝出去的意思。

韩琦大大方方地回答说："皇帝自己觉得出去没问题了。"

太后又沉默了一会，说："现在那些素色的仪仗都不齐全，还是再等等吧。"

韩琦说："这是小事，不难办的。"[7]

曹太后很不愿意英宗出去，可是，又实在不能直接反对，只好下令有关部门挑几个好日子来选看。于是乎，英宗的出巡计划就悬在那里，三天不出，五天、六天，还未出来。有人觉得这事儿恐怕是要泡汤了，毕竟，太后的态度是不愿意的。

说起来，这也怪王畴的建议太模糊，他并没有明确建议究竟以何种名义出去。

七天之后，四月十八日，司马光上疏，打破了沉默。他首先重申了英宗出巡的必要性和重要性："陛下即位已过周年，京城百姓还没听到过皇帝的声音，之前圣体不安，远方之人无知妄说，谣言未息。倘若听说皇帝出巡，所有的疑惑都会释然冰消，天下必然欢欣鼓舞。"

接下来，司马光为英宗的出巡提供了一个具体的目标——求雨。"何况今春少雨，麦田枯旱，播种困难，仓储空虚，百姓饥愁。陛下为民父母，应当忧百姓之忧，苦百姓之苦，向众神祈祷，求天降甘霖，怎么可以安然漠视百姓的饥愁，而不感到愧疚呢?!"祈雨，是天子的责任。皇帝不得不出，皇太后不得不放！

最后，司马光干脆利落地捅破了"择日出行"这层窗户纸："皇帝只是短暂出行，而且近在京城之内，又何必死守瞎子术士的话，非要挑个好日子，却忘了万民朝夕之急，这恐怕不符合古代圣王的遗意。我愿陛下从圣心出发，做出判断，就在这一两天之内，及时出巡，为民祈雨，以顺应天下万民的敬仰期待！"[8]

司马光上疏十天之后，四月二十八日，英宗终于出得宫来，到相国天清寺和醴泉观祈雨，开封"士庶欢呼相庆"。[9]

强撤帘韩琦逞担当

英宗出巡,接受开封士庶的欢呼拥戴,以具体而形象的方式表现了"君临天下"的能力和气度。曹太后的帘子没有理由不撤了。

然而,按照正常的政治伦理,撤帘的话绝不能由英宗来说,也不能由宰相大臣来说。最体面的方式,是要老太太亲自开口,主动求退。只是,怎么样才能让老太太主动说出"撤帘"的话来?

韩琦自有妙计。在庆历一代的政治家中,韩琦的政治执行力绝对是第一流的。他先考了英宗一场,一口气拿了十多件事情来请英宗裁断,英宗"裁决如流,悉皆允当"。

拿到了英宗漂亮的答卷,韩琦对另一位宰相曾公亮(999—1078)和两位副宰相欧阳修、赵概(996—1083)说:"仁宗皇帝入土为安之日,我本来就应当请求退居的,可是当时皇帝的身体欠佳,所以才拖到了现在。如今皇帝能够这样孜孜不倦地应对处理军国大事,实在是天下的福泽。我也可以放心求退了。等一会儿到了太后帘前,我要先禀明太后,请求回河北老家去当个地方官。此事,还要请各位大人赞助成全。"

首相求退,慰留是必须的,次相曾公亮与两位参政欧阳修、赵概交换了一个眼色,曾公亮代表大家说:"朝廷怎么可以没有韩相公呢?您是朝廷的中流砥柱,先帝托孤顾命之臣,您可万万不能退啊。"

话虽这么说,他们还是痛快地答应韩琦,以请求退休的名义,给他一个和皇太后单独谈话的机会。

三位宰执都隐隐地感到了兴奋和不安,韩琦怕是要有所行动了。

到了约定的时辰,中书的四位领导人集体来到太后帘前。见礼已毕,韩琦隔着帘子呈上了英宗批示的文件,又隔着帘子解释,英宗的处理是如何的妥当。太后也是一边看一边连连说好,听起来心情似乎不错。时辰已到,按照事先的约定,曾公亮、欧阳修、赵概退出,韩琦单独留下来,向太后请求退休。

内东门小殿里出现了短暂的沉默,只有风吹动帘子的声音。

太后当然明白韩琦的用意,她说:"相公安可求退?老身合居深宫,却每日在此,甚非得已,且容老身先退。"在此之前,类似"且容老身先退"的话,太后也是说过的,但是每次,只要皇帝、宰相客气两句,太后也就收回成命,"勉为其难"地继续垂帘了。照道理,就算是太后亲笔诏书求退,皇帝、宰相也是要适当挽留的。太后求退、皇帝慰留,这就是政治的礼文,是必须的虚文。

可是,让曹太后万万没有想到的是,她的话音还没有落地,韩琦立刻稳稳地接住话茬,颂扬太后不贪恋权势,比历史上那些著名的贤后都要贤德。例行的颂歌唱完,韩琦话锋一转,说道:"其实早有台谏官上疏请求皇太后还政给皇帝了,所以太后此心也是顺应众意。只是不知道太后打算哪天撤掉帘子呢?"

这最后的一句话,每一个字都像是一记重槌敲在鼓面上,曹太后只觉得心慌耳震,头晕目眩。

按照李焘(1115—1184)的记载,闻听此言,"太后遽起,琦厉声命仪鸾司撤帘,帘既落,犹于御屏微见太后衣也"。[10]仪鸾司是负责宫廷陈设布置的机构。

太后突然站了起来,而就在太后起身的一刹那,韩琦厉声命令仪鸾司撤帘。帘子落下去之后,还能从屏风后面看见太后的裙角!

这一幕该怎么解读?"遽"的意思可以是"急,仓促",还可以是

"慌张"。太后突然站起来的本意,是打算接受韩琦的建议撤帘呢,还是对韩琦的冒犯感到紧张愤怒?不管怎么说,太后站起来了。而韩琦则在太后起身的那一瞬间对于"太后遽起"这个动作做出了"太后决定撤帘"的解释,然后立即厉声下令撤帘。

看到仪鸾司的官员真的动手拆帘子了,太后惊呆了,或者说吓傻了,她怎么也不会想到,韩琦竟敢如此,当真是无礼之极。可是,没有了帘子的遮挡,皇太后一个女子,怎好在男人面前抛头露面?羞愧让皇太后本能地逃向了屏风,寻求安全的遮挡。

就在帘子落下来的那一刻,太后还没有完全绕过屏风,韩琦还有在旁边侍奉的官员、宦官都能看见她的裙角。[11]

问积弊英宗展抱负

就在韩琦逼迫曹太后撤帘的第二天,治平元年(1064)五月十三日,宫中传出太后手书,宣布还政于帝。从这天起,曹太后不再与闻军国事务,退居后宫,颐养天年。[12]然而,仁宗皇帝传下来的皇帝符宝,太后却迟迟不肯交出。"符宝之重,与神器相须",是皇权的象征。"久而未还,招惹议论,臣等私心为太后感到惋惜。太后应当告诫管事太监,尽速归还御用之宝,不可缓也!"御史们对皇太后晓之以理,动之以情,"符宝未归于皇帝,这定然不是皇太后殿下的本意。何以见得?太后于国政尚且不愿久掌,又哪里会眷恋淹留符宝呢?!"还政手书颁布二十多天后,在御史们的咄咄追逼下,太后这才交出了符宝。[13]

帝位、决策权和符宝合为一体,英宗终于实现了对皇权的全面掌握,而这时,距离他即位已经过去了一年零两个月。

开封的老百姓最是消息灵通,任店的羊羔美酒一时销量大增;南城的清风楼宾客盈门,青杏和酒都供不应求了;鞭炮声一宿都没有停歇,吵得人无法入睡;武成王庙前海州张家胡饼铺的伙计们早起干活的时候,一个个都是哈欠连天,而又满脸兴奋。

太后还政三天之后,五月十六日,英宗问宰相大臣:"积弊甚众,何以裁救?"[14]这是英宗皇帝的第一问,这一问中蕴含的政治信息是丰富的。它让很多人立刻想到了庆历新政未完成的改革事业,以及嘉祐时期富弼、韩琦等人的积极努力。看起来,长期压抑、谨言慎行的"备胎皇子"终于获得自信,就要大干一场,清除积弊,革新政治了!天下宋人翘首以待。

司马光的隐忧

就在英宗发出"积弊甚众,何以裁救"之问、众人欢欣鼓舞要迎接新气象的当口,司马光却对新皇帝的修身治国之道表达了隐忧。五月十八日,司马光上书,提醒皇帝"治身莫先于孝,治国莫先于公",[15]修身当以孝道为先,治国当以公正为先。所谓孝道为先,说的是皇帝、皇后对待皇太后的态度——皇太后把权力交出来,心中已难免有失落感,太监宫女最是小人势利,万一有人望风承旨,对皇太后侍奉懈怠、供给有缺,那么天下之人必然会误以为这是皇帝陛下的旨意,以皇帝陛下为不孝。因此,司马光建议:"陛下不如将管理宫中的权力交给皇太后,禁廷之内,取舍赐予,不管大事小事,都禀报过皇

太后再办,陛下与皇后绝不自作主张。"¹⁶

所谓公正为先,是要英宗撇开个人恩怨,超越旧日扰攘,做一个公正的皇帝。司马光说:"陛下发迹于宗室,入继大统,从潜龙跃起,到飞龙在天,这中间历经艰辛,饱受磨难,旧恩宿怨,岂能完全没有?然而陛下如今已是皇帝了,就不能再把这些恩怨放在心里,以免有损思虑的纯正。"皇帝必须公正,才能依凭理智作出相对正确的判断,这是皇位对皇帝个人的要求。然而,眼前的这位皇帝,却是受尽了委屈压抑,从暗夜的尘灰泥淖中爬出来的,他能否仍然保有一颗公正豁达之心?司马光心怀隐忧。

事实证明,司马光的担忧绝非无根之水。新颁布的皇太后待遇诏书竟然明确规定:皇太后如需调用任何物资,都要经过皇帝批准,有关部门必须看到皇帝的御宝,才能供应。也就是说,万一管事的懈怠,有关部门办事不灵活,那么只怕皇太后情急之下,想要些药品果饵、日用器皿之类不值钱的小东西,都不能及时获得。如此一来,必然让太后伤心,损害陛下以天下奉养太后的情义。在儒家"修身齐家治国平天下"的伦理秩序当中,"修身"是起点、是基础,"治身莫先于孝"。英宗已经遭遇"疏母弃妹"的批评,实在不能再犯此类错误了。见此诏书,司马光再上一札,恳请皇帝给予皇太后最高级别的物资调用自由,"皇太后要取用什么,就让太后宫里管事的直接行文给有关部门,让他们限时办理,不得延误;就像陛下本人取用物资一样"。然而,司马光的这项请求,却并未得到英宗的有效回应。¹⁷

对于已经过世的仁宗和仍然在世的太后,英宗的心里已经积怨成毒,怨毒攻心,难以纾解。太后撤帘,英宗从此不管在形式上还是内容上都享有了完全的皇帝权力,国家秩序恢复正常。这是好事。可是,这整件事情的进行方式,却让司马光感到了深刻的不安。

首先,在司马光看来,韩琦的做法,固然果断而有效,却始终不够厚道。对于皇太后,有失尊重,有失公正。毕竟,皇太后是先帝的皇后、是今上的母亲!作为臣子,韩琦未免霸道了!宰相位高权重而行霸道,绝非大宋之福。而在这场政治变故当中,英宗又何尝没有损失?皇太后以这种方式被撤帘,怎么会甘心?纵然皇太后无力也无心反抗,可是母子关系继续恶化,对于皇帝的孝子身份终归有损。而抛却英宗是皇太后的孝子这一身份,皇帝有什么资格统治?

其次,司马光注意到,韩琦的做法在元老重臣之间看法并不一致。枢密使富弼初闻此事的第一反应是大惊失色。他对亲近的人抱怨说:"我也是皇帝的辅佐之臣。中书和枢密院各有分工,中书其他的事情,我不敢打听。这样的大事,韩公都不能跟我商量一下吗?"

有人传话过去,韩琦隔空回应说:"此事当时出太后意,安可显言于众!"撤帘是太后临时起意,怎么可能对众人明说呢?

这话传回来,富弼心中的愤怒简直无以复加。什么叫"众人"呢?富弼对韩琦,那是枢密使对宰相,大臣对大臣,论资历论交谊,怎么就泯然于"众"了?仁宗晚年,富弼是首相,韩琦为次相,共掌国政。宋朝制度,是宰相府与枢密院分掌民政与军事,彼此互不相知,各自对皇帝负责。但在当时,遇有大事,富弼、韩琦还是会私下里与枢密院沟通商量。后来富弼丁忧离职,韩琦升任首相。仁宗过世之后,富弼服满还朝,出掌枢密院。韩琦却是大事小事,从来都不与他商量,让富弼很不舒服。如今韩琦独断专行,以如此手段逼太后撤帘,万一有不测,将使富弼何以应对?

这口气,富弼咽不下,他追思往事,甚至对韩琦的人品产生了质疑。韩琦的首相位置，是富弼丁忧之后腾出来的。宰相丁忧，如果国事需要，是可以奉皇帝的命令移孝为忠，夺情起复的。可是韩琦早早地扬言"此（起复）非朝廷盛典也"，适用于战时，不适用于承平，这道理，富弼也同意。所以，尽管仁宗再三下令夺情，富弼还是坚持为母亲服丧三年。富弼去职之后，皇帝要升韩琦做首相。有人提醒韩琦，应当尽力推辞、虚位以待富弼服阕还朝。韩琦回答说："此位安可长保？等到富公服丧结束，谁知道我韩琦在哪里啊？若是辞了这首相的位子来等待富公，那才是想要长保此位呢！况且，你让我用什么理由来说服皇帝呢？"这个话，听到的人都觉得在理。富弼当时也觉得可以接受，可是看看韩琦现在的表现，富弼忽然发现，他还是认错了人！看起来，韩琦不止是性格果断，不拘小节，他是步步为营，处处为自己打算啊！[18]

大宋王朝的两位元老重臣，富弼与韩琦，从此心生芥蒂。

宰相专权，一人独大，士大夫内部分裂，绝非国家之福。这一点，不仅司马光，当时的很多台谏官都有所警觉。他们睁大了警惕的眼睛，密切关注韩琦、欧阳修的动向。台谏与韩琦、欧阳修之间，必将有一场正面交锋。当然，这是后话。对于司马光来说，当务之急，还是要促使皇帝改善与皇太后之间的关系。

为了帮助英宗调整与曹太后之间的关系，司马光连上三札，弹劾大宦官任守忠，其中最具体的罪名是"擅取奉宸库金珠数万两"贿赂英宗皇后，"教中宫为不顺，陷陛下于不义"；而更关键性的罪名是"交构两宫"——离间太后与英宗。最终，任守忠被英宗赶出了京城，蕲州安置。任守忠绝非良善之辈，但是，这个时候把他揪出来，多多少少还是有一些寻找替罪羊的味道。[19]

可是，替罪羊抓出来，英宗、高皇后跟曹太后之间就能够冰释前嫌、和好如初了吗？难！最易伤的是人心，最难愈的是心伤。英宗、高皇后去看望曹太后，几句场面话说完，老太太就要"送客"了。那么多的前尘往事、龃龉过节横在中间，两下里其实都已经很难捧出真心和热情。老太太其实是有理由埋怨的，英宗对待仁宗留下来的五位公主——他名义上的妹妹并不好，甚至让她们把房子腾出来，"易其所居，以安己女"，给自己的女儿住！[20]

权力已经让出，皇宫真的已经换了主人，曹太后所能做的，只能是继续隐忍，就像她在仁宗朝做皇后时一样。当然，按照礼法制度，曹太后仍然是皇帝的母亲，是皇帝孝顺的对象，是全天下最有福气的老太太。曹太后彻夜难眠，睁眼望向层层帷幕外雪白窗纸上透进来的微光，心里会想起谁？想到什么？！

失去了权力，曹太后到底意难平；得到了权力，英宗的心底又何曾得片时安稳？！司马光弹劾任守忠的第三札，总结了"任守忠十大罪状"。其第七、第八两罪，英宗默记于心，后宫无人之际，喃喃自语，反复吟诵，以至泪落沾襟。其第七罪云，"陛下既为皇子"，守忠每日于先帝之前离间百端，"使先帝为陛下之父，不得施为父之恩；陛下为先帝之子，不得展为子之亲"。其第八罪曰，陛下即位之后、皇太后听政之时，守忠"交构两宫，遂成深隙"，使皇太后虽有大慈之心，却不免对陛下心生疑虑；陛下虽怀大孝之意，却遭受了忘恩负义的毁谤。[21]英宗追思往事，从"备胎皇子"的冷落凄凉，到即位一年以来所遭受的种种危险冷遇屈辱，一幕幕，萦绕脑际，挥之不去。区区守忠何能为？说到底，还是先帝心怀犹疑；说到底，还是太后信任不坚。对于仁宗和曹太后，英宗的心是冷到底了，死灰不能复燃。

1　现代学者仍多抱持这一传统印象，比如张明华《从曹皇后的道德自虐看北宋中期儒学复兴对宫廷女性的负面影响》认为："作为当时社会妇女的懿范，宋仁宗皇后曹氏一生以遵守、维护伦理道德为己任，牺牲家庭幸福和政治上的独立性，既是受害者，也是卫道士，充分体现出北宋中期儒学复兴对宫廷女性的负面影响。"《浙江万里学院学报》2004年第1期。

2　《宋史》卷二四二《后妃上·慈圣光献曹皇后传》，8621页。

3　《宋史》卷二五八《曹彬传》，8980页。

4　《宋史》卷二四二《后妃上·慈圣光献曹皇后传》，8620页。

5　《续资治通鉴长编》卷一八二，4395页。

6　《续资治通鉴长编》卷一九九，开经筵在十二月己巳，4839页；淮阳王出阁在十二月乙亥，4849页；引文出自吕诲的奏疏，4837页。

7　《续资治通鉴长编》卷二〇一，4862页。

8　《续资治通鉴长编》卷二〇一，4864页。

9　《续资治通鉴长编》卷二〇一，4864页。

10　《续资治通鉴长编》卷二〇一，4866页。

11　"后犹未转御屏，尚见其衣也。"《邵氏闻见录》卷三，22页。这一细节，又见朱熹编《宋名臣言行录·后集》卷二"富弼"。

12　《续资治通鉴长编》卷二〇一，4886页。

13　侍御史知杂事龚鼎臣、御史中丞吕诲的上疏，《续资治通鉴长编》卷二〇一，4877页。

14　《续资治通鉴长编》卷二〇一，4868页。

15　《续资治通鉴长编》卷二〇一，4869页。《司马光集》卷二八《二先札子》，703—706页。

16　《续资治通鉴长编》卷二〇一，4869页。

17　《司马光集》卷二九《取索札子》，709—710页。《续资治通鉴长编》卷二〇一，治平元年五月壬子条，李焘注"光虽有此书，其从违当考"，4871页。既不见改善太后待遇的诏书，本书姑且作此书写。

18　《续资治通鉴长编》卷二〇一，4866页；卷一九三，嘉祐六年六月甲戌，富弼辞起复，4673—4675页；卷一九五，嘉祐六年闰八月庚子，韩琦升首相，4718页。

19　治平元年（1064）七月十八至二十日，司马光连上三札弹劾任守忠，二十一日，任守忠被解除大内总管（入内内侍省都都知）职位，蕲州安置。《司马光集》卷三〇《任守忠札子》《第二札子》《第三札子》，734—738页。"替罪羊"（scapegoats）是冀小斌的说法，*Politics and Conservatism in Northern Song China: The Career and Thought of Sima Guang*（*A.D. 1019—1086*)(《北宋的政治与保守主义：司马光的治学与从政》），香港中文大学出版社，2005年版，90页。

20　此事见于富弼治平元年闰五月辛未的上疏，此前，戊辰日，为了酬谢宰相、枢密使的推戴之功，英宗下诏提高二宰相韩琦、曾公亮，二枢密使富弼、张昪的级别，富弼上疏辞谢，认为无功，不配受赏，并劝英宗要珍惜皇太后的大恩。《续资治通鉴长编》卷二〇一，4878—4883页。

21　《司马光集》卷三〇《(任守忠)第三札子》，737页。

4
"式微"歌

式微式微不得归

治平二年（1065）三月，司马光终于再次踏上了涑水故园的土地。此番重来，距离上次还乡，中间隔了整整十五年！

上一次探家，是在皇祐二年（1050）。那一年，司马光三十二岁，初入"馆职"，刚刚进入大宋王朝的高级人才储备库，身体充满活力，内心充满希望。在赠给同乡后辈的诗里，他写道："况今有道世，谷禄正可干。勖哉二三子，及时张羽翰。力学致显位，拖玉簪华冠。"[1] 司马光认为他所处的是一个有道之世，是值得大干一场的时代，他是乐观的，向上的。那个假期很长，时间宽裕，司马光优哉游哉，从春天一直住到夏天，甚至有时间亲自督造了一座新宅。在新居宽敞的书斋里，他读经阅史，神交古人，养精蓄锐，憧憬着新的出发。

如今，十五年过去，一切都发生了改变——"青松弊庐在，白首故人稀。外饰服章改，流光颜貌非。"[2] 院子里亲手栽下的松树已经亭亭如盖，当年宽敞明亮的书房却透着老旧寒碜。身上的官服更加高级，镜中的容颜却日渐衰老。故友凋零，黑发斑白，牙齿脱落，身体不再结实，生命的活力就像是岸边的沙，被岁月的流水悄悄带走——除了远处巫咸山的轮廓，一切都不复从前。

变化最大的，是司马光的心境。

此番还乡，司马光请的是"事假"，事由是"焚黄"。由于司马光的地位，皇帝给他父母追赠了更高级别的荣誉头衔，发放了告身，焚黄就是把用黄纸抄好的告身副本，到坟前去烧送给先人。焚黄假期很短，只有十几天，所以，此番还乡，他是匆匆而来，匆匆而去，一路奔波，备极辛苦。

在司马池墓前，司马光亲手擦拭着父亲的墓碣，泣不成声——他已经有十年没能为父亲扫墓了。嘉祐元年（1056），司马光做并州通判的时候，曾经有一次因公出差到夏县附近。涑水故园近在咫尺，可是按照制度规定，因公出差者不得私自还乡。所以，司马光并未还家，也没有通知涑水父老，只抽空拜祭了父母的坟墓。[3]如今将近十年过去，他这才又得着机会再次为父亲斟一杯水酒，坐下来跟母亲说说心里话；下一次再来，又会是什么时候呢？自己也已经四十七岁了，还有下一次吗？这样的念头，想起来真是让人感伤。

此番重回，司马光的心情只能用"沉重"来形容。"十六载重归，顺途歌式微"，[4]在司马光的心中回荡着的，是"式微"的歌。

"式微"，语出《诗经·邶风·式微》："式微，式微！胡不归？微君之故，胡为乎中露！"[5]说的是臣子为国事奔忙，不得与妻子团聚。"式微"歌中隐藏的，是一个归隐田园的梦。陶渊明《归去来兮辞》说："田园将芜，胡不归！"儒家讲究"学而优则仕"，以修身、齐家为立身根本，以治国、平天下为至高理想，归根结底，是要出来服务社会的。然而，又有哪一个读书人的心底不藏着归隐田园的梦？哪怕是春风得意之时，听到渔歌互答，也不免有"式微"之叹。十五年前返乡，到硖石山中拜会隐士魏闲，看到老大哥那么悠闲自在的山居生活，司马光也羡慕过，赞叹过，脑海里闪过"式微"的歌。[6]只是，这一次,司马光歌"式微"的心情显然不同。他歌"式微",更多的不是要归去,而是叹凋敝。

首都开封以外的大宋王朝,状况远比他想象的更为严重。中央官出京,不管公差还是私事,地方上迎来送往是免不了的。司马光是皇帝侍从、谏官,又是中生代政治家中的代表人物,俨然未来宰辅,想要结交他的人多如过江之鲫,各种游山玩水、宴会雅集的邀请纷至沓来,对此,司马光一概谢绝,毫无商量。可是,不接受招待不等于自命清高、闭门自锁,相反,司马光抓住一切可能的机会密集走访、密切接触沿途官民,因为他深知,开封不等于大宋王朝,各种文书报告里的地方也不可能是真实的地方,只有亲身探访才能深入了解地方政情、民情,了解宋朝的实情。这一路探访下来,司马光"式微"歌的调子越发沉重而严峻了。

让司马光歌"式微"、叹凋敝的是三件事。

财力屈竭国堪忧

第一桩让司马光感到不安的,是地方政府的财政状况。

真实情况的了解是从面对面的交流开始的。本州的光荣——司马谏官赏光屈临官舍共进晚餐,让陕州知州感到既荣幸又局促。按照司马光的要求,知州大人为司马谏官准备的是一荤三素,最简单的面饭,酒还是有的,是当地官府酒务里自酿的酒,味道虽然不坏,可是籍籍无名,哪里比得上开封府的瑶泉佳酿、羊羔美酒!闻道司马谏官为人朴素,可是拿这样的席面来招待尊客,知州大人还是心中不安。

见过了毫无架子、一言一行透着真诚的司马谏官本人,三五杯入肚,寒暄的套话说过,知州的状态松弛下来。说到本州财政,他的脸色顿时从恭敬客气转成了焦虑愁苦:"仓库都是空的,没钱,也没有粮食。官员工资怎么发?军人的粮饷怎么发?只能临时现凑。一个月一个月地凑。军粮是不敢拖欠的,凑足了先发军人的,再发官员的。实在凑不出,就只好欠着……"[7]

对于国家的财政状况,司马光早有担忧。三年以前,他上疏仁宗皇帝,就说:"我担心国家未来最大的灾患,不是别的,而是财力屈竭。"[8]可是,地方的实际状况竟然如此糟糕,却是他始料不及的。那么,陕州的情况究竟是个别,还是一般?一路看来,州州如此!

钱都到哪儿去了呢?被中央拿去了。中央的钱又都到哪儿去了呢?养兵,养官,还有赏赐。大宋朝什么多?官多,兵多。真宗皇帝的时候,在册官员总数是9,785,现在是多少? 24,000多,[9]五十多年净增14,215人。太祖的时候全国总兵力20万,现在是116.2万,八十年净增96.2万人。[10]官多不办事,兵多要吃饭。再加上1038—1044年间,宋和西夏开了一战,耗费巨大,契丹又趁机勒索,到仁宗晚年,国家财政已经是不堪重负。而英宗上台之后,在仁宗的丧事上大肆铺张,更是把家底儿都折了进去。

仁宗的陵墓规格,完全是比照着真宗的定陵来做的,而定陵的豪华程度远超太祖的昌陵和太宗的熙陵。可是,修定陵那时候宋朝什么家底儿?"帑藏充积,财力有余"。如今又是什么家底儿?"国用空乏,财赋不给,近者赏军,已见横敛,富室嗟怨,流闻京师"。[11]很多官员上疏反对,礼院编修苏洵(1009—1066)给韩琦写信,甚至引用了"华元不臣"的典故来责备宰相。春秋时候,宋国大臣华元厚葬其君,君子以为"不臣"。韩琦的脸都气白了,但是却固执地坚持厚葬仁宗。[12]

为了修筑仁宗的陵墓,一共动用了46,780名军人,调动钱、粮50万贯、石。虽然英宗下诏说:"山陵所用钱物,并从官给,毋以扰民。"可实际情况却是,"诏虽下,然调役未尝捐也"。三司使蔡襄亲自充当昭陵工程的财物主管,按照他的预算,整个工程需要耗费钱、粮50万。可是,国库里明明是不够的。怎么办?有人给出聪明主意,挪用陕西缘边的入中盐——那是军需物资,这样的歪脑筋竟然也有人敢动!陕西的财政主管——转运副使薛向极力反对挪用,但他同时保证献出同样数额的钱和粮。薛向的钱粮哪里来?当然还是陕西的战备物资![13]蔡襄要求,昭陵的石材、木料都要用最好的。在蔡襄的调度下,运抵工地的物料,超出实际需要量的几倍。而这些耗费了大量人力、物力、财力千难万险运抵巩县的物料,后来很多都没有用上,又得耗费人力、物力、财力把它们运走。[14]"累岁备边,一日费之",[15]为了埋葬一个死去皇帝的尸体,整个国家多年积累的战备物资,一时间消耗殆尽!

高层办理仁宗丧事的挥霍态度,让司马光感到忧心忡忡。事实上,仁宗刚刚去世,昭陵工程还没有动工,高层大手大脚的作风就已经开始暴露。按照传统,新皇帝上台之后,会以分享先帝"遗爱"的名义赏赐高官近臣。遗爱赏赐的内容应当以先帝遗物为主,重要的不是财物,而是感情。可是,仁宗的遗爱赏赐显然偏离了这一主旨,"所赐群臣之物,比旧例过多几倍"。司马光一个谏官,所得赏赐绝非最高,可是所得黄金、珍珠加起来也值一千贯。司马光是个穷官儿,一生清贫,这些钱足够他置个宅子、买上一个小花园的了。然而,这些钱却让司马光感到恐惧:遗爱赏赐,首都是直接从宫里、库里拿,外地却是只有政策没有拨款的,有的地方,仓库里根本没钱,没钱也要赏,怎么办?向有钱人借!拿不出怎么办?你有钱财,我有权力!官府借钱,谁敢不借,谁敢拖延?!司马光担心,遗爱厚赐,再加上后续的昭陵工程,以及向契丹报丧的礼仪往来费用,最终会导致财政状况极度恶化。到那个时候,国库里没钱,必然要从重搜刮老百姓。老百姓的日子已经够苦的了,拿什么来应付?万一再遭遇水旱灾害,那就只有铤而走险,去当强盗了!

"因公家之祸,为私室之利",这样的事,司马光断不肯为。他上疏请求朝廷允许侍从之臣自愿捐款,"以助山陵之费"。如此一来,先帝得展其遗爱,近臣得效其忠心。这个法子是司马光反复斟酌,想了又想才提出来的,他以为两全其美了。可是,皇帝、宰相却并不领情。司马光又和几个志同道合的台谏官专程跑到有关部门去捐款,结果当然是遭到拒绝。于是,司马光干脆把珍珠留在谏院充作办公经费,把黄金送给了岳父张存,以示"义不藏于家"。[16]

洁身自好,不义之财分文不取,维护私德的高尚,司马光能够做到,但他却无法说服当政者改变政策,缓解财政危机。英宗不是仁宗的亲生儿子,所以要特别标榜孝道,这一点,他能够理解,但无法接受。孝道的关键是真诚,钱堆不出孝道来。皇帝要做孝子,只需正心诚意,侍奉太后、爱护百姓,看顾好先帝和列祖列宗留下来的江山社稷,就都有了。如此铺张浪费,挥霍无度,又岂是孝顺之道?!

这番道理,司马光曾经向宰相、向皇帝反复陈说,可是,英宗半病半装,韩琦一意孤行,高层根本不予理会。一个小小的谏官又有何能为?每念及此,司马光忧心如焚。现在看来,地方的状况如此恶劣,竟然连工资都发不出来了,再这样下去,只怕真的要天怒人怨、伤及根本了。这样想来,司马光如何能不悚然心惊?!

增兵扰民民可悯

第二件让司马光感到不安的,是强制征发"义勇"对老百姓正常生产和生活的干扰。

去年十一月,朝廷下令在陕西强制征发"义勇"。"义勇"简单地说就是民兵。宋朝实行的是职业兵制度,军人与普通老百姓完全分离。军人(禁军和厢军)在脸上刺字,完全脱离农业生产,终身服役,由国家财政养活。跟军人相比,义勇仍然保留农民身份,只在手背上刺字,不脱离农业生产,无须国家财政拨款,每年十月集中训练一个月,其余时间仍然在家中务农。宋朝打仗靠的是职业兵,原则上老百姓对国家并无服兵役的责任。"义勇"是特殊地区的特殊做法,之前只存在于河北、河东两个与契丹、西夏接壤的前线路。宋朝与契丹、西夏接壤的是三路,河北、河东之外,还有陕西,而陕西此前并无"义勇"。韩琦提出在陕西征发"义勇"的理由就是:"河北、河东、陕西三路,都是宋朝抵御西北强敌的边防前线,事当一体。"那么,既然事当一体,为何迟至今日方有此议?

原因很简单,西北边境又不安生了。仁宗中期,原本臣服于宋朝的党项人在宋朝西北崛起,谋求独立,宋夏战争爆发,从1038年到1045年,经过长期战争之后,双方签订和议,西夏向宋称臣,宋给西夏岁赐(经济上的好处)。此后,西北边境基本无战事,直到英宗即位。仁宗晚年的不甘心,与英宗即位之后的突然发病、迁延不愈,使得宋朝高层政治出现了诸多不稳定因素。情报传入西夏,国主李谅祚以为有机可乘,扩张野心死灰复燃,摩拳擦掌,跃跃欲试,公开招纳宋朝的叛逆,攻打堡寨,掠夺宋朝边民,杀害归附宋朝的少数民族,不断制造边境摩擦。西夏方面的挑衅导致了宋朝中央对于西北局势的高度紧张。韩琦的主张就是在这种背景之下提出的。

司马光得知消息,立即上疏表示强烈反对,理由如下:第一,陕西路虽然没有"义勇",但是,1038—1044年宋夏战争期间,陕西曾经三丁选一征召"乡弓手"(民兵),后来这些乡弓手又直接刺面、转成了士兵。而当时河北、河东两地形势相对缓和,所以,当地的乡弓手只刺手背,充作"义勇"。也就是说,陕西人为国防所做的牺牲,比河北人、河东人更大、更惨烈。第二,宋夏战争期间,陕西、河北、河东三路曾经临时强征民兵几十万,可是哪里有一个是能打仗的呢?实践已经证明,民兵唯一的作用就是虚张声势。第三,按本朝制度,兵民分离,朝廷已经征收了农民的粮食布帛来赡养军人,现在又要强征他们本人来当兵,那么,一户农民就要承担两户的责任了。如此一来,农民的财力怎么能不打折扣?农业生产如何能不受干扰?[17]强征"义勇",有百害而无一利。第四,司马光担心,朝廷早晚会背信弃义,就像当年对待"乡弓手"一样,把这些"义勇"刺面为兵。

司马光连上六道札子,反对强征陕西"义勇",而首相韩琦态度强硬,丝毫不肯动摇。最后,司马光直接跑到中书,求见韩琦,当面理论。

一开始,韩琦还试图解释:"兵贵先声,现在李谅祚骄狂桀骜,他听说陕西突然增加了二十万军队,肯定会受到震慑。"

司马光毫不领情:"等敌人知道了实情,先声夺人这招就不好用了。即使我们今天增兵二十万,可这些兵根本就不可用,十天之后,西夏人就明白了,您以为他们还会害怕吗?"

韩琦是领兵打过仗的人,司马光所言,句句是实。他不吱声了。

司马光怀疑,虽然朝廷有承诺,但是早晚还是会让这些"义勇"充军戍边,离开家乡。当着司马光的面,韩琦拍着胸脯保证:"只要我在宰相府,你就不必担心朝廷不守承诺。"

"是吗?"司马光直视着韩琦的眼睛,一字一句地说:"我还是不敢信,不但我不敢信,只怕相公也不能自信吧?"

这是什么话来!韩琦怒了:"你就这样轻视我吗?"

司马光摇摇头,继续直视着韩琦的眼睛说:"我绝不敢轻视相公。如果相公能永远在这个位子上,我信。可是万一别人上来,就着相公现成的兵士,派他们运粮、戍边,那是易如反掌啊!"[18]

没有人能永远做宰相,也没有人能保证朝廷政策永远不变。而仁宗中期以来朝政的一大弊端便是朝令夕改,朝廷信誉扫地。司马光说的都是实情,韩琦沉默了。

这一场激烈的冲突,并未改变陕西人的命运。事实上,就在司马光提出反对之时,强征"义勇"的命令早已下达,而中央的督办大员也到了陕西。上面的命令,又与边防有关,自然是急于星火。一个月之间,156,873 名二十五至五十岁的陕西青壮年被刺上手背,变成了"义勇"民兵。

司马光的老家陕州,按现在的行政区划属于山西,但在当时属于陕西路。此番还乡,司马光的耳朵里灌满了家乡父老的哭诉与抱怨。十五万"义勇"简直是在一夜之间就变成了军人的模样,远远望去,旌旗招展,服装整齐。可是,招兵过程之中又有多少敲诈勒索、心酸血泪！而这些"义勇"和他们的家庭未来如何，又有谁能预料？

政风颓坏君有疾

司马光为陕西乡亲心痛，更为大宋王朝心痛。强征"义勇"，很多地方官在私底下也认为除扰民外别无一用，可是，他们又能怎么办？只要在地方官的位置上，就得勉力完成中央交下来的任务。要不然，遭殃的就是他们自己了。远的不说，看看河北就明晰了。陕西是新征"义勇"，河北则是补招，要填满旧额。谁愿意当兵呢？哪怕是只刺手背的"义勇"民兵。老百姓逃的逃、跑的跑。地方官完不成任务，几乎被全员罢免。大宋朝最不缺的是什么？官员！旧的撤了，新的换上来接着招兵，效果仍然不理想。朝廷以为办事不力，下令河北都转运使赵抃审查治罪，结果怎样？应当处以两年徒刑的就有八百多人！还要再换一拨人上来吗？幸好，赵抃明智，顶住压力向中央求情，这八百多人才得以留用并最终完成了任务。[19]任务是怎样完成的，那就只有天知道了。在这种时候，是非对错不重要，重要的是绩效，是要上峰满意！大宋朝官僚队伍的良心和操守就这样一点一点在半推半就中流失了。

官员丧失操守、社会风气衰坏、礼义秩序面临土崩瓦解，便是让司马光感到不安的第三件事。对于司马光来说，这才是宋朝统治的致命伤。如果说大宋王朝会重蹈历史上那些王朝的衰败命运，那只能是因为秩序崩坏。

司马光认为"国家之治乱本于礼，而风俗之善恶系于习"。礼是礼义，上下尊卑等级秩序；习就是社会风气，它决定了人们喜欢什么、不喜欢什么，以何为是，以何为非。社会风气与礼义秩序相一致，国家就是和谐的、稳定的；社会风气背离了礼义秩序，国家就会陷入混乱。尽管社会风气最终体现在街头巷尾、匹夫匹妇，但是，影响、塑造社会风气的力量却来自上层，来自皇帝，所谓"上行下效"。

司马光把历史上的国家治理分为两种形态：一种是礼义政治，一种是强权政治。礼义政治的基础是共同的信仰，对责任、权力边界的遵守。在礼义政治中，上下尊卑，等级分明，各守其本分，所以可以长治久安。强权政治的基础是武力，最典型的强权政治话语就是"天子，兵强马壮者得为之"，强权政治之下的社会风气，"叛君不以为耻，犯上不以为非，唯利是从，不顾名节"，"在上者惴惴焉畏其下（攘夺），在下者睽睽焉伺其上"。你争我夺，成王败寇，"不复论尊卑之序，是非之理"，无复长治久安可言。

司马光认为，西周是典型的礼义政治，"自魏晋以降，贱守节、薄儒术，唯利是从，不顾名节，下坡路一滑到底至五代，莫知礼义为何物矣"。本朝建立之后的最大成就是恢复了礼义政治，重建了上下尊卑的等级秩序。[20]司马光的认识，与现代学者对宋朝文化的观察是吻合的。宋代文化的一大进步就是试图摆脱强权政治的影响，重建儒家礼义。

可是，司马光悲哀地发现，本朝政治也开始出现了秩序瓦解、风气败坏的先兆，而其中最大的问题就出在了皇帝的身上。"君有疾在腠理，不治将恐深"，可是，皇帝的病又如何治得？

1 《司马光集》卷三《新迁书斋颇为清旷,偶书呈全、董二秀才,并示侄良、富》,59—60页。此诗系年,从李昌宪《司马光评传》,南京大学出版社,1998年版,62页。

2 《司马光集》卷一一《光皇祐二年谒告归乡里,至治平二年方得再来,怆然感怀,诗以纪事》,350页。

3 《司马光集》卷一一《辞坟》,351页。

4 《司马光集》卷一一《光皇祐二年谒告归乡里,至治平二年方得再来,怆然感怀,诗以纪事》,350页。

5 周振甫先生译为:"衰微啊衰微,为什么不归?不是君主的缘故,为什么身上受露?"周振甫《诗经译注》卷二《国风·邶风·式微》,中华书局,2002年1版,2010年2印,49页。按郝懿行《尔雅义疏》以"微"有幽隐菱昧之意。故余冠英等学者将"式微"解作"天将暮",特此注明。

6 《司马光集》卷八《寄清逸魏处士》:"乡树三摇落,临风歌式微。徒嗟俗缘重,端使素心违。茅阁杉松冷,山园药草肥。不能如海燕,岁岁一西飞。"272页。"乡树三摇落",距离皇祐二年探访魏闲的山庄已历三春,此诗盖作于皇祐五年(1053)。

7 《续资治通鉴长编》卷二〇四,治平二年三月己丑,司马光上疏。原文是:"臣近蒙恩给假至陕州焚黄,窃见缘路诸州仓库钱粮,类皆阙绝,其官吏军人料钱、月粮,并须逐旋收拾,方能支给。窃料其余诸州,臣不到处,亦多如此。"4954页。

8 《续资治通鉴长编》卷一九六,嘉祐七年司马光上疏论财利,4751页。

9 前一数字的具体时间是景德、大中祥符中(1004—1016),来自《包拯集》卷一,后一数字的具体时间就是治平年间,来自《续资治通鉴长编》卷二〇四。参见邓小南《宋代文官选任制度诸层面》,河北教育出版社,1993年,第213页《宋代官僚员数统计》表。

10 王曾瑜《宋朝兵制初探(增订本)》,中华书局,2011年版,30页。

11 《续资治通鉴长编》卷一九八,嘉祐八年四月癸巳,郑獬上疏语,4803页。

12 《续资治通鉴长编》卷一九八,嘉祐八年四月癸巳,4803页。
13 《续资治通鉴长编》卷一九八,4806页。
14 《续资治通鉴长编》卷一九八,4816页。
15 《续资治通鉴长编》卷一九八,郑獬语,4803页。
16 《续资治通鉴长编》卷一九八,4797—4799页。
17 司马光论"义勇"的札子一共是六道,《司马光集》卷三二,749—764页。
18 《续资治通鉴长编》卷二〇三,4922页。
19 《续资治通鉴长编》卷二〇一,治平元年四月辛未条,4861页。
20 《续资治通鉴长编》卷一九六,4746—4748页。

5
濮议：父亲名义战

难产的报告

治平二年（1065）四月九日，一场讨论在太常礼院举行。主持讨论的是翰林学士王珪，参与讨论的二十几位，除了太常礼院的礼官，就是皇帝的文学侍从官，都是饱学之士。[1]讨论进行得很顺利，一番引经据典的论证之后，很快便就中心议题达成一致。按照事先约定，讨论结果将会形成报告，以文字形式呈送给皇帝，以供决策参考。照理，起草报告的责任属于翰林学士，轮不到旁人。书吏磨好了墨，铺开了纸。宽敞的大厅里渐渐安静下来，众人的目光集中到几位翰林学士的身上。然而，翰林学士王珪、范镇等人却是面面相觑，无人开口，更无人动笔。大厅里的气氛迅速降到冰点，跟讨论时的热火朝天形成了鲜明对照。就在这个时候，司马光奋然起立，稳步急行，走向桌前，拿起了那杆无人敢动的千钧之笔。他走过的时候，在旁的人分明感到了一阵凛然之气。

他们讨论的究竟是什么问题，又达成了怎样的一致？既然意见一致，却又为何无人敢执笔立议？

讨论的中心议题是，应当给皇帝的生父濮王怎样的名分和礼遇。问题是宰相韩琦提出来的，韩琦说："礼不忘本，濮安懿王德盛位隆，所宜尊礼。"[2]根据韩琦的提议，英宗下令，礼官、文学侍从集体讨论，以便达成共识，为濮王寻求合乎礼义与感情的名分待遇。

司马光一直悬着的担心终于重重地落到了实处，他不幸言中了。作为一个过继子，英宗有两重父母，生父母濮王和他的夫人们，过继父母仁宗和曹太后。按照礼制，旁支既已入继大统，就是嫡系长房的儿子，应当用侍奉父母的礼仪侍奉过继父母，对于亲生父母，就要降低崇奉规格——这是大义、公道，是儒家所主张的伦理秩序。然而，谁不爱自己的亲生父母？旁支之子，一旦登上帝位，大权在握，则难免想要尊崇亲生父母——这是私心。人人都有私心，唯有克制私心，服从大义，秩序才能得到维护。孔子说："克己复礼为仁。一日克己复礼，天下归仁焉。"然而克己复礼，谈何容易?！想当年，仁宗无子，克己复礼，为天下安危计，选立宗室是唯一的出路。可是，在私心与公义之间，仁宗硬是挣扎了七年多，到死都不肯给英宗皇太子的名义。如今英宗历尽委屈，"备胎皇子"终于获得了最高权力，原本极度压抑的私心获得了舒展、伸张、膨胀的机会，克己复礼，只怕是更大的难题。

自从英宗即位以来，司马光就把防止皇帝以私害公作为自己的责任，时刻盯防，一毫也不肯放松。

两年以前，嘉祐八年（1063）四月二十七日，英宗第一次病休刚刚结束，司马光就曾经上疏讨论此事。他为皇帝列举了历史上从旁支入继大统的两种做法：一种，比如在汉昭帝之后即位的汉宣帝，是汉武帝的曾孙，但是，他的祖父卫太子、父亲史皇孙都没有当过皇帝，宣帝虽然爱自己的祖父和父亲，却始终不敢为他们加上任何过分的尊号。另一种，比如两汉的哀、安、桓、灵四帝，也是自旁支入继大统的，却都给自己明明没有当过皇帝的父亲加上了"某某皇"的头衔。

这两种做法，司马光说，前一种符合大义和公道，"当时归美，后世颂圣"，后一种侵礼犯义，"取讥当时，见非后世"。他希望英宗以后者为鉴，杜绝过度追尊亲生父母的想法。在那封奏疏的最后，司马光表达了深切的担忧：

> （臣）诚惧不幸有谄谀之臣，不识大体，妄有关说，自求容媚。陛下万一误加听从，圣言一出，布闻于外，则足以伤陛下之义，亏海内之望。[3]

司马光的担心，就当时的形势而言，为时尚早，其时，太后尚在垂帘，皇帝立足未稳，纵有其心，亦无其力。然而，此后英宗的表现却让司马光的心始终无法放松。

不管有过怎样的前情往事，对于皇太后和仁宗，英宗实在是孝道有缺的。

英宗不虞司马怒

让司马光最感痛心的一件事，是英宗拒绝亲自主持仁宗的虞祭典礼。

什么叫虞祭？就是对死者木主也就是牌位的祭祀仪式。"虞，安也"，通过对木主的祭祀来安慰死者的灵魂。《礼记》说："送形而往，迎精而反。"[4]按照华夏族的葬礼，将死者遗体送到墓地安葬之后，还要将死者的灵魂迎回家中。承载着死者灵魂的木主在墓地制作，运回家中供奉。一路之上,"孝子为防其彷徨,三祭以安之",[5]需要每天祭祀,以安其神。宋朝皇室的墓地在河南府永安县（巩县）,从巩县到开封,路途遥远,再加上皇家礼仪以繁复为高贵,所以,从木主离开墓地到进入太庙,一共要举行九次虞祭。[6]

仁宗是十月二十七日在巩县的永昭陵下葬的,五天之后,也就是十一月初二,他的木主抵达开封。在此之前的五次虞祭,因为是在路上,所以都是由官员代行其礼。十一月初三,"木主已达京师,近在内殿",明明就已经跟皇帝的居所近在咫尺了,可是,英宗竟然还是没有亲行其礼,仍然派宗正卿代劳！

闻知此事,司马光震惊之余,当即上疏,提醒英宗"虞者孝子之事",是不能找别人代替的。从初四到初六,还有三虞,"欲望自来日以后,陛下亲行其礼"。[7]英宗收到奏疏,立即下令礼官准备皇帝亲虞的仪仗。这让司马光感到十分安慰。

可是,结果又怎样呢？

第二天早晨,按照仪式要求,文武百官都穿着祭服,在殿庭里列队肃立,准备侍奉皇帝亲虞。然而,时辰已过,英宗却仍然不见踪影。最终,宫中还是传来了令人沮丧的消息："皇帝病情突然加剧,出不来了。今日虞祭,仍命宗正卿代行！"

消息传开,所有人都呆住了,很多人在摇头,发出无声的叹息。司马光则简直要怒发上冲冠。皇帝究竟意欲何为？！勉强跟随宗正卿行了虞祭之礼,司马光回到谏院,愤然上疏,质问英宗："如果说之前有关部门没有为陛下设置亲祭之礼,那还可以说是有关部门的错。可是今天的事情,您已经答应亲祭了,有关部门也按照亲祭准备仪仗了,那又该谁来承担责任呢？这都是因为我愚蠢,非要建议陛下亲祭，结果反而彰显了陛下的过失，我的罪过太大了，请陛下裁处！"[8]

这样激烈的言辞，在以温和理性著称的司马氏奏疏中，实属罕见。司马光心中的愤怒，可以想见。

只可惜，司马光的愤怒对于英宗并不奏效。英宗"竟以疾故，迄九虞不能出也"。[9]

奋笔立议，当仁不让

英宗不虞的本质，就是拒绝履行一个孝子应尽的义务。明眼人都看得出，正如从前仁宗在内心深处拒绝承认英宗这个儿子一样，英宗在内心深处也拒绝承认仁宗这个父亲。这一对幽冥永隔的过继父子，积怨太深了。

不愿意承认过继父亲，则必然过度尊崇生父。思前想后，司马光忧心殷殷。他担心，一旦皇太后撤帘，英宗完全掌握最高权力之后，会越过礼法的束缚，做出违背礼法的事情。他更担心，朝中会有谄媚之臣拿此事做文章，怂恿英宗。果真如此，权势压倒礼义，必然人心大坏，实非江山社稷之福。所以，一有机会，司马光就劝说英宗、提醒英宗。他提醒英宗"治身莫先于孝，治国莫先于公"。[10]对于英宗而言，做仁宗和曹太后的孝子，既是修身之道，也是治国之要，是公义；而过度尊崇亲生父母则是私爱，有悖公义。

让司马光万万没有想到的是，尊崇英宗生父的提议竟然来自他素来尊敬的老一辈政治家韩琦；更让他想不到的是，韩琦首建此议的时间竟然是在治平元年（1064）五月太后撤帘之后。这便等于是前脚用诈计逼迫曹太后撤帘，后脚便教唆皇帝倚仗权势败坏礼义，对先帝的皇后步步紧逼，对在位的皇帝阿谀谄媚，韩琦是何居心?！司马光当时的愤怒是难以言表的。幸好，英宗不算太糊涂，把韩琦的提议压了下来，批示说："等过了仁宗的大祥再讨论。"[11]大祥，也就是两周年祭典。

治平二年三月二十九日，仁宗大祥。第二天，司马光就和谏院同事傅尧俞（1024—1091）一起前往中书，面见韩琦、曾公亮、欧阳修、赵概等四位宰相，申明"为人后者不得顾私亲之意"（过继子不得过度尊崇亲生父母）。[12]四位宰相当时不置可否。八天之后，韩琦还是再度抛出了这个问题，而英宗也顺水推舟，随即下令侍从、礼官集议，讨论濮王的尊崇问题，于是，就有了本章开头所描述那一场讨论。

英宗与诸位宰相的意图，是不言自明的。他们当然希望这场讨论能达成对英宗的生父濮王更为有利的结论。可是，在司马光等人的主导下，二十几位侍从、礼官几乎没费什么周折，就达成了一致：维护仁宗的宗法地位，反对过度尊崇濮王。这种意见合乎礼制的精神，有利于秩序的稳定，然而，它不符合英宗的私心，也悖逆了宰相的意思。如何措辞，煞是为难。临到落笔，众人面面相觑，无人敢动。这中间甚至包括了司马光最为尊重的老同年、当时主管礼院的翰林学士范镇。

子曰："当仁不让于师。"关键时刻，司马光毅然提笔，略加思索，便成就了一篇辞明理畅、言简意赅的奏议。众人读罢，均表佩服，王珪随即命令书吏誊抄，以讨论组的名义上报。这场讨论，王珪是召集人，奏议签名，王珪领衔，所以，这篇奏议也收在王珪的文集当中。[13]但是，毫无疑问，它出自司马光的手笔。

司马光写文章从来不以"思如泉涌"著称,而这一篇奏议却是倚马立就,一气呵成。

奏议首先引经据典,指出按照礼法制度,一个人不能同时为两个父亲服最高级别的斩衰之丧,"圣人制礼,尊无二上",这是原则;而历史上,那些自旁支入继之后尊亲生父母为帝为后的皇帝,都受到了当时和后世的嘲笑,不足为法。接下来,奏议指出,前世的旁支入继,多半发生在皇帝死后,由别人选定;而仁宗之选定英宗,是在生前,所以,仁宗之于英宗有超乎一般的大恩大德,不可辜负。最后,奏议提出,对于英宗的生父濮王"宜一依先朝封赠期亲尊属故事,高官大国,极其尊荣"。[14]"期亲",也就是需要服一年丧期的亲属,包括祖父母、伯父、叔父、兄弟等等。

对于这样的结论,英宗和宰相们当然不满意。只是,作为直接当事人的英宗却不方便出面言说。于是,英宗以"内降"(皇帝亲笔批示而非正式诏书)的形式把这一结果"转发"了中书,而宰相们很快发公文给讨论组,要求他们明确英宗对于濮王"当称何亲,名与不名"[15]。也就是说,英宗在任何场合提到他的生父濮王允让的时候,究竟该用什么样的亲属称谓,能不能直呼其名。

侍从、礼官再度会议,很快达成一致,按照本朝崇奉尊属的"故事"(先例),英宗是仁宗的儿子,濮王是仁宗的兄长,所以英宗对濮王"合称皇伯而不名",称皇伯,不直呼其名以示尊重。在正式落笔之前,有人提出来,是不是在"皇伯"的后面加一个"考"字,好歹安慰一下皇帝那颗渴望舒展的私心。考,指死去的父亲。这个提议,让天章阁待制、判太常寺吕公著(1018—1089)一句话就给堵回去了。吕公著说:"皇伯考这个称呼是真宗用来称呼太祖的,不能加在濮王的头上！"[16]——濮王有什么资格跟开创了本朝帝业的太祖皇帝相比?!

对自己的亲爹竟然要称伯,英宗如何能忍得?英宗一纸内降,中书再度发文,一代文宗欧阳修亲自执笔,引经典,据法令,提出英宗应当称濮王为父,要求召开中央中级以上官员集议,[17]扩大讨论范围,以便争取支持。

消息一经传出,开封政坛议论哗然,支持中书的意见显然不占上风。若再举行大规模集议,只能是自取其辱。这个时候,皇太后也发出手诏,诘责执政,质问中书。[18]无奈何,英宗只得亲自出面,取消拟议中的大规模集议,将问题发还礼官重审。表面上看,皇帝和中书证据不足,又缺乏舆论支持,已呈败象。于是乎,侍从、礼官乘胜追击,纷纷上奏,希望皇帝发布诏书,明确支持称濮王为皇伯的意见。众人所持论据,基本不出司马光当初所奏。

吕诲(1014—1071)明确指出皇帝的意思"就是想给濮安懿王加上'皇考'的名号,与仁宗皇帝使用同样的称呼。倘若如此,那就是一个人有两个父亲,服两次斩衰之服,于礼文、律文,都是相违背的!"[19]治平二年(1065)八月十七日,司马光以个人的名义再度上奏,重申前议,复发新问:

> 如今陛下是以仁宗之子的身份继承大业的。《传》曰:"国无二君,家无二尊。"倘若再尊濮王为皇考,则将置仁宗于何地呢?!……假使仁宗还在治理天下,而濮王也颐养天年,当此之时,若仁宗命陛下为皇子,则不知陛下当称呼濮王父亲,还是伯父?

这一问如高手出招，直击要害。如果仁宗和濮王都在世，那么，毫无疑问，英宗必须称仁宗为父亲，称濮王为皇伯。而如今仁宗没了，英宗却称呼濮王为父，那岂不是小人之行、反复无常了吗？"若先帝在则称伯，没则称父，臣计陛下必不为此行也"。[20]这一问，即使欧阳修在对面，只怕也是哑口无言。

"父亲"名义争夺战

濮王的尊崇问题，史称"濮议"。濮议最核心的议题就是英宗该怎样称呼他的生父濮王，具体说来，便是英宗究竟应当称呼濮王"父亲"，还是"皇伯"。

围绕着英宗对濮王的称呼问题，宋朝中央展开了一场旷日持久的大论战，一场有关皇帝父亲名义的争夺战。论战的一方是欧阳修、韩琦等宰相大臣，另一方则是以司马光为首，以台谏官为核心的礼官、侍从群体。欧阳修派主张英宗对濮王应当保留父亲的称呼和名义，司马光派则主张英宗应当称呼濮王"皇伯"。双方各持己见、相持不下。

濮王的称呼问题真的有这么重要，值得大宋王朝精英中的精英如此连篇累牍、大动干戈地论战？

对于当时的人来说，"濮议"当然重要，论战必须进行，胜负关乎国运。在传统中国，称呼即名义，每一个称呼之中都蕴含着相应的权力、义务和责任。父亲应当严肃而慈爱，尽可能关照子女的利益；子女应当孝顺，但却不必事事盲从；兄长拥有权威，爱护弟妹，弟妹对兄长恭敬，兄弟姐妹团结友爱。臣子要忠诚地侍奉君主，而君主也必须按照礼义来对待臣子,一旦君主荒淫无道,臣子可以选择抛弃他……所有这些称呼联结在一起,构成一张秩序之网,每个称呼都是其中的一个结点,不能孤立存在。儒家相信,只要每个人都遵循称呼的要求,践行称呼所规定的责任和义务,社会就会和谐、稳定,国家就能长治久安。这就是称呼在传统中国的意义。曾经有学生问孔子:"如果你有机会得到治理国家的权力,你会先做什么?"孔子说:"必也正名乎!""正名"就是"使名正",让所有人的行为符合称谓的规定,父慈,子孝,兄友,弟恭,君主公正,臣子忠诚。

当然,即使是在传统中国,名不正,或者不太正的时候还是比名正的时候多。而有能力破坏名义秩序的,总是那些高高在上、手握权势的人。比如说,"妻子"和"母亲"的这一对称呼,中国的传统的婚姻制度,是一夫一妻多妾制,丈夫的妻子是家庭中所有子女的母亲,妾可以生孩子,但却不能获得母亲的称号。这就是秩序,是事情应有的样子。而唐代后期的实际情况却是,庶出的皇子当上皇帝之后就可以把自己的生母尊奉为皇太后,并且把她送进太庙里去做先帝的皇后——也就是说,儿子可以凭借权势为死去的父亲指定妻子。这就是对名义秩序的破坏。类似的情况到宋代就行不通了。与唐代相比,宋朝思想文化的一大特征就是对于名义秩序的特别能坚持,主张用礼义来抵御权势,使在上者屈服,克己复礼。比如,在宋朝,只有先帝的皇后才有资格做太后,生了皇帝的那一位,不管从前受宠与否,都没这资格。[21]

谁可以做皇帝的母亲很重要,那么,谁可以被称为皇帝的父亲就更重要了——这是从传统名义秩序的角度理解濮王的称呼问题。即使对于现代人来说,这也不是一个简单的利益问题。

英宗对濮王的称呼问题，关系社会正义、现实权势与个人情感。长期"备胎皇子"所郁积的委屈，让英宗在情感上本能地抵触仁宗，疏离太后，从而更倾向于濮王——濮王生前必定是极重视这个儿子的。濮王对英宗的爱重，其实在很大程度上应当感谢仁宗——若不曾被仁宗接进宫里养过，老十三不过是普普通通的濮王庶子，在二十八个儿子当中，濮王未必会多看他一眼。可是，在仁宗那里遭受冷遇之后，此中细节，英宗哪里还会在意？在他的内心深处，濮王才是他的父亲，是真正给了他关怀、器重和爱的父亲。不错，他继承的是仁宗的皇位，他的皇位继承权与统治合法性均来自"仁宗之子"这一身份。但是，赋予他生命的是濮王，没有濮王就没有他。那么现在，当他已经牢牢地掌握了皇权，凭什么不可以顺从自己的心愿，称呼那个赋予自己生命的男人一声"父亲"？给予濮王"父亲"的称呼，不符合通常的礼义秩序，但是，如果欧阳修能够论证它的合理性，英宗当然乐见。

那么，欧阳修是怎样论证的呢？欧阳修的主要理论依据是《仪礼》当中的那句"为人后者为其父齐衰杖期"。这句话说的是出继子为生父服丧的规定，直译过来，就是"出继子为其生父服齐衰杖期之服"——正常情况下，子为父服最高级别的斩衰三年丧，出继子已经成为别人的儿子，所以降等，为生父服齐衰一年之丧。此处"父"的确切含义，无疑指"生父"。古汉语行文崇尚简单，确切含义通过上下文达成；一旦抛开上下文，随心所欲地加以解释，是很容易被歪曲的。欧阳修所做的，正是抛开上下文，断章取义。他从这句话中推出了如下结论——儒家经典赞成"为人后者"对生父保留"父亲"的称呼。更进一步，欧阳修指出，出继子保留对生父母的"父母"称呼，

符合天性,是一种诚实的行为,因而是高尚的,是值得推许的。他在《新五代史》的修订中反复重申了自己的看法,比如这一段:

> ……丧服的等级,是身外之物,(出继子对生父母)可以降等;然而"父母"的称呼却是不可更改的——这就是礼经上说的"为人后者为其父母服"。自三代以来的帝王没有不这样做的,可惜晋朝的皇帝不用古制。晋出帝不称呼他的生父敬儒为父亲,以敬儒为臣子而给他爵位……这都是因为五代是一个干戈贼乱的世道,礼乐崩坏,三纲五常之道断绝!……[22]

欧阳修的论证,老实说,很不经学,也很不历史,但是符合他的性格。欧阳修是乐于创造的,并且为自己的创造性思维而骄傲。后来,他对老部下苏颂(1020—1101)说:"我这一辈子,哪儿读过《仪礼》啊,偶然有一天散步到孩子们的书院中,看见桌子上正好放着一本《仪礼》,拿起来一看,就看到了'为人后者为其父齐衰杖期'这句话,跟我的想法不谋而合,因此才打破了种种不同意见。我自己觉得这个收获是很大的。"[23]

濮王的父亲名义争夺战,从表面上看是有关礼义的学术争论。论辩双方所持的依据不外乎三类:一是儒家经典的论述,二是现行的法令条文,三是历史上前代帝王的做法。文人打仗,武器是文章,拼的是学问。双方你来我往,一篇篇宏文横空出世,引经据典、论议皇皇,至今读来仍然是字句铿锵、文采飞扬。但"濮议"绝不是学术研讨会,而是政治事件,是权力斗争。皇帝想要打破礼义秩序、尊崇自己的亲生父亲,这心思谁不明白?既然明白,那么,每一个局中人都要权衡,是站在礼义秩序这边违拗皇帝,坚持濮王只能是"皇伯"?还是站在皇帝这边帮助他打破礼义束缚,为濮王争取"皇考"的父亲名义?一边是"皇考派",一边是"皇伯派",对立已经形成,每个人都得"选边儿站"了。宰相府高举着"皇考派"的大旗,欧阳修大力鼓噪、韩琦坚定支持,庆历一代的政治家,除富弼以外,多半站在了这边。选择皇考派,就等于和最高权力站在了一起,荣华富贵,滚滚而来。而站在"皇伯派"这边,违背皇帝的心意和宰相的意愿,跟掌握着自己前途命运的最高权力公开叫板,简直是在拿着自己的政治前途开玩笑。

追随正义,还是屈从权势?这是一个问题。

八月十七日,司马光的锥心之问,问得"皇考派"无言以对。面对巨大的舆论压力,英宗采取了拖延战术,濮王的父亲名义争夺战进入静默相持状态。然而,谁都知道,眼下的沉默只是暂时的,英宗对濮王究竟该称呼什么,如何待遇,这是大宋王朝无法回避的礼义问题。如果英宗一意孤行,如果宰相们坚持濮王的"父亲"名义,那么,礼官侍从,特别是台谏官就必须做出最后的选择,要么屈从权势,要么准备为心中的正义牺牲个人前程。暴风骤雨必将到来。可是就在这个时候,身为"皇伯派"主笔的司马光却离开了谏官岗位。

1　人数据司马光《上英宗乞行礼官所奏典故》，[宋]赵汝愚编，北京大学中国中古史研究中心点校《宋朝诸臣奏议》卷八九，上海古籍出版社，1999年1版，964页。

2　《续资治通鉴长编》卷二〇一，4872页。

3　司马光《上皇帝疏》，《司马光集》卷二五，655页。

4　司马光《虞祭札子》，《司马光集》卷二六，675页。

5　《仪礼·士虞礼》郑玄注。

6　韩悦《宋代丧葬典礼考述》，浙江大学硕士论文，2012年，54—57页。

7　司马光《虞祭札子》，《司马光集》卷二六，675页。

8　《续资治通鉴长编》卷一九九，嘉祐八年十一月庚子条，4830页。司马光《虞祭第二札子》，《司马光集》卷二六，676页。

9　《续资治通鉴长编》卷一九九，4830页。

10　《司马光集》卷二八，704页。

11　《续资治通鉴长编》卷二〇一，4872页。

12　司马光《上英宗乞早赐责降》，《宋朝诸臣奏议》卷九〇，978—979页。

13　王珪《华阳集》卷四五《濮安懿王典礼议》。王珪的文集虽然收录了这篇《礼议》，然而却保留了完整的公文格式，因此并非有意掩盖事情的本来面目。《礼议》的格式文字如下：翰林学士王某等奏：今月某日中书批送到门下侍郎兼兵部尚书同门下平章事昭文馆大学士监修国史韩琦等状（梅按：状的具体内容略，其最核心的部分就是要求讨论濮王及其三位夫人的"合行典礼"。）……治平元年五月二十八日进呈，奉圣旨"候过仁宗皇帝大祥别取旨"。治平二年四月九日再进呈，奉圣旨"送太常礼院，与两制、待制已上同共详定闻奏"。（梅按：以上为中书两次上状以及英宗批示的过程。）臣等谨按（梅按：以下为《礼议》正文。）……

14　王珪等《上英宗议乞依先朝封赠期亲尊属故事》，《宋朝诸臣奏议》卷八九，958页。

15　《续资治通鉴长编》卷二〇五，4972页。

16　《续资治通鉴长编》卷二〇五，4972页。

17 "集三省、御史台官定议奏闻",韩琦等《上英宗请集三省御史台官再议》,《宋朝诸臣奏议》卷八九,959页。

18 《宋史》卷二四五《宗室·濮安懿王允让传》,8710页。

19 吕诲《上英宗论不当罢集议,乞别降诏以王珪等议为定》,《宋朝诸臣奏议》卷八九,962页。

20 司马光《上英宗乞行礼官所奏典故》,《宋朝诸臣奏议》卷八九,964页。

21 赵冬梅《"先帝皇后"与"今上生母":试论北宋政治文化中的皇太后》,张希清等主编《10—13世纪中国文化的碰撞与融合》,上海人民出版社,2006年。

22 《新五代史》卷一七《晋家人传·赞》,中华书局,1974年1版,187—188页。通常认为,《新五代史》皇祐五年(1053)已成书,但并未公开。熙宁五年(1072)八月,方以诏征取入朝;熙宁十年,正式颁行于天下,列为正史。参见王树民《中国史学史纲要》,中华书局,1997年9月版,105—106页。朱熹认为,与濮议相关的内容是后来增补的,《晦庵先生朱文公文集》卷七一:"(欧阳修)又于《五代史记》书晋出帝父敬儒、周世宗父柴守礼事,及李彦询传,发明人伦父子之道尤为详悉。"

23 《三朝名臣言行录》引《苏氏谈训》。《直斋书录解题》卷一一载:"《苏氏谈训》十卷,朝请大夫苏象先撰述其祖魏公颂子容遗训。"苏颂,字子容,追封魏国公,是欧阳修在南京时的僚佐,深得欧阳修和杜衍的赏识。杜衍曾任宰相,是欧阳修的老师,当时在南京闲居。苏颂当不至厚诬老上司。欧阳修于嘉祐六年(1061)年拜参知政事,"提举编修礼书";治平元年(1064),欧阳修"奏已编纂礼书成百卷",英宗赐名《太常因革礼》。此书是北宋前四朝的"礼院文字汇编"。《太常因革礼》的主编竟然没认真读过《仪礼》,看似荒唐,却也并非全无可能。《续资治通鉴长编》卷二○六,治平元年九月辛酉条,4996页;卷三四六,元丰七年六月甲戌条,8307页。

6
把名字刻入石头

司马谏官逃跑了?

司马光离开谏官岗位的起因,是一道提级命令。

治平二年(1065)十月初四,朝廷发布任命,把司马光的级别从天章阁待制升到龙图阁直学士,[1]他的职位则仍然是知谏院——专门负责批评的官。

天章阁待制、龙图阁直学士都是荣誉头衔,没有实际职权,但是无比荣耀,带上这类头衔就意味着成为皇帝的文学侍从,进入了高级文官的行列。这类头衔只要带上,除非犯严重错误,终身不摘,而大宋朝廷的很多重要职位,不带这类头衔,是没有资格染指的。司马光的父亲司马池生前就是天章阁待制。嘉祐七年(1062),司马光初除天章阁待制,[2]进入皇帝侍从的行列,获得了与父亲同样的职名,"名参侍从,身践世职",悲欣交集。而他当时的职务已经是谏官,不能请假还乡,所以只得在开封寓所的小院里洒泪遥祭,面向涑水故园的方向,告慰父亲的在天之灵:"甘旨之养,已无所展。忠直之风,庶几不坠!"[3]

如今,司马光自天章阁待制迁龙图阁直学士,在文学侍从的行列中排行更前了。他的天章阁待制是先帝给的,而龙图阁直学士则是当今皇帝的恩典。既蒙先帝恩宠,又得今上眷顾,端的是前途无量!

然而，司马光对这个龙图阁直学士的反应却是相当冷淡，他上奏给英宗说：

> 我在谏官的岗位上已经干了五年，是本朝任职时间最长的谏官。一直以来，我只知道竭忠报国，从不为自己考虑，所以立敌太多，常常担心自己和子孙他日会没有容身之地。现在朝廷又给我加官晋级，我怕受了这番恩宠待遇之后，更加无法离开谏官的岗位，而只要我在这个位置上，就免不了要得罪皇帝，招致杀身之祸。

在这封奏状的最后，司马光请求皇帝收回成命，让自己离开首都，到老家附近去做一个地方官。英宗接到奏状之后，并没有收回龙图阁直学士的头衔，而是免去了司马光的谏官职务。所以，我们最后看到的结果就是，在濮王的父亲名义争夺战决战之前的关键时刻，"皇伯派"的主笔、议论最有力、声音最响亮的司马光离开了谏官职位，退出了争论！而且，辞谏官是司马光的主动行为，他主动放弃了言职，放弃了高举"皇伯派"旗帜，冲在最前面引领舆论的位置。若事实果真如此，那么，司马光就背弃了和他一起对抗皇帝私欲、宰相权势的礼官侍从群体，这是中道变节、背信弃义！司马光怎么会做出这种事情？这不像是司马光的作风。但不是吗？他自己说的，做谏官已经得罪了太多的人，再做下去只怕会招致杀身之祸，所以他宁愿到外地去做一个知州！这难道不是在主动请辞吗？司马光卸任谏官，真相究竟如何？

离职真相

常言说,"耳听为虚,眼见为实"。其实眼睛所见的,也未必都是事实。真实往往蕴含在细节之中,历史必须细读。与司马光离开谏官岗位相关的,有三通文书,也就是他拒绝接受龙图阁直学士恩宠的三通奏状。[4]反复诵读这三通奏状,仔细玩味司马光的文中真意,司马光离开谏官职位的全过程豁然展现。

十月四日,朝廷发布了给司马光龙图阁直学士的任命,同时得到龙图阁直学士头衔的还有同为天章阁待制的判太常寺(礼官)吕公著。这两位都是皇伯派的核心人物。吕公著的态度和司马光一样强硬,有人想在濮王的"皇伯"后面加个"考",把"皇伯"变成"皇伯父",吕公著一句话就给彻底否决了。恩典突如其来,却非毫无铺垫,肯定有人私底下找司马光和吕公著吹过风——当然,这类秘密游说在文字上不会留下任何痕迹。英宗和宰相的意图实在不难猜,他们想要用更高级的侍从头衔来收买司马光和吕公著。如果这两位最强硬的皇伯派改变了态度,那么,剩下的人就好办了。

接到龙图阁直学士的敕告(任命文书)之后,司马光于十月六日上了第一状,表示不能接受,请求皇帝收回成命,"所有除龙图阁学士敕告,不敢祗受"。在这封奏状之中,司马光表示,自己不是一个合格的谏官,"曾无丝毫裨益圣德",他为自己的失职表示不安,并请求外任。这是什么意思?我做谏官,就要尽职,裨益圣德,劝说皇帝克己复礼;陛下可以把我调走,我不怕外任。换句话说,只要我在这里,在谏官的位置上,濮王就只能是"皇伯",没商量。

这封奏状，让英宗领教了司马光的强硬。然而，他仍然不死心。对于司马光不接受任命文书的做法，英宗干脆采取了不予理睬的态度。于是，司马光又上了第二状，这一状引用了真宗时候一则有关谏官职责的诏书，诏书规定："谏官任职满三年，如果公认不能称职，则要予以降级处分，调任地方基层小官。"司马光说："我从嘉祐六年七月进入谏院供职，到现在已进入第五个年头……（我干得极不好）现在给我处分都算晚的了，没想到陛下竟然还要提拔我，让我带着更崇高的侍从头衔继续做谏官。我自己想想都惭愧，更不要说别人怎么看了。所以，如果朝廷宽大，不肯依据真宗年间的规定处罚我，那么，就请让我去外地当个知州吧。"这第二状的结尾，仍然是那句"所有除龙图阁学士敕告，不敢祗受"。

连着两状上去，再不理睬，未免说不过去。英宗只好授意中书，让宰相出面，下了一道札子（文书）通知司马光，"圣上有旨，龙图阁直学士任命不许辞免，相关文书，即命接收"。皇帝都说了"不许"，司马光还能怎样？照辞不误！司马光又上了第三状。这第三状同样以"所有除龙图阁学士敕告，不敢祗受"结尾。第三状最核心的内容，前面已经引过，让我们把它回放到司马光当时的心境当中，再看一遍，细心体味其中真意。司马光写道：

> 我在谏官的岗位上已经干了五年，是本朝任职时间最长的谏官。一直以来，我只知道竭忠报国，从不为自己考虑，所以立敌太多，常常担心自己和子孙他日会没有容身之地。现在朝廷又给我加官晋级，我怕受了这番恩宠待遇之后，更加无法离开谏官的岗位，而只要我在这个位置上，就免不了要得罪皇帝，招致杀身

之祸。

这是什么意思？司马光想要传达给皇帝的，究竟是怎样的信息？"只要我在谏官的位置上，就一定不会退缩，即使陛下要治我的罪、砍我的头，我的立场绝不改变，濮王只能是'皇伯'！"

话说到这个份上，司马光坚持不退，英宗就只能自己退了，不能让谏官司马光改变立场为自己代言，那就只能把司马光调离谏官的岗位！这才是司马光离开谏官岗位的真相。司马谏官没有逃跑，是他的皇帝把他推开了。

"臣有事业，君不信任之，则不能成。"[5]这是司马光十七岁时写下的文字。没有皇帝的支持，臣下想做什么都不可能。关于君臣关系，司马光早已勘破。当然，作为臣子，却还可以有最后一招——转身离去。只是，英宗皇帝毕竟还没到昏庸暴虐的地步，合作是可行的，也是必需的。除此之外，作为谏官，司马光还有一个秘密武器——豁出去在朝堂上公开叫板，跟皇帝和宰相当面理论。这样的谏官，宋朝不是没有先例的。祖宗家法，不杀大臣不杀言事官，提意见再尖锐也不犯死罪，而那些敢于当面顶撞皇帝、公开跟宰相叫板的言官，往往会赢得不畏强权、勇于坚持真理的美名，为自己积攒下丰厚的政治资本，纵然当时遭到贬黜，后来却往往官至高位。只是这样的公开叫板却并不真正解决问题，一个或者一群言官站出来高调挑战皇帝、宰相的权威，老鼠要跟大象比赛拳击，这场面本身就极富刺激性，它会转移人们的注意力，让人们忘记言官是为了什么站起来的，忘记真正的问题，转而看起热闹来。然而热闹和看热闹都于事无补。这样的做法不符合司马光的理想。所以，他宁可冒着被误解的危险，默默接受升任龙图阁直学士的命令,离开了谏院。

把名字刻入石头

声震朝野的谏院,其实规模很小,小小的院子,朴素的办公室,当时只有两名谏官——司马光、傅尧俞,以及一块石头。这块石头就是"谏院题名碑"。碑是四年多之前司马光初任谏官时亲自主持树立的。碑文的最前面是司马光亲手写下的一段文字:

……居是官者,当志其大,舍其细,先其急,后其缓,专利国家而不为身谋。彼汲汲于名者,犹汲汲于利也。其间相去何远哉!

做谏官的人,应当抓大事,先急务,一切行为以国家利益为指归,不计个人得失。汲汲于求名,与汲汲于求利,二者看似不同,其实并无本质区别。这就是司马光对谏官职责的理解。谏官肩负着发现问题的责任,所以,一个谏官必须时刻保持清醒和敏锐,坚持国家利益至上,谏官应当审慎地对待名声,"彼汲汲于名者,犹汲汲于利也"。这段话,司马光绝对是有感而发的。在进入谏院以前,他耳闻目睹了某些台谏官员为了自己出名、专攻宰相大臣隐私的做法,他的恩师庞籍(988—1063)就是因为此类攻讦跌下宰相高位的。对于受过良好儒家教育、有着崇高理想的士大夫而言,安贫乐道、拒绝金钱的诱惑也许并不难,难的是拒绝名声的诱惑。好名声,本身就透着清高,比金钱美女"高级"多了。但是，如果把名声本身作为对象，不择手段地追逐它，那么，求名跟求利也就没有什么区别了，都是欲望的泛滥。

在这段文字的后面，是历任谏官的名字和任职时间，这是题名碑最核心的内容。为历任长官树立题名碑，是中国传统。为什么要把长官的名字刻在石头上？有一句诗，家喻户晓，"把名字刻入石头的，名字比尸首烂得更早"，意思是说，刻石的目的是想追求徒劳的不朽。其实，古人把名字刻入石头，在追求不朽之外，还有一重更现实，也更重要的意图。司马光说："这些名字刻在这里，后来的人会一个一个指着这些名字议论说：这个人忠诚，这个人狡诈，这个人正直，这个人奸邪。呜呼，这怎么能不让人感到恐惧呢?!"[6]

题名碑就是公示牌，名字刻入石头，就是要让为官者知道公道自在人心，忠诚正直、尽忠职守的好官不会被人忘记，狡诈奸邪、渎职腐败的官场败类也无法逃脱道德的审判，官员必须对自己的职务行为及其后果负责。宋代最有名的题名碑是《开封知府题名碑》，上面刻着183人次历任知府的名字。其中，应当刻着第93任知府名字的地方是一个光滑的凹坑，那个消失的名字，就是大名鼎鼎的包拯。包拯的名字到哪里去了？被人们的手指抚平了、又摸没了，刻到人们的心里去了。当刻入石头的名字深入人心，不朽才得以实现。

临别之际，面对题名碑，司马光肃立良久，他默念着每一个名字，直到最后一行，这是他自己："司马光，嘉祐六年七月，同知谏院。"现在，这后面可以加上一行了："治平二年十月，离职。"

自省无愧，顾国有忧

从嘉祐六年（1061）七月到治平二年（1065）十月，司马光在谏院供职四年零三个月，是宋朝历史上任职时间最长的谏官。按照他自己立定的标准，一个谏官应当"志其大，舍其细，先其急，后其缓，专利国家而不为身谋"，司马光对照自省，问心无愧。此刻，即将离开谏院之际，他的心中更多的是担忧，对国家的担忧。

在司马光的眼里，大宋王朝就像是一艘朽画船，它的"船板是用胶粘起来的，桨是用土捏成的，帆是破布做的，缆绳已经腐朽，可是却画着五彩的纹饰，陈设着绣花的帐幔"。华丽得不能再华丽，破败得不能再破败，外表与实质严重分离。"这样的船，让木偶人驾驶着它，在平地上放着，是会让人眼前一亮，道一声好看的！可是，要想用它来渡江过河，对付风浪，那岂不是岌岌可危了吗？"[7]

这艘朽画船的致命伤，在司马光看来，是社会风气的颓坏与礼义秩序的松动。在这个社会中，是非对错已经变得不再重要，人们背弃礼义，崇尚权势，荒废责任，唯利是图。而造成这种风气的根本原因是上行下效。君主对风气具有示范、引领的作用，想要一扫颓风、重振士气，必须靠皇帝以身作则。而英宗本来是有机会表率群伦的——他是养子即位，这是他的劣势，但也可以成为他的优势——如果他遵守礼义、妥善处理对生父濮王的尊崇问题，那么，他就给天下人做了一个好榜样。从此之后，官员人等，谁敢不遵礼义，违反原则，朝廷就可以理直气壮地按照法令加以惩处，人们也可以按照道德加以谴责。这就是司马光坚持濮王只能称皇伯的原因。

专任侍讲,究心史学

退出谏院之后,司马光被安排到经筵专职担任皇帝的侍讲。经筵是皇帝的御用读书班,这项制度是宋代的创造,其目的就是要通过读书帮助皇帝提高理论修养、学习治国方略。经筵设有侍讲和侍读两种职位,但通常都是兼职,皇帝日理万机,真正能用来读书的时间不会太长,除非是尚未亲政的小皇帝,否则并不需要专职的侍讲。司马光被罢免了谏官职位之后,成了专任侍讲,其实就等于被体面地"挂"了起来。英宗对司马光还是手下留了情的。

享受着龙图阁直学士的优厚待遇,却又没有什么具体职责,司马光成了开封政坛的富贵闲人。当然,一贯勤奋的司马光才不会让自己真闲着,他开始把大部分精力投注到史学上。他想要写一部贯穿古今的大通史,为皇帝、为大宋王朝提供一部有价值的历史教科书。这个念头在他心里放了很久了。在司马光的眼里,"治乱之原,古今同体",从古到今,导致政治稳定或者混乱的原因都是类似的。所以,古代可以作为今天的镜子;了解古代的治乱得失,方可"知太平之世难得而易失",让皇帝建立忧患意识,避免重蹈覆辙。这就是治国者学习历史的意义。可是,现有的历史著作显然不能满足这一需要:篇幅浩大、内容繁杂、主题分散,一般读书人成年累月地读,都很难抓住要领,更何况是公务繁忙的皇帝了!司马光想要做的,就是写一部主题明确、内容集中、篇幅适当的历史教科书。这个想法,司马光在仁宗晚期就已经产生,并且开始付诸实践。公务之余,他完成了一部八卷本的《通志》,并且在英宗初开经筵之时,进献御览。[8]

《通志》是一部编年体通史，上起周威烈王二十三年，下至秦二世三年（前403—前207）。不用说，大家都知道，这就是史学巨著《资治通鉴》的开头八卷。但是，当司马光进献《通志》的时候，他本人也还不清楚这部书未来的样子和命运，司马光唯一肯定的，是他一定要写一部书来呈现宋朝建立以前政权兴衰的脉络，作为本朝统治的借鉴。之前担任谏官，公务繁忙，正愁没时间专心写作；如今专任侍讲，正好有大把的时间可以投入到自己所喜爱的史学写作当中。司马光终日伏案，读书写作，直到夫人把蜡烛点上，这才抬起头来，伸个懒腰。看着这一整天读过的书、做过的笔记，他的幸福感随着烛光蔓延开去。在那一瞬间，司马光简直要感谢英宗把他的谏官职位拿掉了。

当然，这只是一句玩笑话。司马光转向史学不代表他要退出政治，这跟鲁迅从医学转向文学的性质完全不同。鲁迅转向文学就抛弃了医学，司马光转向史学，却还在宋朝政治的核心区，他的史学是对政治更深层次的介入，他仍然保有皇帝侍从的名义，有侍讲经筵、常常可以见到皇帝的便利。他仍然密切关注着大宋政坛高层的一举一动，这个"乌鸦嘴"的预警人，从未打算放弃说话的权利。

司马光不是英宗罢免的第一个言官。第一个被拿掉的，是同知谏院蔡抗（1008—1067）。蔡抗当过宗室学堂的老师（睦亲、广亲宅讲书），跟英宗有故交。治平二年（1065）五月，英宗亲自提拔蔡抗同知谏院，本来是希望他在濮王的称呼问题上助自己一臂之力。可是，没想到蔡抗却态度坚决地站在了礼义一边，反对过度尊崇濮王。八月间开封发大水，蔡抗又上疏痛陈濮王尊崇不当导致天谴，结果被罢免了谏职，成了第一个因为濮王称呼问题遭罢的谏官。[9]到十月，司马光又免谏职。整个谏院就剩下了傅尧俞一员谏官，而傅尧俞又被朝廷派了外交差使，正在出使契丹的路上——这一去一回，真正回到谏院来上班恐怕是明年春天的事了。御史台的情况也没有好到哪里去。长官御史中丞的位置已经空了好几个月，朝廷一点儿也没有任命新人的意思，存心让这个引领舆论导向的重要位置空着。当时在职的五名御史，有三位被派了长差，出门在外。整个御史台，就剩下副长官知杂侍御史吕诲和两名御史苦苦支撑。宋朝政治体制中一度与皇帝、宰相鼎足而立的舆论监督机构——台谏变成了一个空架子。为了给自己的生父濮王赢得父亲的名义，英宗可谓是费尽了心机，甚至不惜破坏体制与传统。"皇伯派"与"皇考派"未来必有一场恶战。皇考派的阵势已经排开，他们利用权势，造成了"皇伯派"的严重减员。"皇伯派"还能有何作为？他们是否会偃旗息鼓？退出了谏官队伍的司马光又将作何反应？

1 《续资治通鉴长编》卷二〇六,5003—5004页。

2 嘉祐七年三月,改天章阁待制兼侍讲,仍知谏院。[清]顾栋高《司马温公年谱》卷二,[明]马峦、[清]顾栋高编著,冯惠民整理《司马光年谱》,中华书局,1990年1版,63页。

3 《司马光集》卷八〇《初除待制祭先公文》,1622页。

4 《司马光集》卷三四《辞龙图阁直学士第一状、第二状、第三状》,804—806页。

5 《司马光集》卷七一《功名论》。赵冬梅《司马光和他的时代》,生活·读书·新知三联书店,2014年版,60页。

6 《司马光集》卷六六《谏院题名记》,1371页。

7 《司马光集》卷一八《进五规状》之"务实",嘉祐六年八月十七日上,547页。《续资治通鉴长编》卷一九四,嘉祐六年八月丁卯条,4701页。

8 《司马光集》卷五七《进通志表》,1197页。

9 《续资治通鉴长编》卷二〇五,4964页;卷二〇六,4992页。

7
没有赢家的战争

进入八月,开封遭遇了罕见的水灾。大雨从八月三日开始下,四日早朝,连宰相在内才来了十几个人。宫里边积满了水,只好打开西华门放水,大水奔涌而出,瞬间吞没了西华门前的殿前侍卫营房。根据官方统计,水灾导致万余间军营和民房倒塌,"死而可知者,凡千五百八十八人"。¹而这场水灾只是离皇帝最近的,却不是最惨的。去年夏秋,开封东南的十几个州已经被大水淹了一次,"妻儿之价,贱于犬豕",冬季气温异常偏高,又刮起了黑风。到得今夏,瘟疫大起,数千里之间,家家有垂死之人,送葬的队伍在道路上哭得有气无力。幸好地里的庄稼长势还不错,人人都以为秋天应当来一场大丰收,以补偿人们所受到的折磨。却没想到,八月的这一场大雨最终冲垮了房屋,淹没了田地,也破灭了人们的希望。

按照当时流行的政治思想,灾害是上天示警,其根源是人间统治不当。英宗慌忙下诏,罪己求言。"皇伯派"以此为契机,指责英宗过度尊崇生父、背弃礼义,丧失民心人望;宰相专权惑主,堵塞言路。大灾当前,皇帝和宰相只好偃旗息鼓,将濮王的尊崇议题暂时押后。

在所有的应诏上疏之中,司马光最是直言不讳,他批评英宗在万众欢呼中登上帝位,即位之后的所作所为却不断地丧失人心,"不意数月之后,道途之议,稍异于前,颇有谤言,不专称美。逮乎周岁之外,则颂者益寡,谤者益多"。司马光说,英宗有三件事令天下人大失所望:第一,身为过继之子,对先帝留下的皇太后和几位长公主失于照顾,"疏母弃妹,使之愁愤怨叹","此陛下所以失人心之始也"。第二,置国家大事于不顾,凡事不肯拿主意,"凡百奏请,不肯与夺",导致"大臣专权","此天下所以重失望也"。第三,听不进不同意见,把台谏官的批评意见完全交给大臣去处置,使天下忠诚之士丧气结舌,失去了批评的动力,"此天下所以又失望也"。[2] 司马光还建议取消原定于十一月举行的南郊典礼,改为皇帝在宫内恭谢天地,以节约开支,昭示畏天之志,安抚大灾之后动荡的人心。[3]

这样的建议,英宗当然不会听从。十一月初四,英宗举行了即位以来的第一次南郊大典。[4]南郊祭天,每三年举行一次,是最高规格的常规祭祀。南郊之后,例行大赦,普天同庆,官民人等,雨露均沾。令人感到奇怪的是,在南郊赦书长长的恩赐名单上,唯独漏了英宗的生父濮王。难道说英宗已经幡然悔悟,决心谦抑自持,要以仁宗的皇统为重,放弃过度尊崇濮王了吗?听到这样的猜测,司马光只是苦笑。如果英宗决定谦抑,那就应该遵从礼义,接受侍从礼官的提议,大大方方地给濮王"皇伯"的称呼和大国的封号。如今南郊赦典竟然避濮王而不谈,显然英宗还是要打破礼义,过度尊崇濮王。"皇伯派"和"皇考派"必将有一场决战。

问题是,谁来打破僵局?

"皇伯派"与"皇考派"的较量

"皇伯派"决定主动出击。南郊大典之后,御史台的副长官知杂侍御史吕诲上疏,"乞早正濮安懿王崇奉之礼"。也就是说,按照侍从礼官议定、司马光起草的意见:第一,尊濮王为皇伯,以明确英宗作为仁宗过继之子与濮王之间的宗法关系;第二,给濮王赠高官封大国,以表达英宗对濮王生育之恩的感激之情。相同诉求的奏疏,吕诲前前后后一共上了七道,而这七道奏章,全如泥牛入海。英宗方面,毫无反应。没奈何,吕诲祭出了言官的杀手锏——辞职,然而他的四道辞职奏章也遭遇了同样的命运。[5]

吕诲的满腔怒火烧向了宰相,他把矛头对准了首相韩琦,弹劾他专权擅政,"在重要岗位上安插自己的党羽,破坏、紊乱朝廷法度"。吕诲说:"朝廷每提拔一个官员,人们都说这人必是韩琦的亲朋故旧,朝廷每罢免一个官员,人们都说这人肯定是韩琦的冤家仇敌。"长此以往,"天下只知琦之恩仇,而不知陛下之威福也。"陛下如此信任韩琦,殊不知韩琦却在偷偷盗窃、转移陛下的权柄!至于濮王尊崇事件,吕诲认为,是韩琦把皇帝引导上了一条越礼非法的路,"仁宗永昭陵土未干,玉几遗音犹在,而韩琦的忠心已改,以为上天是可以欺骗的,搞得皇帝、皇太后两宫嫌隙日生,引惹天下人怨怒,让皇帝遭受不仁不义的指责……我们还能说韩琦忠诚吗?"[6]结党营私、专权不忠,这是对一个宰相最致命的攻击。吕诲在启发、诱导英宗对韩琦的愤怒。

从这个角度攻击韩琦,的确是非常有力的。韩琦于嘉祐六年(1061)接替富弼担任首相,至今已经五年。仁宗晚年中风,不能亲理朝政。一应朝廷大事,皆由韩琦主张。英宗的即位本就得益于韩琦力挺,即位之后旋即发病,诸事不理,其皇位又曾遭遇质疑和危机,若非韩琦掌舵,英宗只怕自身都未必能够保全。逼迫皇太后撤帘,扶植英宗重掌大宝,韩琦的功劳是第一位的。然而,正因如此,韩琦的权势和作风也越来越遭到了质疑。韩琦逼迫太后撤帘的霸道做法,让司马光齿冷。他曾经上疏提醒英宗,要防止大臣专权,要保护本朝以台谏监督朝政的优良传统。[7]尽管如此,对于吕诲的做法,司马光还是感到了一丝担忧。

果然,吕诲的重炮不仅没有击落韩琦,反而伤到了同属"皇伯派"的翰林学士范镇。范镇被免去了翰林学士之职,外放陈州知州。皇伯派又少了一员大将。为什么会这样呢?

遭到吕诲的弹劾后,韩琦立即上表,请求罢相离京。英宗当然不答应,于是命令翰林学士范镇代笔批示。范镇写了一句话:"周公不之鲁,欲天下之一乎周。"据说,这句话让英宗很不高兴。周公的封地在鲁,可是周公没有到鲁地去,而是留在王都辅佐成王,维护大周天下的一统。把韩琦比作周公是什么意思?难道说,他老人家走了,天下人的赞美讴歌、国家的司法行政也要跟着走吗?你的眼里还有没有朕?!英宗一时着恼,范镇因此罢职。也有人说英宗本来没那么敏锐,是欧阳修挑拨离间,过度阐释,拨动了英宗敏感的神经。欧阳修说:"范镇用周公来比拟韩琦,那么就是用小孩子成王来比拟陛下呀!"[8]

不管触因如何,司马光的好朋友、老同年,"皇伯派"的一员大将范镇被赶出了开封。皇伯派出师不利。这是治平三年(1066)正月初的事情。

数日之后,吕诲集结了在京的所有台谏官员,再度上疏,言辞犀利,对中书全体宰相、副宰相提出弹劾。弹章的措辞可以说是刀光剑影、杀气腾腾,对于宰相府的总体状况,用了"豺狼当路""奸邪在朝"八个字。四名宰相、副宰相,每一个都罪责难逃:参知政事欧阳修,"首开邪议","欲累濮王以不正之号,将陷陛下于过举之讥",罪在"不赦",人神共弃。首相韩琦,明知故犯,文过饰非。次相曾公亮、参政赵概,苟且依违,不负责任。弹章的最后放出了狠话:"议论既然不能统一,照理难以同朝并立。我们和欧阳修,怎么可以都留在朝堂之上呢?!"

这篇气势汹汹的弹章,背后的力量其实很弱小。所谓的全体台谏官员,一共多少人?只有三个:知杂侍御史吕诲、侍御史范纯仁(1027—1101)、监察御史里行吕大防(1027—1097)。这就是当时在京的台谏官员总数。宋朝谏院定额六员,御史台官的人数最高曾达到二十人,一般情况下也要维持在十人以上。而当时的谏院实任谏官二员,"司马光迁领他职,傅尧俞出使敌廷",只剩了一间空房子。御史台长官御史中丞出缺数月,空置不补;连同副长官知杂侍御史吕诲在内,在任御史共计六员,三员奉旨外出公干,在台供职的只有三员。不由得吕诲不感叹:"言论官只差没有彻底取消了,自古以来,言路的壅塞,没有像今天这样严重的!"[9]而这种情况,正是皇帝和宰相喜闻乐见,一手造成的。他们想要的是帮助皇帝实现尊崇生父的意愿,至于言路是否堵塞,在他们眼里,都是不重要的,或者说是可以暂时放下的。

宰相府当然是毫不相让。台谏与宰相,"皇伯派"与"皇考派"剑拔弩张,双方已经摆出了势不两立的态势,双方都等待着英宗的最后决定。

皇太后成了棋子

以司马光对英宗的认识,他丝毫不怀疑英宗会站在宰相府一边。但问题是,皇帝将怎样突破礼义的束缚、破解眼前的僵局?

这天上午,刚刚散朝,一个消息就传到了司马光的耳朵里。据说,宰相们要请皇太后亲自出面来化解僵局。首先,皇太后会亲笔写一封信来表达善意,提出尊濮王为皇,濮王夫人为后,建议皇帝称呼濮王为父亲。然后,皇帝会表示谦让,拒绝给濮王及其夫人皇、后的尊号,但接受称濮王为父亲的建议。如此一来,英宗称生父濮王为父亲,则是奉了皇太后的慈命,不但不是越礼非法,反而是孝道行为了!真真的两全其美!

这样的"好主意",究竟是谁想出来的呢?韩琦,还是欧阳修?曹太后会配合吗?不配合又能怎样?英宗的皇位已经稳固,大权在握的宰相们支持他。而曹太后,撤帘之后,退居深宫,无权无势,真就成了"无夫孤孀妇人"了,还能怎样?再说,以韩琦逼迫曹太后撤帘的决绝、霸道,他必然有办法逼迫老太太配合行动。这简直是欺人太甚!这般行为,将置英宗与曹太后的母子恩义于何地?仁宗皇帝的在天之灵又怎能安生?这是陷英宗于大不义!

想到这里,司马光坐不住了,他虽然已经不是谏官,但还是皇帝侍从,此事关系纲常伦理,是国家的"大得失",他无法保持沉默。司马光上疏,质问英宗:"我实在不明白陛下的心意,这么固执地坚持尊崇濮王,究竟是为了荣誉呢,还是为了利益?又或者是认为这样对濮王有益处?"接下来,他正告英宗,以旁支入继而尊生父为皇帝,是汉代昏君的做法,实在谈不上荣誉;仁宗的恩泽深入人心,百姓之所以爱戴英宗,是因为他是仁宗的儿子、继承仁宗的大统,过分地尊崇濮王，只会伤害百姓的感情，实在无利可图；而把非礼的"皇帝"虚名强加到濮王头上，对濮王又有什么好处?！无荣、无利又无益于濮王，可是陛下却偏偏要这么做，为什么？无非是宰相大臣们文过饰非，一意孤行。对于中书的行径，司马光表示了强烈的愤怒。他说，就算他们搬出皇太后来，纵然百般巧饰，却终归辜负了先帝深恩，陷陛下于不义，违背礼制，丧失民心。"政府之臣，只能自欺，安得欺皇天上帝与天下之人乎？"[10]

司马光把奏状送到阁门的时候，正当正午时分，太阳高挂在天顶，却并不让人觉得暖和。就在同一时间，太后的使者抵达中书，奉上密函一封。两名参政，欧阳修看看赵概，赵概看看欧阳修，二人相视而笑——太后终归是女中俊杰，识时务！

第二天，两道敕书几乎同时降下。第一道敕书的主要内容是宣布皇太后的亲笔手书："我听说群臣建议皇帝尊崇封赠濮王，至今还没有结论。我再次翻阅前代史书，才知道这本来是有前例可循的。濮王和三位夫人，可令皇帝称'亲'。另请尊濮王为'皇'，三位夫人为'后'。"第二道敕书，则是皇帝在接获皇太后手书之后的手诏批示："朕刚刚继承（仁宗的）大统，唯恐德行与地位不能相称。称'亲'之礼，谨遵皇太后慈训。至于尊濮王为'皇'、夫人为'后'的礼典，就难以从命了。"[11]

鹬蚌相争谁之利

两道敕书一经颁布，宰相们自以为圆满地解决了濮王称呼的难题，可以舒一口气了。然而，在"皇伯派"看来，这两道敕书虽然看上去十分美满,却无法自圆其说。正如司马光所说,这就是欺骗,赤裸裸的欺诈!上欺天,下欺人!

吕诲率领着他只剩了三个人的可怜的御史台,首先站出来高声质疑,皇太后的行为前后矛盾:想当初,濮王的尊崇问题刚刚提出来的时候,中书想要扩大影响,提出要举行中央官大讨论,皇太后都不愿意,亲下手书斥责宰相,如今才过了半年,却忽然提出这样的建议来,"与初衷如此背离,实在让人感到震惊骇怕,疑惑重重"。[12]

除此之外,侍御史范纯仁还单独上了一奏。这一奏与司马光谏书风格相类,语言平实、态度冷静,然而却鞭辟入里、直指要害。范纯仁说什么?"皇太后自从撤帘之后,深居九重,不再干预外廷事务,又怎么会再度降下诏令?而权臣想要做不同寻常的事情,往往会假称母后的诏令,威逼胁迫,用母后来掩饰自己的私欲。陛下是成年君主,应当自行处理政务。对皇太后孝顺就可以了,不必再烦劳皇太后操心外朝事务。今天濮王的事情由皇太后出面解决了。这个口子一开,麻烦就大了。以后万一有权臣假托皇太后的命令行其非常之事,恐怕会对皇帝不利。"这分明是在暗指宰相操弄权柄,威胁皇权了。

所有这些弹劾、批评宰相的奏章,英宗阅后,都转给了中书。别的奏章倒也罢了,范纯仁的这封却让韩琦感到了无比的心寒。范纯仁是谁?范仲淹(989—1052)的儿子!韩琦又是谁?范仲淹的同僚、战友加兄弟。他们曾经一起在陕西抗击党项人的侵扰,又曾经一起主持庆历新政。韩琦拿着范纯仁的奏章,对曾公亮、欧阳修、赵概说:"我跟希文,恩如兄弟,我一向把纯仁当自己的亲侄子,没想到,他竟然如此恶毒地攻击我!没想到啊!"

韩琦觉得匪夷所思的,从范纯仁的角度看来却很正常。范纯仁比司马光小八岁，正当四十，血气方刚，敢于坚持原则。想当年，他做知县的时候，境内有一块属于军方的牧地，士兵放马常常践踏老百姓的田地。宋朝军民分治，县太爷不敢惹当兵的，此类事件，之前时有发生，而知县大人通常都撒手闭眼，听之任之。范纯仁可不管这一套，立刻抓来为首的士兵按律惩处，结结实实打了一顿棍子。事情闹到中央，范纯仁据理力争，提出"募兵必须依靠农民来养活，体恤军人应当首先体恤农民"。最终，范纯仁赢了，这块牧地也划归地方政府管理。[13] 作为范仲淹的儿子，范纯仁在乎的是正义和真理。所以，当他上疏的时候，并没有意识到自己是在跟父亲的朋友韩琦作对，在他看来，自己只是在纠正皇帝的过失、提醒皇帝警惕权臣乱政，尽管他所说的这个权臣的的确确指向了父亲的朋友韩琦。

到这个时候，濮王的父亲名义争夺战已经演变成了台谏官与宰相之间、或者说两代政治人之间的对峙。台谏官弹劾宰相奸邪，要求罢免宰相，吕诲、范纯仁、吕大防交出了御史台官的任命状，居家待罪，表示"甘与罪人同诛，耻与奸臣并进"。宰相则针锋相对，毫不退让，欧阳修说："如果陛下认为我们有罪，那就应当挽留御史；如果认为我们无罪，那么，请陛下自行决定。"最终，英宗做出决定，免去吕诲、范纯仁、吕大防的御史职务，吕诲出知蕲州，范纯仁出知安州，吕大防出知休宁县。

在宰相和台谏官的对立中，英宗做出了选择，站在了宰相一边，宰相的态度更趋强硬。按照制度，御史台副长官解职，在诏书之外，还应当有正式的官诰，这封解职文书应由知制诰起草。而值班的知制诰韩维（1017—1098）与吕诲政见相同，宰相们担心韩维会拒绝起草吕诲的罢官文书，干脆违反制度，取消了解职文书这一环节，直接让人把罢官外任的敕书送到了吕诲家里。韩维强烈抗议，而宰相不予理睬。

司马光上疏英宗，为吕诲、范纯仁、吕大防申辩，祈求英宗收回成命，同样没有得到任何回应。

到了三月，三位出使契丹的台谏官同知谏院傅尧俞和侍御史赵鼎、赵瞻（1019—1090）回到开封，[14]立即采取了与吕诲共进退的立场，居家待罪。最终，这三个人也遭到了罢职出京的处分。

当年一起上疏反对濮王称亲的七位台谏官员，六位罢官离京，唯一没有受到处分的就剩下了司马光一个。司马光奋起营救傅尧俞等人，连上四状，英宗均不予理会。这让司马光感到了一种似曾相识的孤单与愤懑。九年之前，屈野河西地事件爆发，恩师庞籍以藏匿文书为代价保全了司马光，让他成为所有当事人中唯一没有受到处分的幸运儿。而司马光却觉得自己背弃了恩师和同僚，独自苟活，那种无以名状的道德耻辱感曾经折磨了司马光很久。[15]如今九年过去，司马光更加成熟，而且这一次，他没有遭受处分只是因为偶然——英宗提前免去了他的谏官职位。所以，对司马光来说，孤单与愤懑都不难克服。

最让司马光感到难过的，是朝廷风气、制度的隳坏。宰相用诈计逼迫太后出面促成濮王称亲，权势用卑鄙的手段战胜了正义。老一辈政治家在濮王名义问题上表现出极端的固执、蛮横与破坏性，他们亲手破坏了自己参与建立的台谏制度和谏诤传统：所有敢于唱反调的台谏统统被赶出了首都，而台谏的作用本来就是挑毛病、找问题，"唱反调"是台谏的本分。吕诲、傅尧俞他们被赶出去之后，在濮王名义上有过"正确"表态的人进入了台谏，而这样只会跟风的台谏官，你怎么能指望他们发现问题呢？！

宰相犯了严重错误，台谏官也不是没有问题的。他们太极端，太容易激动。在濮王名义的问题上无法说服宰相，便转而攻击宰相，对韩琦，对欧阳修，台谏官的攻击可以说是无所不用其极。这样的攻击，已经偏离了讨论的初衷，严重跑偏。对于这场濮王名义争夺战，南宋学者吕中的看法值得重视。他说，这本来是一场"不为苟同"的"君子之争"，"然台谏争之不得，气激词愤，遂诋为小人；而欧阳修不堪其忿，亦以群邪诋之。即一时之礼议，而遂诬其终身之大节"。[16] 台谏据理力争而不得，就把宰相诋毁为小人；宰相不胜其愤，就辱骂台谏官是奸邪。为了一时的礼义之争，就污蔑对方的终身名节！吕中认为，宰相与台谏之间相互攻击的恶习，就是从这个时候开始的，它直接影响了后来王安石变法时期的政治生态。

濮王名义之战，宰相与台谏官两败俱伤，宋朝政治风气严重受损。那么，这场战斗究竟有没有赢家呢？

我的同行冀小斌先生认为，英宗还是有所收获的。首先，他成功地为自己的父亲取得了"父亲"的称号，满足了私人感情的需要。第二，他在这场政争中练习了做皇帝的权术。本来，争论的标的是他父亲的称呼问题，但是，英宗却自始至终立于"仲裁人"的不败之地。他高高在上，看着宰相欺压台谏，台谏攻击宰相；他顺着宰相的意思，尊崇了父亲、罢免了台谏，又把台谏攻击宰相的奏札批转给宰相，警告他们切勿专权营私。最终，台谏被轰了出去，宰相虽然还在位，但是声望大损，变得容易控制。英宗的皇位便愈加牢靠。而司马光在英宗的帝王养成术中起到了引导教练的作用。[17]

这样的分析不无道理。但是，宰相与台谏两败俱伤之后，皇帝真的能成为赢家吗？宋朝政治中最宝贵的传统，就是台谏对宰相、对皇帝的监督批评纠错机制，这种机制的存在可以发现问题、解决问题，避免社会矛盾激化，从而保证宋朝统治的长治久安。这种机制其实是相当脆弱的：台谏与皇帝有君臣之分，不可逾越；台谏跟宰相相比，是小官且无实权；台谏敢于抗衡皇帝、宰相的力量完全是精神性的，他们的武器是社会正义。正常情况下，皇帝对台谏必须尽力扶植，才能维持这个脆弱的纠错机制。而濮王名义一战，英宗默许、宰相赤膊上阵，破坏社会正义，驱赶台谏，台谏机构为之一空，纠错机制暂时瘫痪，纵然重建，又如何能恢复元气？没有了台谏的监督批评，宋朝的统治很容易陷入一边倒的危险境地。这对于皇帝来说，又有何好处可言？！

除此之外，濮王名义之争还导致了英宗的自我膨胀，他看透了宰相大臣的真实面貌，渐渐生出轻视之心来。英宗说："我从前没当皇帝的时候，望着侍从大臣们，觉得他们都是天下之选，百里挑一。现在才知道不是这样的。"[18]一个皇帝能自立当然是好事，但是如果这个皇帝在骨子里轻视他赖以统治的宰相大臣，那绝不是社稷之福。

不管怎么说，英宗心情不错，他决心彻底结束濮王名义之争所带来的纷扰，"洗心自新"，从新开始，做一个负责任的好皇帝。三月，英宗发布诏书，"四海之内，狱讼冤烦，调役频冗，与夫鳏寡孤独死亡贫苦，甚可伤也。转运使、提点刑狱分行省察而矜恤之，利病大者悉以闻"。英宗的注意力终于从家事转向了国事。此时，距离他的亲政第一问"积弊甚众，何以裁救？"[19]已经过去了将近两年。近两年的宝贵时光都浪费在了濮王名义这样的事情上。但是不管怎么说，英宗毕竟还是要"洗心自新"，裁救积弊了。进入五月，一系列的改革措施开始推行：五月十五日，英宗下令中书将那些有章可循的常规琐细政务交由相关部门处理，只保留审批权，中书从此成为更加纯粹的议政兼决策机构，集中力量抓大事。当然，从某种意义上讲，此举也可以理解为皇帝在削弱中书事权。十七日，英宗再下诏旨，规定每月初一、十五，中书、枢密院在南厅合署办公。[20]六月十一日，宋朝出现了第一例因为绩效考评劣等降职的官员，论资排辈混年头升级的制度虽然没有取消，但考核变得更加严格。[21]

司马光感到振奋，他仍然是专任经筵侍讲，英宗没有委派他任何重要职务，却给了他一项具体工作，编修"历代君臣事迹"，也就是接着他那八卷《通志》往下继续修通史。皇帝特批，允许司马光自选助手，朝廷开支俸禄，司马光的修史事业得到了皇帝支持，正式立项了！

一切看起来都在朝着好的方向发展，即位四年，英宗先是被生理和心理的病痛纠缠，而后被尊崇生父的心结所占据，现在，他终于可以集中精力做一个好皇帝了，一个新时代即将开始。

1 《续资治通鉴长编》卷二〇六,4984页;《宋史》卷一三《英宗本纪》,257—258页。

2 《续资治通鉴长编》卷二〇六,4986—4988页。

3 《续资治通鉴长编》卷二〇六,4995页。

4 《宋史》卷一三《英宗本纪》,258页;《续资治通鉴长编》卷二〇六,5007页;《宋大诏令集》卷一二一《治平二年南郊赦天下制》,414页。

5 《续资治通鉴长编》卷二〇六,5010页。

6 《续资治通鉴长编》卷二〇六,5012页。

7 《续资治通鉴长编》卷二〇六,4988页;《司马光集》卷三四《上皇帝疏》,治平二年八月十一日上,795页。

8 《续资治通鉴长编》卷二〇七,5020页。

9 《续资治通鉴长编》卷二〇六,5004页。

10 《续资治通鉴长编》卷二〇七,5030—5031页。

11 《续资治通鉴长编》卷二〇七,5030页。

12 《续资治通鉴长编》卷二〇七,5032页。

13 《续资治通鉴长编》卷二〇六,4923页;卷二〇七,5033页。

14 《续资治通鉴长编》卷二〇七,5040页。

15 参见赵冬梅《司马光和他的时代》第25章《恩师的冒险》、26章《无处诉委屈》,248—265页。

16 [宋]吕中撰,张其凡、白晓霞整理《类编皇朝大事记讲义》,上海人民出版社,2014年版,258页。

17 Ji, Xiaobin. *Politics and Conservatism in Northern Song China: The Career and Thought of Sima Guang*（A.D. 1019—1086）.（冀小斌《北宋的政治与保守主义：司马光的治学与从政》）

18 《续资治通鉴长编》卷二〇七,5022页。

19 《续资治通鉴长编》卷二〇一,4868页。

20 《续资治通鉴长编》卷二〇八,5053页。

21 《续资治通鉴长编》卷二〇八,5054页,治平三年"六月乙酉,吏部郎中、知磁州李田监淄州盐酒税务。嘉祐六年,始置考课法,至是考课院言田再考在劣等,故有是命。坐考劣降等自田始"。苗书梅的《宋代官员选任和管理制度》(河南大学出版社,1996年)没有注意到英宗朝在考课执行方面的努力,可能是因为时间太短了。

第二部

旧邦新命，
1067—1069

三十六岁的英宗赍志而殁，二十岁的神宗即位。青春的血液在年轻皇帝的身体里奔涌，他要开疆拓土、制礼作乐，做一个像尧舜一样伟大的君主，以此来为父亲和血统正名。聪明的皇帝当然知道时机未到——首先，他必须学习操控这无边的权力；而祖宗法度和财政困难这两条绳索，一虚一实，一软一硬，也在束缚着他的手脚。王安石的理财方针赢得了神宗的倾心相许，也遭到了主流舆论的强烈反对。除了财政，司马光与王安石还在司法领域发生了激烈交锋。这场交锋展示了神宗初年北宋朝廷的包容大度、士大夫思想的自由活跃，以及传统中国司法解释的进步，活力无限，仿佛回到了仁宗中期。

8
新皇帝二十岁

故物新枝

新时代终将到来，只是，这新时代却注定与英宗无关。

治平四年（1067）正月初八，英宗撒手尘寰，得年三十六岁，在位三年零九个月，刨除曹太后垂帘的一年零一个月，亲政时间两年零八个月，而在这两年零八个月当中，有关濮王尊崇问题的大讨论就占据了近两年的宝贵时光。在私人感情与伦理大义之间，英宗终归还是做不到司马光所要求的纯粹的克己复礼，他想要做的是先利己、后复礼——"就这一次"，先满足私人感情，以后一定认认真真地做一个遵守礼制的好皇帝。"就这一次"，这样的念头、这样的做法，我们每个人可能都有过。只不过，皇帝"就这一次"的社会成本太高、太高了。

英宗的辞世并不突然。他的身体状况，从治平三年十月就开始急剧恶化，只不过在当时仍然处于高度保密状态，"近臣多不知也"。司马光就是不知道的。因此，他在十一月的时候还在劝说英宗不要接受群臣上尊号。尊号就是一串赞颂的词语，英宗的这一串是"体乾应历文武圣孝"。司马光说尊号不过是虚名，而眼下的形势实在应当检讨悔过，而不是歌功颂德。[1]司马光的建议，英宗并未接受。

病中的英宗充满了紧迫感：他颁布法令，把科举考试的时间间隔从两年一次改成了每三年一次，从此之后，中国的科举就都以三年一次的频率举行，这是一个很合适的频率，"士得休息，官以不烦"。²他跟欧阳修讨论人才问题，提出要重新充实馆阁，选拔儒学修养较高者，以改善人才的能力结构。对于西夏，他采纳韩琦的建议，采取了有原则而不姑息的态度。国事之外，英宗的家事也有大进展。十一月，他的长女徐国公主出嫁了³——尽管是庶出公主，但毕竟是英宗夫妇头一次嫁女儿，高皇后和皇长子顼（即后来的神宗）亲自送公主过门，皇后第二天才回宫，好生的繁华热闹。只可惜，权力荣誉、责任理想和富贵繁华，都无法挽留生命。英宗的生命一点一滴，无可挽回地走向了衰亡。在经历了濮王府老十三、"备胎皇子"、病狂皇帝、濮王孝子的种种起落、纠结、颠沛之后，英宗的生命之船即将告别此岸，抵达永恒之港。

大宋王朝也将再度面临皇位交替的风险——幸好，英宗是有儿子的。然而，就像我们在太宗晚年曾经看到的那样，⁴每一个皇帝都是重度的"权力依恋症"患者，即使是对亲儿子，交权也如割肉般不舍。十二月二十一，韩琦在御榻之前建议早立太子，以安人心。英宗已经丧失语言能力，只得点头表示同意，又在韩琦的请求下颤巍巍亲手写下了"立大王为皇太子"七个字。"大王"当然应该指皇长子颍王赵顼。只是这样的大事，又岂能凭着"想当然"含糊了事？韩琦再次请求英宗御笔明示，于是，可怜的垂死之人又吃力地拿起笔，补写了"颍王顼"三个字。第二天，朝堂上当众宣读了立颍王顼为皇太子的诏令。御榻之前，颍王连连叩头，按礼义表达应有的谦让之意；御榻之上，英宗神色泫然，眼角流下了两行浊泪，流露出内心真实的不舍之情。⁵

按照计划，皇太子的册封典礼应当在正月十九举行。只是英宗根本就没有等到那个时候，而赵顼，则跳过皇太子册封大典，直接做了皇帝。治平四年正月初八（1067年1月25日），二十岁的赵顼继承皇位，史称宋神宗。

新皇帝赵顼手上有三样东西：通常只属于二十岁的雄心壮志，与二十岁年纪不相称的无边权力，以及父亲留下的烂摊子。"古者二十而冠"，二十岁行成年礼，正式成为完全的社会人。进入社会之前的雄心壮志，几乎人人有过。它在二十岁以前得到培植，不断壮大，在二十岁时抵达峰值，入社会之后，雄心壮志在与现实的碰撞中不断调整、衰减，我们认识不足、看到差距、探测边界，长大、成熟。赵顼的二十岁是一样的，更是不一样的——他是皇帝，有着天下最大的权力。权力最大，责任也最大。而神宗接手的大宋朝廷，情况实在不容乐观。英宗留下的这个烂摊子，首当其冲的是两个问题：第一是中央财政状况的继续恶化，第二是人心乱了，把人心搅乱的，正是濮王的尊崇问题。二十岁的年纪，无边的权力，积弊丛生的天下，神宗将如何处置？

闭门听风雨

就在神宗即位十七天之后，正月二十五日，司马光被任命为本届科举主考官。[6] 按照宋朝制度，科举考试的考官班底并无固定人选，每榜临时任命，而一旦任命公布，考官随即进入贡院封闭居住，直至发榜，以避免作弊。司马光被"关起来"了，这一关就关了将近两个月。[7] 神宗初政的很多事迹，司马光都是在贡院里听说的。

有两件事很让司马光感慨。第一件是年轻皇帝对待财政问题的务实态度。国家财政本就吃紧,"四年之内,两遭大故",连续为仁宗和英宗两个皇帝操办丧事,如何能够不拮据!财政部门给神宗的建议很实在,"不以小啬为无益而弗为,不以小费为无伤而不节"[8]——不要因为小节约省不下多少钱就不干,不要因为小开支花不了多少钱就不省。宰相韩琦提出,英宗皇帝给近臣的遗爱赏赐,"才足将意便可",心意到了就好。而神宗,则没有一点扭捏就承认了"公私困竭"的现状,削减了英宗的皇陵预算规模和遗爱赏赐额度。他还为父亲当年在仁宗丧事上的大手大脚做了解释,说:"仁宗的丧事,先帝是过继之子,要避嫌疑,所以不敢裁减,那么,现在就没那些顾虑了——该裁的裁,该省的省。"[9]神宗的表现,让司马光感到踏实。[10]

第二件是神宗废除了"驸马升行"制度。驸马爷升一辈儿,做自己爷爷的儿子、父亲的兄弟,这就叫"驸马升行"。"驸马升行"可以避免公主殿下纡尊降贵向公公婆婆行大礼。这种用现实权势扭曲人伦秩序的做法,尽管匪夷所思,倒也事出有因——本朝的第一个皇帝太祖跟第二个皇帝太宗是亲兄弟,兄弟俩相差十二岁,他们的女儿辈分相同而年龄差距极大,能够嫁到的丈夫根本就不是一辈人。因此,为了保证太宗公主与太祖公主伦理地位的平等,就只好改变驸马爷的辈分。"驸马升行",极尽荒唐,然而此事却从未见礼官台谏批评过。按照神宗的诏书,废除驸马升行,是英宗的遗愿。诏书说,英宗曾经提起这件事,觉得愤愤不平,认为"怎么可以因为富贵的缘故,扭曲人伦长幼之序"呢?这番话神宗代父立言、以英宗的口吻说出来,简直有一石三鸟的功效。第一,替英宗挽回了面子,表达了英宗对伦理秩序的原则性尊重;第二,顺带批评、讽刺了包括司马光在内的侍从礼官——皇帝要叫生父一声爹,你们反对;可是公主把公公婆婆当哥哥嫂子，你们却视而不见？这是实情，司马光只有感到惭愧。第三，更重要的是，表明了神宗拨乱反正、维护伦理秩序的态度。这让司马光感到欣慰。

贡院得闲，三位考官常常聊的，便是新皇帝。韩维、邵亢（1011—1071）都是神宗的东宫旧僚，废除驸马升行是邵亢的建议，[11]韩维跟神宗的关系尤其近密，他最了解神宗的心思。[12]神宗亲身经历了父亲与祖母（曹太后）的冷战，感受过宫中充满猜疑、危机重重的高压氛围。不管是从个人情感的角度，还是从朝廷政治的角度，神宗对于"濮议"、对于父亲的做法，都有所保留。即位之前，他无法改变父亲，只有努力做好自己，做曹太后的孝顺孙子。神宗的努力没有白费——老太太跟孙子的关系相当不错。[13]现如今，神宗刚刚正式听政，就废除了"驸马升行"的陋习，可谓出手不凡。[14]三人私底下猜测，接下来，对于"濮议"，神宗恐怕还会有大动作。当然，神宗不会推翻父亲的决定，但是，对于推动"濮议"、搅乱人心的宰执们，神宗恐怕就不会那么客气了。

开锁见是非

果然，三月二十四日，中央领导层出现了大变故——参知政事欧阳修罢政，出知亳州。而在两天之前科举发榜，司马光才出得贡院，重获"自由"。[15]对于欧阳修的罢政，司马光并不感到太过惊讶，却在心里萌生出一层深刻的不安。早在锁院期间，他就听闻御史彭思永（1000—1071）、蒋之奇（1031—1104）对欧阳修的疯狂攻击——他们诬蔑欧阳修与长媳吴氏私通，以如此禽兽不如的恶行来诋毁大臣，却拿不出一点确实的证据，逼得极了，就说御史可以"风闻言事"、没有义务提供信息来源，到最后，实在无法抵赖了，竟然转而攻击大臣朋党专政！在司马光看来，用这样难以言说、无法辩白的隐私之事攻击大臣，是台谏官的大忌。尤其让司马光感到不齿的，是蒋之奇。此人在"濮议"的问题上违反公论、附和欧阳修，这才得到欧阳修的推荐，当上御史。神宗上台之后，他听风辨色，立刻迫不及待地跳出来对欧阳修反戈一击。小人之行，唯利是从，反复无常，令人齿冷。而这就是英宗、韩琦、欧阳修他们在"濮议"之后提拔上来的台谏官！因为诬蔑大臣，彭思永和蒋之奇都受到了降职外放的处分。只是，人言可畏，经此一事，欧阳修在朝里也待不下去了。神宗对欧阳修的罢政处理得很客气，对外宣称的理由，是欧阳修因病主动请辞，去意坚决，神宗一再挽留不得，这才惜别老臣。欧阳修的级别也被提高到刑部尚书。

欧阳修是神宗亲政之后离开中央的第一位老臣。他于嘉祐五年（1060）出任枢密副使，六年升任参知政事，在中央领导岗位上共计八年。欧阳修才高志大、心胸豁达、光明磊落，"性直不避众怨"，[16]他是勇于任事的，敢于坚持自己认为正确的一切东西，包括在"濮议"中支持英宗称呼濮王为父亲。可是他万万没有想到，逼迫他离开中央的，竟然是这样一个卑鄙龌龊、且让人无从辩白的诬告。"敢辞一身劳，岂塞天下责？风波卒然起，祸患藏不测。"[17]人事已尽，天命如此。欧阳修开始认真作归田之计，他为自己选择的归老之所，不是故乡吉州，而是颍州。知亳州是他主动申请的，原因就是亳州"去颍最近，便于营私"，他获得神宗的批准，在上任之前，先绕道回颍州，"修葺故居"。

"上马即知无返日,不须出塞始堪愁",[18]欧阳修心知,他的政治生命结束了。既然如此,他盼望获得自由,越早越好。在给老下属新知道州张器的赠别诗中,欧阳修预言说:"(阁下)三年解组来归日,吾已先耕颍水头。"[19]到达亳州之后,欧阳修先后六次上表请求退休,而这一年,他刚刚六十一岁,距离正常退休年龄还有九年。然而神宗还需要他,四年之后(熙宁四年,1071),神宗终于批准了欧阳修的退休申请。欧阳修在颍州只享受了一年田园生活,便溘然长逝,享年六十六岁。[20]

以如此卑劣的手法攻击、驱逐大臣,是司马光一贯反对的,但是,他却没有上章替欧阳修说话。欧阳修知开封府时,他是开封府推官,欧阳修赏识他,推荐他,认为他是可以做宰辅的人。那么,为什么司马光在欧阳修的问题上采取了沉默态度?也许他是想说却不便说——司马光已经不是谏官,没有言责,而他出贡院的时候,两名向欧阳修泼脏水的台官已经受到处分,欧阳修是以身体原因自请退休体面下台的,再翻旧案,等于把欧阳修刚刚愈合的伤疤再度撕裂,所以,他不便说。当然,也许司马光根本就不想说,在濮王的尊崇问题上,他和欧阳修是两大对立阵营的议论领袖,就算激烈的争论不伤感情,但是宰相们挟权势放逐反对派——七名台谏六人遭处分外放,却是实质性的伤害,司马光焉能不感痛心?!如今欧阳修被他自己提拔的台官攻击诬蔑,正是自作自受!司马光惟有报以一声长叹!

说到底,欧阳修下台,还是因为"濮议"。欧阳修下台之后,神宗新任命的参知政事是前任枢密副使吴奎(1011—1068)。在有关濮王尊崇问题的大讨论过程中,枢密院一直置身事外。吴奎履新之后,神宗跟他谈的第一件事就是仁宗与英宗的关系，吴奎心领神会，当即表示"先帝（英宗）入继大统，天下欣然拥戴……实在是由于仁宗亲自选立先帝，过继为皇子……这是天大地大的恩德，绝不可忘，追尊濮王，其实牵涉私人恩德"。神宗表示完全同意，又说："这都是让欧阳修误导的。"吴奎接口说："在这件事情上，韩琦的做法也不得人心。韩琦多次推荐过我，对我有私恩。可是，天下公论如此，在陛下面前我不敢隐瞒。"[21]

司马光还听到了一个耐人寻味的传言。据说，神宗想要奖励蒋之奇，就是那个诬蔑欧阳修的御史。为什么要奖励这个小人呢？神宗对吴奎说："蒋之奇敢言，而所言暧昧，既罪其妄，欲赏其敢。"[22]也就是说"蒋之奇这个人敢说话——当然，他说的事情的确暧昧不清，他的造谣诬蔑行为已经受到了惩罚——我还是想奖励他的敢说话。"神宗想要奖励的，就是蒋之奇这种敢于攻击大臣的精神。这跟唐朝武则天鼓励告密有什么区别？此风一开，必定是秩序大乱。吴奎还算清醒，及时制止了神宗。然而这个话能传出来，已足以表明神宗的态度——他要清除"濮议"的负面影响，必然要整肃高层。欧阳修已去，韩琦也离去不远了。

新皇帝的剑

那么，皇帝就能够为所欲为、心想事成吗？当上皇帝并不等于具备了掌控一切的能力，国家机器如此庞大，皇帝必须依靠宰相大臣来治理天下，由于历史原因形成的各种政治势力盘根错节，即使手握皇权,也须谨慎行事。皇帝有玉玺,老臣有势力、威望、经验和手腕。皇帝也是要在与各种势力的周旋中求发展的。想要在短时间内摆脱韩琦等一干老臣的影响,谈何容易?

四月间,新任御史中丞王陶(1020—1080)对宰相府发起了攻击。王陶攻击宰相的起因,是一个冠冕堂皇而又无关紧要的问题:宰相"常朝"是否"押班"?常朝就是我们普通人想象当中的早朝,皇帝在正衙殿——文德殿上正襟危坐,文武百官在下边行礼如仪、山呼万岁。所谓正衙殿,相当于大礼堂。照制度,宰相应当出席常朝,率领文武百官向皇帝行礼,这就叫"押班"。常朝的架势很大,但是没什么实际意义,早就变成了一个空架子,皇帝很少出席,宰相也基本上不露面。皇帝和宰相、近臣另有一套会面机制,在正衙殿以外的其他地方,通常是垂拱殿举行。可是,常朝也没有取消。每天一大早,应当参加常朝的官员,通常都是些没什么太要紧事的闲官儿,就到文德殿外边候着,皇帝则在垂拱殿接见宰相及其他重要官员、处理政务。通常情况下,政务商量完,时候也不早了,皇帝就会派个人到正衙殿去宣布"今日常朝取消",然后,那帮闲官儿就散了。如今,王陶却提出来,宰相应当恢复常朝押班。王陶的报告是直接打给中书的,中书未予理会,于是,王陶再上一状,指出皇帝刚刚即位,不应废弛朝廷礼仪——礼仪问题开始具有政治意味了。中书还是不理。王陶于是第三次上疏,指责韩琦、曾公亮两位宰相有不臣之心——到此为止,无关紧要的礼义争论变成了对宰相的攻击。两位宰相上表待罪,以示抗议。而王陶则加大了攻击的力度,并且以辞职为筹码逼迫神宗做出选择。与此同时,韩琦开始请病假,以示抗议。

很多人私底下猜测,王陶是想把韩琦赶走,为自己进入中央领导岗位做铺垫。但是，这种分析，韩琦方面至少是不能完全接受的。仅凭一个王陶哪有这个胆量？让王陶如此"敢说话"的，只怕正是神宗本人。这两个人的关系实在非同一般，王陶是神宗非常信任的东宫旧臣。神宗刚上台，由于担心英宗陵墓预算超标，曾经想把王陶派到洛阳去替自己盯守，后来又担心身边力量不足，临时变卦把王陶留在了开封。王陶就是新皇帝的剑，新发于硎，锋芒毕露。这样想来，宰相大臣们是不能不感到寒心的。

年轻的神宗感到了压力。为了平息老臣的愤怒，他打算把王陶从御史中丞调任翰林学士，让闰三月底刚刚就任翰林学士的司马光[23]接任御史中丞。在离开谏院一年零六个月之后，司马光再度进入台谏官群体，并且成为御史台的领导者。在这种激烈对抗的形势之下接任御史中丞，一般人会畏缩，而司马光则以为义不容辞，只是，他提出了一个条件：等宰相押班然后正式接受任命。这是对礼义的尊重，而尊重礼义就是尊重皇帝。

让神宗没有想到的是，宰相府对他的处置并不买账。王陶的翰林学士任命被宰相府拦截了。王陶做御史中丞之前是枢密直学士，现在改成翰林学士，这哪里是惩罚，分明是奖赏！参知政事吴奎上疏，批评王陶仗着是皇帝的东宫旧臣，罗织罪名，处心积虑，陷害大臣，吴奎甚至还言辞激烈地提醒神宗不要做昏君，以免取笑于后世。吴奎说："不处分王陶，陛下就没有资格要求内外大臣为国尽忠！"这样一篇奏疏递上去，会有什么样的效果，吴奎当然知道，他在提交奏疏之后，干脆一不做二不休，称病不出，请求罢政，以实际行动继续向神宗示威。

盛怒之下，神宗把吴奎的奏疏转给了王陶。王陶随即上章，弹劾吴奎依附宰相欺罔天子,有六大罪状;又旧事重提,指责韩琦当年违背正义、打击台谏、极力尊崇濮王是为了保全自己的位子,韩琦是自私的,而英宗是无辜的,"后来追悔不已,可是因为韩琦掣肘,不敢改变,以至忧郁成疾,抱憾而死"。[24]这实在是极其恶毒的攻击。

而这样恶毒的文字,作为受攻击一方的韩琦竟然目睹了。把王陶的弹章转给韩琦的,正是神宗本人。这也是中国皇帝常用的做法,给你看,看你怎么办?韩琦的回答非常简洁:"我不是跋扈的人,陛下派一个小宦官来,就可以把我绑了去。"[25]韩琦所言确是实情,神宗为之动容。退一步想想,英宗能上台,他自己能当上皇帝,又多亏了谁呢?又何必为了一点小事跟宰相们闹到这般剑拔弩张、乌烟瘴气。

神宗想到了退却,可是怎样退,才是体面的退法?退两步,把王陶降到他就任御史中丞之前的级别枢密直学士?还是退一步,把王陶从翰林学士改成翰林侍读学士,调到经筵给皇帝当家教?退两步,宰相府肯定更容易接受,可是神宗又明明舍不得王陶。神宗在权衡,在犹豫。他找来商量的人,正是司马光。

此事非同小可,它关系到皇帝的威望、宰相的面子以及高层的团结。司马光当时没有作答,而是回家想了整整一宿,第二天,他书面向神宗建议"还(王)陶未作御史中丞时旧职",也就是枢密直学士。司马光说:"翰林侍读学士跟翰林学士级别基本相同,给王陶这个头衔,恐怕吴奎未必肯结束抗议,起来上班。陛下刚刚即位,欧阳修就外放了,很多大臣都感到不安。吴奎一向有质朴直率的名声,万一因为这件事闹起来,出现更过分的举动,到时候陛下的处境会更困难:如果陛下立即罢免吴奎,则会让士大夫深失所望;而如果陛下反复劝谕吴奎都不肯罢休,则会进一步损害陛下的威严。"[26]

神宗接受了司马光的建议,但是,吴奎却不肯让步。神宗一怒之下,决定把王陶和吴奎两个人同时外放,王陶以枢密直学士知陈州,吴奎以资政殿学士知青州。命令颁布下去,神宗心里郁积的恶气出来,舒坦了。可是,开封城的大小衙门里却炸了锅。舆论一边倒地感慨或者说指责新皇帝偏袒东宫旧人,对老臣刻薄寡恩。舆论不能减少皇帝的权力,却会贬损皇帝的威望;更糟糕的是,皇帝可能会因此丧失宰相府的支持,造成政局的动荡。神宗终归还是缺乏经验,他太年轻了!

见此情景,司马光建议神宗主动收回成命,把吴奎留在宰相府。这样做,虽然有朝令夕改的嫌疑,但总比将错就错要强。而且,借着对吴奎的一放一收,还可以展示皇帝的独断之权:贬斥吴奎,是因为他违反诏令,冒犯皇帝的威严;最终决定把吴奎留在政府,则是嘉许他的质朴直率。[27]

这就是典型的司马光态度,他主张君主至上,强调皇帝的权威,但希望通过温和理性的方式来树立皇帝的权威。通过各方的妥协达成高层的和谐共治,这才是司马光理想的政治状态。自从"濮议"以来,宰相府与台谏官屡有冲突,而司马光一直是台谏官的领袖。尽管如此,司马光却从来没有把自己当做台谏官这个小集团的代言人,当他开口说话、下笔写作的时候,他考虑的是皇帝—国家,是大宋王朝的整体利益。

司马光的建议,让神宗感到非常不愉快。但是,不止司马光一个人主张神宗挽留吴奎,向老臣示好。最终,年轻的皇帝极不情愿地收回了吴奎罢政外放的文书,甚至还接受建议,给吴奎提了一级。然而,谁若以为神宗从此就甘心和他父亲英宗一样,继续让老臣们主导政局,那就太不了解这个二十岁的青年了。

1 《续资治通鉴长编》卷二〇八，5066—5067页。

2 《宋会要辑稿》选举三治平三年十月六日诏。

3 《宋史》卷二四八《公主·英宗四女·魏楚国大长公主传》，8779页。

4 参见赵冬梅《千秋是非话寇准》，90—92页。

5 《续资治通鉴长编》卷二〇八，5068页。

6 《宋会要辑稿》选举一之一一。

7 《宋会要辑稿》选举二之一〇。

8 《续资治通鉴长编》卷二〇九，5075页。

9 《续资治通鉴长编》卷二〇九，5076页。

10 吴曾《能改斋漫录》卷一三"英宗山陵不及嘉祐十分之一"：陕西之民供英宗山陵之役，不比嘉祐十分之一。韩子华曰："非上旨丁宁，不能如是。"欧阳文忠公曰："上云'朕成先帝之志，天下必不以朕为不孝'。"商务印书馆，1939年版，340页。

11 据王珪《华阳集》卷五九《安简邵公（亢）墓志铭》，"公主下嫁不可杀舅姑之尊，以屈人伦之序"是邵亢给英宗的建议。

12 《续资治通鉴长编》卷二〇九，5077页，二月乙酉，韩维上疏陈三事，若在贡院，应当无此。或者《续资治通鉴长编》系日错误。

13 神宗搬出宫来单住的时候，"辞别皇帝和皇太后，悲伤哭泣，难以抑制，太后也哭，好生安慰了送出去。从那以后，（神宗）每天两次，看望皇太后"。曹太后虽然跟儿子不和，对儿媳妇兼外甥女也不满意，但是非常喜欢这个长孙，老太太曾经对宰相夸奖神宗说："皇子近日非常有礼法，这都是你们选的好老师教的，应当把这些老师招到宰相府来表扬表扬。"《续资治通鉴长编》卷一九九，4840页；卷二〇二，4893页。

14 孙旭《宋代驸马升行探微》(《宋史研究论丛》第10辑，河北大学出版社，2009年)和周绍华《宋代驸马升行制度探析》(《江西社会科学》2009年8期)两篇文章对驸马升行的实施情况和原因，以及宋代皇族"异辈为婚"的现象进行了梳理。孙旭的文章更指出邵亢在这个问题上对神宗的影响。但是，两篇文章都没能指出神宗下诏废除驸马升行的深意。

15 《续资治通鉴长编》卷二〇九,5080页,把贡举放榜置于丙辰(八日)之前,误。据《宋会要辑稿》选举二之一〇,贡举放榜在三月二十二日。

16 《续资治通鉴长编》卷二〇九,5082页。

17 [宋]欧阳修撰,刘德清、顾宝林、欧阳明亮笺注《欧阳修诗编年笺注》卷一五《感事四首》其四,中华书局,2012年版,1785页。

18 《欧阳修诗编年笺注》卷一五《明妃小引》,1791页。

19 《欧阳修诗编年笺注》卷一五《送道州张职方》,1789页;同卷《再至汝阴三绝》之"题解",汝阴即颍州,1794页。

20 吴充《欧阳修行状》,《欧阳文忠公集》附录卷一,四部丛刊景元本。

21 《续资治通鉴长编》卷二〇九,治平四年三月壬申。5083页。

22 《续资治通鉴长编》卷二〇九,5080页。

23 《续资治通鉴长编》卷二〇九,5088页。

24 《续资治通鉴长编拾补》卷一,6页。

25 [宋]彭百川《太平治迹统类》卷一二,基本古籍库据文渊阁四库本。

26 《司马光集》卷三五《王陶乞除旧职札子》,823页。

27 《司马光集》卷三六《留吴奎札子》,825页。

9
"大有为"锋芒初露

为帝师司马教用权

对于初登大位的神宗而言,司马光有着独特的价值,他就像一个循循善诱的好老师,引导着年轻的皇帝逐渐熟悉权力的运作方式,建立权威,学着做一个各派势力之上的仲裁人。

神宗之剑王陶公然与宰相作对,被外放到陈州之后,仍然寄来酣畅淋漓的文字,长篇大论,快意恩仇,诋毁宰相。王陶的文章的确写得漂亮,其中警句,比如"方幸幼君之足凌,岂思天威之可畏","元台(指首相韩琦)高卧而有要,次辅(指参知政事吴奎)效尤而愈悍","转主心易于拳石,夺君命轻若鸿毛",[1]铿锵凌厉,句句都是见血封喉的狠招。神宗击节叹赏,爱不释手,反复捧读,以至成诵。宰相们则恨得咬牙切齿,一心想要再给王陶新处分。若依着神宗本人的性子,难免要跟宰相们正面冲突。

幸好有司马光教给他两全其美的应对之策。第一,当宰相们提出责罚王陶的建议时,神宗须先表明态度:"王陶就是个狂躁的人,不值得过分惩罚,他已经受到外放处分了,又没犯什么新错,就是说话不好听而已,怎么能再施惩罚呢?"第二,如果宰相们不依不饶,那么皇帝就可以把脸板起来,告诉他们王陶做御史中丞时也拿过分的话批评过我,我都不生气,愿意容忍他以开言路,凭什么你们非要再三责罚他才高兴呢?难道是要逞意气吗?!第三,如果这样说还是不行,那么干脆不理他们，时间长了，他们自然也就退了。司马光的这个主意替皇帝想得很周到，保全王陶也就保全了批评之路，同时，还向其他臣僚表明皇帝英明神武，是可以依靠的，万一将来有一天宰相大臣犯下欺罔朝廷的大罪，也会有臣僚敢于揭发！²

司马光在教导皇帝，也是在维护皇帝。他的御史中丞"就职演说"（《作中丞初上殿札子》），主题就是"论皇帝的修养"（"人君修心治国之要"）。司马光认为，皇帝的"修心之要有三，一曰仁，二曰明，三曰武"，[3] 皇帝应当是仁慈的、智慧的、坚定的，具有判别安危、贤愚、是非的最敏锐判断力，和坚持正确道路的最坚定决心，惟其如此，才能做到政治清明、社会安定、百姓安乐，实现一个皇帝的仁慈。对于御座上的青年，司马光充满了期待。他理想中的皇帝是这样的——大权在握，尊重既有秩序，维护朝堂上的异论相搅，能够不带偏见地倾听各种声音，并做出公正的最后决断；皇帝不属于任何派别和势力，因而得以掌控一切派别和势力，超脱小群体利益，因而获得最大利益。这样的皇帝是可以垂衣拱手而天下治的。而想要做到这些，皇帝就必须克制自己的私心。

对于一个二十岁的青年来说，这些要求实在是太苛刻了。神宗做不到，也不想做！神宗跟司马光是完全不同的两种人。他性格中有张扬的一面，所以，他才那么欣赏、纵容王陶的犀利。神宗需要一个明确的方向，或者说一个能够给他明确方向、果敢行动的人。

秉原则终惹神宗厌

在神宗眼里，司马光实在是太一本正经，太中庸，太四平八稳了。对于司马光的政治倾向，神宗也不太有把握。神宗已经决心对高层实施换血，之所以提拔司马光，恐怕也是想利用他和宰相之间的旧有矛盾。但是，当神宗一怒之下，罢免了参知政事吴奎时，司马光却上疏劝他尊重舆论，收回成命。这让神宗很不高兴，他甚至考虑收回司马光的御史中丞任命。当时，司马光的御史中丞官诰已经制作完毕，正在阁门司放着，等待下发。神宗让人取回了官诰，在宫里头搁置了三天，这才发付阁门下发。这三天的犹豫，已足以表明神宗的态度。

神宗这三天的犹豫，司马光应该是知道的。那么，他是否会调整姿态，改说皇帝爱听的话，或者尽量保持沉默呢？司马光做不到，也不想做！"宁鸣而死，不默而生"，[4]这是本朝名臣范仲淹的话。司马光愿意用行动去践行它。

从四月到九月，御史中丞司马光与神宗之间发生了一系列碰撞。

第一件事是弹劾王广渊，这件事甚至惹得神宗大哭一场，伤透精神。那么，王广渊究竟是何许人？与神宗又有着怎样的渊源？

此人也是进士出身，仁宗朝的时候在宰相府干过一段时间的文件整理工作，他创造性地把搜集到的太祖、太宗、真宗"御笔"批示汇编成一千多册，因而得到仁宗的嘉奖。之后，王广渊又把注意力投向了未来的英宗，他以文为贽，博得了英宗的好感。[5]请注意，此时的英宗还只是一名可能的皇位继承人，名分未正。所以，这算是战略投资。

王广渊的战略投资在英宗即位之后立刻得到了丰厚回报，英宗要提拔他做馆职。司马光就是这个时候盯上他的。当时还是谏官的司马光批评王广渊文才之外，别无他长，惟善钻营，"于士大夫之间，好奔兢，善进取，称为第一"。⁶可是英宗根本不予理睬，仍旧把王广渊拉进了馆阁，还不断提拔，让他做了经筵官——侍读学士。在英宗的庇护下，王广渊变本加厉，自夸是皇帝的潜邸故旧，结交宦官，气焰嚣张。如今，神宗上来，司马光又任御史，职在纠弹，自然不能放过王广渊。按照司马光的意见，神宗就应该解除王广渊的馆职、侍读，把他赶到偏远地方去看仓库！批评王广渊的不止司马光一个。最终，神宗同意，让王广渊离开首都，到齐州去做知州，原有职衔不变，还另有赏赐。显然，放走王广渊，神宗并不情愿。而司马光却再度提出了批评。这下，神宗接受司马光的教导，干脆不予理睬。

出京之前，王广渊到宫里来告辞，神宗"哀恸久之"，⁷伤心地哭了很久，周围的卫士受到感动，也都落了泪。

神宗为何如此伤心？他是真的舍不得王广渊——王广渊和英宗、神宗父子两代是真有感情的。英宗的即位之路走得坎坷，一度就是个"备胎皇子"，日子过得很艰难，敢于跟他亲近的人不多，而王广渊却一直不离不弃。就算起初是投机，患难之中也处出真情来了。英宗病重，王广渊"忧思忘寝食"，英宗甚至亲笔写下"朕疾少间矣"去安慰他。⁸对于神宗来说，王广渊就像是家人，他们之间的关系有着浓厚的感情基础。

关于王广渊之事，还有另外一种说法。说王广渊反对宰相专权，极力主张神宗收回威权，树立皇帝的独尊地位。宰相们忌惮他，于是就怂恿司马光弹劾王广渊。⁹换言之，司马光是被人利用了。

这种说法全无道理。司马光本人就是宰相专权的坚定反对派。宰相权力过大的现象是从仁宗晚年开始的，仁宗中风，言语困难，无法亲执权柄，只能依靠宰相；英宗上台之后先闹病、后闹心，纠缠于亲生父亲的名分问题，精力有限，威望受损，也是靠着一班宰相维持政局。而司马光最重视等级秩序，在他看来，君弱臣强，宰相权力过大，即使宰相们目前还没有出现明显的谋私行为，长期来看也是危险的，因为它破坏了君臣之间应有的权力分配法则。司马光忧心忡忡，念兹在兹，多次上疏，请求皇帝振作精神，收回威柄，换句话说，也就是警告宰相切勿轻举妄动。神宗即位之后，罢免欧阳修的副宰相，纵容王陶攻击韩琦，表现出削弱宰相势力的明确意图，司马光一直是支持的。要不然，他也不会给神宗出主意保护王陶。王广渊那么嚣张外露的一个人，如果真有如此崇高的政治理想，司马光不会全然不知。司马光弹劾王广渊的原因其实很简单——此人来路不正，心术不正，让这样一个人接近年轻的皇帝，是危险的。目标正义，达成目标的途径也须正义，这是司马光一贯秉持的要求，对人对己，都是如此。就像我说过的，司马光是一个有"道德洁癖"的人。[10]

然而，不管司马光弹劾王广渊的行为如何正当，最终还是导致了神宗"哀恸久之"。它伤害了神宗的感情，也便伤害了神宗与司马光之间的君臣关系——神宗仍然尊重司马光，却不会太亲近他了——这个年轻人是记仇的。比如，他听说英宗病危之际，邵亢曾经建议太后垂帘，立即大发雷霆，指示御史弹劾。邵亢是神宗的东宫旧臣，当时跟司马光一样，在贡院里锁着主持考试，闻听此事，吓得半死，出来之后，立即上殿辩白，当面赌咒，"如果能在宫里找到我主张垂帘的奏章，我甘愿受死"。[11]幸好，神宗后来明白自己受骗，原谅了邵亢，后来还提拔他做枢密副使。

八年之后，王广渊在渭州去世，终生未能再度回到皇帝身边。王广渊的行政能力不强，所到之处均无突出政绩，在西北边境的庆州做地方官的时候，还因境内发生军人叛乱受到降两级处分。[12]可见司马光没有弹错人，他只是忘记了保护自己。这是司马光和神宗的第一次碰撞。

穷究竟潜存破壁意

弹劾御药院宦官事件则让司马光与神宗再度发生剧烈碰撞，这一次，神宗虽然没哭，却十分不痛快。御药院是宋朝最重要的内廷机构之一，是皇帝的御药房，同时还具有接收外界信息、沟通内外的功能，是皇帝的耳目，所以说"最为亲密"。按照宋朝制度，掌管御药院的宦官干到一定年数，升到一定级别之后，就必须要调离，其目的就是要防止资深宦官依仗皇帝的信任弄权，出现唐代后期那种宦官乱政的局面。[13]可是神宗上台之后，却留了四位资深宦官在御药院继续供职，其中，最得神宗恩宠的是高居简。这种做法显然严重违反本朝的制度与传统。作为御史中丞，司马光是不可能听之任之的。

在司马光之前，已经有人对高居简提出批评。神宗的回答是："这人有功"。有什么功呢？英宗咽气之后，高居简是第一个跑出去给神宗报信的。神宗是英宗的嫡长子，并且已经被正式立为太子，皇位还能跑得掉吗？可是，神宗还是把高居简当成了功臣。这就再度证明了神宗是个恩怨分明、快意恩仇的人——最好别得罪他。

然而司马光却打定主意违拗神宗的心意，维护传统与制度，他连上数章要求神宗驱逐高居简。七月间，神宗在延和殿接见司马光，司马光又当面提出驱逐高居简的要求。神宗的回答是："等英宗皇帝的神主祔庙仪式完毕,自当让他走。"这话简直要让司马光冷笑,他质问神宗:"一个小小的宦官,跟皇帝的丧事有什么关系呢?而且,让一个明知就要被赶走的人留在皇帝身旁,实在是不合适的。"

司马光的话总是对的。神宗无言以对,只好叫司马光把弹劾高居简的札子留下,而司马光则请求把札子直接交给枢密院——宋代的宦官在制度上是归枢密院管的。神宗只得听从。

第二天,高居简的调令还没出来,司马光又再次上殿,面见神宗,申明立场:"如果陛下认为我正直,那么高居简就是奸邪;如果陛下认为高居简是忠良,那么我说的就是谗言。我和高居简势难两留,必须有一个离开!要么外放高居简,要么我去外地,请陛下决断!"[14]这简直近乎要挟了。而神宗竟然答应了,他告诉司马光,已经罢免了高居简的勾当御药院,只是手续上还没弄完。皇帝终于从善,司马光满意地离开了。在他的身后,神宗摇摇头,露出了复杂的笑容。

神宗的笑容,司马光看不见。司马光同样没有看见的,还有他进来之前在这延和殿里发生的一幕:在司马光之前觐见神宗的,是枢密副使吕公弼(1007—1073)。他看见司马光神情严肃地站在那里,就知道中丞大人这是要拼了。同样,吕公弼也反对高居简继续留任。于是,谈罢了枢密院公务之后,吕公弼主动提起了司马光弹劾高居简一事,劝神宗退一步,不要为了一个宦官驱逐御史中丞。这样做政治成本太高了。吕公弼建议神宗"罢免高居简的御药院职位,在级别上加以优待",既平息了舆论批评,又照顾了私人感情。吕公弼真不愧是吕夷简(978—1044,仁宗朝宰相)的儿子,很会照顾各方利益。神宗同意了,但是又担心给高居简特殊优待司马光会挑理,说:"司马光不会再争吧?"吕公弼教他:"等司马光上殿,您只告诉他已经把高居简赶出去了，司马光自然就罢休了。"¹⁵ 果然，司马光中计，听说高居简离开就闭嘴了。神宗也算扳回点面子。

高居简走了，但是御药院还有三位"超期服役"的高级别宦官，特别是高居简的继任者王中正。此人虽名中正，其实奸诈狡猾，颇好招揽权势。这就好比是"去了一个高居简，又来了一个高居简"。司马光只有继续战斗，举报王中正怙恃弄权。王中正去陕西出差，地方官刘涣等人曲意奉承，百般巴结，而在边防军中工作的宦官吴舜臣却得罪了王中正，后来，刘涣等人受到提拔重用，吴舜臣却受到降级处分。司马光的这封奏札是早晨递上去的，"晡后"也就是日落时分，神宗就降下手诏责问司马光的信息来源。司马光立即上奏应答，答案却不是神宗想要的："此事，臣得知于宾客，前前后后，不止一个人这样说。我实在担心王中正的行为会玷污拖累了公正的朝廷，所以才做此论谏。"换言之，谁告诉我的并不重要，重要的是，"王中正说没说过这些话，只有陛下知道。我在宫外，哪有办法了解宫中虚实？……只是外面有这种议论，我却不敢不让陛下知道。"¹⁶ 那么，究竟王中正是否曾经干预陕西官员的奖惩呢？关于宦官吴舜臣的降级问题，神宗后来做了解释，说是自己的决定，与王中正无关。但是，关于刘涣等人的提拔，神宗却没做任何解释。换句话说，王中正显然还是做了些什么的。司马光所言，绝非无根之水。

而且，神宗跟这些宦官讨论的，恐怕还不止陕西人事。在这封奏札当中，司马光还说道："我听说陛下喜欢让宦官打探宫外的事情，还向他们询问臣僚的能干与否。……外间议论纷纷，说大行皇帝的葬礼完成之后，首相韩琦必定会请求引退，届时宰相府和枢密院必然要出现大调整。我担心高级官员之中万一有无耻之人，为了当宰相入枢密,可能会私下勾结这班宦官。……请陛下认真考虑我说的话,欲知天下之事,应当咨询外朝官员而不是身边宦官。如果发现官员奸邪狂妄,想走宦官的路子,巧取两府职位的,则一定不要任用。"[17]

神宗有意对中央领导层实施大换血,他在依靠宦官搜集外界信息,而宦官也趁机积极参与人事讨论。司马光说的没错。正因如此,神宗才感到紧张。他担心司马光是否有特殊的渠道窥探宫中之事,还担心司马光的立场。对于神宗的质疑,司马光的回答有过于简单草率的嫌疑,他心中无鬼,一心为君,光明磊落,觉得无须多做解释。而神宗却未必这么看。王中正的问题就此不了了之,司马光与神宗之间又多了一分距离。本朝台谏官可以"风闻言事",无须上报信息来源,神宗追问御史中丞的信息源,已经违背了传统和常规,流露出打破旧制的危险倾向,而这一点,司马光在当时却并不敏感。

亲拓边初展有为心

让司马光和神宗发生碰撞的第三件事有关边防策略问题。早在英宗朝的时候,陕西转运使薛向曾经上疏,提出了一套全新的对夏战略:第一,以边将为主导,不惜手段,对西夏实行反间计,让夏国君臣反目,自相残杀;第二,主动出击,声东击西,对西夏实行骚扰战,让夏国疲于奔命,消耗其战斗力;第三,改变边防军的构成,以陕西当地土人为主重建西北国防,增强军队战斗力,减少开支;第四,停止给西夏每年二十五万的岁赐,断绝边境贸易,禁止西夏产青白盐的进口,对西夏国实行经济封锁,摧毁西夏经济;第五,改变过去那种临时随意征发的政策,让老百姓得到休息,巩固国家之本。[18]这是一套全新的战略思想。之前宋朝对外战略的主流思想,不管对契丹还是对西夏,都是被动的,以维护边疆稳定为最高追求。而薛向的新战略则是主动的,充满着进取的精神。主动出击的策略,让人想起了雄才大略的周世宗经营淮南的做法。经济封锁的办法,仁宗朝的时候庞籍在陕西也用过,只不过庞籍的目的只是逼迫西夏人回到和平路线上来。而现在,薛向想要用它来掉转宋夏关系。可行吗?至少令人激动。宋朝是当时世界上最发达的农业经济体,百业兴旺。而夏国是半农半牧经济,它的两个粮食产地,一个在宁夏平原,另外一个在宋夏边境,常常遭到战争破坏,国家财政的主要来源就是对宋食盐出口,"夏贼洎诸戎视之犹司命也"。[19]英宗被深深地打动了,他把薛向的奏疏留在身边,时时翻看。神宗也被深深地打动了,他接见了薛向,厚加赏赐。并且,很有意思的是,"凡(薛)向所陈计策,上皆令勿语两府,自以手诏指挥",[20]神宗要求薛向对宰相府和枢密院保密,他要亲自主持西北拓边。

年轻的皇帝绝不甘心只是简单地保守祖宗基业,他要乾纲独断,力排众议,大有作为了。神宗的决心,中央领导班子里的这群老臣,只有一个人看明白了,那便是次相曾公亮,他"独赞之",而主持军政的枢密使文彦博"执不可"。[21]

神宗打算接纳一位西夏边境将领的投诚,此举若成功,就意味着宋朝方面主动破坏了宋夏和议,宋夏双方必将进入敌对状态,战端可能因此开启。司马光连上两疏,又上殿面君,表示坚决反对。司马光所持的理由有三:第一,宋朝方面并不具备投入战争的条件:皇帝刚刚即位,政局未稳,政府财政紧张,民间的物资储备也不足,军队长期缺乏训练,战斗力根本不行;第二,主动挑衅有失大国之体,违背正义;第三,就战略思想而言,与开疆拓土相比,司马光更重视百姓的生计与内部的安宁。司马光理想的"王政"是"王者之于戎狄,或怀之以德,或震之以威,要在使之不犯边境,中国获安,则善矣"。[22]

这种战略思想上的冲突才是最根本性的冲突,如果双方都坚持己见的话,矛盾必将无法调和。司马光与神宗,注定很难共事。而且,神宗还对司马光获取信息的能力产生了猜疑。他责问枢密使文彦博:"招纳西夏叛将的事情,属于机密,司马光是怎么知道的呢?"这一次,神宗发了很大的火,他对着文彦博批评司马光脾气急躁,甚至放话说要严厉责罚司马光。可是司马光究竟做错了什么呢?就算招纳西夏叛将的事情司马光不该知道,可是泄露机密的却不是司马光。神宗恨就恨在,这老头说的全然不符合他的心意,可是连他自己都知道,这老家伙说的偏偏全在理上!

当然,神宗绝不会因为司马光说什么而改变既定想法,他和他父亲很像,骨子里都是执拗而重感情的人,只不过,英宗身体弱,来不及多做什么,而神宗只有二十岁,身强体壮,他有足够的时间,去实现自己的想法。宰相府、枢密院的人事变动是迟早的事情,对西夏动兵也在他计划之内,他需要更合适的人来帮助自己实现这一切。这个人是谁?王安石是最初的人选吗?接下来的人事变动与政策调整又会对司马光产生怎样的影响?

1 ［宋］徐自明撰，王瑞来校补《宋宰辅编年录校补》卷七，中华书局，1986年版，362、366页。《续资治通鉴长编拾补》卷一，17页。

2 《续资治通鉴长编拾补》卷一，18页。

3 《司马光集》卷三六《作中丞初上殿札子》，826—827页。

4 范仲淹《范文正公文集》卷一《灵乌赋并序》。

5 《东都事略》卷八五《王广渊传》，王广渊的职衔是"编排中书五房文字"。

6 《司马光集》卷三二《王广渊札子》，770页。

7 《续通鉴长编拾补》卷一，中华书局，2004年版，21页。

8 《东都事略》卷八五《王广渊传》。

9 王铚《默记》卷上，诚刚点校《默记·燕翼诒谋录》，中华书局，1981年1版，1997年2印，16页。

10 赵冬梅《司马光和他的时代·写在前面的话》，5页。

11 《续资治通鉴长编》卷二〇九，5084页。

12 《东都事略》卷八五《王广渊传》。《续资治通鉴长编》卷二六九，6609页。

13 《司马光集》卷三六《高居简札子》，838页。

14 《司马光集》卷三七《高居简第五札子》，850页。

15 《续资治通鉴长编拾补》卷一，31—32页。

16 《司马光集》卷三七《王中正第三札子》，857页。

17 《司马光集》卷三七《王中正第二札子》，855页。

18 《续资治通鉴长编拾补》卷一，24页。

19 《续资治通鉴长编》卷四四，951页。《辽宋西夏金代通史·社会经济卷》第十七章《西夏的经济和赋役》，人民出版社，2010年版，692、699、703页。

20 《续资治通鉴长编拾补》卷一，24页。

21 《宋通鉴长编纪事本末》卷八三"种谔城绥州"。

22 《司马光集》卷三八《横山疏》，862页。

10
一朝天子一朝臣

二府大换血

从各个角度来看,治平四年(1067)九月都是一个特殊的时间节点。

九月十日,英宗的神主升祔太庙。站在神宗的角度来看,祔庙意味着父亲葬礼的正式完成,哀悼告一段落。

九月二十三日,神宗下诏征王安石入京担任翰林学士,王安石痛快地接受了。站在后来人的立场回看神宗朝乃至北宋后期的全部历史,这项任命是神宗与王安石之间君臣遇合的开端,因而具有里程碑式的意义。诏书称赞王安石"学为世师,行为人表",[1]表示用王安石做翰林学士绝不只是想用他来起草诏敕,而是希望他"在朕左右前后,用道义来辅佐朕",的确对王安石寄予了超出一般的期待。当然,如果说神宗在这个时候就已经决定要"大用"王安石,恐怕也是不合实际的。

在当时,真正震动了开封城的,是神宗最终实现了"二府"的大换血。"二府"是宋人对中书与枢密院这两大中央领导班子的合称。九月二十六日,神宗罢免了首相韩琦以及参知政事吴奎,任命张方平(1007—1091)、赵抃为参知政事;任命枢密副使吕公弼为枢密使,罢免枢密副使陈升之,任命韩绛(1012—1088)、邵亢为枢密副使。经过这番大力调整之后,中书的班子是新旧相参,二旧二新,比较听话识相的旧相曾公亮、副相赵概,²再加上张方平、赵抃两名新人。枢密院的新班子是一旧三新,这一旧是枢密使文彦博,三新是新任枢密使吕公弼和两名副使韩绛、邵亢。

新君新臣,必有新政。在新晋的两位副宰相当中,神宗最为属意的,毫无疑问是张方平。神宗非常信任张方平,比如,韩琦的安置方案,就是神宗夜召张方平密商的结果。而在此之前,当神宗试图罢免副宰相吴奎的时候,也是跟张方平商量的。³神宗对张方平的欣赏来源于英宗。英宗即位之前就读过张方平的文章,很是佩服;即位之后初见张方平,听他纵论天下事,脱口叹道:"学士怎么可以离开朝廷呢?"第二次跟张方平谈话,英宗甚至觉得之前接触的宰相大臣都是平常人,说:"听学士一席话,才知道本朝还是有人才的!"⁴

那么,这张方平究竟是"何方神圣"呢?

张方平现年六十一岁,比韩琦大一岁,跟欧阳修同岁,他是富弼在应天府学的同学,范仲淹的学生,很年轻时就被誉为"天下奇才",得到范仲淹等人的赞许,仁宗朝就已经当过翰林学士、知开封府、御史中丞和三司使——这四个职位俗称"四入头",宋朝的宰相副宰相和枢密使副使大多数是从这四个职位提拔的。进入枢密院和中书,这叫做"大用"。在仁宗朝,张方平已然"尽历四职",只差"大用"了。⁵

张方平是难得的财政专家,有想法,能推行,有着第一流的创造力和行政执行力。他第一次做三司使,疏通汴河,整顿漕运,卸任之时,为京城积攒了足够三年食用的粮食,和足够六年使用的马料。等他第二次到任的时候,由于前任工作不力,京城粮食只够一年半的,马料才够一年使用。而张方平就任之后，不到一年，京城就有了五年的粮食储备。宰相富弼为仁宗朗读张方平的漕运十四策，读了足足一百五十分钟（十刻），旁边的侍卫站都站不稳了，而富弼读得投入，仁宗听得由衷赞叹，连连称善。富弼说："这可不是一般的奏疏，它关系到国家财政的根本。"

神宗用张方平为副宰相，显然是为了解决财政问题。这是国家面临的迫切问题。要带领国家走出财政危机，张方平是不二人选。张方平的很多政策主张，其实跟司马光很接近。比如，他们都反对政府单纯依靠增兵来加强军力，认为这是徒劳的；他们都主张改善财政状况，必须从节流入手，而不能一味增收税费压榨老百姓。这两个人最大的差异，是司马光并不懂财政，他只是有原则性的看法，而张方平是真正的财政专家，他了解本朝财政制度的历史和现状，清楚弊端所在，因而具备改革的能力。

然而，张方平的任命甫一提出，就遭到了司马光的强烈反对。

君子小人张方平

九月二十六日，中央领导班子的调整方案刚刚公布，司马光即奏对延和殿，强烈反对张方平出任参知政事。神宗与司马光君臣之间因此爆发了一场激烈的言语冲突。

司马光说："张方平文章之外，更无所长，为人奸邪，贪婪猥琐，人所共知，实在不宜担任两府大臣，恳请陛下收回成命。"

神宗不以为然，反问道："你说张方平这么多坏话，可有什么具体事迹吗?"

司马光说:"张方平的劣迹,很多人都说过,只不过事情都发生在大赦以前。特别细节的不敢说,就我所知……"

这只是一个开头,神宗却不打算让司马光说下去了,他打断司马光,厉声喝道:"每次朝廷有人事变动,总会有人说东道西,这可不是朝廷好事!"

神宗怒了!司马光却丝毫没有退让的意思,他不慌不忙地说:"臣却以为这正是朝廷好事!上古圣王尧帝都认为了解一个人是最困难的事。更何况陛下刚刚即位,如果误用奸邪为相,而台谏官却一言不发,陛下又怎么可能知道呢?那才不是朝廷的好事呢!"

司马光所言从来在"理",神宗顿时语塞,他立即掉转话题,反守为攻继续质问司马光:"郭逵(1022—1088)当枢密使也不合格,怎么没见你批评?还有人说他私生活不检点,你怎么也不理会呢?"这件事发生在神宗即位以前,郭逵是军人出身,一介武夫。按照宋朝制度,军人不可干政,当宰相更是想都不要想的,入得枢密院的前前后后也只有两个,一个是狄青,另一个就是郭逵,可是郭逵的军功显然又不如狄青。⁶郭逵入枢,理由相当勉强,是首相韩琦力排众议的结果,颇有人怀疑韩琦是在借机培植个人势力。当时司马光已经被赶出谏院,专任侍讲,不是台谏官员,没有言责。神宗拿郭逵说事儿,其实是在暗指司马光依附韩琦。

神宗突然拐到郭逵的事情上去,司马光被打了个措手不及,匆忙之中,他大概忘了自己当时并无言责,只好含糊地回答说:"当时批评郭逵任命的人很多,用不着我说。"这个回答很不漂亮。神宗暂时占了上风,心中暗喜。可是,让神宗没有想到的是,接下来,司马光竟然借机对他展开了教育:"说郭逵私生活不检点,这是谗言。用暧昧的事情来中伤大臣,让人百口莫辩,反抗无力。蒋之奇攻击欧阳修也是这个路数。希望陛下明鉴,根据郭逵的才干来安置他,不要听信谗言。"

司马光重提欧阳修的事儿,点醒了神宗。神宗立刻想到了刚刚罢免的参知政事吴奎,五个月以前,吴奎与御史中丞王陶互相攻击,他就想罢免吴奎,而司马光强烈反对。想到这里,神宗话锋一转,问司马光:"吴奎依附宰相吗?"

司马光答:"我不知道。"这个回答很得体。的确,另外两个人之间的关系,若无明确迹象,第三者又如何知道?

神宗不依不饶,改变了问法:"你觉得吴奎有罪吗?"

对此,司马光回答:"吴奎批评王陶,言过其实,怎么能说无罪呢?只是,舆论支持吴奎,不支持王陶。"[7]

这一番唇枪舌剑,摩擦之剧烈,简直要迸出火花来。二十岁的皇帝倚仗优势地位,不断转换话题,咄咄逼人,尽显争强好胜之心。年近五十的司马光沉稳对答,语气不温不火,态度不卑不亢,曾无一语相让。在旁的人都捏了一把冷汗。

片刻冷场之后,神宗再度开口,问了一个原则性的问题:"结宰相与结人主,孰为贤?"结,意思是结交、结缘,也可以是巴结。

司马光略略抬高了声音,清清楚楚地回答道:"结宰相为奸邪,然希意迎合,观人主趋而顺之者,亦奸邪也。"[8]结交宰相是奸邪,然而处处顺着皇帝的意思来,也是奸邪!

这是一段非常有意思的问答,神宗的问题里包裹着小聪明,司马光的回答里却展现了大智慧。神宗所问的虽然是一般性的处事原则,所关心的却是当下,是具体,实际上是在逼迫司马光在他本人和以韩琦为首的旧宰相之间做出选择。而司马光的回答,则超越具体,直指士大夫的行为准则。皇帝代表着江山社稷的长久利益,但皇帝也是普通人,有着七情六欲爱憎好恶。作为个人的皇帝同样可以危害到江山社稷。因此,一个臣子的忠诚,既要超越官僚集团的派别利益,又必须帮助皇帝克服个人情感对国家事务的干扰,要做到"从道不从君",这才是"大忠"之道。

只可惜,司马光的这番深意,神宗在愤怒争胜之时,未能领会。神宗所纠结的,还是他的领导班子调整方案,特别是张方平的副宰相任命。他又问了最后一个问题:"你觉得两府大臣,哪个该留,哪个该走?"

这是司马光不便回答的问题,他说:"这是陛下的威权,应当由陛下自行采择。小臣怎敢指手画脚?然而,'居易以俟命者,君子也;由径以求进者,小人也'。陛下用人,应当用君子,不要用小人。"[9]

说来说去,司马光反对张方平出任副宰相的理由其实很简单,方平小人,不可用。说张方平是小人的,不止司马光一个。司马光提醒神宗:"仁宗朝的包拯,是最有名的直臣,陛下如果不信我的话,可以把包拯弹劾张方平的章奏调出来看。"司马光列举的张方平的主要劣迹,是八年前的刘保衡案。

根据李焘的记载,刘保衡是开封城里的一个富民——有钱但是没有官位。刘保衡开设酿酒作坊,欠下了官府一百多万贯的酒曲钱。三司追债,为了还债,刘保衡只得变卖家产,其中,就包括了一爿货栈。而买下这爿货栈的,正是时任三司使张方平。这一买一卖,本来也并无违法之处。可是没想到,接下来,有个老太太跑到开封府击鼓鸣冤，状告刘保衡本非刘氏之子，侵吞败坏刘氏产业。[10]经开封府查明，老太太是刘家的亲生女儿，所告属实。御史中丞包拯于是弹劾张方平"身为国家的财政首长，凭借权势贱买辖下富民客栈，毫无廉耻，不可处大位"。张方平因而失去了三司使的职位和进一步上升的机会，遭到了外放处分。张方平历尽"四入头"而不得大用的原因，就在于此——他有明确的劣迹。

这就是我们所知道的关于刘保衡案的几乎全部信息。[11]张方平显然是德行有亏的，他贪财并且有利用职权敛财的事实。一百多年以后，有学生问大儒朱熹（1130—1200）："张方平为人如何？"朱熹回答得很简单——"不好"。朱熹还说到另外一件事，张方平托人帮忙买妾，那人花了几百吊钱才买得美人来奉上，张方平欣然接受，却绝口不提付钱的事。朱熹最后总结说"其（方平）所为皆此类也"，[12]用司马光的话来说，张方平就是贪婪猥琐的小人，不可当大任。

张方平的问题暴露出神宗与司马光在人才观念上的差异。司马光主张道德至上，在官员的任免问题上给道德以"一票否决权"。而神宗主张能力至上，他要解决财政问题、边境问题等当务之急，当然要用"知钱谷及边事"的财政军事专家。在德才不能兼备的情况下，用德还是用才，在中国历史上，其实是老生常谈了。曹操就曾经发布教令，说："如果非得是廉洁之士才可以用，那么齐桓公怎么可能称霸呢？（他用的管仲就是一个道德上很有问题的人。）请各位助我明扬仄陋，唯才是举，我得而用之！"[13]曹操、神宗以及大多数试图有所作为的统治者通常会做出"唯才是举"的选择——是否廉洁自爱不重要，重要的是能干；换句话说，使用什么手段并不重要，只要能达到目的就好。这是一种实用主义的选择，它可以迅速起效，只是代价高昂。

道德是什么？它看上去空空洞洞，实际上却渗透一切、覆盖一切。它决定对错，判断当否。它是最软的，也是最硬的。若无道德堤防，欲望的洪水必将湮灭一切。统治者带头否定道德，必然会造成整个社会价值观的混乱以及底线缺失，而一个价值观混乱、没有底线的社会是不可能长治久安的。其中的每一个人都将付出代价。坚守道德可能会暂时牺牲部分效率，但是必定更能长久。而更为现代的做法，则是起用有能力的人，建立约束制度，防止他们做出不道德的事情。

九月二十六日这场火花四溅的交锋，再加上司马光担任御史中丞五个月以来与神宗之间的种种碰撞，最终让神宗下定决心，不能让司马光再干御史中丞了。

御史台的大门倒了

九月二十八日，神宗发布调令，权御史中丞司马光改任翰林学士兼经筵侍讲。御史中丞与翰林学士向上都是可以攀升到宰相的，中丞权重而翰林清贵，地位声望恰在伯仲之间。神宗自以为顾虑周全，照顾到了方方面面的利益。可是，这通调令却遭遇重重梗阻，耽搁了五天，到十月二日才为司马光所接受。

按照制度，这样重大的任命文书在形成之后、下达之前，要先送到通进银台司进行审核，审核无误，方可送到阁门司，再由阁门司送达官员本人。阁门司只是收发室。而通进银台司则是质监局，审核的重点不是文字，而是任命本身是否合乎制度、人选与职位是否匹配。设置通进银台司的目的，就是要尽可能保证重大人事任命公平合理。[14]

当时的通进银台司主管是吕公著——仁宗朝宰相吕夷简的儿子,现任枢密使吕公弼的弟弟,司马光志同道合的朋友。吕公著认为,司马光身为御史中丞,职在纠弹,若因弹劾张方平而罢职,此例一开,恐怕台谏官员都不能尽忠职守了。你堵住了言官的嘴,到那时,"纵使陛下有澄清政治的愿望,可是又从哪里知晓安危利害的信息呢?"[15]于是,吕公著行使了通进银台司主管的权力,驳回了司马光的新任命,请求神宗重新考虑此事。

堂堂天子,撤换一个御史中丞,已经考虑得如此周全了,还是不能得偿所愿,不免令人气闷。而吕公著的所作所为,却又完全合乎制度,让人奈何不得。当皇帝做不得"快意事",这样的感叹,始于宋太祖。这在神宗才刚刚开始,十六年之后,他对着王安礼(1034—1095)和章惇(1035—1105)感叹:"朕平生未尝作快意事!"而章惇回答他"快意事岂宜作?"[16]按照宋朝的祖宗家法,皇帝也是在约束之中,不能为所欲为。

神宗想了两天,决定亲笔写信给司马光解释调动原因。神宗写道:"如果说是因为前日论奏张方平之事不当,才把你调任翰林学士的,这绝不是我的本意。我是因为你的道德学问,为当世所推重;而如今办完了先帝的丧事,我打算要正式开设经筵,希望有你在其中,朝夕讨论,讲授治国之道,来告诫我、提醒我,拾遗补缺。所以,我才下令开讲《资治通鉴》。这才是我的真实用意。吕公著驳回你的调令,是因为不了解我的真意。"伴随着这封亲笔手诏的,还有神宗的谕旨:被吕公著驳回的调令已经被直接送抵阁门,请司马光尽快前往接收。

皇帝能这么说,是绝大的面子,司马光不无感激,却难以接受。

如果就此接受调令，那么，张方平的事情就这样不了了之了吗？司马光在弹劾张方平，针锋相对的双方，必然有对有错。如果司马光所言是实，张方平果然奸邪，那么张方平应当罢政；而如果张方平没有问题，那么就是他司马光应当受到处罚。"朝廷大政，必当辨是非"。[17]像这样是非不分，一团和气，张方平继续当他的参知政事，司马光调任翰林学士，绝不是司马光想要的。接到手诏之后，司马光立即上疏请求面见神宗，表示"尚有私恳，须当面陈"。他承诺，面陈之后，自当"退受告敕"，接受调令。[18]

以接受调令为前提，神宗接见了司马光。会谈的过程与细节不见记载，结果却无比清晰——皇帝的意志取得了无可辩驳的最后胜利。十月二日，司马光接受调令，改任翰林学士兼侍读学士，而张方平则继续担任参知政事。

本朝最敏锐、最讲原则的政治批评者司马光终于还是离开了御史台。这时候，人们才想起来，本来好端端的御史台大门，十多天前无缘无故地忽然就倒了。其实倒掉的，又何止是御史台的大门？通进银台司本来是纠错用的，朝廷诏令必须通过通进银台司的核查然后才能下发，而这一次，神宗绕过通进银台司，把调令直接塞给了司马光。那么，一个不能审核诏令的通进银台司还有什么用？皇帝正在试图破坏祖宗法度，摆脱一切能够束缚他的制度和人事，走向独裁。吕公著最终用辞职表示了愤慨，当然，这是后话。[19]

从表面上看，神宗仍然欣赏、重视司马光。十月二日，就在司马光就任翰林学士的当天，神宗特别下令司马光暂时不必起草本院文书，也不必像其他翰林学士一样每天值班，可以五天一值，以便集中精力编修《资治通鉴》。神宗为这部计划中的鸿篇巨制写了序，赐了名,又把自己即位之前颍王府里收藏的2,402卷书赐给司马光。司马光现在有大把的时间、最优厚的资料条件,还有当世一流的学者做助手,可以从事他喜欢的通史著述。我们站在现在回望那个时间点,甚至可以颇为激动地宣告,一位中国历史上最伟大的史学家已经出发,道路正确,前途光明,司马光即将作为史家永垂青史。可是,关注过去、书写历史以指导现在,这真是司马光所追求的全部吗?

自古圣贤皆迂阔

关于司马光,神宗和吕公著之间有过一次耐人寻味的对话。神宗说:"光方直,如迂阔何?"[20]司马光端方正直,只是迂腐,不通情理,可怎么好?!"方直而迂阔",这就是神宗对司马光的总评价。不得不说,神宗真是"聪明绝人"。他看到了司马光的本质,不再怀疑司马光的政治倾向,但是也不欣赏这样的为人。

对此,吕公著的回答是:"孔子是圣人,可是子路说他迂;孟子是大贤人,当时的人也说他迂,司马光又怎么能免得了迂呢?大抵虑事深远则近于迂,希望陛下认真考虑。"[21]

孔子之"迂",见于《论语》。子路问孔子,卫国的君主等着您去治理国政,您会首先做什么。孔子回答他"正名"。子路听了,很不以为然,说:"您可真够迂的,名有什么好正的呢?"然后孔子就说了一大段关于"正名"的话,其中最有名的句子是"名不正则言不顺,言不顺则事不成"。孔子"正名"的核心是恢复礼制、名分,引导人们树立正确的价值观,从而重建社会秩序。[22]对于社会的稳定和国家的治安来说，这是基础性的工作。但是，对于那些急性子的君主来说，这却又是最迂远、最无用的——巩固权力、练兵选将、增加国库收入，哪怕是修一段城墙，也比"正名"紧迫啊！子路笑话得有理。孟子的"迂"也是一样的，战国纷争，弱肉强食，君主们富国强兵、合纵连横尚且不暇，哪有时间听他讲什么"迂远而阔于事情"的圣王之道！[23]

司马光的迂论，神宗也没有工夫听，他急于改变现状，对内突破财政困境，对外展示宋朝国力，开疆拓土。张方平就是他实现财政突围的一把好手，那么，张方平又会给神宗和宋朝国家带来什么？

1　《太平治迹统类》卷一三。

2　赵概于熙宁元年正月罢知徐州，三司使唐介代之。

3　《续资治通鉴长编拾补》卷一，9—10页。

4　《续资治通鉴长编》卷二〇七，5022页。苏轼《张文定公墓志铭》，《苏轼文集》卷一四，451页。

5　《容斋随笔》续笔卷三，"执政四入头"，[宋]洪迈撰，孔凡礼点校《容斋随笔》，中华书局，2005年1版，253页。

6　《续资治通鉴长编》卷二〇八，治平三年四月庚戌条，5051页。《宋史》卷二九〇《传论》："宋至仁宗，承平百年……起健卒（士兵）至政府，隐然为时名将，惟（狄）青与（郭）逵两人尔。"

7　《续资治通鉴长编拾补》卷二，62页，有阙文。据《太平治迹统类》卷一二补。

8　《续资治通鉴长编拾补》卷二，62页。

9　《太平治迹统类》卷一二。

10　《续资治通鉴长编》卷一八九，嘉祐四年（1059）三月己亥，4553页。

11　这件事情，在苏轼为张方平所作《墓志铭》和《宋史·张方平传》中都只字未提。苏轼不提，是因为张方平对他父子有大恩；《宋史》不提，是因为它的《张方平传》基本上抄苏轼的。《宋史》卷三一八《张方平传》，30册，10356页。《朱子语类》卷一三〇，朱杰人等主编《朱子全书》，上海古籍出版社，安徽教育出版社，2010年版，18册，4053页。

12　《朱子语类》卷一三〇，《朱子全书》，18册，4054页。

13　《资治通鉴》卷六六，汉献帝建安十五年（210），2100页。

14　关于通进银台司的研究，可以参看曹家齐《宋朝皇帝与朝臣的信息博弈——围绕入内内侍省与进奏院传递诏奏之考察》（《历史研究》2017年1期）、田志光《北宋通进银台司在中枢决策中的封驳权》（《史学月刊》2014年1期）、李全德《通进银台司与宋代的文书运行》（《中国史研究》2008年2期）。

15　《东都事略》卷八八《吕公著传》所记最全。《宋史》卷三三六《吕公著传》,10773页。

16 《续资治通鉴长编》卷三三八,元丰六年(1083)八月癸巳条注,8151页。

17 《续资治通鉴长编拾补》卷二,65页。

18 《续资治通鉴长编拾补》卷二,65页。

19 《东都事略》卷八八《吕公著传》;《续资治通鉴长编拾补》卷二,65—66页。

20 《太平治迹统类》卷一二;《能改斋漫录》卷一三。

21 《续资治通鉴长编拾补》卷二,66页。

22 杨伯峻《论语译注》,中华书局,1980年2版,2002年16印,133—135页。

23 《史记》卷七四《孟子荀卿列传》,中华书局,2014年版,2343页。

11 话题人物王安石

人算不如天算

人算不如天算,神宗用张方平来解决财政困境的想法还是落了空。

就在司马光妥协就任翰林学士两天之后,治平四年(1067)十月初四,张方平丁忧离职——他的父亲去世了。神宗是极其不舍的,可是人子为父母服丧天经地义,便是皇帝也无法阻拦。张方平去后,神宗下令为他保留"参知政事"一职,虚位以待。大臣遭丧丁忧,若国事所需,是可以奉皇帝诏令提前结束哀悼,移孝为忠的,这叫做"夺情起复"。三个月之后,熙宁元年(1068)正月,神宗下诏张方平起复,遭到了拒绝。神宗又下令张方平在守孝期间可以享受较高的工资待遇,张方平也没有接受。

司马光说张方平贪婪猥琐,朱熹也说张方平人品"不好",一个人品不好、贪婪猥琐的人会拒绝高官厚禄、甘心守孝,游离于政治中心之外二十七个月吗?我表示怀疑。在刘保衡的案子上,张方平的确有以权谋私的问题,这是事实;他为父亲服满了三年的丧期,这也是事实。而且,就像司马光所说的,张方平的这些问题都发生在大赦以前。一个犯过错误的人,也是可以悔改的,对吗?出于"道德洁癖",司马光抓住八年以前的错误不放,对张方平的能力视而不见,自己也因此损失了神宗的信任，实在得不偿失。然而，司马光的脾性却恰恰是不计得失的，他所关心的只是是非——他所认定的是非。

熙宁三年（1070）正月，张方平服丧期满恢复工作，出任陈州知州，此后直至元丰二年（1079）退休为止，始终未能再度回到中央工作。张方平于元祐六年（1091）去世，享年八十五岁。关于张方平服满之后未能重回中央的原因，张方平的女婿王巩、得意门生苏轼都认为是王安石从中作梗。[1]

毫无疑问，张方平才是神宗最初选定的政府首脑，神宗对张方平寄予了厚望。若论财政管理的经验和能力，张方平堪称首屈一指、独步天下。如果张方平能继续执政，还会有王安石变法以及后来的故事吗？张方平会给神宗和宋朝国家带来什么呢？历史没有"如果"，可是对于这个问题，我还是充满了好奇。

王安石的进与退

一身丧服的张方平悄然离去，王安石闪亮登场。

治平四年（1067）九月二十三日，神宗发出了征召王安石入京担任翰林学士的诏书，王安石此时尚在江宁府（今南京），要到第二年（熙宁元年，1068）四月才正式到京履职。尽管人还未到，王安石却已经成了开封政坛的话题焦点。

司马光调任翰林学士之后，御史中丞出缺，王安石曾经是热门人选，终因张方平反对作罢。[2]张方平对王安石的"差评"源自他们早年间的一次共事经历。庆历六年（1046），张方平担任科举考官，有人向他推荐说王安石文学出众，张方平于是请王安石参与阅卷。可是，王安石进入贡院之后，看见什么都觉得不顺眼，都想改，一副横冲直撞的架势，让张方平很不痛快。到最后，张方平实在忍无可忍，干脆"檄以出"，把王安石赶出了贡院。[3]这一年王安石二十六岁，进士及第四年，刚刚做满一任地方小官，正在京里闲着，等候下一个任命。这是张方平和王安石第一次打交道，二人从此再无私交。

王安石与上司、前辈的关系似乎是不好的居多。前任宰相韩琦也不喜欢他。王安石第一次做官就是做韩琦的下属。韩琦当时是以卸任枢密副使的身份知扬州，地位崇重，非寻常知州可比。跟着这样的长官，一般人都会努力搞好关系，力图留下好印象，以便获得提携。可是王安石的脑子里却似乎没有这根弦。他忙于读书写作，天天熬通宵，熬到天快亮的时候才有时间打个盹儿，等他睁开眼睛，太阳都老高了，只好匆匆忙忙赶去上班，常常来不及洗漱，样子煞是狼狈。韩琦疑心这下属昨夜喝酒鬼混，好心提醒"年轻人别荒废了读书，千万不要自暴自弃"。王安石当面并不解释，只在背后感叹"韩公不是我的知己"。[4]

在韩琦、张方平的眼里，王安石不是好下属，他不善于主动跟上级沟通，不够听话，喜欢生事。然而，即使是不喜欢他的人也不能否认王安石的工作能力。跟司马光正相反，王安石官僚生涯早年的大部分时间都在地方工作，他做过鄞县（今宁波）知县、舒州通判、常州知州和江东路的提点刑狱，所到之处，敢想敢干、颇有政绩。[5]

当然，真正让王安石蜚声政坛的，却是他做官的态度。传统中国衡量个人道德水准的重要标准，是对待权力和地位的态度——"君子难进而易退，小人反是"。[6]用这个标准衡量，王安石一直都是高水准的君子。

宋朝官场有两桩美事,第一是入馆阁,第二是进京做官。对这两桩美事,人人趋之若鹜,王安石只作寻常,看得极淡。馆阁是宋朝中央的文官高级人才库,得入馆阁为馆职,就等于上了升迁高速路。士大夫们哪个不向往?庆历八年(1048)司马光初入馆阁,便激动得"涕泗横集"。[7]王安石是庆历二年(1042)的进士第四名,属于高科及第,按照制度,做满一任地方官回来就可以申请参加馆职考试,可是王安石既不主动申请,也不接受别人的推荐。帝制时代,中央集权,皇帝和中央之所在聚集着权力和财富,是功名利禄的源泉,人潮汹涌奔向首都、奔向中央,王安石却是逆潮流而动。他热衷于在地方工作,以近乎排斥的态度对待进京入中央。1042年中进士之后,王安石在地方上工作了十二年才不情不愿地奉召入京,在首都工作两年之后又主动要求外任,1059年,他再度入京工作,直到1063年因母亲去世才离开。不爱馆职、乐做地方官,单凭这两点,就足以使王安石成为道德标兵、时代楷模。

至和元年(1054),群牧判官出缺,想做的人很多,而朝廷把这个职位给了王安石。当时王安石还没有带上馆职。有人不服,跑去跟宰相陈执中(990—1059)当面抗议说:"我带上馆职已经很久了,多次请求担任群牧判官都没能得偿所愿。王安石不带馆职,资历又比我浅,凭什么用他?!"陈执中回答说:"王安石之所以不带馆职,不是因为他不行,而是因为他多次拒绝了朝廷的招考。正因如此,朝廷才要在职位上给他特别优待,哪里还需要斤斤计较什么资格级别呢?朝廷设置馆职,本来就是用来收拢天下人才的,从来论的也不是资历官位。您好歹是学问之士,竟然好意思来争权夺位,您的脸皮,实在比王安石厚太多。"[8]听到这话,来人只好灰溜溜地走了。旁人哭着喊着都抢不到的职位,竟然会自动落到王安石的头上。为什么?物以稀为贵!宰相文彦博就觉得这个年轻人"恬退",淡泊名利,应当破格提拔,来刺激那些一天到晚想升官的家伙,端正官场风气。[9]

王安石本人对于自己甘心做地方官的解释很简单也很直白:于私,他有一大家子人要照顾,需要用钱的地方多,而地方官工资较高;于公,他希望"得因吏事之力,少施其所学",[10]用辖区做试验田,将自己治国安邦的想法付诸实施。这种念头,放在高官成群的开封城,是想都不要想的。

这两条,哪一条跟"恬退"都没有关系。"恬退"只是别人眼中的王安石,或者说是时代有意在王安石身上凸显的品质。不管怎么说,"恬退"成了王安石的标志性作风。因此,当王安石不"恬退"的时候,围观的人们便淡定不起来了。而王安石在神宗即位之后的表现却是一而再地不"恬退"。

王安石的第一次不"恬退"发生在治平四年(1067)闰三月。嘉祐八年(1063)八月,王安石护送母亲的灵柩归葬江宁(今南京),丁忧守孝。治平二年十月,王安石丧服期刚满,英宗就曾召他回京复职。诏书屡下而王安石屡拒。就这样,在英宗统治的四年里,王安石一直都在江宁,收徒讲学、从事著述,过着恬淡的隐居生活。治平四年正月,神宗即位。闰三月间,神宗下诏,命王安石出知江宁府,"人人都说王安石一定会推辞"。这一任命,出自韩维的大力推荐。就连韩维本人都预计王安石一定不会接受,因此,他在得知任命发出之后即向神宗上疏表示:"我今天听说任命王安石知江宁府……私心以为这不是招置王安石应有的安排。为什么?……王安石长期抱病,不能回朝，如今若才得了大州长官，就起来办公，那就是王安石傲视皇帝命令，以图自己方便。我就知道安石绝不肯这样做。"照韩维的想法，神宗应当拿出更重要的职位、更大的诚意来招徕王安石。可是谁都没有想到，诏书一到江宁，王安石就到府衙里办公去了。王安石的表现，简直看傻了开封政坛。韩维再去看自己那封奏札的草稿，觉得简直就是自打嘴巴。南宋历史学家李焘发现了韩维的奏札，郑重其事地抄录在《续资治通鉴长编》里，并且发表议论说，韩维这么说，足以表明王安石"进退失据"。[11]我们可以在这后面再补上一句，李焘之所以留下这笔记载，足以表明以他为代表的宋朝的人们是多么在乎王安石的不推辞。王安石辞都不辞就知了江宁府，这条"新闻"让开封城里的观察家们热热闹闹地过足了嚼舌瘾。

到了九月，神宗宣召王安石进京来做翰林学士，王安石同样没有推辞。这让开封城里的嚼舌者又有了新话题。第二年年初，王安石的长子、二十五岁的王元泽（名雱，1044—1076）奉命到开封来为父亲打前站，就碰到了一群好事者。这帮人正聚集在相国寺的烧朱院吃烤猪肉喝酒，[12]得知来人是王安石的公子，登时兴奋值爆表，两眼放光问王元泽："舍人不坚辞否？"王元泽淡淡一笑，答曰："大人亦不敢不来。"[13]当天晚上各家的餐桌上，不知有多少人在捏着酒杯嗤笑："什么叫'不敢不来'，分明是巴不得，恬退？呵呵。"

接到任命不再推辞而是直接接受，这便是不"恬退"也便不正确了。那么，正确的"恬退"的做法又该怎样呢？反复推辞，实在辞不得了，才"勉为其难"地接受。在当时，辞让已经成为官员就任重要职务之前的"规定动作"。这是一种让人看不懂的政治文化。儒家鼓励进取，圆满人生以修身为起点，以治国平天下为终极目标，而做官是通向这一终极目标的重要途径,孔子不也说"学而优则仕"吗?一个有抱负有能力的官员得到了可以实现理想大展宏图的职位,不正应该欣然接受吗?又为什么要辞呢?除非他们认为官位所代表的,主要不是责任而是特权待遇——当然,这只是我出于"小人之心"的猜度。

一贯辞让的王安石忽然不辞了,人人都说,王安石急着升官,步幅太大,动作变形,姿态不好看了。然而,我以为,在当时的开封,还是有一个人能够正确理解王安石之不辞的。

做司马光的邻居

这个人就是司马光。因为他和王安石一样,从来都没有把辞让当作表演,当他们辞的时候,是因为他们觉得那个职位不适合自己;而当他们认为那个职位与自己的能力和理想相称的时候,他们是不辞的。比如,司马光辞知制诰,先后上了九个报告,跟朝廷僵持了两个月,最终还是辞掉了。他为什么辞?因为知制诰的职责是为朝廷起草高级公文,需要的是才思敏捷、文采飞扬、善于引经据典的文章快手,而这恰恰是司马光的短板,所以他必须要辞,不辞对不起朝廷,还白白地自曝其短。而当朝廷委派他做谏官的时候,司马光是不辞的,"无一言饰让",痛痛快快地接受了任命。[14]为什么?因为"谏官得行其言",可以直接匡正朝政缺失,通过批评参与国家的管理;而司马光的理论修养、政治洞察力与社会责任感都让他自信自己是谏官的不二人选,当仁不让,此之谓也!出于同样的道理,神宗请司马光做御史中丞,他也是不辞的。君子坦荡荡,为行道而做官,得到新任命,首先要考虑自己是否合适,不合则辞,合则安然受命,不做无谓的辞让表演,这就是司马光的作风,也是王安石的作风。所以,司马光才能理解王安石的不辞。

"丈夫出处非无意,猿鹤从来不自知",[15] 王安石不辞知江宁府、不辞翰林学士,坦然入京,必定是已经悟透治国之道,预备辅助新君,大有作为了。

熙宁元年(1068)初,王元泽到开封来为父亲打前站,一个重要的具体工作就是找房子。当时官员一般都是租房住。在烧朱院,王元泽同那帮吃烧烤的朝士见了礼,重新分宾主坐定,便说明来意,请他们帮忙留意房源。立刻就有人大大咧咧地回应说:"房子还不好找吗?王舍人要来,谁不愿意租呢!何必这么早动手?!"王元泽说:"这恐怕不容易。家父的意思是想跟司马十二丈做邻居,家父在家常说,司马十二丈修身、齐家,事事都可以做年轻人的榜样。"[16]

王元泽口中的"司马十二丈"便是司马光。

"嘉祐四友"的传说

司马光和王安石的交往始于嘉祐四年(1059)。[17] 那一年的春夏之交,王安石到京就任三司度支判官,[18] 而司马光此前已经在三司工作,担任判度支勾院。他们的顶头上司三司使是包拯——后来民间记忆中的"包青天"。彼时的开封政坛,端的是星光璀璨,人物风流!

南宋初年,史学青年徐度在他的笔记《却扫编》中提出了"嘉祐四友"的说法:"在仁宗朝,王荆公(王安石)、司马温公(司马光)、吕申公（吕公著）、黄门韩公维（韩维）都是皇帝侍从官，他们关系特别好，有空的时候常常在寺院禅房聚会，一谈就是一整天，别的人很少能够参加进去。当时的人管他们叫做'嘉祐四友'。"[19]

嘉祐四年，司马光四十一岁，王安石三十九岁，吕公著四十二岁，韩维四十三岁，都正在盛年，年富力强，是中生代政治家中的杰出代表。欧阳修曾经在同一封札子中推荐司马光、王安石和吕公著，说这三个人是国家栋梁，都是可以做宰相的。[20]其实不止这三个，后来这四个人都走到了政治舞台的中央，做到了宰相，王安石与司马光更非寻常宰相，他们水火不容的政治主张先后主导了宋朝政治的走向，宋朝的官僚群也因此出现了大分裂和党派恶斗。在嘉祐四年，他们已经接近政治中心、尚处外围，还是其乐融融的好同事、好朋友。

若从这个角度看上去，"嘉祐四友"的说法，其实充满了悲怆的意味。

根据徐度的描述，"嘉祐四友"是一个具有排他性的组合。他们可以交谈终日，而别的人却很难参与进去。这种描述恐怕与事实不符。的确，司马光与王安石、吕公著、韩维都有着良好的关系。可是，从司马光的交游圈子看，至少他本人是不可能对其他人封闭起来的。这一时期跟他诗歌唱和最密的，是他在开封府工作时的同事钱公辅（1021—1072）；而他最相知最亲近的还是老同年翰林学士范镇。事实上，从嘉祐四年王安石抵京与司马光同事，到嘉祐八年王安石丁忧离京，司马光真正能够在闲暇时间随意与朋友交往的日子并不多——嘉祐六年七月，司马光被任命为谏官，有了"谒禁"，就连同在开封的恩师庞籍，以及比邻而居的老友范镇都不能随意拜访，煞是感觉不便，[21]又怎么可能继续参与"嘉祐四友"的小团体活动？

"嘉祐四友"的记载，最早见于徐度笔下，后来的人都是转抄徐度。所以，我猜，它极有可能是徐度根据后来历史的发展想象出来的。徐度落笔之时，距离嘉祐年间已经过去七八十年，偏安已成定局，杭州暖风熏人醉。开封城早已被金人占领，嘉祐年间的故都风流失去了声音和色彩，就像是一座废弃的舞台。而徐度的想象则像是追光灯扫过舞台，最后聚焦在这四个人身上。一瞬之间，"嘉祐四友"复活了，从徐度开始，他们成了很多南宋人心中当年开封的标志。

"嘉祐四友"可能出于想象，而司马光与王安石的交往和互相欣赏却是曾经有过的事实。比如，就在这期间，[22]王安石以王昭君和亲为题材，写成两首脍炙人口的《明妃曲》，中有名句"汉恩自浅胡自深，人生乐在相知心"。[23]当时名家欧阳修、梅尧臣（1002—1060）、司马光都有诗相和。司马光和诗警句有云"妾身生死知不归，妾意终期寤人主。目前美丑良易知，咫尺掖庭犹可欺"。[24]便是对王安石原诗"意态由来画不成，当年枉杀毛延寿"的引申和升华。王安石强调跨越地域的忠诚，司马光则借机规谏皇帝要明察。

作为一个有"道德洁癖"的理想主义者，司马光欣赏王安石的才华与操守。他理解王安石的不辞官，然而，若说这两个人之间曾经存在过具有排他性的友谊，我则持保留态度。他们的人生经历、学术倾向乃至思想观念都有着太大的差别，而有些差别是不能调和的，比如观念。它并不影响两个高尚人士的日常交往，但是一旦触及原则问题，则有所必争，为了心中真理，战斗是唯一出路——道德越是高尚，信仰越是坚定，便越是如此。

1　王巩《张方平行状》,《乐全集附录》;苏轼《张文定公墓志铭》,501页。

2　王巩《张方平行状》,《乐全集附录》。

3　《宋宰辅编年录校补》卷七,369页。张方平(同)知贡举的时间,据《宋会要辑稿·选举》一之一〇。

4　邵伯温《邵氏闻见录》卷九。邓广铭《北宋政治改革家王安石》,人民出版社,1997年版,7页。

5　邓广铭《北宋政治改革家王安石》,7—27页。

6　司马光《温公易说》卷三"遯"九四。

7　赵冬梅《司马光和他的时代》,158页。

8　《东轩笔录》卷九。邓广铭《北宋政治改革家王安石》,14—15页。

9　《东都事略》卷七九《王安石传》。

10　《临川文集》卷七四《上执政书》。邓广铭《北宋政治改革家王安石》,16页。

11　《续资治通鉴长编》卷二〇九,5087页。

12　张舜民《画墁录》。烧朱院原名烧猪院,是和尚开的烤肉馆,"有僧惠明善庖,炙猪肉尤佳",佛教徒杨亿是常客,以为僧人烧猪,于义不安,为改名。

13　陆游《渭南文集》卷二八《跋居家杂仪》:"某闻此语六十年矣。偶读《居家杂仪》,遂识之,庆元庚申(六年,1200)五月四日书。"此事又见王铚《默记》卷下,谈话内容基本相同,而细节有出入。陆游的故事是从王铚那里听来的,王铚的故事则是听他父亲王萃说的,据王铚的说法,谈话发生在王元泽和王萃、阎询仁之间。此用陆游的版本。

14　赵冬梅《司马光和他的时代》,286页。

15　王安石被招不辞,友人王介作诗嘲讽,安石不以为忤,以七绝《松间》答之云:"偶向松间觅旧题,野人休送《北山移》。丈夫出处非无意,猿鹤从来自不知。"宋人笔记王明清《玉照新志》卷一、叶梦得《石林诗话》卷下俱载其事。刘成国《王安石年谱长编》卷四,中华书局,2018年版，765—766页。

16　陆游《渭南文集》卷二八《跋居家杂仪》。王元泽的原话是："大人之意乃欲与司马十二丈卜邻，以其修身齐家事事可为子弟法也。"

17　Hymes, Robert P., and Conrad Schirokauer, editors *Ordering the World: Approaches to State and Society in Sung Dynasty China.* Berkeley: University of California Press, 1993.

18　邓广铭《北宋政治改革家王安石》，29页。

19　徐度《却扫编》卷中。

20　徐度《却扫编》卷中。叶梦得《避暑录话》卷四，17页。刘子健《欧阳修的治学与从政·引言》，台北：新文丰出版公司，1984年版，7页。

21　赵冬梅《司马光和他的时代》，305—309页。

22　当在嘉祐五年四月梅尧臣沾染时疫去世之前。

23　南宋之后，由于政治风云的变幻，出现了以《明妃曲》诬蔑王安石鼓励变节、无父无君的说法，聚讼的关节是"汉恩自浅胡自深"一句中"自"的含义。邓广铭先生《北宋政治改革家王安石》有专节为《明妃曲》辩诬，引王安石诗证明"自"字可以作"尽管"解，可为定论，45—50页。

24　《司马光集》卷三《和王介甫明妃曲》，86页。

12 四月谈话

四月谈话

熙宁元年春天,开封人念了又念的话题人物王安石"真身"终于抵达开封。四月初四,也就是1068年5月7日,神宗下诏翰林学士王安石"越次入对",君臣二人第一次对面长谈。之后,王安石奏上《本朝百年无事札子》,鼓励神宗振作精神,"挺身做一个大有为之君"。神宗读罢此札,激赏有加,再度约谈王安石。在四月的这两场谈话之后,神宗与王安石二人"心志遂完全得到契合"。[1]

按照李焘的记述,在四月第二场谈话即将进入尾声之际,神宗明确表示"朕须以政事烦卿",而王安石答曰"固愿助陛下有所为"。[2]这段文字,现代人读来,很容易"脑补"成一幅戏剧冲突强烈的电影画面——激动人心的音乐响起,神宗与王安石激动地对视甚至四手交握。接下来是空镜头,雄鹰在风雨中翱翔,大海上波涛起伏。再接下来,便是轰轰烈烈的变法场面了。北宋历史后半程的走向由此定调,而司马光也便作为王安石的对立面被定格在后代的历史记忆当中。自后观之,事势的确如此。然而,为什么会如此?为什么事情是朝着这一个,而不是另外的方向发展的?关于四月这两场历史性的谈话,以及王安石的《百年无事札子》,都还有着太多的问题尚待厘清,甚至这些问题都还没有人问过。

比如说，王安石的《百年无事札子》其实是个"命题作文"，神宗是出题人。就在第一场谈话接近尾声的时候，神宗问王安石："祖宗守天下，能百年无大变，粗致太平，以何道也？"由于时间已经来不及，王安石决定以书面形式回答这个问题，这才有了这道札子。那么，神宗为什么要问这个问题？他的题中之义究竟是什么？

王安石的这道札子，神宗是欣赏备至的。他就像当初把玩王陶的文章一样，反复诵读"至数遍"，并且当面称赞这篇文章"精画计治，道无以出此"。后来的学者也把这篇札子当作变法纲领看待。可是，这篇《百年无事札子》与庆历新政初期范仲淹所作的《答手诏条陈十事疏》是完全不同性质的东西。范仲淹的《答手诏条陈十事疏》只用了很短的一段概括性地指陈国家存在的问题，其主体部分是相当具体的改革方案，庆历新政的改革措施大半都来自这篇"十事疏"。而王安石这篇《百年无事札子》所做的工作只是概括性地指出问题。并且，恕我眼拙，就本人的阅读经验所及，王安石在《百年无事札子》里指出来的问题，很多都不是首次揭露，司马光和其他很多人都有类似的论述。纵然王安石笔力雄劲，有他人不可及之处，但神宗赞赏的不是文字，而是"精画计治"之道，为什么？

《百年无事札子》里没有具体的改革方案，神宗当然知道，所以，他在第二场谈话中满怀渴望对王安石说："你肯定已经考虑过问题的解决之道了，请为朕详细地谈谈你的'施设之方（实施方案）'吧！"王安石就简单地谈了谈。神宗闻言大喜，说："这都是朕从未听到过的，别人的学问实在到不了这个水平。您能一条一条地为朕写出来吗？"王安石不应。神宗又退而求其次，请求王安石把当天谈话的内容记录下来交给自己。王安石"唯唯而退，讫不复录所对以进"，嗯嗯啊啊地答应着退下去了，可是最终也没有把当天的谈话记录交上来。[3]王安石的"施设之方"究竟是什么，其实从后来的变法措施不难逆推。从1042年进士及第到此时（1068），王安石在职服务国家二十年，兼具中央与地方的工作经验，对于国家弊病，有着深刻的了解；他复出之前，在金陵沉潜六年，思考著述，对于"施设之方"，也早已思考成熟，胸有成竹。而要想把想法变成现实，就必须获得皇帝的支持。皇帝如此迫切想知道，这不正是大好机会？王安石却不肯细说，甚至最终也不愿意写下来，他的打算是什么？究竟在下怎样的一盘棋？

提问是思考的开始。综上所述，关于四月谈话，我们的问题有三个：一、"神宗之问"的含义；二、王安石《百年无事札子》的价值；三、王安石处理与神宗关系的策略是什么。问题已经提出，该从哪里入手作答？通常而言，历史学要求"白纸黑字"直言其事的证据。然而，并非所有信息都能够通过文字记录、流传下来。文字缺席的地方，是留给想象的空间。只是想象如何展开，才合乎情理？而合乎情理的，是否就等同于真实？……还是让我们回到熙宁元年四月，且从文字出发来看神宗与王安石的历史性谈话。

神宗之问

神宗之问，李焘的记载是"祖宗守天下，能百年无大变，粗致太平，以何道也？"王安石《百年无事札子》的开头也这样说："臣前蒙陛下问及本朝所以享国百年、天下无事之故。"自建隆元年（960）正月太祖建国至神宗熙宁元年（1068）四月，享国一百零八年，中间没有出现大的变故,天下基本保持安定——"本朝百年无事"就等于是说"我们的朝代是一个伟大的朝代"。这个判断的基础是对过往历史的认识。而最初提出这个论断的正是最终以史学家名世的司马光。

司马光曾经历数东周以来的天下大势,指出自从平王东迁"王政不行"以来直至本朝,"上下一千七百年间,天下一统者,五百余年而已"。而这五百余年间,又有着数不清的小祸乱,并不太平。只有本朝,自从979年太宗平定北汉,完成统一大业之后,基本上做到了"内外无事"。把本朝的"内外无事",放到一千七百年的历史长河中去看,是非常了不起的,"三代以来,治平之世,未有若今之盛也"。[4] 换句话说,本朝的和平安定简直可与"王政"流行的黄金时代相媲美!司马光的"本朝无事说",最早是在仁宗末年提出的,也正是在那个时候,他开始了《资治通鉴》的写作。

"本朝百年无事",是三代以来空前的太平盛世,这种说法是很能激发宋朝人的朝代自豪感的。而神宗问的是"为什么"——为什么我们能够取得如此辉煌的成就?本朝在思想、文化、制度诸层面都有哪些具体成就?列祖列宗的说法、做法当中有哪些值得珍惜、效法、保守的东西?

司马光提出"本朝无事说"的目的,只是提醒皇帝珍惜难得的大好局面,不要破坏,所以,他并没有论证过"本朝无事"的成因。而王安石在《百年无事札子》中则对此做了简洁而准确的论证:太祖爱民,一切政令"以安利元元为事",太宗"承之",真宗"守之"。仁宗统治时间最长,距离当时最近,王安石又亲历其中,有着最为真切的观察,所以,他对仁宗朝政治的概括也最具体。按照王安石的叙述,仁宗政治的成功之道是:皇帝保持了对天道人心的敬畏,克制了一己之私欲。对百姓,他不滥用民力,珍惜人的生命,上行下效,因而整个国家的统治都比较宽松。对周边政权——辽和西夏，他坚持和平第一原则，宁可屈己弃财，以经济利益换取和平。在统治集团内部，他维护言路畅通，不偏听偏信，保持了谏官、御史制度的有效性。王安石的回答，相当准确地揭示了宋朝百年无事的奥秘。那么，在王安石主持政局之后，他又是否能够辅助神宗坚持固守这些原则呢？我们拭目以待。

王安石的价值与手腕

本朝百年无事，成绩骄人，何道以致之？这是神宗的问题，但又显然不是神宗问题的全部。神宗之问，在字面问题之下，还有一个隐含问题，而这个问题才是真正困扰他的。这个问题就隐藏在王安石的答案之中。《百年无事札子》的前半部分重在论述"本朝百年无事"的成因，调子是高昂的、正面的；而后半部分的调子则完全是批评性的，重在论述本朝百年以来的积弊及其成因。逆推回去，神宗的隐含问题应当是：如此伟大的本朝，能够取得百年无事的成就，却为何又产生了如此多的问题。即位以来，甚至即位以前、还是继承人的时候，神宗听到、看到的有关本朝政治的议论，大半是负面的，比如说财政困难，官僚队伍和军队的冗滥低效。这个有理想的年轻人一直在思考探究解决之道。他向王安石提出这个问题，与其说是希望得到答案，倒不如说是渴望验证自己的思考是否正确。

王安石给出的答案是：第一，皇帝的主观努力不够，对当世智慧的吸收不够，"未尝如古大有为之君，与学士大夫讨论先王之法以措天下也"。第二，朝廷思想不统一，"君子非不见贵，然小人亦得厕其间；

正论非不见容，然邪说亦有时而用"。第三，文官选拔制度，有科举无学校，只管考试，不管培养，考试主要考吟诗作赋、死记硬背，导致所选非所用。第四，官僚人事管理太讲究出身资历，对政绩反而无所考评，导致整体的不作为。第五，农民饱受差役之苦，政府失职，农田水利不修。[5]第六，军队无战斗力。第七，宗室规模太大，享受着优厚待遇，而又对国家毫无用处。第八，理财无法，所以才会"（皇帝）虽俭约而民不富，虽忧勤而国不强"。[6]

这八点，中间第三至七点指向具体的问题，可能并不新鲜。对于神宗来说，王安石《百年无事札子》最有价值的应当是以下三点：第一点，王安石说"与学士大夫讨论先王之法"的皇帝才是"大有为之君"，在神宗听来，就是承认、赞赏和鼓励。这一点，神宗已经做起来了！神宗的经筵（迩英阁）侍讲、侍读官已经囊括了当世最优秀的"学士大夫"，比如司马光、王珪、范镇、吕公著、吴申、周孟阳，[7]他几乎每天都花费大量时间，听这些学士大夫们讲书，跟他们一起研习经史，讨论政务。如今，又来了一个王安石，神宗怎么能不感到兴奋呢？！第二点，王安石说朝廷思想应当统一，这其实隐含着破坏宽容的危险。这一点，我们后面再说。更让神宗兴奋的应当是第八点，关于财政。国家所面临的财政困难，是神宗即位以来的第一难题。如今，王安石却告诉他，皇帝的个人生活和工作作风与财政困难之间没有直接关系，财政困难只是因为"理财无法"，而只要理财得法，皇帝是可以"大有为"的。这个消息让神宗如何能够不振奋？！

神宗本来就有雄心壮志，与王安石交谈之后，更坚定了做一个"大有为之君"的理想。他向王安石问"施设之方"，要求王安石以书面形式陈述改革方案，姿态是迫不及待、跃跃欲试的。而王安石的反应却是出奇的淡定,他简直是拒绝了神宗,他告诉神宗"施设之方"不是急事、难事。这种欲擒故纵的态度,撩拨得神宗心痒难耐,对王安石的学问和主张更是充满了景仰和向往。

那么,王安石认为什么才是当务之急?"讲学""择术",确定指导思想。"愿陛下专心讲学,讲学明白之后,施设之方是不言而喻的。""在陛下没有明确选定指导思想之前,我实在不敢具体报告施设之方。"[8]在开始行动之前,必须获得皇帝毫无保留的支持;而要想获得皇帝毫无保留的支持,唯一的办法就是让皇帝从思想上跟自己完全保持一致——这就是王安石强调"讲学""择术"的目的所在。不得不说,王安石才是第一流的政治人物,他洞察人心,而且善用其术,政治手腕高明。这一点,司马光根本不能望其项背,作为政治人物,司马光太"单纯"了,简直像一个孩子。不止是司马光,王安石的政治手腕超过了之前任何一位政治家。与二十五年前的改革者范仲淹相比,王安石从容不迫,雍容大度。范仲淹的改革是被皇帝逼着匆忙上马的,而皇帝却自始至终都不曾给予他百分百的支持。王安石却能引得皇帝像学生一样来请教他乃至请求他。

王安石何德何能,竟有如此魅力?用司马光的话来说,他"才高八斗,学问宏富,为官难进易退,不贪图富贵",三十余年来声名赫赫,道德文章,天下独步。人人都说,"王安石不出来也就罢了,他只要肯出来,立刻就会建成太平盛世,天下苍生都会得到恩泽"。[9]他的好朋友韩维兄弟又在神宗耳边极力鼓吹。韩维是神宗的东宫旧臣,神宗即位之后颇得信任,而每当神宗夸奖韩维的想法好、主意妙的时候,韩维却总是说:"这是我的朋友王安石的想法。"初相见之前,神宗心目中的王安石已经是头顶光环,"神一般的存在"了。这样的心理预期,是好事也是坏事,怕就怕所见非所想。然而,呈现在神宗面前的王安石却是侃侃而谈,意态昂扬,论国事深刻生动,说未来积极正面。真人比传说更精彩,神宗如何能够不倾心?!

神宗绝不同于仁宗,他是一个有理想的皇帝。对外,他主张采取积极的进取性(或者叫做扩张性)战略。经过二十多年的和平之后,边防将领当中也早有人摩拳擦掌,预备一试身手,建功立业。事实上,去年十月,陕西已经有将领擅自对西夏采取了军事行动。神宗的进取性战略让许多人感到不安,司马光就曾经提出严肃批评。就在与王安石初次会面之前三天,四月初一,神宗接见老臣富弼,"问北边事,条目甚悉"。富弼当即告诫神宗不要生事,"二十年未可言兵"。[10] 司马光、富弼的不同意见,神宗可以置之度外,然而,捉襟见肘的财政窘境却着实捆住了神宗的手脚,让他的扩张性战略举步维艰。没钱是打不了仗的。神宗如此渴望得到王安石的辅佐,得理财之道,解决财政危机,以便大展治国宏图,实现皇帝伟业。不知不觉中,神宗在内心深处、在思想上向王安石仰起了头,投去了期待的目光。

当然,政治运作还是要顾及传统和制度的。按照本朝提拔二府大臣的传统,王安石的资历显然还不够。四个通向二府的职位——御史中丞、三司使、知开封府和翰林学士,他才刚刚做上翰林学士,想要进入宰相府,无论如何还是要等上一等的。

四月谈话之后,王安石立刻成为神宗"迩英阁"学士大夫中最重要的人物。七月间,吕公著上疏提醒神宗,"君临天下者应当去除偏听独任的毛病,不因先入为主而存成见,才能够不为邪说所迷惑扰乱"。[11]这份提醒恐怕与神宗对王安石的信任不无关系。王安石成了迩英阁学士中最红的一个,但绝对算不上灵魂人物。或者说,迩英阁学士群，本来就各有各的思想，司马光与王安石便分歧不断。

宰相辞恩赏

熙宁元年（1068）正逢每三年一次的南郊大礼，祭祀天地，大礼之后必有大恩泽、大赏赐，普天同庆，方显天恩浩荡。通常于十一月举行。八月初，宰相曾公亮等人提出国家财政困难，二府大臣待遇本来丰厚，又常得赏赐，本次大礼之后，请不必再赏。这一年夏秋之际，天灾不断。黄河决口，开封地震，影响波及河南、河北的广大地区，官府民居，房倒屋塌。地震之后，又逢淫雨，粮仓灌水，军队的粮食供应发生困难，老百姓就更不用说了。为了赈灾，政府不得不出卖度牒（出家名额）和空名诰敕（卖官）。[12]二府辞恩赏，旨在体恤朝廷，共纾时难，体国之意可嘉。皇帝颁赏赐，以示恩出自上，是礼仪制度的一部分，关系朝廷体面。宰相之辞，是否恩准？神宗需要智囊意见，他将曾公亮的报告转给了学士院，命翰林学士们讨论。

司马光主张高官全员减半，王安石等人主张不减不免。宋朝高级官员待遇之优厚，在中国历史上罕有其匹。清朝史学家赵翼回望之际，曾经感叹宋朝"恩赏能够给予百官的，唯恐不足"。[13]当此之时，长期困窘的国家财政遭遇黄河决口和地震，正是雪上加霜。高级官员少一点赏赐，于各家生计无损，于国家百姓有益，又何乐不为呢？围绕着郊祀赏赐问题，司马光与王安石展开了一场激烈争论，二人思想分歧的冰山一角浮出水面。那么神宗又会接受谁的方案呢？

1 邓广铭《北宋政治改革家王安石》，71页。

2 《宋通鉴长编纪事本末》卷五九《王安石事迹（上）》。

3 《续资治通鉴长编拾补》卷三上，95页。

4 《司马光集》卷一八《进五规状·保业》，562页。

5 治平四年九月，司马光上《衙前札子》，讨论差役害民问题，见《司马光集》卷三八，110页。

6 王安石《本朝百年无事札子》，四川大学古籍所编，曾枣庄、刘琳主编《全宋文》卷一三八二，巴蜀书社，1993年1版，第32册，360—362页。《续资治通鉴长编拾补》卷三上，95页。

7 《续资治通鉴长编拾补》卷三上，庚申条注，90页。

8 "愿陛下以讲学为事，讲学既明，则施设之方不言自喻。""若陛下择术未明，实未敢条奏。"《续资治通鉴长编拾补》卷三下，95页。

9 《司马光集》卷六〇《与王介甫书》，371页。

10 《续资治通鉴长编拾补》卷三上，92页。

11 《续资治通鉴长编拾补》卷三上，115页。

12 《续资治通鉴长编拾补》卷三上，116页。

13 赵翼《廿二史札记》卷二五，中国书店，1987年版，331页。当然，中下级官员的日子就没有那么好过，而各衙门最基层的办事员——胥吏则长期没有工资。

13
理财争论出延和

延和殿会议

熙宁元年（1068）八月，神宗在延和殿接见翰林学士司马光、王安石、王珪，商量南郊赏赐方案。曾公亮代表二府大臣推辞南郊赏赐之事，学士们此前已经讨论多日，论理，应当已经达成一致，此番上殿，只需拿出一个议定的方案来供皇帝拍板即可。可是，讨论非但没有结束，反而越发激烈了。在延和殿上、皇帝御前，司马光与王安石之间爆发了一场针锋相对的辩论。这场辩论，说小也小，所针对的具体问题不过是一次南郊大礼几万银绢的去向；说大却也真大，就是在这场辩论中，司马光头一次如此清楚地意识到他与王安石之间的深刻分歧。同样是在这场辩论之中，王安石说出了"善理财者，民不加赋而国用饶"，司马光说出了"天地所生货财百物，止有此数，不在民间则在公家"。¹后来的历史学者常常引用这两句话，来论证司马光与王安石的理财观念差异。

任何话语都是具体环境的产物，而当时话语能够抵达今天，被我们读到，必然经过多重记录传播，中间难免好恶偏颇。那么，这两句话究竟是在怎样的背景中说出来的？它们又是如何被记录下来的？应当怎样理解这两句话的含义？

延和殿会议的结果简直是个谜。神宗的态度似乎是在司马光这边的——在之前的单独交谈中,他对司马光说过"朕意亦与卿同";在延和殿上,当着众位翰林学士的面,他又说过"朕亦与司马光同"。可是,在最后成文的皇帝批示中所表达的,却是王安石的意见。为什么?最直接的解释是王安石凑巧是那天的值班学士,皇帝批示由他亲笔起草,所以他表达了自己的想法。但是,王安石胆敢篡改圣意吗?

还是让我们回到延和殿,且看当时场景:司马光与王安石对面站立,言语往还,思想交锋,有时呼吸急促,态度激烈;神宗端坐御榻,身体前倾,聚精会神听讲,认真快速思考,目光中时有火花迸出;旁边还有一个王珪,始终面对皇帝站着,半躬着上身,保持着谦卑和顺的表情。

会议一开始,司马光首先发言,重申自己的观点:"如今国家用度不足,灾害又接连而至,财政状况雪上加霜,因此,必须裁减不必要的支出;而裁减不必要的支出,就应当从高官近臣做起。二府大臣主动辞让南郊赏赐,陛下自当接受,成全他们的忠君爱国之心。"

翰林学士之中,司马光是唯一支持二府大臣辞免南郊赏赐的,"独臣有此意见,外人皆不以为然"。两天之前,他曾经单独上札,以书面形式向神宗陈述自己的理由。而神宗也在二人的单独谈话中表示过:"朕的意思也跟你一样,接受二府大臣辞让赏赐,绝不是轻视他们,而是成就他们的美德。"[2] 所以,在上殿之前,司马光认为,他有充足理由相信,神宗将会力排众议,接受自己的建议,大幅裁减高级官员南郊赏赐额度。

司马光话音刚落,王安石随即反驳道:"我大宋国家富有四海之地,大臣的南郊赏赐,明明花不了几个钱,却吝惜不给,省下这几个小钱,不足以让国家富裕,只会白白地损伤我大宋体面。唐朝宰相常衮嫌宰相食堂待遇优厚,请求辞让,当时的人都说那是因为常衮知道自己配不上宰相的高位,既然如此,就该直接辞职,而不是辞待遇。如今二府辞南郊赏赐,道理是一样的。"

常衮的故事

常衮(729—783)的故事尽人皆知,之前的讨论,各位同僚也都是在拿常衮说事儿。司马光究心史学,比旁人更了解这个故事。常衮是唐代宗的宰相。唐朝各衙门都有食堂,单位提供工作午餐,宰相食堂的饮食更是格外丰盛。代宗时,皇帝为示笼络,又给宰相们每天额外赏赐"内厨御馔",分量之大,足够十人饱餐,根本就是浪费。这份"加菜",常衮上台之后,主动推辞,从此彻底取消。常衮又认为宰相食堂的待遇本身也过于丰厚了,于是提出缩减,结果却遭到了一片讥讽之声,最终未能实现。与同时代的宰相相比,常衮所得的评价不高,[3]这件事显然"减分"不少。

反驳常衮的话,说得最响亮的是他的前辈张文瓘(606—678):"宰相食料丰厚,这是天子对中枢的重视,给贤才的待遇,咱们要是担不起这责任,就该主动引退辞职,不应该省下这点小钱来给自己博取名声。"[4]也就是说,宰相食堂的优厚待遇,既是国家对宰相超大责任与超高能力的回报,又是宰相地位与国家体面的象征,职位、责任与待遇三位一体,不可分割——位可辞,饮食待遇不可辞。张文瓘的话博得了当时与后世的一片喝彩。王安石引用常衮故事的用意也正在这里。那么,司马光是怎样看常衮故事的呢?

后来,在《资治通鉴》的正文中,司马光如实记录了当时人对常

衮的讥评,又在后面以"臣光曰"评论道:

> 君子以无功受禄为羞耻,常衮辞让厚禄的行为,是有礼义廉耻的。跟那些一味贪恋权位俸禄的人比起来,不还是强很多的吗?!《诗经》有云"彼君子兮,不素餐兮"。像常衮这样的行为,"亦未可以深讥也"(也不能过分非议)。[5]

"亦未可以深讥也",便是司马光对常衮此举的态度。司马光所追求的是一种合乎礼义秩序的中和之道。具体到二府大臣辞免南郊赏赐这件事,他的态度正是如此。在之前与司马光的单独谈话中,神宗曾说:"不如干脆(全盘接受曾公亮的请求),取消二府大臣的南郊赏赐!"司马光当即表示反对,理由是:"南郊赏赐,连普通士兵这么卑微的群体都能沾润,公卿大臣反而没有,恐怕'于礼未顺'。"在司马光看来,一切选择都应当以礼义为归依。公卿大臣的待遇、特权是礼义秩序的一部分,皇帝无权剥夺;而公卿大臣的待遇无论何时都应当超过普通士兵,这也是礼义秩序的应有内容;当然,公卿大臣也应当负担更大的社会责任,主动为皇帝分忧。因此,关于南郊赏赐,司马光主张包括二府大臣在内的全体高级官员减半赏赐,既可保全国家体面,维护礼义秩序,又可节约财政开支。

小钱当不当省

二府大臣的南郊赏赐总额,司马光算过账,按往年的惯例估计,大约在二万银绢。的确不是个大数目,省下这一笔来,也"未足以救今日之灾",不能彻底改变财政状况。那么,是否就可以像王安石说的,"我大宋富有四海",区区"小钱"就不必俭省了呢?

司马光认为,这绝对不可以。第一,这不单纯是个经济问题,只算经济账是不对的。二府大臣辞让南郊赏赐,是君子忠君爱民的义举,(有限度地)接受它,既可以面向全社会宣示高层厉行节约、共济时艰的决心;又可以为整个官僚集团做出表率,为接下来的财政节流改革开路,"希望国家能借由此事筹划削减其他不必要的开支"。既然如此,又何乐而不为呢?第二,这一笔小钱不必省,那一笔小钱不必省,那么,还有什么是能省的?"你要削减皇帝的供奉之物,就会有人说'改变制度,削弱排场,不是荣耀国家的做法';要削减大臣的无功之赏,就会有人说'省下来的也没多少,反而损害了体面,不是优待贤人的做法';要削减官僚集团的多余开销,就会有人说'人们心理上难以接受,恐怕滋生事端,不是安定团结的做法'。照这样说来,国家就永远也不可能削减财政支出,小老百姓也就永远也不会有休养生息的那一天了,只能是竭泽而渔、水干鱼尽而后已!"第三,司马光相信,"凡宣布惠泽,则宜以在下为先;撙节用度,则宜以在上为始"。[6]凡是发布恩惠好处,应当优先考虑地位低下的人;而厉行节约,则应当从地位崇高的人做起。地位与社会责任挂钩,这才是儒家精义。

惊人之语非故作

王安石侃侃而谈,司马光仔细倾听。王安石的说法,司马光并不感到惊讶,他相信神宗会做出正确的判断。然而,王安石接下来的一句话却让司马光悚然心惊,他简直不敢相信自己的耳朵。

王安石说了什么?

王安石说:"且用度不足,非方今之急务也。"国家用度不足,财政困难,不是当今的紧急事务。

这是什么话呢?宋朝的国家财政早已是捉襟见肘,举步维艰,这是人人都知道的事实。司马光还记得,仁宗晚年在三司共事的时候,王安石对当时形势的判断与众人并无两样,他上给仁宗皇帝的万言书,不也说"天下之财力日以困穷"[7]吗?如今八年过去,经过仁宗、英宗两次国丧,耗费巨大,又遭地震水灾,雪上加霜,"内外公私财费不赡"。王安石凭什么说"用度不足非急务"呢?他究竟想要表达什么呢?

司马光奋起反击:"国用不足的状况,从真宗末年就已经开始。近年来,愈演愈烈,你凭什么说这不是急务呢?"

司马光的反应,似乎早已在王安石预料之中,他回答说:"国用不足,是因为没有得到善于理财的人。"

"善于理财的人?"司马光提高了声调,"不过是以苛刻繁重的赋税来榨干老百姓的财富罢了!可是那样一来,百姓穷困流离,沦为盗贼,对国家又有什么好处呢?!"在司马光看来,再高明的理财者也不过是理财者,而非财富的创造者,财富只能来自社会,"公家既竭,不取诸民,将焉取之?"[8]以目前国困民贫的状态,能够把财"理"上来的,只能是头会箕敛的高手。

"这不是善于理财的人。"王安石停顿了一下,望向神宗,说出了那句著名的话:"善理财者,民不加赋而国用饶。"不给老百姓增加一点赋税而国用丰饶。这就是王安石的理财口号，也是他得以打动神宗的秘密武器。说到这句话的时候，王安石身姿挺拔，脸上显出笃定自信的表情，整个人简直光芒四射。神宗再一次被感染，被召唤，不自觉地向王安石投去神往的目光。

那么，怎样才能做到"民不加赋而国用饶"呢？王安石没有说。司马光却有着自己的理解。这分明是汉代法家桑弘羊的做法。民分四类，"士农工商"。所谓"民不加赋"，只是不向四民之一的"农"民加赋。桑弘羊实行盐铁专卖，要求商人、手工业者申报财产以便征税，一辆小车、一条小船都要交税；财产申报不实者，发配边疆，没收财产；还鼓励揭发告密。桑弘羊又实行均输平准之法，贱买贵卖，以政府代行大商人角色。桑弘羊曾经独掌财权二十三年，为汉武帝的对外战争提供了有力的财政支持。从"国用饶"的角度来看，桑弘羊的确是成功的。[9]但是，如果把皇帝、政府和包括"士农工商"在内的社会视为一个整体，追求整体的和谐共荣与帝国的长治久安，那么，桑弘羊则是失败的，他的经济政策损害了商人和手工业者的利益，扰乱了经济秩序，造成了整个社会的不安，最终引发了民间的反抗。作为一个纯粹的儒家学者，司马光是瞧不起桑弘羊的。而王安石竟然要走桑弘羊的老路！

司马光忍不住嗤之以鼻了："什么叫'民不加赋而国用饶'？这分明是桑弘羊欺骗汉武帝的鬼话，司马迁记下来是为了讽刺武帝的糊涂。天地所生货财百物，止有此数，不在民间则在公家。桑弘羊能让国用丰饶，不从老百姓那里拿，又从哪里拿呢？要真像他说的那么好，汉武帝末年怎么会盗贼蜂起，还要派绣衣使者去追捕？这难道不是老百姓穷困不堪官逼民反吗？！这样的话怎么可以当真呢？！"

在司马光的这段回答中，也有一句引用率极高的话"天地所生货财百物，止有此数，不在民间则在公家"。[10] 学者们引用这句话，通常是为了说明司马光保守，不承认社会财富的可增长性。对于生活在21世纪的中国人来说，鄙视司马光是很容易的事。我们亲身经历、耳闻目睹了社会财富的飞速增长，四十余年间，小到个人、家庭，大到城市、国家，财富的增长规模和速度是前所未闻的。"天地"还是这个"天地"，其间的"货财百物"，却早已不知翻了几翻。所以，我们会觉得司马光真是太保守了。但是，诸位有没有想过，这四十余年财富增长的动力来自哪里？制度革新、科学发展、技术进步，特别是早已走在前面的西方文明的引领。而这些，在司马光与王安石讨论"天地所生货财百物"的时候，都没有发生。没有上述这些革命性的因素，又怎么可能出现社会财富的革命性增长？而如果财富总量不增长，那么，理财的问题归根结底还是一个分配问题，不在公家就在民间，是"富国"与"富民"孰先孰后、如何协调的问题。司马光所说的并没有错。

事实上，关于社会财富，王安石也有过类似的说法。王安石在江宁闲居讲学期间，曾经写文章反对奢侈、提倡节俭之风。其中警句，司马光尚能默诵于心：

> 天地之生财也有时，人之为力也有限，而日夜之费无穷，以有时之财，有限之力，以给无穷之费。若不为制，所谓积之涓涓而泄之浩浩，如之何使斯民不贫且滥也？[11]

天地之间，财富的生长受制于时间，人所能做的工作有限，可是耗费却可以无日无夜，无穷无尽。以有限的财富和人力，来供应无穷的消费，如果不进行节制，那么，积累如涓涓细流，泄散如大水汤汤，又如何才能让老百姓免于贫穷困顿呢？

王安石说"天地之生财也有时，人之为力也有限"，司马光说"天地所生货财百物，止有此数"，其间区别其实并不大。可是，这才两三年过去，王安石竟然改弦易辙，要另立新说了。望着王安石和神宗，司马光的心中闪过了一丝怀疑。难道说王介甫为了满足皇帝私欲，甚至可以改变自己的学说？还是，他根本就不了解眼前之人？

就在司马光思忖的当口，王安石掉转了话题，老调重弹，又说南郊赏赐数额不大，可以忽略，于是司马光只好跟着回来反驳他。显然，王安石不愿意继续纠缠理财的问题。

司马光与王安石的争论持续了不短的时间，话都说尽了，还是无法说服对方。延和殿里出现了短暂的沉默。这个时候，一直没有说话的王珪满脸谦卑，适时地开了口："司马光说节约开支应当从高官贵近做起，说得对；王安石说二府的南郊赏赐花费不多，不赏恐怕有损国家的体面，说得也对。还是请陛下裁决。"这就是王珪，谦卑柔媚。此人在神宗身边的时间，注定比司马光、王安石都长。

圣意"不允"假作真

神宗做了总结："朕亦与司马光同，今且以不允答之可也。"[12]朕的想法与司马光相同，也就是说，赞同减免二府南郊赏赐。姑且以"不允"答之，则是例行的政治姿态——究竟还是要推辞一下的，等宰相们的第二通请辞报告打上来，就可以答允了。如此，则双方皆有体面。

可是,哪里还有第二通报告呢?第一通"不允"诏书下发之后,曾公亮等一干二府大臣看罢,便再也不敢提辞让南郊赏赐的事情了。这通诏书是怎样写的呢?

> 朕刚刚即位,不曾改变祖宗的做法。各位大臣是从黎民中的贤者里选出来的,地位在百官之上。有关赏赐,你们接受还是推辞,人们会从中观察政治的风向;赐予或者剥夺,是朝廷驾驭臣僚的手段。贵贱等级的分别,就像庙堂的台阶一样。古圣先王依据人口的多少来制定国家的用度。如今大宋人口繁衍,赋入的数量并不少,如何理财,值得思考。各位不去谋划理财之事,反而想着贬损个人待遇,一味伤害国家体面,全然不合朕心。各位功勋卓著的贤人,朕正要和你们共商大计,区区一点赏赐,何值一提?你们所请求的,理应不允。[13]

各位大臣哪一个不是饱读诗书的?谁不知道常衮的故事?诏书又特别强调赏赐是皇帝控制群臣的手段,暗示对待赏赐的态度即是对新君的忠诚表态,谁还敢辞?只能乖乖接受。

这样一通措辞严厉的诏书,与神宗在延和殿上的口头指示显然不符。神宗说:"朕亦与司马光同,今且以不允答之可也。""不允"本来只是策略,最终却变成了目标。怎么会这样?

"是日,适会安石当制。"[14]这一天,正赶上王安石在翰林学士院值班,负责书写诏书。于是,这诏书就从神宗口谕中策略性的假"不允",变成了严厉到上纲上线的真"不允"。那么,是王安石错会或者妄改圣意吗?

王安石岂是妄人？王安石所表达的才是神宗的真圣意。我们上面看到的延和殿会议的辩论过程，全部出自司马光的事后追记。换句话说，它是司马光所认定的"事实"，是司马光的记忆。作为一个以"诚"立身的人，司马光不会撒谎，但是任何记忆都有选择性。有神宗在之前单独谈话中的表态打底儿，司马光乐于相信神宗的话，相信"朕亦与司马光同"是真实态度，相信神宗的"不允"是礼仪性的。

那么，真实情况又是怎样的？我们只能推测。站在神宗的角度来看，司马光说的都对，完全符合儒家的礼义原则，跟司马光"对呛"简直就等于自蹈于不义之地。可是合乎礼义的，却未必合人心意。回顾即位以来与司马光的一系列交道、冲突，神宗难免会觉得，司马光"对"得太厉害了，让人不愉快。而按照司马光的想法走下去，他就必须按捺一切冲动，小心谨慎，缩手缩脚。那当皇帝还有什么意思？神宗敬重而不喜欢司马光。这个聪明绝顶的年轻人当皇帝二十个月了，他已经学会用冠冕堂皇的空话套话，来对付像司马光这样的迂夫子。他说："朕亦与司马光同，今且以不允答之可也。"司马光就当了真，还在回忆录中暗示王安石妄改圣意。这是一种可能，当然，还有另外一种可能，那便是，司马光明明看透了神宗的虚与委蛇，也不愿戳穿，有意让王安石来背黑锅。

王安石认为"用度不足"不是"方今急务"，喊出了"善理财者，民不加赋而国用饶"的响亮口号。神宗得到鼓舞，南郊赏赐，皇恩浩荡加于既往，真真的扬眉吐气，做了一回舒心皇上。熙宁元年十一月的南郊大典，赏赐花费900多万，跟三年前英宗的南郊赏赐相比，开支不但没有缩减，反而增加了200万，[15]正所谓"国有至急之费而郊祀之赏不废于百官"。[16]

  南郊大典之前，十月份，神宗从内藏库拿出23,430,000颗珍珠，到河北榷场上出售，然后，用这笔资金到四川、陕西一带，从境外购置骏马12,994匹，[17]重启了已经搁置两月之久的养马强兵计划。神宗是一定要大有为的，可是钱呢？宋朝有两套财政系统，一套是国家财政，由三司管理，已经捉襟见肘；还有一套是皇帝财政，由皇帝直属的内藏库管理，饶有积蓄，只是其中数目对于外朝臣僚来讲始终是最高机密，不得而知。神宗要大有为，单靠内藏家底儿是不行的。那么，钱从哪里来？王安石的"民不加赋而国用饶"将如何饶法？善理财者将如何理法？司马光把王安石想作宋代版的桑弘羊，是否想错了？

1　司马光《八月十一日迩英对问河北灾变》,《司马光集》卷三九,885页。

2　《续资治通鉴长编拾补》卷三下,126页。

3　成书于五代后晋时期的《旧唐书》卷一一九是杨绾、崔祐甫、常衮三位宰相的合传,卷末"史臣曰"对杨绾移风易俗的能力、崔祐甫选任官员的识鉴力大加赞赏,最后说"常衮之辈不足云尔",很是瞧不起常衮,3447页。宋人编修的《新唐书》卷一五〇《常衮传》对常衮的评价有所提高,4809—4810页。

4　《新唐书》卷一一三《张文瓘传》,4187页。

5　《资治通鉴》卷二二五,7247页。

6　《乞听宰臣等辞免郊赐札子》,熙宁元年八月九日上,126—128页。《续资治通鉴长编拾补》卷三下,124页。

7　王安石《上仁宗皇帝言事书》,邓广铭《北宋政治改革家王安石》,29页。

8　《司马光集》卷二三《论财利疏》,嘉祐七年(1062)七月上,619页。

9　《资治通鉴》卷一九、卷二〇。吕思勉《吕著中国通史》第五章《财产》,当代世界出版社,2009年版,69页。

10　司马光《八月十一日迩英对问河北灾变》,《司马光集》卷三九,885页。

11　王安石《风俗》,写作时间判断见邓广铭《北宋政治改革家王安石》,65页。

12　不著撰人,汪圣铎点校:《宋史全文》卷一一,中华书局,2016年1版,642页。

13　《赐宰相曾公亮已下辞南郊赐费不允诏》全文见《临川先生文集》卷四七,曾枣庄、刘琳主编《全宋文》,63册,1364页。《宋史全文》卷一一,643页。《续资治通鉴长编拾补》卷三下,127页。

14　《续资治通鉴长编拾补》卷三下,127页。

15　[宋]吕中《类编皇朝大事记讲义》卷一五,289页。

16　这是苏辙在第二年三月上书中对南郊赏赐的批评,[宋]苏辙著,陈宏天、高秀芳点校《苏辙集》卷二一《上皇帝书》，中华书局，1990年版，378页。

17 《续资治通鉴长编拾补》，135页。

14
司法分歧起阿云

山东蝴蝶翅动

有关南郊赏赐的争辩,不是司马光与王安石第一次出现分歧,当然,也绝不是最后一次。在此之前,熙宁元年(1068)夏末,围绕着一起谋杀案件的判决,司马光与王安石已经发生了第一次重大分歧。山东女子阿云谋杀丈夫韦阿大未遂,致其重伤,司马光主张当杀,王安石认为可活。这本来是一桩普通刑事案件的判决,事关一个女人的生死,可是却引发了一场有关司法原则的大讨论,皇帝、宰相、法官、台谏官……整个国家最有权势、最有学问的人尽数卷入。最终,皇帝出面做了终审裁判,却无法说服大多数官僚,包括司马光在内的很多人继续抱持反对立场。在这场讨论之中,司马光与王安石针锋相对,官僚集团发生分裂,皇帝显出了私心,宋朝政治的走向正在发生着偏移。这就像是现代人熟知的"蝴蝶效应":一只南美洲亚马孙河流域热带雨林中的蝴蝶,偶尔扇动几下翅膀,可以在两周以后引起美国得克萨斯州的一场龙卷风。那个叫阿云的女人犯下的罪,经过一系列的反应之后,最终影响了宋朝政治的走向。

那么,同样的案情,司马光与王安石依据同样的法律条文,怎么会做出如此生死悬隔的判决?究竟谁对谁错?他们都不是法官,而是翰林学士——皇帝的文学侍从、高级秘书兼顾问,两名翰林学士为什么会卷入到一场司法争论中来?

杀夫案惹争论

　　这桩谋杀案发生在山东登州的一个小村庄,时间应当是治平四年(1067)夏天。案发当晚,村民韦阿大睡在了自家田头的窝棚里。阿大新婚,正该是浓情蜜意的时候,为什么不在家里搂着漂亮媳妇睡觉,却要睡到田里来呢?可能是天气太热,也可能是地里种着甜瓜一类可以直接换钱的经济作物,接近成熟需要看管,以防偷盗——这在北方农村很常见。总之,那天晚上,阿大睡在了田头,睡得很沉。到了后半夜,突然有人手持腰刀摸进窝棚,朝着阿大就是一通乱砍。阿大猝不及防,中了将近十刀,虽得不死,却被生生剁去一根手指,身受重伤,浑身血污,奄奄一息,幸好有起早下地干活的邻人发现,这才捡回命来,被人抬回家去。阿大的新婚妻子阿云来开了门,见阿大如此,脸上闪过一丝嫌恶,身体也不由自主地向后躲闪。阿云貌美,阿大猥琐,自从成亲,邻居们就没见阿云给过阿大好脸色。可是,人都到这般田地了,做妻子的竟然是这般做派,也实在是令人心寒。

　　事情报到官府,县衙派出县尉前往勘察。县尉大人在现场和家里两处看过,街坊四邻一番打探,很快将怀疑对象锁定为年轻貌美的新媳妇阿云。阿云被带到县衙,衙役们凶神恶煞般围列四周,各种刑具一字排开,上面的陈年血迹清晰可见,令人不寒而栗。几句话旁敲侧击之后,阿云防线崩溃,主动承认自己就是凶手。阿云的杀人动机说来简单得让人想哭——她不愿意跟一个相貌丑陋、形容猥琐的男人共度此生。[1]

一时之间,阿云案轰动了登州。按照宋朝国家法典《宋刑统》的规定,谋杀亲夫属"恶逆",是"十恶不赦"的大罪,无论致死、致伤,均应处以极刑——斩首。[2]登州城里,已经有人捋着胡须感叹"好一个活色生香的小娘子,竟这般蛇蝎心肠,这番身首异处太可怜",准备占地方看杀人了。

可是,登州知州许遵的判决结果却是将阿云流放2500里。这个判决结果一出来,立刻就掀起了轩然大波。登州相关司法官员几乎全员表示反对。登州百姓更是议论纷纷,说什么的都有。有那好色的,以己度人,认定许遵必是看上了阿云,要讨她作小,这才瞒天过海,免阿云的死罪。对于这种说法,官场中的消息灵通人士打从鼻子里哼出来,以示不屑:"这么说岂不辱没了许大人?人家可是有高尚追求的!"这许遵许大人究竟是要营私舞弊呢,还是根本就不懂法,无知妄断?都不是。许遵,六十一岁,进士出身,中过"明法"科,当过大理寺(最高法院)的详断官和审刑院(中央司法审核委员会)的详议官,"读律知法",是一位既懂理论又有实践经验的资深法律专家。[3]他判阿云不死,自有一套振振有词的说法,只是无法服众。有人推测,许遵之所以要在这样一桩案情如此简单明白的谋杀案上大做文章,是"上头"有人承诺要提携他做"判大理寺",所以许遵才"欲立奇以自鬻",想要做出点突出成绩来展示自己。[4]可是,谋杀亲夫者竟然可以逍遥法外,天理何在?许遵和反对派各执己见,无法统一意见,阿云案因此成疑。

按照宋朝制度,疑案须上报中央司法机构复核。宋朝中央负责司法审核的是三个机构:大理寺、刑部和审刑院。首先介入阿云案的是大理寺。大理寺判定阿云当处绞刑——还是要死的，只是能留一个全尸，比斩首略好。看起来阿云是必死无疑了。没想到神宗决定施展皇帝的仁慈，对阿云宽大处理，免其死罪，判终生编管（劳改）。也就是说，神宗并不反对大理寺的判断，他只是动了恻隐之心，要对阿云"法外开恩"。神宗的批示，连同大理寺的审核意见，一起下发到登州。阿云可以不死了，可是许遵竟然不服，拒绝执行中央命令。许遵为什么不服？他要皇帝给一个说法，明确支持自己的判断。于是乎，许遵第二次上诉中央。这一次，刑部介入审核。刑部的审核结果与大理寺相同，判定阿云当处绞刑；而许遵因审判失当，应缴纳罚款。判决结果下发之时，许遵已经得到了"判大理寺"的任命。大法官上任的第一件事竟然是遭遇审判失当的指责，这让许遵情何以堪，又如何服众？许遵不服，第三次上诉中央，神宗只好命令翰林学士重审此案，于是，司马光便和王安石一道，接手了阿云案的复审工作。

以法律之名

在对阿云案的全部案卷仔细审读、反复推敲之后，司马光不由地发出一声长叹：真不愧是断案老手啊，许遵对法律条文太熟悉了！他熟悉但是并不尊重——法律条文在许遵手里，简直就像是一块面团，要圆得圆，要扁得扁。

妻子谋杀丈夫，本来是"十恶不赦"的大罪，按照当时法律，不管杀没杀死，都应当处斩刑——身首异处，横尸街头，这是死刑之中的极刑。死刑分两等，斩刑之下还有绞刑，是死刑之中比较轻的，因为可得全尸。死刑之下是流刑,远离家乡,在官府的监管之下服劳役,离家乡越远惩罚越重。从斩首到流放,是生与死的差别,这中间还隔着个绞刑。那么,许遵是怎样把阿云的刑罚从斩首减轻到流放的?

许遵真是个聪明细心又熟悉法条的法官。他发现了一个非常关键的细节。正是这个细节,把阿云谋杀阿大一案的犯罪性质从"谋杀亲夫"变成了"谋杀路人"。这个关键细节就是阿云与阿大成婚的时间点。这个时间点,正好在阿云为母服丧期间。按照《宋刑统》,居丧嫁娶,属于非法。许遵因此判定,阿云与阿大的婚姻关系无效,阿云非阿大之妻,阿云"谋杀亲夫"罪名不成立。

这个判断,以事实为依据,以法律为准绳,有理有据,让人无法反驳,但是,却很难服众。它合法却不合情理,违背了人之常情,不符合社会习俗。"不为法律所承认的"却可以是"社会所认可的"。根据案情,阿云还在娘胎里就被许给了阿大,阿云母亲过世之后,二人成亲。在周围乡亲的眼里,阿云和阿大就是夫妻,怎么可能是毫不相干的路人?阿云模样俏丽,阿大相貌丑陋,"好汉无好妻,赖汉娶花枝",的确让人惋惜。可是,配偶丑陋就能成为杀人的理由吗?阿云的故事里没有出现"西门庆",她一个人策划、实施了对阿大的谋杀,并且能在事后从容离开现场。这绝不是简单的激情杀人,而是蓄意谋杀。站在现代立场上看,阿云是包办婚姻的受害者,但不管我们多么同情阿云,也无法同意她以杀人求解脱的愚蠢做法。而当时的普通老百姓看阿云案,看到的就是妻子谋杀亲夫,正如司马光在"阿云案审查报告"里所说的:"阿云嫌弃丈夫丑陋,亲自手持腰刀,在田野之中,趁其熟睡,砍杀将近十刀,断其一指,开始并没有自首,是到了衙门里眼看着要严刑拷打,不招不行了,这才招认。犯罪情节如此,有什么值得同情的?"[5]阿云谋杀阿大一案,情节严重,社会影响恶劣,判决应当从重而不是从轻,因此,司马光同意大理寺、刑部的判断,认定阿云难逃一死,当处绞刑。

可是王安石、许遵却主张要免阿云一死。那么,他们是怎样做到的?

许遵认为,阿云存在自首情节,因此可以获得减刑。这里有一点需要解释,阿云是被带到官府之后招供的,招供之前应当经过了简单的审讯。按照现行法律,在公安局审讯室里招供是不能算自首的,在宋朝却可以算,这叫作"案问欲举"。按照当时法律,阿云自首情节可以成立,这一点司马光也同意,但问题是,通常情况下,谋杀一类以危害人身为目的的恶性犯罪是不适用自首减刑条款的。那么,许遵、王安石是如何"为阿云辩护"的?

很复杂也很简单。一般人怎么理解阿云案?谋杀未遂致其重伤,这是一个罪名——"谋杀未遂",所以要按照谋杀罪来量刑。而许遵则把阿云的罪行分解成了两个罪名:一个是谋杀罪,"阿云谋划杀害阿大",结果未遂;还有一个是人身损害罪,阿云砍了阿大将近十刀,砍断一指。谋杀是起因,人身损害是结果。事实只有一个,变换的只是说法。

这样一分为二之后,阿云就能不死了。为什么?

因为《宋刑统》里有一条关于人身损害罪的自首减刑原则:由于其他犯罪导致人身损害的,如果自首,可以对其他犯罪免于惩罚。比如说因为劫囚而导致的人身损害。劫囚的目的是把罪犯救出牢笼,如果犯罪得以顺利实施,是不需要损伤他人性命的,可是狱卒出面拦阻,犯罪嫌疑人"没办法""不小心"砍断了狱卒一只胳膊,这就导致了人身损害。在这个犯罪过程当中,劫囚就是"其他犯罪",而狱卒断了一只胳膊,就是"由于其他犯罪所导致的人身损害"。假定该犯罪嫌疑人有自首情节,劫囚罪是可以免予追究的,只按照人身损害罪量刑。这就是那条自首减刑原则。

许遵就把这个原则用在了阿云案上:因为阿云谋杀阿大,导致了阿大身受重伤,"谋划杀害阿大"是"其他犯罪",而"阿大身受重伤"是"由于其他犯罪导致的人身损害"。现在阿云自首了,根据自首减刑原则,阿云的谋杀罪行可以免于追究,只追究致阿大重伤部分,按照人身损害罪量刑,所以是流放2500里。

这个看上去完美的论证过程,在司马光看来,简直是荒唐透顶。这不就等于把"谋杀"分成"谋划"和"杀害"吗?多么可笑的文字游戏!什么叫"阿云谋划杀害阿大"?"若平常谋虑,不为杀人,当有何罪可得首免?"如果阿云只是安安静静地坐在家里在脑子里谋划如何杀害阿大,哪怕她想出来一百零八种杀夫之法,只要她不去实施杀人行为,那又有什么罪行需要通过自首来获得豁免?谋杀就是谋杀!谋杀是人命关天的恶性犯罪,不是写在纸上的字,没办法撕成两块儿!

司马光做过专管司法刑狱的开封府推官,[6]对于法律,他是下过硬功夫的。他清楚地知道,《宋刑统》中的这条自首减刑规定中,绝不是什么罪都能够随随便便套用的。"由于其他犯罪导致人身损害的,如果自首,可以对其他犯罪免于惩罚。"这里边的"其他犯罪"指的是什么?必须是不以人身损害为目的的犯罪,比如劫囚、偷东西。为什么这类"其他犯罪"自首可免?因为这类犯罪的刑罚远比人身损害罪要轻。而谋杀是什么性质的犯罪？谋杀就是要杀人，杀人就是谋杀的目的。谋杀在所有人身损害罪中是量刑最重的。凭什么减免呢？！这些原则，以许遵的道行，他怎么可能不知道？！却偏偏要做这样的文字游戏，为阿云脱罪！而他只是在为阿云脱罪吗？皇帝都开恩免阿云一死了，许遵还不依不饶，死活要逼迫司法界接受他的解释。许遵走得太远了。

而王安石却坚定地站在许遵身后，为许遵辩护。到这个时候，阿云案已经不是一个简单的阿云生死问题，而是关系到定罪量刑原则的司法大讨论。具体说来，阿云案的判决结果，将影响宋朝法律中有关谋杀罪是否适用自首减刑的原则。许遵与王安石主张谋杀自首可以减刑，司马光反对。王安石说，允许在阿云案中适用自首减刑原则，可以鼓励自首，为罪人开自新之路。而司马光则担心，这种"自首"实在是太"便宜"了——人已经在审讯室里了，眼看着不招是死，招就有活路，是个人都会自首；而自首就可以活——这绝不是为罪人开自新之路，而是助长杀人者气焰，让小人得志，良民受弊。[7]

站在司马光身后的，是中央和登州的绝大多数司法官员，王安石这边似乎只有一个许遵——当然，真理是有可能掌握在少数人手里的。神宗会做出怎样的选择？王安石在神宗心中几乎是"神一般的存在"，而司马光的道德学问也是当世一流，两位翰林学士对阿云案的意见分歧如此之大，怎么办？神宗下令举行第四次复议，扩大讨论范围。第四次复议的结果是赞同王安石—许遵。于是，神宗最终决定按照王安石的意见终结阿云一案。熙宁元年（1068）七月三日，神宗颁布诏书，宣布谋杀已伤犯罪可以适用自首减刑原则。可怜又可恨的登州姑娘阿云保全了性命，宋朝对谋杀案的审判原则也出现了重要调整。王安石的意见上升为国家意志，谋杀未遂已伤自首减刑成为法律新规。司马光不愿意看到的事情终归还是发生了。

阿云案结案了，由阿云案所引发的司法讨论还远未结束。皇帝可以用权威对阿云案做出终审裁定，修改司法原则，也可以用行政力量强制推行这一原则，却无法说服所有官员在情理上接受它，包括司马光在内的大多数官员对阿云案仍然心存保留。[8]在接下来的日子里，阿云案所引发的司法争论还将继续发酵、升级，乃至引发高级官员的对立、分裂，有人因此气死，有人因此遭遇贬逐。而司马光终其一生，从未改变自己对阿云案的观点。当然，这些都是后话。

此处需要为司马光辩一大诬。在宋人所留下的文字记载中，在尊重史料的学者所作的论述中，[9]我们再也没有发现有关阿云的任何消息。可是网上却有一种无耻贪婪、无知无畏的写手，为博取点击率，妄言司马光在执政之后重审此案，杀害了阿云。司马光何辜，于千载之下，受此奇耻大辱！我曾反复阅读史料和相关论著，并请教了宋代法制史专家戴建国先生，确认判断无误。谨于此处郑重声明：司马光所追求的是以司法正义维护公序良俗，追杀阿云之事，是当代无良写手泼在司马光身上的脏水，与司马光无关，与宋人无关。

君子和而不同

在当时，司马光还是情愿把他和王安石之间的所有分歧都作积极正面的解读，看作是君子之争，而君子只要在大方向上一致，通往目标的道路、做法可以不同，这就是孔子所说的"君子和而不同"。司马光与王安石，共同的大方向是什么？"辅世养民"，辅助皇帝涵养世道润泽万民！司马光说："君子之道，出处语默，安可同也？然其志则皆欲立身行道，辅世养民，此其所以和也。"[10]君子的道路（人生选择），是做官还是隐退，是大声疾呼还是沉默以对，怎么可能完全相同？但是，不管做官还是隐退，大声疾呼还是沉默以对，其目标都是为了践行心中的真理，辅助皇帝涵养世道润泽万民，这就是为什么他们能够和谐共处。"和而不同"的君子各自独立思考，做出各自认为正确的选择，他们济济一堂，发出不同的声音，互相讨论，最终让国家事务朝着更为正确的方向发展，这才是社稷之福。这是司马光从范仲淹那一代政治家那里学习继承而来的理念，他衷心希望这种传统能够在神宗皇帝的庙堂之上延续。

可是，这种传统能够延续下去吗？司马光心怀隐忧。皇帝对王安石的"偏听独任"，[11]已经成为开封一道独特的政治风景。单独谈话是常有的事情，一谈就是一两个时辰，宰相们怕皇帝有什么最新指示，竟然就在外面候着，有一次竟然饿着肚子候到了下午三点。要知道，宰相曾公亮跟包拯同岁，年近七十，是接近退休的人了！宰相府上报的常规人事任命案，本来皇帝签个字就可以下发，可是神宗竟然压了好几天才拿出来，说："我问过王安石了，他说行，就这么办，立即下发吧。"宰相府的工作竟然要听翰林学士的指示，这叫什么规矩？！副宰相唐介（1010—1069）是个直肠子，压不住火，当着神宗的面放了一炮："我近来常常听说陛下遇到事情就问王安石，他说行就照办，他说不行就不行，这样一来，还要宰相大臣有什么用？倘若陛下觉得我们没这个能力，就应当先罢免了我们几个。让这样的话流传天下，恐怕不是陛下信任大臣的体统！"

皇帝偏听独重王安石。阿云案,王安石的主张如此牵强,可是神宗竟然站在了王安石这边。对于皇帝的欲望,王安石采取了迎合而非节制的态度。这让司马光感到不安。熙宁二年(1069)二月初三,王安石被任命为副宰相。神宗提出这一任命,是顶着压力匆忙做出的,他在与王安石的谈话中说:"朕也想从从容容地拜你为相,可是近日舆论颇有意欲制造事端打击你的,所以我反而更急着要你就职。"那些意欲制造事端打击王安石的人究竟是谁?

1　本节的案情复原依据《司马光集》卷三八《议谋杀已伤案问欲举自首状》注释一所引明本、康熙本、乾隆本、四库本题注，876页。这一段题注不见于四部丛刊影宋绍兴本《温国文正公文集》，应是明朝以后增入，与明人所编《历代名臣奏议》卷二一一司马光奏后所附案情简介文字完全相同。《宋史》卷三三〇《许遵传》对这段案情的叙述有一个非常显著的不同，"（阿）云许嫁未行"，也就是说二人并未成亲。这一情节不见于南宋人王称所作之《东都事略·许遵传》，其对案情的叙述只有简单的一句话："有妇人阿云谋杀夫而自承者。"《宋通鉴长编纪事本末》卷七五载："初，登州言，妇人阿云有母服嫁民韦阿大，嫌其陋，谋夜以刀杀之，已伤不死。"《宋通鉴长编纪事本末》的依据是南宋李焘的《续资治通鉴长编》。由此可见，一直到南宋，阿云案的案情叙述中都没有出现"许嫁未行"的情节。阿云嫁阿大，发生在服丧期间，这一点确定无疑；而阿云已嫁，同样也是确定无疑的。司马光、王安石、许遵等人的讨论就建立在这一基本事实基础之上。

2　苏基朗《神宗朝阿云案辨正》，氏著《唐宋法制史研究》，香港中文大学出版社，1996年版，156页。

3　《东都事略》卷一一二《许遵传》；《宋史》卷三三〇《许遵传》，10627页。

4　《宋史》卷三三〇《许遵传》，10627页。

5　《司马光集》卷三八《议谋杀已伤案问欲举自首状》，874—876页。

6　赵冬梅《司马光和他的时代》，268—269页。

7　以杀止杀，以死刑震慑犯罪，曾经是人类在一定阶段的司法共识。现代文明在这个问题上已经变得越来越审慎。2012年，全球140个国家废除及不使用死刑，仍然维持死刑的只有58国，其中21国在2011年有执行死刑。

8　中国法制史专家苏基朗总结说："司马光的观点……自从《唐律》实施以来，一直是通行观点。直到清朝，大多数儒家官僚更倾向于接受的，还是这种观点。这些官僚当中包括了著名法律专家、清末修订法律大臣沈家本（1840—1913）。" "Sung Criminal Justice and the Modern Implication of Chinese Legal Tradition: The Case of A Yun 阿云（1068-69）Revisited." In Liu Tseng-kuei ed., Papers from the Third International Conference on Sinology, History Section: Law and Custom. Taipei: Institute of History and Philology, Academia Sinica, 2002. p.75.

9 陈立军《论北宋阿云案的流变及影响》(《历史教学（下半月刊）》2017年9期）是有关阿云案的最新综述，对于既往研究搜罗较全，读者可以按图索骥，自行判断案情是非。

10 《司马光集》卷六〇《与王介甫书》，熙宁三年二月二十七日，1255页。

11 这是吕公著对神宗的批评，出自《哲宗实录·吕正献公公著传》，杜大珪编《名臣碑传琬琰集》下卷十。

第三部

风云初变，1069—1071

千载一时的君臣遇合开启了一场大变法，今人往往只关注具体政策措施的变革，殊不知，真正根本性的改变却是北宋朝廷的政治理念、施政方式和政治风气。王安石以天纵之才设计了精美的财政增收制度。要把这套制度高效推行下去，就必须把官僚队伍变成顺手的工具；要把官僚变成工具，就必须"一道德"，消除"异论"；要消除"异论"，就必须严厉打击那些身在高位的反对派。反对王安石的人，气死的气死，没气死的一个接一个被赶下中央的重要岗位。神宗向司马光奉上了枢密副使的高位，条件是停止批评。司马光选择拒绝以保持批评的自由，继续发声直到不能，然后转身离开。

15

开封山雨欲来

"众喜得人"

神宗任命王安石为副宰相,反对的人不少。神宗认为,这是因为"人们都不能了解王安石的价值",他告诉王安石:"吕诲确实曾经诋毁你不通时事。赵抃和唐介也多次进言,说你的坏话,生怕我要再提拔你。"[1] 神宗又问他的东宫旧臣孙固(1016—1090)"王安石可相否"。孙固说:"安石文章行谊都很高明,让他担任侍从献纳的职位,是合适的。宰相自有其气度格局,安石狷介偏狭肚量小;陛下想要贤宰相,吕公著、司马光、韩维都是合适人选。"神宗问了四遍,孙固的回答都是一样的。[2]

这些反对的人却不包括司马光。司马光后来说过,王安石初入中书,"众喜得人"——众人都为国家得到这样的人才感到欣喜。"众",泛泛而指,不知名姓。可是肯这样说的人本身必定是站在"众"这边,为王安石的上台感到高兴的。这就是司马光对于王安石上台的最初态度,但没过多久,他就发现自己是真的错了。经过阿云案、经过延和殿会议财政原则讨论,对于王安石的政治见解和政治作风,司马光已经有了初步的了解,他知道这个人和自己之间存在着巨大差异。那么,对于王安石的上台,司马光为什么会表示欣喜?又是什么让他的态度发生了逆转?

让司马光的态度发生逆转的是一个人的死亡和两个人的离去,这一系列事件发生在熙宁二年(1069)三月到六月的几十天里。

三月二十九日,副宰相唐介去世,得年六十。³很多人相信,唐介是被王安石气死的。起因还是阿云案——治平四年(1067)夏天山东那只蝴蝶振动翅膀所引起的气流波动,两年之后在开封政坛继续引发风暴。熙宁元年(1068)七月,阿云案的判决结果通过皇帝的敕令下发之后,允许在谋杀罪中适用自首减刑原则,已经成为司法新规。⁴

唐介的观点和司马光一样,坚决反对司法新规,认为在谋杀这样的恶性犯罪中适用自首减刑原则是鼓励杀人,违背了法律惩治犯罪、维护社会正义的最高原则。反对这条司法新规的宰执又何止一个唐介!宰相富弼也不支持这条司法新规。富弼是熙宁元年二月二日被任命为宰相的,比王安石的参知政事任命早一天。他曾经当面对王安石说:"把'谋'和'杀'分作两件事,是割裂律文、断章取义,为什么不听听大家的呢?"⁵富弼又问王安石是否能够改辙,得到否定回答之后,便缄口不言,不再对阿云案和谋杀自首减刑原则说一句话。富弼现年六十六岁,他四十岁做到枢密副使,和范仲淹一起领导庆历新政,亲身经历了新政的流产,曾经血气方刚、冲劲十足,在仁宗晚年再度入朝主持政局,态度渐趋稳健,是一名政治经验丰富的三朝老臣。神宗的诏令已经下达,王安石拒绝改正,富弼便采取了保留态度,不再说话。对于王安石主张、神宗支持的谋杀自首减刑新规,大多数人像富弼和司马光一样,采取了保留态度,不支持,也暂时不再公开反对。可是唐介哪里能够沉默?

性格决定命运,这话放在唐介身上是最合适不过了。唐介的学问、行政能力和政绩都算不上一流,他能够登上参政高位,有一多半是凭了性格中的刚烈正直。[6]想当初，唐介做殿中侍御史时，仁宗想要给张贵妃的伯父高官厚禄。反对的人很多，唐介态度最坚决，言辞最激烈。仁宗气得当面扬言要流放他，唐介却不慌不忙地说："我下油锅都不怕，贬官流放算什么?!"[7]仁宗气不过，解除了唐介的御史职位，把他贬官外放，结果却成就了唐介的"刚劲之名"，让唐介成为举世瞩目的直言标杆。神宗提拔唐介做副宰相，便是要借重他的"刚劲之名"来表明尊重舆论的态度。

天子用我以直，我当以直报之。身登高位的唐介把性格中的刚直发挥到了极致。他决心跟王安石"死磕"谋杀自首减刑新规。当着神宗皇帝的面，唐介几次跟王安石争执不下。王安石的辩论能力在当时无人能出其右，唐介哪儿说得过他？说来说去，唐介就被王安石堵在了墙角，明知道王安石不对，可是又辩不过，气得满脸涨红、浑身发抖。终于，在一场激烈的辩论之后，落了下风的唐介撇开王安石，转向神宗，直着脖子喊道："谋杀罪大恶极，全天下的人都认为自首不能减刑，说行的就只有曾公亮和王安石！陛下，陛下！"

曾公亮也未必真的支持谋杀自首减刑，只是他是推荐王安石入朝、支持王安石入中书的人，所以唐介连他一起骂了。曾公亮一张老脸有些搁不住，却也不知如何辩白。

神宗还在回味王安石的词锋，欣赏王安石的论辩高才。王安石对于阿云案和自首减刑原则的辨析，让他觉得精妙、新鲜——在王安石之前，还从未有人这样一字一句地解读过律文——人人都以为律文是死的，谋杀未遂只有死路一条，唯独王安石从死的律文里合情合理地读出了活命的玄机。为什么不留下那山东妇人一条性命呢？如果被害人没有死，给罪犯一条自新之路，又有何妨？

就在神宗回味之际,王安石对他的辩论对手发出了致命一击:"那些认为谋杀罪不能自首的,都是朋党!他们是为了反对而反对,他们并不关心法律的真谛和国家的安宁!"

王安石此言一出,富弼的心像是被什么东西猛抓了一把,真真切切地感到了疼痛——庆历新政为什么会流产?朋党之论!若不是反对派用"朋党"的罪名来攻击范仲淹、富弼,仁宗怎么会放弃对新政的支持?!王安石如此得皇帝信任,竟主动发起朋党之议,又岂是国家之福?!曾公亮、赵抃也不约而同地皱起眉头,闭紧了双唇。王介甫驳倒了唐介,想要从气势上和心理上彻底压垮对手,无可厚非,只是用"朋党"这样的罪名,未免不厚。朋党是什么呢?结党营私、不顾大局的小集团。对于高级官员,没有比这更恶毒的攻击了。

唐介本人则彻底石化了。"朋党"这个话都出来了,看来王介甫是不许有任何商量了。你要么听他的,无条件跟他走;要么反对他,成为"朋党"!唐介死死盯着王安石,眼珠子几乎要瞪出来,脸涨成了猪肝色,再也说不出话来。

神宗对"朋党"一词的反应,显然没有各位宰相大臣激烈。他只看到了王安石的大获全胜和唐介的愤怒失落。在他看来,给唐介点教训,不是坏事。时辰不早了,底下还有枢密院、三司、开封府等一大串衙门首脑等候接见,神宗示意,阁门官赞礼,众宰相告退。

当天傍晚,唐介回到私宅,卸去朝服,突然倒地,一病不起,不久,"疽发于背而卒",[8]后背上长了个毒疮,死了。这是中国史书里政治上不得志的人十分常见的一种死法。

唐介之死,着实震动了司马光。唐介的谥号,太常礼院定的是"质肃"两个字。"正而不阿,刚而能断",谓之"质肃"。司马光当时还兼任着判尚书都省，组织审核谥号正是他的职责。在司马光的主持下，158名参议官员一致同意，唐介当得起"质肃"二字。⁹司马光看不出像唐介这样为了道理连性命都可以不要的人有什么私心，没有私心哪来的朋党？

神宗还是很对得起唐介的，他两次亲临唐府，一次在唐介死前一天，君臣相对泪眼汪汪，而唐介已不能发一语；一次是四月十一日，唐介已死，神宗亲临吊唁，看到唐介的画像画得不好，特地让人从宫里拿出一幅早年间仁宗让人为唐介画的像赐给唐家。皇恩浩荡，令人动容。可是对于王安石的"朋党"之说，神宗却没有任何指示，开封政坛继续浮想联翩。

唐介死后，宰相府成了王安石的一言堂：两位宰相，曾公亮不断上章请老，表示干不动了，要退休；富弼干脆请了长期病假，撂挑子不干了。三位副宰相，唐介已死，王安石之外，还有一个赵抃，遇事争不过王安石，只好连声叫"苦"。"生老病死苦"，中书算是占全了。

唐介死了，死得委屈。有人说是王安石气死了唐介，然而，当司马光平静下来，理智地分析，却也明白，唐介之死不能把责任全部推卸到王安石身上——如果唐介不生气或者气性不是那么大，也许是可以不必死的吧。但是，接下来的一系列事件却让他不能不重新审视作为政治家的王安石。

这一系列事件的开端仍然是一起谋杀案，其结果却引发了两位高级官员的去职。开封百姓喻兴伙同其妻阿牛，谋杀一个名叫阿李的女子，案发之后自首。按照阿云案之后出台的谋杀自首减刑新制，这是可以减刑的。可是开封知府郑獬（1022—1072）却拒绝按照新法规来判决此案，郑獬明确表示，他要面见皇帝，重启讨论，不能让这样鼓励犯罪的恶法继续流毒四方。这分明是在挑战王安石的权威,王安石决定予以坚决打压,把郑獬赶出开封,调到杭州去。[10]可是,以郑獬的地位,[11]要调动他,并非小事。按照制度,征得皇帝同意之外,还必须要宰相的亲笔签字。王安石只是副宰相,上面还有两位宰相富弼、曾公亮。按照正常程序走,富弼那一关肯定是过不去的——富弼本人也是自首新规的反对派,这一点王安石很清楚。怎么办?按照制度的确很难办,绕开制度不就好办了吗?趁着富弼请病假,曾公亮去洛阳出差,王安石自己动手,越俎代庖,签署了郑獬的调令!就在郑獬跃跃欲试,准备上殿面君,挑战王安石的自首新规之前,他被调离了开封知府的职位,失去了面圣资格。

消息传出,开封舆论一片哗然。司马光对王安石的做法感到痛心。且不论起因如何、谁对谁错,王安石驱逐郑獬的手段就是明目张胆的违规操作。仅此一点,王安石已经破坏了制度和传统,他完全没有把祖宗的法度放在眼里。而王安石驱逐郑獬的背后,还隐藏着私心,他们之间是有私怨的。郑獬是前任御史中丞滕甫(1020—1090)的好友,而滕甫在此之前已经被王安石排挤出朝。郑獬与滕甫这两个人的共同点,是性情豪放、不拘小节,又都好喝一口小酒,喝醉了便掏心掏肺,什么都说。滕甫甚至在皇帝面前也是直来直去,"如家人父子",不加修饰。王安石在背后叫滕甫"屠夫",叫郑獬"酒保"。

先见与后觉

郑獬遭贬并非孤立事件,王安石上台之后的多起人事任命案的公正性都令人怀疑。对于王安石的政治作风，司马光产生了严重怀疑，但并未完全丧失信心。对于王安石，他仍然抱有期待，尽管这期待就像是风中的蜡烛，忽明忽暗。

在南宋，士大夫中流传着这样一个故事：有一天，司马光正在殿庭里等着给神宗上课，忽见御史中丞吕诲前来，声称有要事奏报，求见皇帝。御史中丞要奏的事当然是提意见，吕诲表情凝重，态度严肃，显然是要有重大弹劾了。司马光小声问道："今天求见皇帝，要说什么事呢？"吕诲抬起手臂来，指给司马光看："我这袖子里边的报告，是弹劾新任副宰相的。"新任副宰相，当然就是王安石。司马光愣住了，惊讶地问："以王介甫的文学、德行、行政能力，他的副宰相任命下达之日，众人都为国家得到这样的人才感到欣喜，献可（吕诲的字）为什么急着弹劾他呢？"吕诲严肃地说："王安石虽然享有盛名，皇上也欣赏他。但是这个人喜欢标新立异，不通人情，轻信固执，喜欢别人迎合他，你听他说得天花乱坠、美不胜收，一旦落到实处就会出问题。这样的人当皇帝的侍从顾问，或许还没问题，放在宰相的位置上，天下必然受他的祸害。"听到这话，司马光说："献可，咱们两个以心相交，我有什么想法不敢不全告诉你，你今天这番议论（就算都对），（可是王安石）还没有一点不好的实际表现，似乎还是有草率下结论的嫌疑。你要是还有别的奏章，不如就先说别的事情，把弹劾新宰相的事情押后，再想一想，筹画筹画，好吗？"吕诲表示，此事是国家的心腹之患，刻不容缓。话音未落，礼宾官已经在催促吕诲觐见。司马光回到办公室，在桌前呆坐到天黑，一句话也没说。[12]

吕诲对王安石的批评尖锐之极，乃至苛刻。他批评王安石是"权臣盗弄其柄"，罗列了王安石十大罪状，给王安石扣上了"大奸似忠，大诈似信"的奸臣帽子，警告神宗"耽误天下苍生的，必定是这个人"，"如果让王安石久居庙堂，长期掌权，国家必无安静之日"。这样措辞极端的弹章，吕诲连上两封。其结果是，当年六月，吕诲被免去御史中丞职位，出知邓州。

这个故事里的司马光，在当时仍然是不反对王安石的。跟吕诲相比，司马光显得相当迟钝或者说过于谨慎。他并没有像人们通常想象的那样，从一开始就反对王安石，坚决而明确地站在王安石的对立面。那么，这个故事是否为后来人的编排呢？应当不是，吕诲去世之后，司马光亲自为他撰写了墓志铭。在这篇墓志铭里，司马光这样写道：王安石就任副宰相"众人都为国家得到这样的人才感到欣喜，唯独献可不以为然，众人没有不感到奇怪的"。司马光本人显然就是那感到欣喜、感到奇怪的"众人"之一。再后来，他为仍然还健在的老朋友老同年范镇作传，结尾说："像吕献可的先见之明，范景仁的勇敢果决，都是我比不上的，我打心眼里佩服他们。"[13]"吕献可的先见之明"，说的就是这件事。范镇（字景仁）的勇敢果决，也与王安石有关，具体细节，且容后文再叙。

由此可见，对于王安石当政，司马光起初是欢迎的。跟吕诲相比，他的确后知后觉。通过阿云案，司马光已经了解王安石的标新立异，固执己见；通过延和殿会议，他也知道了王安石的财政思想跟自己完全不是一路。那么，为什么他仍然能够以积极的态度接纳王安石的上台？

道德与性格

关于这个问题，我想了很久。司马光对王安石的看法，其实是一个纯粹主观的问题,司马光自己没有留下直接的思想记录,我们也没有办法钻到司马光脑袋里去。但是,答案仍然是可以寻找的。从哪里找?两个方向:一个是司马光重视什么,一个是那些有先见之明的批评者都说了些什么。

先来看那些批评者都说了什么。吕诲说:"王安石喜欢标新立异,不通人情,轻信固执,喜欢别人迎合他,你听他说得天花乱坠、美不胜收,一旦落到实处就会出问题。"还有比吕诲更为先知先觉的人。王安石上台之前,已经有不少人警告过神宗王安石绝非宰相人选。他们的理由是什么呢?"为人缺乏度量。"这些批评强调的是什么?性格、作风,它决定了一个人如何处理与周围的人和事之间的关系。王安石恐怕得算是性格有缺陷的政治人物,他比较偏执。而司马光本人亦有着类似的问题,他的脾性也恰恰是不计得失,只重是非的。这一相似性使得司马光很容易把王安石的性格缺陷忽略不计,甚至不自觉地欣赏接纳,直到他被这种东西所伤。

那么,司马光最重视什么?道德品质!司马光是一个有道德洁癖的人,对自己,他有着最高的道德标准,容不得一点瑕疵。对别人,他虽然不至如此苛刻,但是也欣赏道德高尚的人。司马光衡量人物优劣,道德具有"一票否决权"。比如,对于神宗选择的第一个理财人选张方平,论能力、论经验,没有人比他更合适了;可是司马光坚决反对,就因为此人有以权谋私的贪腐记录,道德上有瑕疵。用道德标准衡量,王安石几乎是完美的,他早年辞馆职、辞京官,这些连司马光都做不到。司马光怎能不欣赏他?一叶障目不见森林,道德高标遮住了司马光的眼睛,让他有意无意地忽视或者低估了其他因素。

唐介之死,郑獬、吕诲遭贬,让司马光对王安石的政治作风终于有了迟到的警觉；对于王安石的刚愎自用，王安石打击政敌的决绝刚狠，以及这种作风与权力结合可能带来的危害，司马光都有了新的认识。九月间，王安石推荐吕惠卿（1032—1111）为崇政殿说书，司马光表示反对。神宗为王安石辩护说："安石不好官职，自奉甚薄，可谓贤者。"这话分明是冲着司马光的道德洁癖去的。而司马光却绕过道德，谈到了王安石的性格："安石诚贤，但性不晓事而愎，此其所短也……"[14]司马光已经开始谨慎地批评王安石的性格，以及由此性格所决定的施政风格——刚愎自用。那么接下来，这两个人之间又会有怎样的碰撞？

意气风发王安石

熙宁二年的秋天，司马光与王安石对开封政局的感受是迥然不同的。

王安石意气风发。他可以肯定自己获得了神宗皇帝几乎全部的信任——"几乎"这个限定词还是要有的，毕竟，皇帝偶尔还会有动摇、有保留。围绕阿云案的反复讨论、延和殿会议上有关财政政策的争辩，不管有多少人反对，反对的声音是多么高亢洪亮，皇帝最终都选择了站在王安石这边。而吕诲的弹劾简直是一块试金石，试出了神宗对王安石的信任有多么坚诚。后来，曾经推荐了王安石又成为王安石反对派的宰相曾公亮感叹说："上与安石如一人，此乃天也！"[15]

这种"上与安石如一人"的信任是怎样形成的呢？

谈出来的。在过去一年多的时间里，王安石与神宗有过多次长时间、一对一的交流。从先秦学术到治国方略，从传说中的上古圣王到本朝的列祖列宗，从汉唐疆域的广袤辽阔到本朝领土的狭窄逼促，从真宗皇帝屈己从人与契丹人澶渊订盟的大度到列朝以来党项人的桀骜不驯，从本朝的募兵制度、养兵政策到眼下的财政困境……他们几乎无所不谈。神宗聪明颖悟，吸收能力之强，超过了王安石之前所有的学生。他们的谈话通常从神宗的提问开始：神宗问，王安石答；神宗又问，王安石复答。神宗问的，总是那个最关键的问题，而王安石的回答又总能让神宗的目光中迸发出火花。恍惚之间，王安石甚至偶尔会忘记眼前这个求知若渴的年轻人是皇帝。

就在这样的往复问难之中，王安石完成了对神宗的"讲学"，神宗完成了"择术"。王安石确信，接下来朝廷的政策将沿着自己制定的方针路线前进。对于那些反对派，王安石相信，把他们赶走是必要的。本朝的传统是"异论相搅"，允许甚至鼓励不同的意见在朝堂上争论——王安石不否认这样做可能有些好处，但是，他也相信，那只是在正确的方向确定之前。既然正确的方向已经确定，那么，还要那些乱七八糟的杂音有什么用？留着那些说东道西的反对派，只会让皇帝动摇，让政策摇摆，让政府丧失效率。本朝已经让这帮人乱哄哄吵闹得太久，再也耽搁不起了。现在，皇帝明确了方向，是结束吵闹、摇摆，大踏步向前进的时候了！

王安石给神宗讲过自己治理地方的经历。他做鄞县知县，趁农闲组织老百姓兴修水利；在青黄不接的时候向下层农户发放粮食，到秋收的时候，加一点利息收回来，既解决了贫苦农户的吃饭问题，又更新了官仓的存粮，一举两得，公私两便，利国利民。这两件事都非常成功。可是，他后来做常州知州，打算修一条运河，结果却变成了烂尾工程。为什么在鄞县做什么什么成功,在常州却什么也做不成?王安石的结论是:他在鄞县任职三年,时间长,所有这些工程都是自己说了算,没有外力牵扯。而在常州,他一共就待了十个月,时间短不说,还受到上下两方面的掣肘,上级不支持,"转运使允许他调动的人力资源不足";下级不配合,"督役者以病告",再加上天工不作美,"雨淫不止",所以只能是失败。[16]王安石用自己的经验告诉神宗,如果想要打破陈规、做不同寻常的事,就必须把反对派甩开,不听、不看、不动摇。当然,对于这些反对派,也不能太过苛刻,还是要给出路、给待遇,把他们养起来,只要不惹事就行。[17]把没用的官僚养起来,而不是直接撸了他们,以减少改革的阻力——这一点,应当是王安石从范仲淹新政的失败中总结出来的教训。

那么,王安石和神宗所确定的正确方针究竟是什么?王安石的方针,可以分为"最高目标"和"现阶段最迫切的任务"两部分。最高目标是"恢复汉唐旧境",重建华夏往日荣光,"依照汉唐两代的幅员规模,由北宋王朝再一次实现统一全中国的大业"。[18]为实现这一伟大壮举,就必须建设强大的国防力量;而强大的国防,必须以强有力的财政为支持。所以,"现阶段最迫切的任务"就是"富国"、就是"理财"——整顿财政。

在财政问题上,王安石与当时大多数人最大的区别不在于形势判断,而在于解决方案。宋朝国家面临着前所未有的财政困境,这已经是常识,是共识,这一点,王安石并不否认。他所反对的,是那些"流俗之人"的解决方案。"流俗之人"人多势众,纵贯老中青三代,包括富弼、张方平、司马光、苏辙。他们的解决方案说白了就两个字——"节流"。比如说,苏辙提出来的理财原则,就是要"常使财胜其事,而事不胜财","所谓丰财,非求财而益之也,去事之所以害财者而已矣"。[19]在王安石看来,这种解决方案,只知一味缩减政府支出,是多么"没有出息"啊!

天天听见这帮人站在朝堂上、坐在衙门里哭穷,可是放眼天下,哪个州哪个县没有地主豪强?这些人富裕的程度超过了王公大臣,一年到头什么都不干,净收入就有几万贯。这说明什么?天下之大,社会财富并不匮乏,只是那些钱不在政府的掌控之中!那些地主豪强只是普通老百姓,没有一官半职,又不当兵打仗,对国家、对社会有什么贡献可言?他们凭什么享受这样奢华的生活?在王安石看来,地主豪强所占有的社会财富,"皆蚕食细民所得",其来源已不合乎道德正义,而富人剥削穷人,使"贫者或不免转死沟壑",其结果更危害社会安定。[20]因此,要想解决眼下的财政困境,就得从这些富人人手,由政府出面,把那些原本由富人所把持经营的事业直接接管起来,把原本被富人霸占的社会财富变成政府的直接收入,由政府来统一掌控使用,一举两得,利国利民。

那么,皇帝—朝廷凭什么这样做?或者说,政府的权力从哪里来?王安石用诗解释了国家权力的来源:"三代子百姓,公私无异财。人主擅操柄,如天持斗魁。"[21]三代指夏商周——华夏传统思想想象中的黄金时代,在三代,统治者与老百姓亲如一家,天下为公,没有私有财产。统治者代天理物,操纵人间的权柄,其正当性,就如同天帝操持北斗。按照这种理想状态下的政治原则,平民对土地和财富的多占是邪恶的、非法的,统治者作为上天的代理人、人间秩序的维护者,有权加以制裁,否则就是不作为。

王安石的政府将排除异见,积极作为,从财政政策下手,进行大刀阔斧的改革。熙宁二年（1069）二月十三日，变法领导小组"制置三司条例司"成立，知枢密院事陈升之（1011—1079）、副宰相王安石担任组长。三司是宋朝的财政部，"制置三司条例司"就是"财政政策规划小组"，直属于皇帝，在用人等方面拥有极大的灵活性，王安石是其头脑和灵魂。在王安石的主导下，条例司就像是一个高效率的孵化器，各项新法不断酝酿、出台。

头一个要改的就是东南地区上供中央物资的管理制度。宋朝的经济重心在东南六路，政治重心在北方。顺着运河，东南物资源源北上。按照当时制度，各地上供中央物资的种类和数额都是固定的，三司只管收，地方只管送，毫无灵活性，碰上大丰收、价格便宜也不敢多送；赶上歉收、绝收，却要从外地高价买进再转送开封。如此一来，老百姓吃亏，政府也不占便宜，白白地把大把的银子送给那些"乘时射利"的大商人。怎么改？在东南设置"中央采购代表"一职，给本钱给政策，让他根据开封的库存和需求信息，以及东南各地的生产情况，综合考虑价格、运输成本等因素，实时调控，根据就贱就近的原则决定政府购买和物资征发的品种及数量。这个"中央采购代表"就是"东南六路发运使"，发运使并不是新职位，只不过它本来的职责只是简单的催收督运，而王安石赋予了它新生命，希望它成为东南物资与开封需求之间的枢纽，为政府创造效益。这项新法被称为"均输法"。

均输法是在七月间颁布的。接下来，还会有青苗法，这是王安石早就在鄞县试验成功过的。有关科举制度的改革、有关劳役制度的改革，也都在酝酿之中。大宋王朝，必将摆脱贫弱之姿，国富兵强，指日可待。熙宁二年的秋天，王安石信心满满，脚步坚定，意气风发。

忧心忡忡司马光

同样是在熙宁二年的秋天,司马光却忧心忡忡。他还是翰林学士,是神宗的经筵老师,皇帝依然尊重他,享受跟他在一起谈史论今,遇事还愿意听听他的意见。可是,司马光的内心深处却在经历着一场深刻的痛苦折磨。他眼睁睁看着大宋王朝政治传统中那些最美好的东西,就像是黄河岸边的泥沙一样,正在快速流失。前一年夏天,黄河在河北地区决口,司马光曾经两次奉命视察灾区,统筹修河事宜。治河是难事,司马光虚心听取专家意见,尊重地形、水势,终得成效。在司马光眼里,真正令人不安的还不是黄河水患,而是开封的政治风气。

那些胆敢反对王安石的人被一个一个地驱离了中央。五月十八日,郑獬被调任杭州知州,跟郑獬前后脚因得罪王安石而"无罪被黜"的,还有三位侍从高官。[22]六月二十一日,御史中丞吕诲外放邓州知州。

排斥异己还不是最可怕的,更可怕的是这后面所隐藏的,是王安石对于制度和传统的蔑视。在重大人事案上,王安石表现出了高度的"任性"。他驱逐郑獬,是绕过了两位正宰相的,副宰相签字就把一位翰林学士、开封知府给罢了,这在本朝历史上还没有先例。据说郑獬的调动是有皇帝的亲笔"御批"的,问题是皇帝就可以随随便便地批个条子处理如此重要的人事案吗?——而类似的人事变动不止一起。按照宋朝制度,重大人事任免案必须由皇帝和宰相共同商定,宰相、副宰相集体签署。只有这样，才能防止皇帝、宰相、副宰相中的任何一方、任何一个人独断专权、非理性决策。可是，王安石引导着神宗，轻轻巧巧地就把制度给绕过去了。自从二月初进入宰相府以来，不管大事小事，只要跟其他宰相意见不一致，王安石就会单独求见皇帝。而每一次，他都能成功说服皇帝，拿到"御批"，然后，就拿着皇帝的批条来搪塞其他宰相，压服公众舆论。[23]

除了人事案的"任性"以外，变法领导小组"制置三司条例司"本身也很能说明问题。"制置"的是"三司"的"条例"，三司长官却不在里边；这么重要的、关系政策未来走向的组织，却没有其他宰相的参与，第一宰相富弼、第二宰相曾公亮、副宰相赵抃都不在这个小组。抛开旧有机构、不用旧人，另搞一套，可能会显得很高效，但是却会忽略很多非常实际的问题，看上去完美的制度设计，真正推行下去必然是漏洞百出。司马光反对这种做法。去年六月，神宗拜托司马光和滕甫出面组织，研究如何裁减国家支出，司马光就态度坚决地谢绝了这项光荣的使命。他的理由便是，要想解决财政问题，必须从财政部本身出发，"不必更差官制局"。

在司马光看来，相比王安石对制度与传统的蔑视，更令人担忧的是这种作风对神宗的影响。好的制度与传统，绝不仅仅是把事儿办了就算完，还必须关照到长远和整体。用今天的话来说，它必须同时具有对权力主体进行监督、制约的功能，能够相对有效地防止权力的滥用。因此，好的制度在短时间内所呈现的办事效率可能相对较慢，然而它的总体和长期效益却要高于独断专行的坏制度。在制度与传统中活动的人，特别是居高位、掌大权者，应当尊重程序，接受监督。然而，任性原本就是人类的天性，神宗又是一个对制度缺乏耐心的皇帝。比如当年他罢免司马光的御史中丞,调令本来是必须通过通进银台司审核才能下发的,结果通进银台司负责人吕公著反对,把司马光的调令退还给神宗,请他三思而行。神宗却绕过通进银台司,直接把调令塞给了司马光!年轻的皇帝想要这样做,本来也不稀奇,可是宰相这样做,却令人难以接受。宰相的责任是什么?"佐天子而理大政",宰相是辅佐皇帝的人,是从众官中千挑万选出来的一等一的政治家。作为经验丰富、富有智慧的资深政治家,宰相的作用本来应该是在皇帝发昏的时候拦着他,可是王安石的做法却正好相反,他在利用皇帝的不耐烦,怂恿皇帝冲破传统、打碎制度。而除了列祖列宗留下的制度传统,还有什么是能够束缚皇帝的?打破传统与制度、失去制约的皇权是可怕的,它将会吞噬一切!细思恐极,司马光感到不寒而栗!

在司马光看来,本朝制度有许多需要改善的地方,但总体来讲仍然是好的,而在眼下,最大的问题显然不在制度本身,而在于那种对制度与传统全盘否定,以为打破了重来就可以解决所有问题的草率作风。他苦口婆心劝说神宗:"天下就像是个大房子,有破败的地方就要修,只要房子本身没有大毛病(结构是好的)就不需要拆了重造。真出了大毛病,要翻盖,没有好的设计师、没有最优质的材料,也是不行的。现在这两样都没有却要硬生生拆了没大毛病的老房子盖新的,只怕这新房子连遮风避雨都做不到啊!"比如这"制置三司条例司",司马光说:"按照现行的制度,三司使掌管国家财政,如果现任三司使不称职,可以撤了他,但是却不应当让别的机构来侵犯他作为三司使的职责。现在整出个制置三司条例司来,究竟是要干什么呢?"[24]这些话,司马光是在经筵上说的。他利用每一次讲历史的机会,劝说神宗接受古代的教训,不要轻易对本朝制度采取全盘否定的态度。

在王安石的主导下，朝廷的政治风气正在发生转变。在司马光看来，是王安石背离了初衷。想当初，刚上台的时候，神宗问他："我们究竟应该从哪里入手，首先做什么？"王安石的回答掷地有声，他说要从政治风气下手，"当今最迫切的任务，是变风俗，立法度"。怎么变？王安石当时的说法，也是司马光所赞成的。王安石说："关键是'长君子消小人'，扶植提拔情操高尚的君子，打击压制道德卑劣的小人。"君子与小人最大的差别，是君子始终把原则是非、朝廷利益摆在第一位；而小人则永远把个人利益摆在第一位。小人往往有小才，然而对于个人利益的蝇营狗苟却限制了他们的眼界，让他们无大器，不能成大事。小人可以用，但不能让小人得志、成气候。王安石还说过："如果让有小才而无行义的人得志，就会败坏风俗。而风俗一旦败坏，那么，那些天天在皇帝身边的人都心怀个人得失的鬼胎来事奉皇帝，皇帝就没有办法来了解评判朝廷上的是是非非；那些出使四方搜集政情的人都心怀个人得失的鬼胎来事奉皇帝，皇帝就没有办法了解各地的真实情况、利弊得失了。"[25]那么，如何才能做到"长君子消小人"？简单地说，就是保持言路畅通，对不同意见抱持开放、宽容的态度。王安石引用古语说："'泰者通而治，否者闭而乱'，只有言路畅通才能政治清明、社会安定；堵塞言路只会导致政治混乱、社会动荡。"[26]

开放言路，引用君子，振作风气，这原本是王安石最初的说法。司马光全都同意——本朝的风气实在应该振作一下了，而像王安石这样一个自身道德如此高尚且行政能力如此突出的人，是比单纯的高尚或者单纯的能干更值得期待的。对于王安石，司马光充满了期待。

然而，王安石的调子变得是那样的快，快得简直让司马光回不过神来。他说"要用君子"是在二月三日上台之初,可是到了三月二十一日,他却说:"如今想要理财,就必须提拔能干的人。"——当德与才不能兼备的时候,王安石决定舍德而取才。他提醒神宗,要提防社会舆论的批评:"天下人只看见朝廷优先提拔能力突出的,看不到朝廷对道德君子的奖掖,只看见朝廷把理财当作头等大事来抓,还没来得及整顿礼义道德、社会风气,可能会担心风俗败坏,流弊无穷。各种意见都会出来。所以'陛下当深念国体有先后缓急',还请陛下首先确定治国之道的先后缓急。"[27]这是什么话?因为理财是迫切的,所以脸面、体统、规矩、道德秩序都可以暂时不要吗?问题是,当你想要的时候,还能不能要得回?就算是能,在风俗败坏、丧失了底线的社会废墟上重建道德秩序,得多花多少力气?!

二月,王安石说"泰者通而治,否者闭而乱",主张广开言路。甚至在三月十八日,他还和陈升之共同上奏说"除弊兴利,非合众智则不能尽天下之理",在二人的建议下,神宗下令以财政系统为核心举行全国官员理财大讨论。可是,四月间,他挤走了滕甫;五月间,他挤走了郑獬;到六月,又赶走了吕诲。神宗想要安排青年才俊苏轼(1037—1101)到宰相府工作,王安石反对,理由是赤裸裸的:"苏轼和我的所学(思想)及议论(观点)都不一样。"[28]——我们没办法共事。而那些仍然留在核心机构中的"异议分子",对于政策,已经没有置喙的余地,剩下的就是两条路,要么改弦易辙,跟王安石走,要么拍屁股走人。比如,苏轼的弟弟苏辙(1039—1112),是由神宗皇帝钦点进入"制置三司条例司"(财政改革领导小组)的。苏辙的财政观点与司马光接近,主张通过"节流"改善政府财政困境。他在条例司,说什么都不对,都没人听,遭到边缘化,如坐针毡地熬了五个月之后，只好主动请辞。[29] 条例司正在从"政策研究室"变成王安石的左右手。

吕诲弹劾王安石的那些罪名，司马光并不完全认同，他也认为吕诲有言过其实的地方，对王安石，还是要再看看，要给时间。但是，王安石对于异己思想、观点、人物如此极端地排斥和打击，还是让司马光感受到强烈的不安。

1 《名臣碑传琬琰集》下卷一四《神宗实录·王荆公安石传》：安石既执政，上曰："人皆不能知卿。"又曰："朕察人情，比于卿有欲造事倾摇者。朕常以吕诲为忠，毁卿于时事不通。赵抃、唐介数以言扞塞，惟恐卿进用。"

2 《宋史》卷三四一《孙固传》，10874页。

3 《宋史》卷一四《神宗本纪一》，270页。《华阳集》卷五七《唐介墓志铭》言：熙宁二年三月遘寝疾，四月乙未（神宗）幸其第，明日公薨。然四月丁酉朔，乙未在三月二十九。可能是三月乙未去世，四月丁未（十一日）临丧。

4 《宋史》卷一四《神宗纪一》："秋七月癸酉，诏：谋杀已伤，案问欲举自首者，从谋杀减二等。"268页。

5 《文献通考》卷一七〇。

6 "介素有刚劲之名"是司马光对他的评价，《资治通鉴长编拾补》卷三上引［清］徐乾学《资治通鉴后编》，88页。

7 赵冬梅《司马光和他的时代》，206页。

8 《宋宰辅编年录校补》卷七。王珪《华阳集》卷五七《质肃唐公墓志铭》。

9 《华阳集》卷五七《质肃唐公墓志铭》。王珪只字不提唐介的死因，可见是大大的滑头。徐红梅医学博士认为，可能是潜伏在背部神经末梢的疱疹病毒发作。

10 吕诲《乞追还王拱辰等四敕奏》，《全宋文》，第24册，492页。

11 《名臣碑传琬琰集》下卷一五《神宗实录·郑獬林獬传》载，郑獬的官衔是翰林学士"权发遣开封府"，《宋史》卷三二一《郑獬传》同。《东都事略》卷七六《郑獬传》："神宗即位，除翰林学士知开封府。"

12 ［宋］邵博《闻见后录》卷二三。

13 《司马光集》卷六七《范景仁传》，1390页。

14 《太平治迹统类》卷一三。

15 《续资治通鉴长编》卷二一五，5238页。

16　王安石《与刘原父书》,《临川先生文集》卷七四,中华书局,1959年版,474页。邓广铭《北宋政治改革家王安石》,19页。

17　《宋史》卷一四《神宗本纪一》,熙宁二年十二月丙戌,增三京留司御史台、国子监及宫观官,以处卿监、监司、知州之老者。272—273页。

18　邓广铭《北宋政治改革家王安石》,121页。"恢复汉唐旧境"语出《续资治通鉴长编》卷二三〇,熙宁五年二月己卯条。

19　苏辙《上皇帝书》,熙宁二年三月上,《栾城集》卷二一。

20　邓广铭《北宋政治改革家王安石》,75—77页。

21　《临川先生文集》卷一〇《兼并》诗,转引自邓广铭《北宋政治改革家王安石》,81页。

22　吕诲《乞追还王拱辰等四敕奏》,熙宁二年五月上,《全宋文》,第24册,492页。

23　吕诲《论王安石奸诈十事状》,《全宋文》,第24册,494页。

24　《行状》,《全宋文》,第45册,428页。

25　王安石《论馆职札子之二》,《全宋文》,第32册,360页。

26　"闭而乱者以小人道长,通而治者以小人道消。小人道消,则礼义廉耻之俗成,而中人以下变为君子者多矣;礼义廉耻之俗坏,则中人以下变为小人者多矣。"《续资治通鉴长编拾补》卷四,153—154页。

27　《宋通鉴长编纪事本末》卷六六。《全宋文》,第17册,8页。

28　神宗欲用苏轼修中书条例,《资治通鉴长编拾补》卷四,189页。

29　苏辙进入制置三司条例司在三月癸未四日,《资治通鉴长编拾补》卷四,158页。辞职始于八月,有《制置三司条例司论事状》与《条例司乞外任奏状》,591—595页。

16
马王初较量

安石"称病",司马"入枢"

熙宁三年(1070)二月,神宗颁布制诰,任命司马光为枢密副使。枢密副使,属于二府大臣,地位仅次于宰相、副宰相和枢密使,是枢密院的副长官,主管军事。按照本朝传统,中央领导集体成员的实际权力与其排序从来都不必完全一致:太宗朝吕端做宰相,寇准(962—1023)做副宰相,真正主持中央工作的是寇准。仁宗朝庆历新政的两个实际领导人,一个是副宰相范仲淹,另一个是枢密副使富弼。眼前的例子也是明摆着的,王安石只是副宰相,可谁都知道,真正能够说服皇帝、主导政策走向的,不是宰相曾公亮、陈升之,而是王安石。皇帝的信任才是二府大臣权力的实际源泉。谁都知道,司马光是反对王安石政策主张的,而神宗一直是王安石的坚强后盾。王安石曾经明确地向神宗表示,司马光是反对派的旗帜,不能大用,用司马光就是为反对派"立赤帜"。如今,神宗却要司马光进入中央领导集体,究竟是为了什么?

神宗让司马光进入中央领导集体的时间,正在王安石"病告"期间。二月初五,王安石开始在家养病,六天之后,十一日,神宗发布了司马光的枢密副使任命。

王安石为什么要告病?因为前任宰相韩琦告了他一状。

韩琦告的却也不是王安石本人,而是王安石正在大力推行的一项政策——青苗法。青苗法的做法,是在青黄不接的季节向农民提供低息贷款,农民自愿借贷,到收获季节还款,如此一来,农民有粮食吃,有种子种,又不必忍受高利贷者的盘剥;而政府既可以从中获得合理的利润,又可以抑制民间高利贷资本的膨胀,缩小贫富分化,农民与政府各得其所。听起来两全其美,然而这只是青苗法的"设计意图"。韩琦在报告里说,他在河北看到的,落到实处的青苗法其实一点也不美:它变成了强制贷款,所有农户都必须借贷,富人可以多借,穷人只能少借。而且利率颇为不低,春天1000个铜板发下去,除非是遭遇大灾荒,到了秋天就必须得有1300个铜板交上来,不到半年,30%的利润率。而且这是政府的贷款,有强大的国家机器在后面盯着,谁敢拖欠,谁能拖欠?![1]韩琦的结论是,青苗法是打着利民旗号的敛财利器!

韩琦的批评,王安石当然不会同意,也不会服气。针对韩琦的奏疏,他后来组织了凌厉的反击,力度之强、手段之先进,在中国历史上都是空前的——这是后话。王安石有着绝对的自信,他不怕批评,也不在乎批评。况且,韩琦绝不是第一个公开批评青苗法的人,从中央到地方,批评青苗法的人海了去了,多难听的说法都有,比如翰林学士范镇就说"青苗法是盗跖之法"。[2]但为什么韩琦一告,王安石就歇了病假?

因为韩琦的批评让神宗发生了动摇。

二月初一,韩琦批评青苗法的报告到京,神宗御览之后,忧形于色。这天下午,翰林学士孙固正好有其他事情进宫汇报。他看见神宗的手里拿着的,还是韩琦的报告。孙固的汇报,神宗听得心不在焉。等孙固说完,神宗说:"我仔仔细细考虑过了,青苗法的确是有问题的。"声音很轻,像是对孙固说的,又像是自言自语,是一个人在心里头反复盘算、仔细掂量之后的初步结论,不是很肯定,所以要说出来给自己听听。孙固也是反对青苗法的,闻听此言,当然是心中大喜,正要趁热打铁,巩固神宗对青苗法的否定,却见神宗已然摆手示意,便只好告退。孙固出来之后,几乎是一溜小跑去报告宰相曾公亮说:"趁着皇帝有这想法,应当赶紧谋划取消青苗法,造福天下。"[3]

这么多人批评青苗法,为什么只有韩琦能够打动神宗?韩琦在神宗心目中的地位,实在是太不一般了。韩琦是谁?两朝定策元勋,公忠体国老臣。神宗的父亲英宗能够从旁支入继大统,是因为韩琦的保护;英宗与神宗的皇位交接,也多亏了韩琦的保驾护航。神宗的皇位巩固之后,想要摆脱老臣的影响,韩琦也就默默地接受了外放的安排。神宗本来是答应,韩琦从宰相的位置退休之后衣锦还乡,去老家相州做知州的。可当时西北突发边境冲突,形势危急,无人可用,又是韩琦临危受命,毅然前往陕西前线稳住了局面。陕西边境局势稳定之后,韩琦才实现了还乡养老的意愿。韩琦的一片忠心,天日可鉴。所以,别人怎么说,神宗可以置之不理,但是,如果韩琦也这么说,那么他是一定要认真考虑的。

第二天清早视朝——皇帝和宰相班子例会,神宗从袖子里拿出韩琦的报告给宰相们传看,说:"韩琦真是忠臣啊,人在外边,还不忘王室。我本来以为青苗法可以利民,没想到竟然给老百姓造成这么大的危害!朝廷制定政令不可以不审慎啊!"曾公亮、陈升之事先已得到孙固的吹风,又听神宗亲口否定青苗法,以为大势已定,激动地连喊"皇上圣明"。却没想到王安石一把拿过韩琦的报告,一边一目十行地浏览,一边随口驳斥,为青苗法辩护,情绪激昂,语调高亢。王安石的演说能力是首屈一指的。通常,当王安石开始政策宣讲,曾公亮、陈升之便会沦为普通听众,心里头纵有一千个不服,脑子却转不了那么快,只好目瞪口呆地看着神宗的思路被王安石牵着走。然而这一次,神宗却没有被王安石说服,他指示条例司对青苗法进行检讨,什么利民,什么害民,要一条一条搞清楚。

一时之间,反对派群情振奋,圣旨已下,整改乃至取消青苗法应当是铁板钉钉的事儿了。变法的主导机构——条例司人心惶惶。真的要整改吗?王安石双唇紧闭,一言不发。条例司的人从王安石的眼神里看明白了:改变青苗法?门儿都没有!

接下来,王安石以身体原因递交辞呈,请求免除自己的参知政事职位,改任闲官,请病假,撂挑子不干了——当然不是不干了,而是以行动向皇帝表示抗议:如果不能得到皇帝完全的支持,如果我的政策遭到质疑,那么,这个副宰相,我可以不当!高官厚禄皆浮云,得君行道唯所愿。王安石不怕别人批评他的政策,他怕的是神宗动摇。皇帝的支持是釜底的薪、是大厦的基础,如果皇帝动摇了,那么,反对派必然如大兵压境,到那时,就什么也做不成了——绝不能允许神宗有丝毫动摇!

要么青苗法继续,要么我本人下台,没有中间道路。王安石摆出了强硬姿态。大宋王朝建国一百多年,还没有哪个宰相敢跟皇帝如此叫板。神宗又将做出怎样的反应?

就在王安石泡病假的当口,神宗发布了司马光的枢密副使任命。神宗的态度很诚恳,通过阁门发布诰敕之后,又派了心腹宦官亲自到司马光府上去,敦促司马光就职——这就是神宗的反应!皇帝真的要回心转意，跟王安石的政策分道扬镳了！反对派阵营的情绪简直可以用欢呼雀跃来形容。很多人觉得，开封的政治风向这是要转了！司马光的枢密副使任命顿时成为开封政坛的头号新闻。

司马光的府上却安安静静，就像它主人的情绪一样，平静之中暗含忧虑。司马光本人并不看好神宗给自己的恩典，高官厚禄的确诱人，但是，这高官厚禄背后的东西却让司马光感到不安——它的味道不对。司马光为什么会有这样的感觉？事情还是得从王安石的病假说起。

小批答，大文章

王安石不是从一开始就决心以长期病假抗议的。二月初三，他首次递交辞职报告，并缺席政务，初四又露了一面，初五之后才态度坚决地泡起了病假。其中的关键是一封措辞强硬的"批答"。

初三日王安石的辞职报告打上去之后，神宗这才意识到自己前日在朝堂上的态度过于生硬，伤害了王安石的感情，赶忙连下两道批答表示慰抚。可是，这打着"安慰挽留"旗号的批答，王安石读罢，却是满心的失望、伤心与愤怒。这批答里都写了什么呢？

> 朕以为你才华高过古人，名气重于当世，所以才从闲居之中召你出来，委以重任。众所周知，朕对你推心置腹，言听计从，我们之间的信任，没有人能离间。可是如今，新法推行，士大夫议论沸腾，老百姓人心骚动。在这个时候，你却想撇开事务责

任,退出政治纷扰,只求自己方便。为你自己的私心打算,倒是没有遗憾了。可是朕的寄托、朕的希望,朕去推给谁?!

王安石从批答中读出来的,是严厉的责备训斥。变法大业举步维艰,皇帝自己摇摆不定,却反过来责备王安石偷懒不负责任,这是何道理?更让王安石不能容忍的,是批答的结尾竟然出现了这样的字句:"祗复官常,无用辞费。所乞宜不允,仍断来章。"[4]请立即恢复正常工作,不要再浪费时间推辞了。所有请求理应不准,也不要再打类似的报告了!措辞如此生硬,态度如此无礼,简直就是在训斥小孩子啊,这让王安石情何以堪?!

接获批答之后,王安石随即上奏,诉说委屈,表示抗议。神宗览奏大惊,立刻亲笔写了道歉信:"诏中二语,乃为文督迫之过,而朕失于详阅,今览之甚愧。"[5]前一封诏书里那两句话,是代笔者心急督促,说了过头话,我事先也没有认真看,今日读来,心里很是惭愧。这封道歉信,神宗特地派王安石的得力助手吕惠卿亲自送到王安石府上。皇帝已经如此低姿态地给了台阶、铺好了红毯,王安石理应见好就收了吧?没有!第二天,王安石面见神宗,态度更为坚定地表示辞职,而神宗则言辞更为恳切地极力挽留。第三天,王安石再次递交辞职报告,并且从此就踏踏实实地在家里休起了病假,摆出了一副长期抗议、不达目的誓不罢休的姿态!

那封措辞强硬的批答反而坚定了王安石抗议的决心。那么,这道批答究竟出自谁的手笔呢?正是翰林学士司马光!

毫无疑问,这道批答是司马光政治生涯中一道不可避免的败笔。说它是败笔,是因为初衷与结果之间的南辕北辙。初衷是什么?让王安石屈服,承认并改正错误。二月二十七日,他在给王安石的信里这样解释这封批示:"我奉命为皇帝代笔,直话直说,以君臣大义责备介甫,盼着介甫接到批答早日出来办公,改变新法中让老百姓感到不便的部分,造福天下。"[6]其结果却是给了王安石一个重要的提醒:一定要警惕神宗的动摇,要更加无情地清除神宗身边的反对派!站在王安石的立场上看,谁在训斥他?不是神宗,是司马光!司马光凭什么这样训斥王安石?凭的是翰林学士"代王者立言"的职务便利!因此,翰林学士、谏官、御史这样的职位,一个都不能少,都必须换上支持自己的人。王安石使出了大招,以称病逼迫神宗打消最后的动摇。一旦神宗屈服,那么,接下来,王安石必然要对一系列重要职位进行大换血,消除变法阻力。反对派的空间将要极度压缩!当然,以王安石的政治思想和政治手腕,压缩反对派的活动空间是必然的,没有这道批答他也已经在做了,可是有了这道批答,他就做得更有理由也更激进了!从司马光的角度来看,这道批答绝对是有百害而无一利的败笔!

虽然是败笔,却无法避免。为什么?因为这是神宗的旨意,司马光只是忠实地履行了神宗的旨意!这道措辞强硬的批答,神宗事先看没看?如果没看,那就是司马光假传圣旨,至少也是"未能忠实地传达皇帝的旨意";如果看了,那么,这就是另外一个故事了。神宗看了吗?看了!他亲笔写给王安石的道歉信是这样写的:"朕失于详阅,今览之甚愧。""失于详阅",什么意思?"没有仔细看"!说明还是看了的。神宗看了,所以,那样措辞严厉地指责王安石,就是神宗当时的真实意图,而司马光只是神宗的笔,忠实地传达了神宗的意图!事实上,神宗选择司马光来起草这道批答就已经表明了他的真实意图——翰林学士不止司马光一个,神宗要慰留王安石,却偏偏选择反对派的领袖司马光来代笔,这说明什么?他就是要给王安石点颜色看看,让王安石明白皇帝的权威,明白真正掌控一切的不是别人,是皇帝!

长期以来方方面面对青苗法和王安石跋扈作风的批评已经让神宗感到焦躁不安,可是对王安石的信任和倚重又让他本能地排斥、屏蔽这些负面的东西,他闭上眼睛、捂住耳朵。而韩琦的奏疏则让他重新看见、听见,那些东西还在,而且比他想象的严重。而这一切的始作俑者是王安石。神宗心里非常清楚,王安石带他走上的不是一条寻常路,他们的很多政策、做法都违背了祖宗的传统。关于这一点,王安石给他的教导是既然不走寻常路,就要有力排众议、勇往直前的决心,一旦目标达到了,那么这些缺乏远见的"俗人"就会自动闭嘴,现在不必跟他们废话。这些道理,神宗能明白,可这毕竟是别人灌输给他的信念,神宗虽然明白,但是不坚定。而韩琦批评青苗法的报告则让他产生了激烈的动摇。他在怀疑,王安石的做法是不是真的有问题。在这个时刻,利用反对派来压迫王安石做出政策调整就是神宗自然而然的选择。这也是本朝列祖列宗的治国法宝——"异论相搅",让不同的思想、不同的政治主张在朝堂上相互碰撞竞争,让不同的政治派别互相监督,而皇帝高高在上,择善而从,做出最终裁决。于是,他首先选择用司马光来写那封批答,试图压迫王安石就范,做出政策调整,而王安石却摆出了更加强硬的姿态。在这种情况下,神宗继续坚持"异论相搅"方针,一方面安抚王安石,另一方面,发布司马光的枢密副使任命,希望在朝堂上建立王安石与反对派的共存局面,用司马光来牵制王安石。这就是神宗的意图![7]

败笔之所以无法避免,还因为司马光是乐意为神宗所用的。那封措辞强硬的批答,所反映的恰恰是司马光的真实想法。他希望王安石做出政策调整。青苗法如此害民，与本朝传统、儒家理念全然不合，理应取消。如果王安石不能来做这个决定，那么，皇帝可以自己做，也可以由别人来做。司马光所关注的核心，是政策走向，是青苗弊法！司马光希望朝廷能取消青苗法，改善政治作风。

这一道小小的批答只有九十个字，它的背后却是一篇大文章，它隐藏着神宗、王安石与司马光之间在政策走向、治国理念方面的大较量。神宗想要的是，保留王安石的执政地位，让司马光加入中央领导集体，加以牵制，缓和改革措施，避免激化矛盾；王安石想要的是，清除反对派势力，打消皇帝的动摇，勇往直前，推进变法措施；司马光想要的是，改变王安石排斥异己的政治作风，取消王安石这些以搜刮老百姓为目的的新政，回到庆历，进行官僚体制的内部改革，节约国家财政支出，提高行政效率。

神宗想要建立的政治图景很美，王安石主导，司马光监督牵制，激进与保守共存，他作为皇帝垂衣拱手，天下大治。这幅政治图景，也符合本朝传统。那么，这一幕能否成为现实呢？

神宗的选择

二月十一日，神宗发布司马光为枢密副使的任命，在接下来的十七天里，司马光连上六道奏札，坚辞不就。二十八日，神宗收回成命，下令司马光重回翰林学士院供职。"凡除两府，听其让遂止者，国朝未之有也。"[8] 已经任命的两府成员，因为推辞谦让就收回成命的，本朝还从未有过这样的事儿。未上任就解职的二府大臣，司马光是"破天荒"的第一个!

凡前所未有之事,必有前所未有之因。

这一个枢密副使的位置,神宗之命,司马光之辞,所着眼的都不是人事任免,而是政策走向。司马光的这六篇报告,前三道与后三道的重点完全不同。前三篇的说辞简单老套,无非是"臣天性质朴,资质愚钝,不通时务;枢府要地,任重责大",一言以蔽之,我不合适。后三道的理由也很简单,请陛下取消制置三司条例司,废除青苗法,陛下听我一言,胜过给我高官,如果陛下以为我的想法全无道理,那么我又有什么资格来当这个枢密副使呢?⁹一言以蔽之,司马光是在拿个人前途来赌政策走向。但是,显然他赌输了。司马光为什么会输?

在韩琦、文彦博看来,司马光根本就不该跟皇帝赌这一盘。

就在司马光极力辞任枢密副使的当口,韩琦的专使快马加鞭从河北大名府送信到了开封文彦博的府上。在信中,韩琦请文彦博转告司马光:"皇帝如此倚重,不如接受任命,说不定能践行自己的理想;真到了理想不能实现的那一天再离开,如何?"

韩琦想要告诉司马光的,无非是两个字——妥协,哪怕皇帝此时仍然坚持错误路线,也要留在皇帝身边,因为,留在皇帝身边才有可能影响政策。什么是妥协?妥协就是冲突各方在激烈的较量之后,各让一步,达成和解,建立平衡。能妥协才不会崩溃。妥协是一种智慧,而智慧要比聪明更高级。

韩琦与文彦博,都是范仲淹一辈的资深政治家。他们的儒学修养未必及得上司马光、王安石辈,却有着更丰富的政治经验,洞明世事。特别是韩琦,历事三朝,操持过两个皇帝的葬礼,把两个皇帝扶上龙床,什么事情没经历过,什么委屈没遭遇过?二十六岁,韩琦被派去管理左藏库。国库管理,"油水"很大,社会认可度很低。而韩琦是进士高科,二十岁一甲第二名及第,当时已经进入馆阁。人人都为韩琦抱屈,唯独他自己泰然处之,"凡职事未尝苟且",最终让所有人刮目相看。六十岁,扶助神宗顺利即位之后,为了让皇帝放心,他主动求退,要回河北老家休养,可是一旦西北边境形势危急,神宗相召,韩琦二话不说就奔赴了陕西前线。韩琦的人生不预设前提,他始终保持着内在的高标,勇于妥协,积极接纳人生的种种不如意,在有限的条件下最大限度地实现了自我。韩琦希望司马光能像自己一样,妥协,接纳,实现。

韩琦的使者在文府里候着,等待文彦博的回信。文彦博把司马光请到家里,把韩琦的信拿给他看。

司马光恭恭敬敬地读罢,抬起头来,向文彦博再施一礼,严肃地说:"从古至今,被名利二字诱惑,毁坏了名节的人,已经不少了。"

闻听此言,文彦博发出了一声难以察觉的叹息,他明白司马光心意已决,是断不肯接受枢密副使的任命了。在司马光的眼里,枢密副使的头衔所代表的首先是名利地位,而在目前的情形下,接受它就意味着对原则和理想的背叛。

司马光告辞之后,文彦博提笔给韩琦回信,他这样写道:"君实作事,令人不可及,直当求之古人中也。"[10]把上古三代奉为黄金时代,相信古人的道德水准高于今人,是传统中国的普遍迷信。古人未必皆高尚,文彦博的意思,韩琦当然明白——司马光太书生意气了,实在不像是现实政治中的人。

1 《宋史》卷一一，658—659页。

2 《宋史》卷一一，657页。

3 《宋史》卷三四一《孙固传》，10875页。

4 《司马光集》卷五六《赐参知政事王安石乞退不允批答》《赐参知政事王安石乞退不允断来章批答》，1166、1167页。

5 《续资治通鉴长编拾补》卷七，305页。

6 《司马光集》卷六〇《与王介甫书》，1261页。

7 邓广铭先生认为，这一道"答诏"表明："宋神宗对于保守派的议论并不作为不足恤的流俗之见而断然加以拒斥，却是十分明显的。"《北宋政治改革家王安石》，254页。

8 《宋史》卷一五《神宗本纪二》："二月壬申，以翰林学士司马光为枢密副使，凡九辞，诏收还敕诰。"275页。此处言"九辞"，《司马光集》只见六辞奏札。

9 《司马光集》卷四一《辞枢密副使第一札子》《辞枢密副使第二札子》《辞枢密副使第三札子》，916—917页；卷四二《辞枢密副使第四札子》《辞枢密副使第五札子》《辞枢密副使第六札子》，927—929页。

10 《续资治通鉴长编拾补》卷七，317页，引《太平治迹统类》。

17
王安石的胜利

神宗的宿命

神宗最终选择了王安石。就在司马光的第四篇辞职报告递上去的同一天,二月二十一日,王安石结束休假,复出视事。王安石能出来,当然是因为神宗屈服了。二十三日,王安石下令将韩琦批评青苗法的报告发付条例司,一场暴风骤雨般的大批判即将展开。

一位敏锐的政治观察家、御史陈襄这样写道:

> 陛下任命司马光做枢密副使,全国上下一致,都认为陛下知道司马光的主张是对的,已经醒悟到设置条例司就是个错误。可是现在陛下忽然又罢免了司马光,难道又认为司马光说错了吗?如果只是因为司马光推辞不肯接受才罢免他,那陛下知不知道,司马光之所以不接受枢密副使的任命,是因为陛下不肯践行他的主张。如果陛下想要大用司马光,那就应当践行他的主张。这道理如此简单,陛下为什么要吝惜而不肯做呢?[1]

听从司马光或者听从王安石,都不是神宗的初衷,可是以神宗的能力,显然无法做到居高临下、调和二者之矛盾、兼而用之,最终,神宗还是倒向了王安石。这是神宗的宿命,也是宋王朝的宿命。

神宗为什么最终会选择王安石和他饱受诟病的激进改革路线，或者说，神宗为什么没能站在司马光与王安石之上，采取折中路线呢？非不欲也，是不能也。何以不能？神宗自己没有表述。帝制国家最高领导人的意图反而是最模糊最隐秘的，皇帝不像官僚，可以在各种文章体裁中表述真心、诉说理想，皇帝留给我们的，除了既成事实，便多半是些别人代笔的官样文章。所以，皇帝怎么想，我们只能猜。

我猜，神宗之所以选择王安石，是因为他个人有着不同寻常的理想，他想要改变宋朝建国以来在对外关系上的被动局面，开疆拓土，成就一番伟业——简单地说，神宗有领土野心，他想要通过领土扩张建立超越列祖列宗的丰功伟业，从而成为一个伟大的皇帝。

神宗之所以不甘心做一个平庸的守成之主，一定要谋求超越，内心的推动力究竟是什么？这动力，我以为，是极简单也极质朴的，那便是：证明他和他父亲都是当之无愧的大宋天子！神宗要为父正名！

神宗是英宗的儿子，英宗继承的是仁宗的皇位，但英宗不是仁宗的亲生儿子。假定仁宗有儿子，那么皇位根本轮不到英宗。纵然仁宗没儿子，有资格继承大统的也不止英宗一位，为什么偏偏是他？运气好？当然是运气好！对于英宗的好运气，不服气的宗室多了。比如濮王诸子之中最年长的宗谔，就从不掩饰他对英宗的妒忌。宗谔府上有个厨子，羊脍做得最好，英宗让他帮忙做了两盘。宗谔知道后，勃然大怒，把肉倒了，把盘子摔得粉碎，又狠狠地打了这厨子一顿。[2] 既然不是天生的皇子，既然只是因为运气好才得到了这样的大位，那么，唯有在继承皇位之后表现得像一个真命天子，才能让那些曾经同样可能继承皇位的宗室心服口服。而英宗继承皇位之后的那一通折腾，却实实在在不像话！他不断地闹病，甭管真病还是假病，却因病不能正常履行一个皇帝和孝子应尽的责任；好不容易能正常临朝听政了，却又为了尊崇自己的生父把朝廷搞得四分五裂。作为皇帝，英宗的表现是不合格的。作为人子，神宗哀其不幸，怒其不争，私底下把拳头都捏碎了，却也使不上力气。如今，神宗登上了皇位，当然要想办法证明"我们这一支"继承大统是绝对正确的。如何证明？当然是要成就一番帝王伟业。何为帝王伟业？开疆拓土，兴致太平。本朝比汉唐最不如者何？领土！本朝开国二帝最大的心结是什么？领土！为了父亲，为了"我们这一支"，必须开疆拓土致太平！

而能够帮助神宗实现领土野心、解开心结的，只有王安石一个人。其余所有的人，包括韩琦、欧阳修、张方平、司马光，都在絮絮叨叨地告诉神宗：国家财政困难，要节流，不可轻举妄动，随便动兵。只有王安石和神宗一样胸怀大志；更重要的是，王安石给了神宗解决财政困难、充实国库，富国而后强兵的具体办法。王安石是神宗实现理想、为父正名的坚强后盾！

其余所有人都喜欢拿"祖宗"来约束年轻的皇帝，可是王安石却明确告诉神宗："你就是祖宗！"那是在讨论削减宗室待遇的会上。宰相曾公亮提出，要以神宗本人为标准裁定宗室的亲疏。神宗吓了一跳，赶紧表示："当以祖宗为限断！"这时候，王安石说："以上身即是以祖宗为限断也！"[3]在位的皇帝本人就是祖宗——神宗被这个新鲜而大胆的说法迷住了。从他记事以来，"祖宗"就是太庙里的牌位，是《宝训》《圣政》里的祖先故事，"祖宗"是神圣的教条，是伟大的真理，是臣子们拿来抽打他的鞭子。王安石却告诉他："你就是祖宗！你不必追随，你可以创造，你可以为所欲为！"这怎能让神宗不兴奋喜悦，跃跃欲试？！

所以，在司马光与王安石之间，神宗只会也只能选择王安石。他仍然还是会动摇，对王安石也会有不满，然而，动摇归动摇，不满归不满，最终，神宗还是会回到王安石的路线上来。

这是神宗的宿命，也是大宋王朝的宿命。

今天，当我们回看历史时，是先看到结果，然后逆溯其源起，最终在细节的堆垒中，看到最高统治者的个体生命如何影响乃至决定了王朝历史的走向。而司马光却是在时间的顺序里，随着事件的推进，水滴石穿般地慢慢体悟到了命运的不可逆转。

熙宁三年二月二十一日，王安石获得神宗的支持，结束病假，以胜利者的姿态重回宰相府，开始对反对派进行严厉打击。

雕版檄文战韩琦

王安石的第一战剑指韩琦，为青苗法辩护。青苗法是到目前为止遭受批评最多、最严厉的新法。而韩琦是批评青苗法最用力的老臣，也是唯一曾经打动神宗的批评者。王安石对神宗说：在所有批评青苗法的章疏中，"惟韩琦有可辨，余人绝不近理，不可辨也！"擒"贼"先擒王，压倒韩琦将会让反对派士气大丧。王安石步步为营，稳扎稳打，胜券在握。首先，他从神宗那里拿到了"尚方宝剑"。"群臣言常平（青苗法又称常平新法）章疏，上悉以付安石。"[4]神宗答应，所有批评青苗法的奏疏，一概交由王安石处置。其次，二月二十三日，王安石把韩琦批评青苗法的奏疏下发到变法指导机构——制置三司条例司，由条例司官员组织研究、批判。最终，三月四日，两份文件同时出台,一份是神宗的最高指示"青苗法没有问题"——"目前人们所提出的有关青苗法的弊病……都是地方官吏松弛懈怠、营私舞弊造成的,不能归咎于青苗法本身。"另一份是一篇由条例司冠名下发、王安石亲自捉刀的檄文——《画一申明常平新法奏》。这份《画一申明常平新法奏》既是对反对派所下的战书,也是一份统一思想的纲领性文件,它开宗明义:"群臣多次批评常平新法不便,现统一申明如下,请陛下敕令各路安抚使司、转运使司、提点刑狱司、提举常平仓司传达到下属州县官吏,让各级官员都了解新法的立意。"结尾重申,法是利民之法,若有害民之事,一定是官员在推行过程中出了问题,"自是州县官吏松弛怠慢,因缘为奸,不可归咎于法"。对于在青苗法推行过程中推行不力的州县官员,要严厉惩罚,路级官员失察的,也要追究责任。[5]

这篇战书的传播方式特别值得一提——它可能是中国乃至世界历史上第一份雕版印刷的论战文章,由掌管中央与地方之间公文传输的进奏院负责雕版印制,然后向全国颁行。王安石的确是具有创新思想的政治家,他非常懂得怎样利用新技术来为政治服务。这封战书的印刷传播只是个开端,后来神宗和王安石把科举考试的标准教材统一到王安石思想之下,靠的也是政府所掌握的印刷传播资源。

王安石有皇帝、有官营印刷厂和遍布全国的邮政网络,他的战书可以在短时间之内化身千万,抵达帝国的每一个州城,送到所有够级别的官员手上。韩琦有什么?韩琦只有一支笔、一张纸。技术与权力结合在一起,大大加剧了论战双方的不平等。在河北大名府,韩琦手捧《驳韩琦疏》,气得浑身发抖。在韩琦看来,驳斥没有一句是公平的,它断章取义,其目的"就是要欺骗皇帝,愚弄天下之人;就是要堵住所有人的嘴,让人们再也不敢说一个'不'字"。痛苦愤怒之下,韩琦决定再度上疏皇帝请求取消青苗法,他要为自己的名誉而战,为天下苍生而战。他请求皇帝一定要亲自看看自己的辩白书,然后把它公之于众,让中书、枢密院、御史台以及开封全体官员参加讨论,公是公非,由大家说了算。韩琦发下了重誓:"若臣所言不当,即甘从窜殛,流放还是诛杀,听凭陛下处置;如果是制置三司条例司的措施有悖常理,天下百姓必定会受其荼毒,那就请陛下按照我先前提出来的,取消青苗法,召回青苗使者。"[6]

可是,神宗既然已经答应了所有青苗法争议归王安石处置,又怎么会听韩琦的申诉?这第一仗,王安石完胜,韩琦完败。然而,神宗心中的忐忑却并未消失。

一石三鸟贬李常

王安石的第二战对准了谏官李常(1027—1090),杀鸡儆猴,压制舆论。三月五日,有五位台谏官对王安石打压韩琦的做法提出抗议,[7]而王安石选择的打击对象是谏官李常。为什么单单拿李常说事儿?因为这个人是王安石一手提拔起来的,却对青苗法"怪话"最多。在此之前,王安石曾经派亲信私下里递话要李常闭嘴,可是李常置之不理,反而变本加厉地抨击青苗法,惹得王安石勃然大怒。在王安石大怒之后,李常"偶遇"了吕惠卿,吕惠卿微笑着把李常拉到没人的地方,轻声细语地对他说:"君何得负介甫?我能使君终身不如人。"[8]终身不如人,无非是不能升官发财,又如何?!李常转身不顾而去。最终,不肯低头的李常被免除谏官,贬到滑州去做了通判!

对李常的打击具有"一石三鸟"的效果。李常贬官只是其中最无足轻重的,因为维护李常,司马光的老同年、翰林学士范镇也被贬成了闲官!

李常对青苗法的批评中有这样的话:"做得最过分的,甚至让安善良民假称借贷,拿不到实钱,反而要交二分利息。"倘若此言属实,那么这种做法简直等于明抢,实在是太过分了!皇帝与宰相会议,神宗拿着李常的奏疏,征求各位宰相的处理意见。王安石就抓住了这句话,要让李常交代究竟哪一州哪一县有他所批评的那些极端做法,条分缕析讲明白,这叫"分析"。宋朝制度,谏官可以"风闻言事",只管纠错,话可以说得相对模糊,而不必交代批评信息的来源。谏官"分析",这是从未有过的事情。王安石话音未落,两位宰相曾公亮、陈升之异口同声,表示反对:"谏官有风闻言事的权力,怎么可以让谏官分析呢?!"[9]然而,神宗还是按照王安石的意见,下诏令李常分析。按照制度,诏书要经过通进银台司,而在当时扼守通进银台司的,正是翰林学士范镇。范镇坚决反对,封还了神宗命令李常分析的诏书,"诏五下,公执如初"。[10]这绝不是范镇第一次通过封还诏旨来抵制王安石了——他曾经封还了下令制置三司条例司驳斥韩琦奏疏的诏书,以及神宗接受司马光枢密副使辞呈的诏书。范镇封驳的本意,是希望神宗收回成命,而神宗却一次又一次地绕过通进银台司,直接把旨意贯彻了下去。就像当年的吕公著一样,范镇感到了愤怒,这样的通进银台司还有任何存在的必要吗?他主动提出请辞知通进银台司,神宗照准。

范镇是王安石反对派阵营中颇具话语权的一位老臣。同韩琦一样,范镇也是对英宗即位立下了关键性功劳的。想当年,仁宗年老、中风、无子,又讳疾忌医,不愿意人们谈论继承人问题,最早站出来打破沉默僵局的,便是范镇。为了劝仁宗早立太子,他高官厚禄都可以不要,奏疏上了十九道,居家待罪百余日,甚至于和仁宗在殿上相对哭泣!范镇的忠诚、范镇的坚定、范镇的资历,都让王安石感到头痛。而现在,范镇主动提出辞职,神宗照准,王安石一下子去了一个劲敌!

范镇为什么要辞职?他哪里是要辞职,他是在用自己的政治生命捍卫宋朝制度。宋朝制度才是李常事件中最大的受害者——一颗石头打下来的第三只鸟。在李常、范镇被贬的过程中,有两项制度被破坏掉了,而这两项制度都是防止皇帝或者宰相专权的关键。第一项制度是谏官的"风闻言事"权力。李常"分析",台谏官员超然独立的监督特权正在逐渐丧失,而这是宋王朝政治机体中宝贵的纠错机制。第二项遭到破坏的制度同样涉及纠错,这便是通进银台司的封驳。重要政令文书,必经通进银台司审核无误方可下发。这就好比是一个工厂的质检部门,产品不合格可以退回生产车间返工。李常的处分命令,范镇认为不合理,退给皇帝请他重审,可是皇帝却直接绕过质检部门,把不合格产品推向了市场。如果把最终的产品比作一辆车,倘若不合格产品只是一个座位,那么无关紧要,可是,如果这不合格产品是发动机呢?设置质检部门的作用就是纠错。绕开质检,掩耳盗铃,搞不好就会"盲人骑瞎马,夜半临深池",自取灭亡!范镇以辞职表达抗议,而神宗竟然顺势接受了他的辞呈,解雇了最负责任的质检员!

这第二仗,王安石仍然是完胜!

欲加之罪逐中丞

王安石第三战的打击对象是御史中丞吕公著。吕公著接任中丞还不满一年,他的前任吕诲因为反对王安石,去年六月被贬出京。而吕公著则是王安石亲自推荐的御史中丞,他被贬的原因同样是因为反对王安石。当然,这个原因是不能拿到台面上来说的。拿到台面上的原因很有意思,说吕公著诬蔑韩琦意欲谋反。吕公著、韩琦都反对青苗法,吕公著竟然要诬蔑韩琦,这又从何说起呢?据说,吕公著是这样说的:"韩琦是方面大员,为国家守卫河北边境。他如此激烈地批评青苗法,皇上不听,可曾想过后果吗?这事儿要是搁在晚唐五代那些节度使身上,恐怕早就带着军队进京来清君侧了!"

吕公著的贬官诏书里说:"这些话实在是骇人听闻,而且完全不符合事实。"说得很对,如果吕公著这样说过,那的确是荒唐可笑、骇人听闻的,一个高级官员竟然说出这么没水平的话来,哪怕是假设,也不能容忍,应当遭到贬斥!但问题是,吕公著真的会这么没水平吗?吕公著的政治水平那是第一流的,欧阳修认为他才能堪任宰相,王安石对吕公著也一向是期许甚高。[11]况且,吕公著有两个侄女嫁给了韩琦的两个儿子,[12]韩吕联姻,吕公著恶毒攻击韩琦,自家又如何逃得了干系?然而,在王安石的坚持下,这样的罪名却真真切切、白纸黑字出现在了吕公著的贬官诏书里。

又据说,那些骇人听闻的荒唐话,是神宗当面亲耳听吕公著说的。多年以后,神宗已经去世,吕公著出任宰相,负责编修《神宗实录》,恐怕经自己的手把这件事情记录下来,就再也不可能翻案,特地向皇帝打报告请求查阅当年的档案核实此事。最终的调查结果是查无此事,吕公著被冤枉了——那些荒唐话,的确有人说过,而说话的那人跟吕公著一样,留着一副漂亮的大胡子,于是神宗就张冠李戴了。

这分明是欲加之罪,打着皇帝的旗号,谁敢分辩,谁能分辩?!

熙宁三年四月八日,吕公著罢御史中丞,出知颍州,韩维出任御史中丞。韩维的任命,与他的前任吕公著一样,出自王安石的推荐。在此之前,韩维的哥哥韩绛已经担任枢密副使、同制置三司条例司。按照宋朝的传统,负有批评时政、监督二府责任的台谏官员,不得使用二府亲戚。韩维的任命显然违背了这一传统。韩维坚辞,九天之后,朝廷只得遵从韩维的意愿,让他和开封知府冯京换了岗。

这第三仗,王安石又大获全胜。

台谏官是朝廷喉舌,可是现在却与朝廷路线集体对抗,是时候做出清理了。在一次单独接见中,王安石单刀直入,反问神宗:"陛下知道今天议论纷纷的原因是什么吗?"神宗有些沮丧,但还是老老实实做了检讨:"这都是因为我选择的台谏官不对。"王安石立即抓住机会,往前迈了一步,对神宗说:"陛下驾驭群臣没有手段,多次丢失撤换台谏官的机会。就像今天这样,议论纷纷在所难免!"[13]王安石语带责备,神宗毫无怨言。

皇帝与王安石达成了共识,一场台谏官的大换血迫在眉睫。继四月八日御史中丞吕公著罢官之后,十九日,监察御史里行程颢(1032—1085)罢为京西路同提点刑狱。二十二日,右正言李常贬通判滑州,同时遭贬的还有监察御史里行张戬、王子韶。二十三日,侍御史知杂事陈襄罢为同修起居注,程颢再贬签书镇宁军节度判官公事。同日，前秀州军事判官李定（1028—1087）被任命为监察御史里行[14]——这是一个公认的劣迹斑斑的坏蛋。

四月十九日，参知政事赵抃罢政，出知杭州。起因是反对青苗法，反对神宗接受司马光的枢密副使辞呈，"不罢财利而轻失民心，不罢青苗使者而轻弃禁近耳目，恐天下自此不安"。[15]取代赵抃的，是与王安石政见更为接近的韩绛。

王安石在清障，扫除前进道路上的拦路虎、绊脚石，他要大踏步前进。

这是天意

王安石的胜利，在司马光看来，却是制度的崩塌、秩序的瓦解。司马光听说，王安石为了打消神宗的顾虑，说"天变不足畏，祖宗不足法，人言不足恤"。[16]天命是什么？民意上达，就是天命。王安石说没关系，没什么可怕的。大宋王朝的百年无事哪里来的？全凭祖宗留下的制度传统，可是王安石说，那些旧东西都不用守了。满天下的人都反对青苗法，对王安石专横的作风议论纷纷，可是王安石说，那都是流俗，都是庸人胡说，不值得认真对待。这三个"不足"，每一个都是司马光最珍惜的。他痛心疾首。

司马光决定反击。三月二十八日，他得到了一个反击的机会——考试出题。什么考试？馆职考试，宋朝国家最高级别的文官选拔赛。考试规模不大，可是参赛选手个个都文采出众、学识渊博，是大宋王朝最有前途的官员，未来的台谏官、翰林学士甚至宰相，多半都从这里出。馆职考试最重要的内容是"策",一篇大作文,通常以政治现实为题,要求考生结合儒家经典与历史经验,指点江山,激扬文字。司马光决定就以王安石的"三不足"为题,他希望利用人们对于考试的关注,来引发一场有关宋朝政治走向的大讨论。

这篇经过司马光与范镇讨论,由司马光执笔的作文题目大致内容是这样的:

(按照儒家经典的记载和之前大儒们的解释,古代的圣王之所以能够天下大治,是因为他们一举一动都对上天怀着敬畏之心,遵守先王的法度、本朝的传统,与众人同心同德。)而现在却有人说:"天地和人,了不相关,日食月食地震这些,都有规律,不值得畏惧。祖宗留下来的传统和制度,不一定都好,能改就改,不值得遵循守护。平庸的人喜欢墨守成规、畏惧改变,跟他们只能分享成果,不能共同谋划创造。他们的议论纷纷,不足采纳。"照这种说法,古今有别,儒家经典中的陈旧记载,难道全部不能采信了吗?还是说,上古圣人的言语,深刻微妙高明远见,非常人可以探知;古代大儒的解释,我们还没能悟到其中深意?请各位提出自己的看法。[17]

司马光所提出的,其实是帝国政治中的三大原则:第一畏天,用天来约束皇帝,防止专权。这是一个软性的约束,但是在皇帝与群臣双方都接受的前提下,就是有效的。第二法祖,尊重传统,并不是拒绝变化,而是说具体政策可以变,但是本朝政治传统中的基本原则必须坚守。宋朝政治传统中最重要的原则是什么?是那些纠错机制,是允许不同意见的宽容,这些东西不能丢!而畏天、法祖怎么体现?就要靠第三原则,让人说话,听取批评意见!这道题虽然简短,却击中了王安石政治作风的要害。

司马光想要在开封政坛掀起一场思想风暴。可是,他万万没有想到,考试的结果却是"这里的黎明静悄悄"。神宗根本就没有允许这个题目出现在考场上,他让人在试卷上贴纸,盖住了司马光出的作文题,临场换了题目![18]这样具有颠覆性的试题,神宗怎么会容许它出现在馆职考试当中呢?!

当然,神宗也不是完全不为所动的,私底下,他向王安石表达了犹豫,他问过王安石"这样做是不是会丧失人心",他甚至请求王安石对青苗法加以调整,"以合众论"。可是,王安石斩钉截铁地告诉神宗:"所谓得人心,是因为合乎天理公义……所以,只要我们的做法合乎天理公义,就算是招致了四国叛乱,那也不能叫作丧失人心;相反,那些不符合天理公义的做法,哪怕有全天下的人歌功颂德,也不能算是得人心。"一句话,只要我们做的是对的,哪怕全世界都反对,又有何妨?!在青苗法的问题上,王安石断然拒绝了任何让步,他说:"陛下方以道胜流俗,与战无异,今稍自却,即坐为流俗所胜矣!"[19]道,就是真理、正义、正确的路线。流俗,指反对派。真理与流俗的斗争,就像是打仗一样,你死我活,岂容退缩?一步也退不得!

因为跟王安石争论青苗法不胜,曾公亮、陈升之两位宰相早在三月一日就不约而同地告了病假。苏辙曾经当面责备曾公亮身为宰相,却无所作为,放任王安石专权。曾公亮苦笑着,说出了一句无可奈何的大实话:"上与安石如一人,此乃天也。"[20]

王安石与神宗之间的小摩擦,外人是看不见的。开封高层人人都看在眼里的，是皇帝与王安石团结如一人。曾公亮说，这是天意！天意如何违得?!

反对派纷纷被贬，批评的声音渐渐远去，许人说话的空间正在压缩。司马光感到窒息。本来，熙宁三年是一个多好的年头啊，这一年是大比之年，三月二十一日，科举发榜。司马光的独子、二十一岁的司马康榜上有名，明经及第。[21]明经考试内容比较简单，地位前程都不如进士，司马康应当不是绝顶聪明的孩子。但是，不管怎么说，考中了就是喜事。同时登科的还有王珪、范镇、宋敏求之子。同年之子今又同年，实在是佳话一桩。四家摆酒相庆，两代联席作诗，着实欢乐了几日。可是个人的欢乐却无法抵消对国家命运的担忧。皇帝的心意无法扭转，政治走向已然确定，剩下来能做主的，便只有个人的去向了。司马光在踌躇，在思考，他将做出人生中一个重要决定，他与神宗、与王安石的毕生纠葛也将在这里发生转折。

1 《续资治通鉴长编》卷二一〇，5109页。

2 《续资治通鉴长编》卷二〇八，5056页。

3 《续资治通鉴长编拾补》卷四，171页。

4 《宋通鉴长编纪事本末》卷六八；《续资治通鉴长编拾补》卷七，334页。刘成国《王安石年谱长编》卷四，1025页。

5 《宋会要辑稿》食货四之二四。《续资治通鉴长编拾补》卷七，二月甲申，314页；三月乙未，327—328页。

6 《续资治通鉴长编拾补》卷七，328页。

7 这五位言官是御史中丞吕公著、监察御史里行张戬、监察御史里行程颢，右正言李常、右正言孙觉。《续资治通鉴长编拾补》卷七，335—336页。《宋史》卷一五《神宗本纪二》，275页。

8 《宋通鉴长编纪事本末》卷六八。

9 《续资治通鉴长编拾补》卷七，314—315页。

10 苏轼《范忠文镇墓志铭》，《名臣碑传琬琰集》中卷一八。《东都事略》卷七七《范镇传》。

11 刘成国《王安石年谱长编》卷四，901页。

12 《续资治通鉴长编》卷二一〇，李焘"考异"引《吕公著家传》，5099页。

13 《续资治通鉴长编》卷二一〇，5104页。

14 《宋史》卷一五《神宗本纪二》，276页。

15 《续资治通鉴长编》卷二一〇，5102页。

16 《名臣碑传琬琰集》下卷一四，引《神宗实录·王荆公安石传》云："安石传经，义出己意，辩论辄数百言，众人不能诎。甚者谓'天变不足畏，祖宗不足法'，又以人言是非一归之流俗，故二年间遍谏官御史以安石去者凡二十人，而安石不恤也。"又见《宋宰辅编年录校补》卷八，465—466页。邓广铭《北宋政治改革家王安石》认为："尽管王安石从来不曾向宋神宗提出过这样的'三不足'语句，但说这三句话之为王安石亲口所说，却是决无可疑的。"101页。

17 《司马光年谱》,150页。

18 《司马光集》卷七二《学士院试李清臣等策目》,522页。

19 《续资治通鉴长编拾补》卷七,339页;上古本,卷七之三十三,109页下。

20 《续资治通鉴长编》卷二一五,卷七,320页。

21 《宋史》卷一五《神宗本纪二》:三年三月壬子(二十一日)。《司马光年谱》系之正月,误,140页。范祖禹《范太史集》卷四一《直集贤院提举西京嵩山崇福宫司马(康)君墓志铭》。

18
皇帝爱韩非

殊途是否同归

熙宁三年（1070）三月十八日，从未上任就已经解职的枢密副使司马光恢复翰林学士工作，到崇政殿拜见神宗。这是二月十一日以来君臣二人第一次对谈，之前都是文字往还或者由宦官在中间传话。

神宗先叹了一口气，说："你的枢密副使任命还没有撤销，朕特颁此命，你为什么要抗命不受？"

司马光答道："我自知对朝廷之事无能为力，故而不敢承受，因为抗命之罪小，尸禄之罪大。"在其位而不谋其政，尸位素餐，是为"尸禄"。

神宗表示不解了："你接受任命，做一个称职的枢密副使，就不是'尸禄'了呀！"

司马光摇头，"如今朝廷所推行的政策，和我的想法都是相反的，我怎么可能免为尸禄之人？！"

神宗问："你说的'相反的'都是些什么事呢？"

这分明就是明知故问了。司马光的六道辞官报告，有三道都是在讲他反对什么。但是皇帝既然有问，正好当面重申："我说不应当设置条例司，不该派那么多工作组去干扰地方工作，又说发放青苗钱是害民之政，这哪一条不是跟政策相反的呢？"说出这些话来，司马光心里头敞亮多了,他愿意跟皇帝深入讨论。可是神宗接下来的话却让司马光感到了错愕。

神宗说:"现在士大夫议论汹汹,说的都是这些。你是朕的侍从之臣,听到这些话,是不得不告诉朕的呀!"这是什么话呢?神宗为什么要这样说?他难道还在希望司马光缓和立场?如果司马光接下来回答"是,我也只是转达群众的议论";或者如果司马光只是沉默,什么都不说。那么,神宗就可以把它解释成司马光立场缓和了。

当此之时,司马光究竟如何作答?

司马光稳稳地站着,清清楚楚、一字一句地回答说:"不是这样的。青苗法还在酝酿之中的时候,我就和吕惠卿在经筵争论过,我当时就说如果真的推行了青苗法,必然会导致天下汹汹,一片反对之声。在那个时候,一般官员还基本上都不知道青苗法,老百姓就更不用提了。我反对青苗法,不是迫于舆论压力才说的。"

司马光如此执拗。神宗却始终放不下,说了一会儿别的之后,又问道:"你的枢密副使诰敕还在宫里呢,朕打算再公布一次,你就接受,别再推辞了,行吗?"

皇帝已经矮下了身段儿,司马光受也不受?

"陛下果能行臣之言,臣不敢不受;不能行臣之言,臣以死守之,必不敢受。"如果陛下能推行我的主张,我不敢不接受你的任命;如果不能,我愿意用生命来守护我的主张,绝不敢接受陛下的高官厚禄!

神宗顿时就恼了:"卿何必如此,专徇虚名?!"徇者,谋求也。看起来,在神宗的眼里,接受不接受枢密副使的位子,只是一个虚名与实利之间的差别而已!不接受,就是图一个反对派的虚名儿;接受,就是高官厚禄的实际好处。换句话说,神宗给司马光枢密副使,也不过是要收买他,要用高官厚禄堵他的嘴。他以为司马光是为了反对而反对,图的是反对派领袖的虚名!这实在是轻看了司马光。

司马光坦然对答:"大凡群臣能升任宰相、枢密使,简直就是从地上升到了天堂!我与其图虚名,哪儿比得上享受实实在在的高官厚禄?我只是不敢无功而受禄罢了!"

不肯死心的神宗皇帝"敦谕再三",而司马光"再拜固辞",直到司马光告退,神宗仍然劝他"当更思之"。[1]崇政殿对谈不欢而散,司马光出任枢密副使的事情到此彻底结束。跟看得见、摸得着、可以光宗耀祖的高官厚禄相比,司马光所图的确是太虚,那是他的政治理念,是他认为正确的、利国利民的政策主张。这一点,神宗恐怕是永远都无法理解的。能够理解司马光的,反倒是王安石。为了理念,可以牺牲高官厚禄。这一点,司马光做得到,王安石也做到了,只不过,他们想法不同、道路各异。就像司马光在给王安石的信里写的:"光与介甫趣向虽殊,大归则同。介甫方欲得位以行其道,泽天下之民;光方欲辞位以行其志,救天下之民。此所谓和而不同者也。"[2]殊途可以同归,问题是,司马光与王安石的殊途真的可以通向同一目标吗?

神宗亲录《韩非子》

对于神宗,司马光没有办法不感到失望。这个年轻人有胆识,也有手腕,可是太过急功近利了。这一点,跟王安石如出一辙。关于神宗，有一个小故事，在开封的士大夫中流传甚广。

英宗皇帝的时候，有一天，神宗忽然拿出来一本自己新抄录的《韩非子》，让王府僚属去校对。诸王府侍读官孙永（1019—1086）知道了，很不以为然，说："《韩非》险薄刻核，违背儒家经典中的帝王之旨，愿大王不要在这上头花心思。"听了孙永的话，神宗辩解说："我抄这个，只是为了充实王府的藏书啊，我不喜欢它。"[3]

神宗喜欢《韩非子》，孙永为什么如此紧张，神宗又为何矢口否认？因为那是法家的书。一个儒家的皇帝喜欢法家的书，是错误的也是危险的。法家和儒家区别在哪里？法家是皇帝朝廷至上的，以政府利益囊括甚至取代百姓利益，为了富国强兵，与邻国争胜，不惜牺牲人民福祉。儒家则试图在朝廷利益与百姓福祉之间寻求平衡，反对扩张性战争，反对横征暴敛。法家是霸道的，为了达到光明盛大的目的，不惜动用无耻下作的手段。儒家追求王道，认为只有通过正义的手段才能达到正义的目的。法家讲究法制，讲究像军队一样整齐划一，不承认老百姓的能动性，主张以严刑峻法压迫老百姓服从。儒家主张每个人通过学习成为贤人，改造社会。法家便捷实用，在短时间内就能产生高效率。儒家迂远，从人心到社会，那得是一条多么漫长的路！

而那样漫长的路，神宗是不耐烦去走的！

司马光独坐书斋，想想皇上跟他说的虚名与实利的话，想想这段有关韩非子的轶事，忍不住又是一声长叹。知我者谓我心忧，不知我者谓我何求，悠悠苍天，此何人哉！司马光和神宗的直接接触还是很多的，他因此了解神宗，并因了解而叹息。

"祖宗之法不可变"

自从治平四年(1067)卸下御史中丞的重任之后,司马光的工作重心就转向了编修《资治通鉴》,同时在经筵给神宗充当历史老师。《资治通鉴》是神宗为这部正在编纂的大书钦赐的书名,"《诗》云:'商鉴不远,在夏后之世。'故赐其书名曰《资治通鉴》,以著朕之志焉耳。"神宗的"朕之志",就是这篇《御制资治通鉴序》的开头所说的:"朕惟君子多识前言往行以畜其德,故能刚健笃实,辉光日新。"[4]通过对历史经验教训的学习,积累德行,提高认识,成为一个伟大的皇帝。

治平四年十月初四,神宗"初开经筵",即命司马光讲《资治通鉴》。九日,司马光正式开讲,神宗随即当面赐下御制亲书的序文。[5]这让司马光一度以为,可以通过历史教育潜移默化地转移皇帝的心思。唐太宗说"以古为镜,可以知兴替",[6]把历史这面镜子磨亮,也许它就能照亮皇帝的心。所以他越来越重视《资治通鉴》的编纂,一些在别人看来极有实权的差使,比如"看详裁减国用",也就是"财政减支调研员",司马光都推掉了,理由就是"更何况我所编纂的《资治通鉴》,委实文字浩大,日夜忙碌,很少得闲"。[7]

初登帝位的神宗皇帝是把经筵当作"智库"甚至"影子内阁"来使用的。他年富力强,雄心勃勃,想要大干一场。而宰相府还没有完成新旧交替,仍然是"老人"掌舵。这种局面,随着治平四年九月韩琦罢相开始改变,并在熙宁二年(1069)二月王安石参政之后基本扭转。[8]"老人"稳如磐石,可以依靠,却也让年轻的皇帝有所忌惮,不能随心所欲，舒展拳脚。所以，在一段时间之内，神宗把他有意大用的新人安排在经筵之中，以便经常见面，交流信息，探讨国策。比如担任副宰相之前的王安石、差一点当上枢密副使的司马光，都当过经筵讲读官。

经筵也因此成为大宋思想交锋的重要阵地。司马光被后世批得灰头土脸的"祖宗之法不可变"就来自一次经筵讲读。

在那堂课上，司马光给神宗讲的是汉初典故——"萧规曹随"。汉朝的开国宰相萧何定下的规矩制度，继任宰相曹参全盘接受，不做一点更改。司马光讲完故事，总结说："曹参不改变萧何的法度，深得守成的精髓。所以孝惠帝、吕太后的时候，天下太平，百姓衣食充足。"

神宗问："倘若汉朝一直固守萧何的法度不变，行得通吗？"

司马光回答说："何止是汉朝啊，假定夏朝能遵守大禹的法度，商朝能遵守商汤的法度，周朝能遵守周文王、周武王的法度，恐怕会一直延续到今天。周武王征服了商朝之后，说'乃反商政，政由旧'，所以说，即使是周用的也是商代的法度。《尚书》有云'无作聪明，乱旧章'。汉武帝采用了张汤的建议，对高祖的法度进行了大肆改造，结果盗贼半天下。汉元帝改变了宣帝的做法，汉朝由此走向衰弱。因此说来，祖宗之法不可变也。"

正是这句"祖宗之法不可变"，让司马光在历史教科书上成了顽固守旧的代名词。其实，司马光并不反对具体的政策调整和制度改革，他坚持"不可变"的，是祖宗所留下来的那些抽象的政治原则，比如几乎每一个朝代初期都曾经有过的轻徭薄赋、与民休息，比如几乎所有值得颂扬的统治者都共有的宽容异见的精神。然而可惜的是，放眼历史，却没有一个朝代能够将这些"祖宗之法"坚持到底，祖宗的法度终归还是在后世帝王不断膨胀的贪欲中败坏了,随之而来的,是民不聊生,土崩瓦解,王朝走向末路。在这个意义上,"祖宗之法不可变"的确是长治久安的秘籍,司马光没有说错。当然,也仅仅是在这个意义上,"祖宗之法不可变"才是对的,具体的政策措施则是在永远变化之中的。

令人遗憾的是,司马光的论述方式是非常弱的,他没有像我们这样将"祖宗之法"区分为抽象的政治原则和具体的政策措施,而是简单地从过去历史当中抽取了一些正面和反面的例子,然后下了一个笼统而模糊的结论——"祖宗之法不可变也"。这种论述方式,简单而粗暴,从表面上看是历史的,实质上却是反历史的。他所举的例子,脱离了原始的历史情境,成了一块一块单摆浮搁的积木,而他的论证就是用积木搭起来的建筑,积木与积木之间缺乏有机的联系,一推就倒。去找一些相反的例子吧,同样是一抓一大把!

这办法,司马光那些绝顶聪明的"敌人"又怎么会想不到?!王安石参政离开经筵之后,安排吕惠卿进入经筵,后来吕惠卿因父亲去世不得不离职,王安石又把曾布(1036—1107)安排进经筵。在当时,站在旁边盯着司马光的便是吕惠卿。司马光用"萧规曹随"来教育神宗"祖宗之法不可变",过了几天,轮到吕惠卿上课,他立即给神宗举了三个祖宗之法可以变的例子,说:

> 先王之法有一年而变者,"正月始和,布法象魏"是也;有五年一变者,"巡狩考制度"是也;有三十年一变者,"刑罚世轻世重"是也;有百年不变者,"父慈子孝兄友弟恭"是也。前日光言非是。其意以讽朝廷,且讥臣为条例司官耳。

不得不说，吕惠卿的说法比司马光更高一筹，他区分了"不变"和"变"。所举的三个"变"的例子，"正月始和，布法象魏"出自《周礼》，"巡狩考制度""刑罚世轻世重"皆出自《尚书》。吕惠卿举儒家经典为例，可能跟他在经筵中的分工有关——他正好负责讲授《周礼》，也可能与他的历史知识不足有关。从表面上看，这些来自经典的例子显示了不容置疑的权威性，实际上却远不如历史事实好用。儒家经典的文字过于简单，因而留下了广阔的解释空间，而吕惠卿的儒学修养显然不及司马光。所以，当神宗以吕惠卿所言加以质询时，司马光轻轻松松地就驳了回去。司马光说："'布法象魏'布的是旧法；'巡狩考制度'就是要往来巡视，诛杀那些改变礼乐制度的诸侯；'刑罚世轻世重'是针对不同的形势采取不同的治理方式，不是要改变治理原则。"

既然吕惠卿不能提出更多的反证，就学术而言，"祖宗之法不可变"的讨论到此可以算基本结束。但是，既然吕惠卿说司马光的意图是"讽朝廷"，嘲笑他是制置三司条例司的属官，已经把战火烧到了当下，司马光正好趁机申明自己的改革原则：

> 且治天下譬如居室，弊则修之，非大坏不更造也；大坏而更造，非得良匠、美材不成。今二者皆无有，臣恐风雨之不庇也。

房子坏了，就要修，不是坏到一定程度不能推倒重来；一定要推倒重来，必须要有良匠、美材，二者缺一不可——这就是司马光的改革原则。他不反对改革，他反对的只是轻易地推倒重来。

司马光理想中的改革,是保守主义的改革。他所用的居室"弊则修之"的比喻,常常让我想起二十世纪末在日本东京所见的一幕:一个油漆匠在重新粉刷铁门,他把原有的油漆和锈迹磨掉,上腻子找平,再刷上油漆。我看见油漆匠拿出一面小镜子放在门框下方的地上,去查看门框底下的油漆是否覆盖均匀。那一幕让我明白为什么日本人的铁门、房屋可以使用更长的时间,甚至几个世代。从某种意义上说,推倒重建是最简单的工作,而耐心地维护、改造一栋基础牢固的老房子,让它保持良好的状态,却是一项需要耐心的更为复杂的工作。在二十世纪末,很多中国人都和我一样,对于这种工作,是相当陌生的。

具体地说,司马光反对王安石抛开原有的国家机构,设置"制置三司条例司""制置中书条例司",另起炉灶来应对国家所面临的问题。司马光反将了吕惠卿一军,请他解释为什么非得这样做。按照苏轼的记载,"惠卿不能对",被司马光问住了。

被问住的吕惠卿干脆将矛头直接指向了司马光本人,说:"光为侍从,何不言?言而不从,何不去?"侍从官也有劝谏皇帝的责任,既然你司马光知道如今的做法有问题,可是你提出来了皇帝却不接受,那么你为什么还不挂冠离去呢?吕惠卿这是在用《孟子》的典故戏弄司马光。《孟子》曰:"君有过则谏,反复之而不听,则去。"[9]他吃准了司马光是个方方正正的读书人,追求的是言行一致。

果然,司马光立即着了道儿,心生惭愧,涨红了脸,对神宗躬身说道:"是臣之罪也。"而在一旁的吕惠卿则是满脸得意。这一幕,连神宗都看不下去了,说:"相与论是非,何至是?!"

这一天,下课之后,神宗先是请各位老师到花园里小坐,而后又把众人请进了书房,屏退了宦官宫女继续密谈,讨论新政得失。司马光临走,神宗又单独留下他,问道:"您是不是还在为吕惠卿的话不高兴啊?"

司马光说:"不敢。"[10]

司马光的预言

司马光当然不高兴。吕惠卿在司马光的心里从此被牢牢地打上了小人的标签。他跟王安石跟得太紧了,简直比王安石还急进——完全放弃了是非判断的追随,其中必然裹挟了太多的名利追求。在给王安石的信里,司马光告诫王安石:"孔子曰'巧言令色,鲜矣仁'。那些忠信之士,在你掌权之时,顶撞冒犯,让你讨厌,可是你一旦失势,却会慢慢得到他们的帮助;那些谄媚之士,在你掌权之时,阿谀承顺,让你舒坦,你一旦失势,却肯定会出卖你来为自己捞取好处。"[11]司马光的矛头所向,主要就是吕惠卿。后来,被他不幸言中。

王安石不知道这些人有问题吗?他知道。王安石登上参政大位没多久,他的学生和忠实追随者王无咎(1024—1069)去世。王安石为他所作的墓志铭,叙事简而用情深,其中有这样一句话,足见当时心境:"当熙宁初,所谓质直好义不为利疚势回而学不厌者,予独知君而已。"[12]王安石清醒地知道,他的狂热的追随者当中有很多人是有问题的。只是他所追求的,是不由分说地高效推行新法,只有这些放下了独立判断的人才最高效——他们只追随权势,而不论是非。如果必须在才能和品德之间二选一的话,王安石选才能。

吕惠卿的挤兑,司马光的确是入了心了。"君有过则谏,反复之而不听,则去。"朝廷大势已然如此,反对派在朝堂上已无置喙余地,他还留在中央做什么呢?

1 杨仲良《宋通鉴长编纪事本末》卷六八,基本古籍库收宛委别藏本;《续资治通鉴长编拾补》卷七,342页。

2 《司马光集》卷六〇《与王介甫书》,1262页。

3 这段故事的原始记载出自苏颂于元祐六年为孙永所作的神道碑文,《苏魏公集》卷五三《资政殿学士通议大夫孙公神道碑》。按苏颂的记载,故事发生的时间是治平三年,"诸王出阁建府,选公为侍读"。李焘的转录在《续资治通鉴长编》卷二〇六,治平二年十月戊申命孙永为诸王府侍读条,5005页。

4 宋神宗《御制资治通鉴序》,中华书局标点本《资治通鉴》,1956年版,33页。

5 宋神宗《御制资治通鉴序》后司马光追记:"治平四年十月初开经筵,奉圣旨讲《资治通鉴》。其月九日,臣光初进读,面赐御制序,令候书成日写入。"中华书局标点本《资治通鉴》,34页。按《宋史》卷一四《神宗本纪一》,治平四年"冬十月丙午,漳、泉诸州地震。……己酉,初御迩英阁,召侍臣讲读经史。……甲寅,制《资治通鉴序》赐司马光"。若丙午为朔日,甲寅正好是九日。《二十史朔闰表》治平四年十月丙子朔,与《本纪》系日全悖,恐误。

6 《贞观政要》卷二。

7 《司马光集》卷三九《辞免裁减国用札子》,877页。

8 《宋史》卷二一一《宰辅表二》,5483—5485页。

9 《孟子·万章下》。

10 苏轼《苏文忠公全集·东坡集》卷三六《司马温公行状》。

11 《司马光集》卷六〇《与王介甫书》,熙宁三年二月二十六日,1262页。

12 王安石《王文公文集》卷九三《台州天台县令王君墓志铭》,上海人民出版社,1974年1版,967页。"势"字基本古籍库收四部丛刊影明嘉靖本作"于"。王无咎卒于熙宁二年闰十一月丁巳,四年二月葬。墓志铭作于熙宁四年。

19
去意决绝

臣必不敢留

熙宁三年（1070）八月八日，垂拱殿上，司马光第一次当面向神宗正式提出离京请求，他希望去许州做知州或者去西京洛阳当一个闲官。西京作为陪都，设有国子监、御史台，都是与政务基本没有关系的闲官。司马光去意已决，他要远离首都，远离皇帝，远离王安石把持下的中央。神宗仍然极力挽留，可是他挽留的方式，却让司马光的心凉彻了底。神宗拿什么来挽留司马光呢？仍然是高官厚禄！

听司马光说完，神宗说："你怎么能离开首都呢？我还要重申你的枢密副使任命，你就接受了吧！"

司马光在心里叹了口气，说："我翰林学士都不要做，更何况是升官呢？"

神宗问："何故？"

皇帝竟然还要问"何故"！之前那么多推心置腹的告白、剖肝沥胆的谏诤，难道都白说了吗？司马光惨然一笑，不再解释，用五个字再次申明态度："臣必不敢留。"

司马光放弃了解释，这倒让神宗不得不严肃对待了。神宗沉吟半晌，说："王安石一向跟你关系很好，你又何必自己起疑心？"

这又是什么话！一个大臣能否在朝廷上立足，竟然要取决于王安石的态度！而这个话竟然是从皇帝的嘴里亲口说出来的。一时之间，司马光的心中五味杂陈，有愤怒、有悲伤、有失望。大道理不用讲了，只说眼前吧。既然皇帝说私交，那咱们就说私交。司马光说："我跟王安石的关系的确一向不错，可是自从他当上宰相，我得罪他也太多了。而如今，像苏轼他们，只要得罪了王安石，都会被毁坏清白，恶意中伤，罗织罪名。我不怕降职丢官，只想保全自己的清名令誉！我跟王安石关系好，能好过吕公著吗？王安石当初荐举吕公著时说的是什么，后来诋毁他时又说的是什么？吕公著只有一个，为什么从前样样好，后来却全都错？肯定有人在说谎！"[1]

司马光提到的因为得罪王安石被毁了声誉的，一个是与司马光、王安石同辈的政治家吕公著，他被栽上"恶意污蔑韩琦"的罪名，罢御史中丞出知颍州；还有一个是苏轼，这是比司马光、王安石晚一辈的政坛新锐。吕公著的事情，前面已经说过，那么，苏轼又是怎么一回事？

调查苏轼的玄机

有关苏轼的调查正在如火如荼地展开，从开封到苏轼的老家眉州，这一路之上，凡舟车经行之州县，都接到了御史台的公函，责令配合调查，不少艄公、篙手被抓起来拷打逼问。调查什么，又拷问什么？四年前，苏洵去世，苏轼扶柩还乡，这一路之上有没有公器私用，差借士兵、民夫和船工？有没有偷贩私盐入川取利？如果有，则不但是违反制度，而且是有悖孝道！一个名满天下的读书人竟然在热孝期间做此违法犯禁、蝇营狗苟之事,简直是天大的笑话!有没有呢?"穷治,卒无所得",[2]一道公函下去,六个路都惊动了,鸡飞狗跳,可是最终却是查无实据!虽说是查无实据,可是从开封到地方这么一通狂查,疑似之间,流言漫天,苏轼的名声也被打上了问号。虽说"清者自清,浊者自浊",可是众口铄金、积毁销骨,谁的生命经得起国家机器的磨损?!想当年,司马光还在苏轼这个年纪的时候,[3]就曾目睹恩师庞籍是如何被诬告拉下了宰相高位,政治生命从此一蹶不振的。苏轼刚刚三十五岁,见识高远,器量廓大,忧心体国,是未来的国家栋梁,看他遭此横议,委屈沮丧的样子,司马光于心何忍?!

苏轼犯了什么错?无非是他没有跟王安石站在一边!去年五月,神宗下诏命令群臣讨论学校科举状况,拿到苏轼的奏议,神宗喜出望外,说:"吾固疑此,得苏轼议,释然矣。"而苏轼所反对的,正是王安石急功近利的改革。神宗本来想让苏轼进制置三司条例司,王安石说:"苏轼与臣,所学及议论皆异,不如另外安排一个岗位来历练他吧!"[4]王安石用来历练苏轼的岗位,是开封府推官。这个位子司马光也坐过,主管司法,事务繁杂。很显然,王安石这是想要"以多事困之"。然而,王安石无疑严重低估了苏轼。苏轼是谁?几百年一出的大器,才气纵横不说,更难得的是通达世事,区区一个开封府推官哪能难得倒他?!于是,就有了这么一桩旨在搞臭苏轼的调查!

调查的结果是苏轼真的感到了恐惧,"缘此惧祸,乞出",[5]请求到地方上去锻炼。第二年六月,苏轼调任杭州通判。按照资历,苏轼已经到了州长的级别。神宗也特地批示,要给苏轼知州差遣。可是,宰相府却顶了回来,任命苏轼做颍州通判。神宗再度亲自干预,这才改为杭州通判。杭州通判虽然是副州长,却是州长级的。对于王安石的这番"苦心",苏轼心知肚明,他在给堂兄的信中说:"杭州通判也是知州级别的了,他们只是唯恐我拒不奉行新法,所以不愿意让我掌管一州之政……余杭风物之美冠天下,只是通判事儿多,劳神费心罢了。"[6]

调查苏轼的时间选择透着别有用心。苏洵去世、苏轼扶柩还川,是四年前的事情。为什么早不查晚不查,偏偏现在查?因为司马光、范镇在推荐苏轼做谏官。谏官是做什么的?谏诤之官,批评之官,代表舆论监督皇帝和宰相的官!让苏轼这样一个与王安石"所学及议论皆异"的人占据这样的关键位置,这分明是给新法设置障碍!王安石要大踏步向前,又岂容苏轼多言?!可是神宗对苏轼又是欣赏的。如何阻止苏轼入主谏院?御史台的副长官谢景温(1021—1097)建议,所有受到推荐的谏官人选都必须经过御史台考核,一旦查出所举非人,推荐人与被推荐人同受处分。这是从未有过的事情。谢景温是谁?王安石的好朋友,他弟弟王安礼的大舅哥。[7]王安石大喜。一项新的制度就这样华丽丽、赤裸裸地出台了。法度本来是天下的法度,当与天下人共同遵守,即使是天子都不能视之为私器、任意破坏,可是现在它就这样轻而易举地被大权在握的王安石改变了!

司马光的心痛彻了。

说到这里,司马光的情绪已经相当激动。他在心里对神宗大喊"陛下,该醒醒了!"可是,神宗全然不为所动。关于王安石与吕公著的关系,神宗有自己的解读方式:"王安石与吕公著的关系如胶似漆,可是一旦(发现)吕公著有罪,王安石也不敢隐瞒,这正是王安石最公正无私的地方!"[8]

司马光无语。违背了人性与常识的所谓无私,正是法家的严酷。

崇政殿上这一场谈话，两人不欢而散。神宗对司马光失望极了，他不能明白，司马光何以如此执拗，不能变通。司马光对神宗同样是失望之极，他深深地明白，神宗已经在王安石所引领的道路上越走越远，不可能再回头了。这个判断是相当准确的。七天之后，在一次单独会谈中，神宗向王安石转达了司马光对他的不满，说："司马光甚怨卿。"王安石当然要问为什么，神宗就把垂拱殿上的谈话复述了一遍。一个皇帝竟然充当了两种政治力量之间的传声筒，神宗显然忘记了自己的角色定位——皇帝应当是超越派别，超越利益的，而他却表现得像是王安石的学生。当然，这学生也并非没有自己的打算，[9]密切的师生关系就像是父与子，早晚会迎来儿子长大、另立门户的那一天。只是在此刻，神宗还是王安石的好学生。果然，王安石给了神宗如下教导："有才能的人胆敢作奸犯科，才最难防范。但陛下只要用心思考，遵循道理，赏罚严明，那么，即使是有才的人想要玩什么阴谋诡计，也不敢萌生歹心。如司马光辈，又安能惑陛下也？"[10]这一番话，显然没把司马光放在"有才能"的行列，而这比刀尖还锋利的最后一句，生生给司马光贴上了包藏祸心的标签！

偌大的东京城，轩敞的朝堂，其实已经没有了司马光的立足之地。

武举改革受挫

但是，在调任新职之前，司马光并未停止翰林学士的工作。八月二十四日，他奉命主持武举省试，在认真思考之后，提出了改革方案。

　　武举就是选拔军事人才的考试。论录取规模、授官高低、武举进士与军官队伍的结合度、社会影响力，武举的重要性都远远不如文科举。尽管如此，纵观人类的军事人才选拔史，宋朝的武举却是具有开创性的：第一，它试图解决一项重大难题，在和平时期怎样甄选将帅之才。第二，它引入了兵书策略的考试，提高了文化水平和军事理论在军事人才选拔中的分量。当然，不可否认，宋朝武举问题重重。武举考试分为两大部分：第一弓马，射箭和骑马射箭，这是体能和武术技能的考试；第二策论，这是军事理论的考试。按照当时的规定，举人先考武艺，合格之后才能参加军事理论考试。通过研究，司马光发现，射箭考试的要求过分强调力量和形式，弓本来已经是硬弓——军队常规用弓的弓力是从八斗到一石，武举用一石一斗、一石两种，又要求拉到弓如满月，弓马不合格就直接被刷下。武举选的是军事指挥人才，要张飞、赵云，也要诸葛亮，对力量应当有所要求，但是，过度强调力量，意义不大。因此，司马光提出一个武举优化方案：降低射箭考试的力量要求，提高军事理论考试在录取中的权重，允许弓马稍弱而理论特强的举人进入由皇帝亲自主持的殿试。

　　给武举人一个机会，就是给宋朝国家一个机会。司马光提出的武举改革方案，可以说是切中弊端的。它也符合文官群体对于武举的总体考虑，武举选的不是一勇之夫，而是"方略智勇之士"。然而，这个改革方案一报到宰相府即遭否决。神宗批示"再相度"，可是最终还是按照宰相府的思路执行了。[11]

　　司马光在武举中降低力量要求，提高军事理论成绩权重的想法到了南宋才得以实现。相较于文科举，宋朝的武举是很不重要的。南宋人方大琮（1183—1247）曾经毫不留情地批评说：本朝名臣宿将勋业赫赫，有出身武将世家的，有出身行伍的，"其自武举中出者几人"？！[12] 基本上一个都没有。原因很复杂，不是司马光这一项改革措施就可以彻底改变的。但是，司马光所提出的毕竟是一项合理的改革措施，而且成本很低，有利无弊。然而，它却被否定了。只因为，它是司马光的提议。

就这么简单。

孔文仲制科风波

就在司马光主持武举考试的同时，制科考试也在进行之中。制科又称制举，以选拔高级人才为目的，不定期举行，科目视国家需要而定。这一场制科的科目是"贤良方正能直言极谏"，顾名思义，要选拔正直勇敢有见识、敢说真话的人才。然而，考试的结果却是，"指陈时病，语最切直"，[13] 最敢说话的那个人——孔文仲（1038—1088）因为批评王安石落榜了！孔文仲的落榜经历了激烈的斗争。斗争的双方，一方是王安石、神宗，另一方是王安石的反对派，打头的是曾经极力推荐王安石的韩维。

这场考试的初试成绩，孔文仲本来是第一名。宋朝制科没有第一第二等，最高就是第三等。两位初考官宋敏求（1019—1079）、蒲宗孟（1022—1088）给孔文仲打的是"第三等上"的好成绩。覆考官王珪、陈睦往下拉了一点，放在第四等。而详定官韩维则主张维持"第三等上"的初考成绩。按道理说，经过了初考、覆考、详定，这就应该是最后成绩了。可是谁也没想到，王安石看到了孔文仲的文章，"大恶之"。按照正常程序，宰相不能干预制科考试。宰相不能，皇帝却能——皇帝无所不能，只要他愿意。于是，在王安石的授意下，神宗给考试组发来了手诏："制科'调'字号卷，仔细考察其对策之意，大致倾向是崇尚流俗，缺乏是非观，又轻视诋毁时政，且援引先王之经典不合义理。……以此人之学识，恐怕不足以录取，免得扰乱了天下人的视听，请重行斟酌，拿出一个新的成绩排名。"[14]这"调"字号卷就是孔文仲的对策。

神宗的意见遭到了考试组的抵制。韩维连上五道奏章，大声疾呼：

> 陛下不要以为孔文仲一个卑贱的读书人，让他落榜有什么关系！我只担心陛下黜退一个孔文仲，会让贤才俊士离心离德，忠臣良士结舌失语，而那些阿谀苟合的人会乘机窜上来。那危害就不是一点一滴的了，还请陛下收回成命。

王安石当时正好奉命外出祭祀，不在朝中。神宗独自面对强大的舆论压力，难以招架，赶忙派人送手诏问计于王安石。王安石回信说：

> 陛下看韩维辈出死力维护孔文仲感到为难，我却早就料到了韩维他们一定会这样做。孔文仲以不实言论污蔑陛下，迎合考官。如果不按照陛下的指示施行（淘汰孔文仲），而采用考官的意见录取提拔孔文仲，那么，天下有识之士必然会嘲笑朝廷糊

涂,而那些疏远无知的人则会觉得陛下就像孔文仲所说的那样,至于那些互相勾结意欲不逞的人会自以为得计,这就是我为什么不敢不奉行陛下圣明的诏旨啊!如今韩维想要拼死为孔文仲一争,如果陛下姑息他们、听从他们,那么君主的权力反倒被这群邪恶的人夺去了,流俗再加以煽动,未来必将寸步难行。现在那些流俗之人,一心想"朋党因循",互相勾结墨守成规,而陛下想要"考功责实",干一番实事,"考功责实"最怕的就是"朋党因循",所以他们要阻挠陛下挥动权柄,是再正常不过的了。如果陛下能够深思熟虑,以静制动,等他们做得太过火,再用制度、刑法处置,那么,小人们就会感到害怕,风气也会逐渐发生改变。[15]

韩维是神宗的潜邸旧人,也是极力推荐王安石复出的人。然而,政见分歧却已经让王安石把韩维视作了"流俗""群邪""朋党因循"的代表,摆到了对立面。对于韩维,王安石和神宗早已达成共识:论才干,论人望,韩维进入中央领导层,都是"最为可者"。可惜,韩维却从不愿意帮助陛下振兴大道,"然其志未尝欲助兴至理也"。[16]这"至理"大道是什么?当然就是王安石的新法、神宗的拓边。

得到了王安石的开解,神宗顿觉理直气壮。孔文仲制科落榜,发回原单位供职,只留下一篇慷慨激昂批评时政的文字,在开封的朝堂上回响。

司马光与孔文仲事件没有直接联系,他的同年挚友范镇却是孔文仲参加制科考试的推荐人。司马光与范镇不约而同地想起了九年前苏轼、苏辙兄弟参加的那一场制科考试。同样是"贤良方正能直言极谏科",苏辙言辞激烈,直把当时的皇上比作了误国昏君,而且,苏辙还答非所问、文不对题,犯有硬伤。然而,仁宗却说:"求直言而以直弃之,天下其谓我何?"最终,苏辙还是以"第四等次"的名次被录取了!录取之后,知制诰王安石却又横生枝节,怀疑苏辙依附宰相、攻击皇帝,拒绝为他起草制书。若不是有宰相韩琦大度开解,换了知制诰沈遘来撰辞,那么,苏辙还要遭受更多的挫折。[17]如今,轮到王安石当政了,孔文仲不过是在批评宰相、批评政策,有这么多人为他据理力争,却也改变不了落榜的命运。韩维是对的,落榜的不是孔文仲,而是宋朝政治的宽容之风!

范镇还是苏轼做谏官的推荐人。一年之内,他推荐的谏官人选遭到了莫名的调查,推荐的制科考生也黯然落榜,都是因为与王安石不同道。范镇愤然上疏,请求提前退休,"以赎(苏)轼贩盐诬妄之罪,及(孔)文仲对策切直之过"。[18]这当然是气话。范镇只有六十三岁,距离法定退休年龄还有七年。但是,他真的干够了——这紧张的空气、肃杀的氛围,早已不是他所熟悉的开封政坛。

司马光也干够了,他希望离开。对于现代读者来说,有一个问题可能需要解释——司马光为什么用离京而不是直接辞职来表达不满?

第一,他才刚刚五十二岁,还太年轻,退休显然不合适。第二,他还有治国平天下的心愿未了,他还愿意为天下苍生做一点事情。第三,我想引用当时另一位官员陈襄的话。陈襄的政治主张与司马光接近,四月份,因为反对青苗法被从御史台副长官的位置拉下来,去做了一个无关紧要的史官。到了九月,神宗想要任陈襄知制诰兼经筵侍讲。知制诰,皇帝的高级秘书,负责起草文书,一共才四个编制。可是陈襄拒绝了,情愿继续做一个小小的史官。陈襄在辞知制诰的报告里说:"古代做官的人,不得志可以去齐国、去楚国、去宋国,现在天下一君,没别的地方可以去,唯一能做的,就是辞尊居卑。""天下一君",别无选择;当一个做官的人对朝廷政治走向不满而又无力改变的时候,他所能做的就只有"辞尊居卑",这是陈襄的想法,也是司马光的想法。

"辞尊居卑"语出《孟子·万章下》。孟子认为,做官是为了行道、践行理想,治国平天下。"立乎人之本朝,而道不行,耻也。"[19] 为发财而做官,是孟子所不齿的。但是,孟子也同意,在某些情形下,比如家道衰败、父母年迈需要赡养,纵然无法行道,也是可以做官的。只是,在这种情形下做官,"亦不可以苟禄",不能谋求高位,要"辞尊居卑,辞富居贫",比如做个"抱关击柝"的小官,看看门、打打更,俸禄足以赡养父母,就可以了。

帝制中国的士大夫,学而优则仕,生命之中原本没有太多的选择。当朝廷的政策走向背离了自己心中的大道,当主政者已经不能容纳不同的声音,司马光和他的同道们也就只剩下了"辞尊居卑"或者彻底退休这一条路。

然而,即便是这样"退而求其次"的"辞尊居卑",在王安石眼里,也已经变成了罪过。陈襄的辞知制诰奏表,引用了《孟子》"辞尊居卑""抱关击柝"的原话。王安石看了,给神宗上札子说:"陈襄奸邪,附下罔上,暗地里与奸党配合,造谣诽谤试图扰乱时政。(这些情况)陛下应当早已明知,可还是每每想要重用陈襄,我真不知道为什么。……(陈襄说)他唯一能做的就是辞尊居卑,因此想要辞掉知制诰,只做一个修起居注的史官。那么陛下认为可以把记录皇帝言行的史官比作抱关击柝的贱吏吗?做臣子的辞官,按照礼义,可以说出这样的话来吗?!"陈襄经术、文辞、政事俱佳,深得神宗欣赏。陈襄辞知制诰、侍讲,并请求外任。神宗允许他辞知制诰,但仍然为他保留了侍讲一职,并手诏慰留说:"'朕素慕卿经术行己,深惜远去'……把你留在经筵,希望常在左右,用道义来磨砺朕,让朕常闻为政之道。"[20]这种欣赏,正是王安石所忌惮的。这一天,宰相的御前办公会之后,王安石又请求"留身",留下来单独与神宗面谈,探问神宗对陈襄一事的态度。终于,他听到了神宗的口头批示:"你讨论陈襄的文字,我看了,甚善。"[21]

如果陈襄有机会看到王安石的札子,一定会反驳说:"这有什么不合适的呢?这是《孟子》的原话呀!你王安石不也多次引用《孟子》吗?!"只可惜,陈襄没有这个机会为自己辩解。王安石对陈襄的指责,已经隐隐约约地透露出断章取义、罗织罪名的苗头,散发出令人不安的气息。司马光也无缘看到王安石的这封札子,但是,那种令人不安的气息,他们都感觉到了。

在这篇讨论陈襄的奏札中,王安石还教导神宗说:"崇高的官位,是皇帝赐予天下人才的荣耀,陛下却非要拿来塞给那些扰乱时局的奸佞之人,结果是遭到拒绝,让这帮人用来扩大自己在流俗中的声誉,让朝廷的官爵命令被世人轻视。我私下里为陛下感到不齿。"[22]

高官厚禄是用来做什么的?神宗用它收买司马光,认为那是巨大的荣耀和恩典。而司马光却坚信,做官是为了行道,如果心中的主张不得实现,那么,他情愿"辞尊居卑",离开首都,离开皇帝,离开让他回天无力的朝廷政治。熙宁三年九月二十六日,在司马光的强烈请求下,他获得了知永兴军(今西安)的职位。

1 《续资治通鉴长编》卷二一四,5201页。

2 《续资治通鉴长编》卷二一四,5200页;卷四,184页。孔凡礼《苏轼年谱》卷九,中华书局,1998年,184—185页。

3 1053年,司马光35岁,庞籍因外甥赵清贶事件遭弹劾下台,出守郓州。

4 《宋通鉴长编纪事本末》卷六二"苏轼诗狱"。

5 《苏文忠公全集·东坡奏议》卷九《杭州召还乞郡状》。

6 孔凡礼《苏轼年谱》卷十引《苏轼佚文汇编》之《与堂兄》,200页。

7 据《宋史》卷二九五《谢景温传》,谢景温调到中央、被提拔为侍御史知杂事,都是因为与王安石的关系:"景温平生未尝仕中朝,王安石与之善,又景温妹嫁其弟安礼,乃骤擢为侍御史知杂事。"9847页。

8 《续资治通鉴长编》卷二一四,5201页。

9 《续资治通鉴长编》卷二一五,5235页。王安石讨厌陈襄,神宗拖了一年还是给了陈襄知制诰的位置。

10 《续资治通鉴长编》卷二一四,5207页。

11 《续资治通鉴长编》卷二一四,5221页。

12 方大琮《铁庵集》卷二九《策问·武举》,基本古籍库"明正德八年方良德课本"有脱漏。文渊阁《四库全书》文字略不同。

13 《续资治通鉴长编》卷二一五,5246页。

14 《续资治通鉴长编》卷二一五,5245页。

15 《续资治通鉴长编》卷二一五,5246—5247页。

16 《续资治通鉴长编》卷二一四,"王安石独对",与神宗讨论两府人选时王安石的话,5207页。

17 《续资治通鉴长编》卷一九四,4711页。

18 《续资治通鉴长编》卷二一六,5263页。

19 朱熹《孟子集注》卷十,《四书集注》321页。

20 《续资治通鉴长编》卷二一一,5119页。引文末句,神宗原话是"以释所愿闻",君主"所愿闻"者,为政之道也。陈襄《古灵集》卷二五附

《国史本传》。《宋史》卷三二一《陈襄传》盖以《国史本传》为本,然文字删改缺略处多,10419页。
21 《续资治通鉴长编》卷二一五,5235页。
22 《续资治通鉴长编》卷二一五,5235页。

20

青苗法红线

韩绛宣抚陕西

曾公亮曾经感叹说:"上(神宗)与安石如一人。"[1]其实,这种"如一人"的状态,只是外人的观感。神宗与王安石终归还是两个人,而且这两个人几乎是同样的自信满满,只不过由于年龄的差距,神宗还在成长期,而王安石已经长成。所以,在现阶段,王安石像导师,是思想与经验的提供者;神宗像学生,接受王安石的思路,跟随王安石的引导。然而,他们毕竟份属君臣。一旦神宗长成,两人的关系必将发生微妙的逆转。即使是在现阶段,倘若仔细品味,神宗与王安石的差别也是相当明显的。比如说,作为国家命运的主导者,这两个人对于目前阶段宋朝国家首要问题的看法就并不一致。

神宗最关心的是边疆问题,他想要开疆拓土。熙宁三年(1070)八月,陕西传来警报,西夏人"倾国入寇","兵多者号三十万,少者二十万",对宋朝的大顺城等边寨不时进行长则六七日、短则一两日的围攻。[2]是可忍孰不可忍!"番邦小丑"胆敢挑衅,是危机,也是机会。参知政事韩绛主动请缨,要上前线,去陕西收拾西夏人,为国安边。神宗大加赞赏,于九月八日任命韩绛为陕西路宣抚使,并赋予了他"便宜行事"的大权。[3]十五日,神宗在集英殿摆下大宴,亲自为韩绛壮行。十七日,又下诏命令全体宰相、枢密使一起到韩绛府上送别。韩绛家外面的小巷子,连同临近的三条大街都被宰相大臣的仪仗队挤得水泄不通,看热闹的小孩子爬满了树,邻近几家酒店、茶楼的二楼雅座赚足了钱,那叫一个风光体面!第二天,九月十八,韩绛在宣抚使卫队的护卫下出征,鲜衣怒马,旗帜灿灿,甲胄鲜明,骑在马上的韩绛端的是威风堂堂、志得意满。韩绛宣抚陕西,是带着副宰相头衔出去的。神宗的决心由此可见一斑,他盼着韩绛此去,旗开得胜,浇灭西夏人的嚣张气焰,甚至招降纳叛、攻城略地,把宋朝的领土向西开拓。但是,对韩绛此行乃至宋朝国家对于西夏的战略目标,神宗并没有一个长远规划。所以,他给韩绛的指示是模糊的、笼统的,或者说是机会主义的——看情况,能前进多少就前进多少。

对于这一点,王安石不是没有警觉,他提醒神宗,应当"先定计","须有定计"。对于宋夏两个政权之间那些小部落,究竟该怎么争取,对于宋夏双方争夺的边境城池,如何进取,都应当有一个通盘的计划,不但要能"一举取之",而且还要守得住,[4]绝不能拿得下守不住,留下一个连年征战的烂摊子。毫无疑问,在这个问题上,王安石比神宗看得远,也更有战略眼光。但是,他并没有坚持说服神宗。这可能有两个原因:一是神宗决意由自己亲自主导西北战事,不打算让王安石过多插手;二是王安石真正重视、视为当务之急的,不是西北问题。那么,在王安石的日程表上,第一要务是什么?

立纲纪,"一道德",统一思想、统一作风!在王安石的心中,现阶段宋朝国家的首要任务不是边防,而是内政;不是陕西,而是朝廷;不是军事,而是思想。神宗要跟王安石讨论陕西边境问题,王安石说:"边事极易了,只是朝廷纲纪未立,人趣向未一,未可论边事。"[5]"边事"果真"易了"吗?未必。但是在王安石心中,真正的当务之急,是统一宋朝统治阶级内部思想,"一道德以变风俗",⁶消灭"异论"。如何才能做到立纲纪、一道德?从皇帝做起,充分发挥皇权的权威性。王安石说:"'乾'卦所指示的,才是为君之道。非刚健纯粹,不足以为'乾'。"⁷王安石还批评神宗说:"陛下明智,超越前世人主,只是刚健不足,未能一道德以变风俗,导致异论纷纷,不止不休。如果陛下能够身体力行,每遇一事都用义理来决断,那么,时间长了,整个社会的风气自然就会发生改变。"⁸王安石教导神宗要刚健,要决断。当然,刚健的皇帝应当是和自己站在一边的。对此,王安石毫不怀疑,就像他从不怀疑自己与道义同在一样。

在内政问题上,青苗法已经成为一条红线,成了流俗与正义的分界线。支持青苗法的得升迁,反对青苗法的遭贬黜!青苗法的这一妙用,说起来倒是神宗的"发现"。

韩绛宣抚陕西,这是神宗寄予了厚望的。宣抚司的人事权,神宗也下放给韩绛,韩绛看中了谁,基本上就可以调,报批中央即可。但是,韩绛想要用韩铎担任河东转运使,调度军需,却遭到了王安石的反对。韩铎现任提点河东路刑狱,就地提拔,本来是很便利的。神宗也觉得韩铎可用,他还记得"韩铎点检城墙防御器械非常仔细"。为什么就不能用呢?王安石说:"朝廷派韩铎去检查,仔细是他的职责本分。可是这个人对待青苗法却很不配合,现在正有人弹劾他,怎么能又提拔呢?!"听到这话,神宗很是不以为然,说:"看人应当看全面,'岂可专为常平一事黜陟人'?""常平"指的就是青苗法,负责推行青苗法的使者称为提举常平官。

神宗本来只是就事论事,并没有过多的深意在其中。没想到王安石却认了真,表情严肃地解释说:"我只看到韩铎处置常平事错误,应当降职，没发现韩铎做其他任何事情值得升迁。'陛下似未察臣用意'，我难道会因为自己建议设置常平法，就专门用常平法来升降官员吗？常平法只是天下事的万分之一，而且我用来辅佐陛下成就大业的，绝不是就只有建议设立常平法一项啊！'陛下似未察臣用意'啊！"

"陛下似未察臣用意"这句话，王安石说了两遍，显然是受到了伤害。王安石的情绪电波，神宗接收到了，后来专门道歉，向王安石表白说："朕方以天下事倚卿，卿不得谓朕不知卿。"[9]

虽然王安石不承认他"专以常平一事黜陟人"，但是，在司马光的眼里，青苗法却真的成了一条决定官员升降去留的红线。

邓绾颂圣得好官

有一个名叫邓绾（1028—1086）的宁州（在今甘肃）通判，给神宗上书说："陛下得到了伊尹、姜尚一样的好宰相，实行青苗法、免役法，百姓无不载歌载舞，歌颂圣上的恩泽。这是我在宁州看到的，看宁州一个州就可以知道一路的情况，看一个路就可以知道全国都是这样。青苗法真是不世出的良法，愿陛下坚守实行，不要被浮议所动摇。"邓绾还给王安石写了信和颂诗。王安石得书大喜，报告神宗，神宗也是喜出望外，下诏让邓绾火速进京。

邓绾一路上都由朝廷的驿站接待。估摸着快到了，神宗又派出几拨人马到开封附近的驿站、城门守候，以便第一时间得到邓绾的消息。邓绾是头一天傍晚到的开封，宫城已经关门下钥，他进京的消息是从右掖门的小洞递进宫的——神宗的迫切心情由此可以想见。

第二天一早，神宗立即召见邓绾。接着，王安石又单独接见，与邓绾面谈。王安石问邓绾："家属一块来了吗？"邓绾说没有。王安石说："为什么不一块儿来呢？你不会再回宁州任职了！"

可是，让邓绾没想到的是，新任命发下来，竟然就是宁州知州，职位升了一级，地方却还是老地方。怎么会这样？！王安石凑巧出差不在，这肯定是陈升之、冯京两位宰相所为。

邓绾愤愤不平，公然扬言："急火火地召我来，竟然让我回去知宁州？！我已经告诉王介甫了。"有人逗他："你觉得你应该做什么官呢？"邓绾脱口而出："怎么着也得是个馆职吧？"全场爆笑，当邓绾是狂人。又有人火上浇油，说："你不会是要当谏官吧？"邓绾昂起头，骄傲地回答："正自可以为之！"

第二天，王安石回朝，果然推翻原判，邓绾得了馆职，进入宰相办公厅工作，担任检正中书孔目房公事。

一个名不见经传的小官，就因为上书赞美青苗法，竟然一步登天，成了宰相属官。这升天速度，堪比炮仗！羡慕的人有，动了活心思的人也有，更多的人还是不屑。邓绾自己也不是完全不自知。他是四川双流人，颇有几个同乡在开封，然而他此番进京，如此志得意满，却没去拜访同乡。知道同乡们在背后对自己指指画画，邓绾又昂起头，打鼻子里哼出一声来，道："笑骂从汝笑骂，好官我须为之！"[10]

范镇勇决遭贬斥

有人因为歌颂青苗法得美官，也有人因为反对青苗法遭贬斥。早在青苗法实施之初，范镇就曾经批评它是"盗跖之法"。[11]如今青苗法实施一年，河北、陕西、河南等地大旱，已经有老百姓拖儿带女出来逃荒乞食，而青苗贷款仍然成功地增加了政府的财政收入，这不是抢劫是什么？！

范镇申请提前退休的奏札已经打了四次，神宗都不理会，既不理会他所说的问题，也不准他退休。范镇思考再三，写下了第五份奏札，这第五份奏札，他写完之后反复展读，仔细斟酌，好几次想要递上去又缩回手来，然而最终还是递上去了。而王安石读罢，果然怒不可遏。这封报告里究竟写了什么？

第一，替苏轼、孔文仲鸣不平。第二，说青苗法。前一部分倒也罢了，说青苗法的这一段，力透纸背，直指要害："那些说青苗法有成效的，难道不是因为一年得了几十万、一百万的铜钱吗？这几十万、一百万的钱，不出于天，不出于地，更不是从那些建议设置青苗法的人家里出来的，全都出自老百姓。老百姓就像是鱼，财富就像是水，水深鱼才能活，财富充足老百姓才有生意。'养民而尽其财，譬犹养鱼而欲竭其水也。'现在那些官员，只要能多发放青苗贷款、又收得回来的，有从知县一跃而提拔成转运判官、提点刑狱，那些急进侥幸的人，哪里还会顾念陛下的老百姓呢？！"[12]

如此露骨地戳破青苗法的真面目，必定会激怒王安石。这一点，范镇十分清楚，他在奏札里剖白心迹："我知道这样的言论一旦递上去，必然触怒大臣，罪在不测。然而，我曾以忠诚事奉仁宗皇帝，仁宗没有赐我死罪，只是撤了我的言官之职；我曾以礼义事奉英宗皇帝，英宗没有治我的罪，还让我做京畿的地方官。倘若我不用我事奉仁宗、英宗的心来事奉陛下，那么，是我对不起这个时代。"忠诚、礼义是范镇、司马光的立身之道,是他们从寇准的时代、范仲淹的时代继承来的教养,深入骨髓。他们的忠诚,是对江山社稷的忠诚,是范仲淹所谓"大忠"!

范镇所料不错。王安石拿着范镇奏札的手都在打颤。新任参知政事冯京看见,小声劝了一句:"何必这样呢?"

既然范镇要求退休,那就让他退好了。可是这宣布退休的文书,必须昭示惩戒。下属把范镇退休制书呈上来,王安石看了,"不称意",扔到一边,另外选人来写,还是不满意,干脆拿起笔来亲自修改。王安石亲手加上去的,是这样几行:"范镇之前做谏官,曾遭到朋党营私的指控;晚年做翰林学士,又因阿谀奉承遭到斥责。他的议论常常假托公正,以达到邪恶的目的,甚而至于对先帝深加诬蔑,来掩盖他'附下罔上'的丑行;他极力提拔小人,被那些败坏纲常祸乱风俗的恶行所迷惑。"所谓"附下"说的当然就是司马光一伙,而提拔小人,毫无疑问指的是苏轼之流。"附下罔上"这个词,王安石在陈襄身上用过,陈襄、范镇这些人,明明能巴结到皇帝,却为什么要违拗皇帝和大权在握的首相王安石,偏偏要"附下"呢?王安石说,他们有邪恶的目的。这目的究竟是什么呢?王安石却不再穷究。

在对范镇做了无情"揭露"之后,王安石结论如下:"稽用典刑,诚宜窜殛;宥之田里,姑示宽容。"[13]窜殛,窜是流放;殛有两解,流放、诛杀。(像范镇这样罪大恶极的)按照法典刑律,实在应当流放甚至诛杀;(可是圣上宽仁)赦免他,放归田里,以示宽容。"宽容"的意思,到这里变成了"虽曰该杀,饶你不死"。

这样一篇杀气腾腾的制书,让所有看到、听到的人都为范镇捏了一把汗。可是范镇却十分平静,照惯例上表感谢皇帝放他提前退休,说的仍然是"希望陛下集合众人的意见，兼听博采，以此来防备那些试图隔绝陛下视听的奸谋，任用老臣作为心腹，来存养和平福祉"。[14]忧国之心，天日可表！

宋朝优待高官，退休之后没有职务工资，收入减少，所以在退休之际，照例要提高级别，另加赏赐。这些应得的赏赐，范镇一样也没拿到。范镇退休之后，也没有远走，仍然踏踏实实地住在开封，就在王安石的眼皮子底下，每日里读书赋诗，日子过得优哉游哉。有朋友备下酒食来请他，哪怕对方贵为皇亲国戚，范镇也不拒绝，照吃不误。但是如果别人不请，那么范镇是绝不主动登门打扰的。司马光为范镇作传，赞美范镇是当世最勇敢的人，是"勇于内者也"。[15]君子坦荡荡，这"君子"二字，范镇的确当得！然而，我们若换一个角度来看，也不得不对宋朝的政治大风气略表赞美——在王安石当政的时候，他的敌人，他如此讨厌的一个人，也还可以在首都正常地居住和与人交往。

宽容的边界正在后退，但空间还是有的。

临去三札为黎民

范镇已经退休，彻底退出了政治舞台。司马光还要继续前行，去做他的知永兴军，永兴军是宋朝对唐朝故都长安的正式称呼。他即将担任的职位是知永兴军兼永兴军路安抚使、兵马都总管，除管理永兴军一州地方行政之外，还"兼领一路十州兵民大柄"。[16]宋朝在陕西设有五个路，其中有四个缘边，直接与西夏接壤，永兴军路没有与西夏直接接壤的地域，属于陕西腹地，负有应援其他四路的责任。在边境形势相对和缓的时期，宋朝通常以资历较深的官员坐镇永兴军，照应缘边四路。如今韩绛宣抚陕西，在延安开府，是陕西战事的最高指挥官。司马光出守永兴军，神宗也是寄予了希望的。十一月二日，作为待任知永兴军、永兴军路安抚使、兵马都总管，司马光朝见神宗，做上任前的告别。这叫做"朝辞"，是皇帝与地方大员之间沟通想法的重要渠道。神宗当面指示司马光，"凡边防事机及朝廷得失，有所闻见，令一一奏闻"。[17]

让神宗万万没有想到的是，司马光却拿出了三份奏札，这三份奏札，说的都是永兴军的事、陕西的事。对于永兴军一个州、一个路乃至整个陕西的老百姓可能遭受的苦难，在过去短短的一个多月中，司马光已经有了深思熟虑，他要在临别之际，当面请命。那么，司马光这临去三札究竟说了些什么？

第一札，请求在永兴军一路十州范围内免于推行青苗法和即将出台的免役法。"役"是老百姓以一定时间的无偿劳动形式履行对朝廷国家所承担的义务。免役法，简单地说，就是取消无偿劳动，改为百姓纳钱免役，政府用收到的钱向市场购买所需服务。司马光认为，免役法的危害将会比青苗法还要严重。为什么？"上等人户本来是轮流充役，有时间获得休息，改为免役之后，年年都要交钱，却变成了永远得不到休息；下等人户本来无役，如今却都要出钱，结果是孤贫鳏寡之人，也无法免役了。"所以，司马光断言，免役法最终会变成一项沉重的经济负担压在老百姓头上，而陕西这个地方，"多年以来为国家供应边防，民力凋敝，怎么能再用这样无益之事来劳扰他们呢？！"因此，司马光恳求："伏望圣慈特免永兴军一路青苗、免役钱，以爱惜民力,让陕西老百姓专心供应边防吧!"[18]

第二札,请求皇帝承诺不调发陕西的"义勇"去守边,更不要把"义勇"直接变成军人。这一请求之中,包含了司马光对本朝一项传统边防策略的深刻反思。这项边防策略就是每临大战必征兵。老百姓临时披上战袍,浩浩荡荡地开往前线,只能虚张声势,吓唬吓唬人,并不能实质增强宋军的力量,却会破坏老百姓的生产生活。陕西所遭遇的大规模征兵,司马光有生之年已经遇到了两次:第一次是1040—1041年宋夏战争期间,"三丁之内选一丁",原本说只是当民兵保家乡,结果却很快就被刺了面成了正式军人,派往前线;第二次是在1064年,仍然是"三丁之内刺一丁",充当"义勇"。[19]第一次征兵时,司马光正在涑水故园为父母守孝,耳闻目睹周围百姓的"惶扰愁怨"。丧失了三分之一劳动力的陕西州县"田园荡尽……比屋凋残",二十年难以恢复元气。所以,当1064年朝廷决定对陕西进行第二次"三丁刺一"的时候,正在担任谏官的司马光六上札子,坚决反对,又亲往中书向宰相韩琦表达了最强烈的抗议。[20]当时司马光有一个最大的担心,就是政府早晚会把这些"义勇"民兵改编成正规军,让他们永远无法回到土地上去。如今西北局势紧张,这种可能性几乎是一触即发的。所以,他临别上札,为陕西十五万"义勇"儿郎请命。[21]

第三札,请求朝廷不要把所有的兵都调到边境上去,而忽略了内地州军的安全,相反要加强内地的兵力,以备不虞。这样的建议,范仲淹在宋夏战争期间也曾经提过。

下殿之后、出城之前,司马光曾经多少次回过头去,想要再看一眼皇帝的宫殿,再看一眼帝国的首都。"昔我往矣,杨柳依依",司马光临去的心情,正在依依与决绝之间。依依者为民,决绝者为君。而君与民又岂能分得开！对于神宗与王安石，他彻底失望了，所以他舍得离开生活了十三年的开封。对于目前的形势，他几乎看不到什么希望。但是，他又怎么能够放弃希望？这临去三札，便是他不忍弃绝的希望的挣扎。

1 《续资治通鉴长编》卷二一五,5238页。

2 《续资治通鉴长编》卷二一四,5220页。

3 《续资治通鉴长编》卷二一五,5237页。

4 《续资治通鉴长编》卷二一五,5240页。

5 《续资治通鉴长编》卷二一四,5217页。

6 《续资治通鉴长编》卷二一五,5232页。

7 《续资治通鉴长编》卷二一四,5217页。

8 《续资治通鉴长编》卷二一五,5232页。

9 《续资治通鉴长编》卷二一六,5256—5257页。

10 《续资治通鉴长编》卷二一六,5253页。

11 《宋会要辑稿·食货》四之一八,必须承认,范镇起初对青苗钱的理解有误。唐代后期的"青苗钱"是赤裸裸的敛财恶法,《新唐书》卷五一《食货志》载:"以国用急,不及秋,方苗青即征之,号'青苗钱'。"相比之下,宋代青苗法是设计精良的政府有息贷款。魏泰《东轩笔录》卷一五曾经辨正。

12 《续资治通鉴长编》卷二一六,5264页。

13 《续资治通鉴长编》卷二一六,5264—5265页。

14 《续资治通鉴长编》卷二一六,5265页。

15 《司马光集》卷六七《范景仁传》,1389页。

16 《司马光集》卷四三《谏西征疏》,942页。

17 《司马光集》卷四三《谏西征疏》,942页。

18 《司马光集》卷四二《乞免永兴军路青苗助役钱札子》,931页。

19 《司马光集》卷三一《义勇第一札子》,749页。

20 参见本书第4章《"式微"歌》。《义勇第一至第六札子》在《司马光集》,"第一札",卷三一,749—750页,"第二、第三札",卷三一,752—755页;第四、五、六札,卷三二,757—765页。

21 《司马光集》卷四二《乞不令陕西义勇戍边及刺充正兵札子》,932页。

21
登楼不见山

岁晚愁云合

熙宁三年(1070)十一月二日,司马光拜别神宗,第二天,他便带着张夫人、儿子司马康和简单的家当离开了开封,前往古长安上任。从开封向西进入陕西境内,一路之上,迎面而来的,都是拖儿带女背井离乡的逃荒人。司马光下马询问,人们告诉他:"今年夏天遭遇大旱,庄稼都干死了。黄河、渭河以北,颗粒无收,唯独终南山下那一小片,还略有收成。秋天又下起连阴雨,一个月都不见晴天。庄稼看着是结了穗,可都是瘪的,根本就不出米;就算有米的,也都是又细又黑,当不得粮食。一斗谷子,舂簸之后,也就出三四升的小米。谷价飞涨,朝廷连年征调,谁家也没有存粮,本地已经没有办法互相救济了。只好往东来洛阳,向南去襄州、邓州、商州、虢州讨生活,要么给当地人做佃客打零工,要么上山烧炭砍柴,要么干脆乞讨偷盗,只求活命。"[1]

张夫人在车里听着,已然是泪流满面,司马光却是欲哭无泪。面对这样的局面,"国家唯一应该做的,是镇之以静,减少乃至停止大规模的活动,以减少开支",只有这样,才能减轻百姓负担,减少流亡。"苟或不然,国家即使是(口口声声)要减轻租税、宽限欠债"。又怎么可能呢?[2]

十一月十四日,司马光抵达长安。下车伊始,还没来得及喝一杯热茶,便被宣抚司铺天盖地的命令所包围:命令陕西义勇分作四批,轮番发往缘边戍守;命令在当地驻军中选拔精锐之士,同时面向社会招募敢死队员,以备奇兵;命令各州制作干粮、布袋、推车,以备运送军粮……所有这些命令,全都指向战争。长安城里人心惶惶,流言漫天。不是流言,这是明摆着的呀,朝廷要对西夏人动真格的了。要不然怎么会派一个副宰相亲自到延安坐镇指挥呢?!

"对吧?大人,您从皇帝身边来,是不是真的要开战了呀?"

面对下属小心翼翼的试探,司马光脸色铁青,眉头紧锁,双唇紧闭。他所担心的事情似乎正在一步一步变成现实。究竟会不会有一场大战呢?临行之时,神宗给司马光的当面指示,是"谨严守备"和"坚壁清野",以守为主,不要主动出战。[3]可是看陕西这情形,尤其是宣抚司的动静,却分明是磨刀霍霍,准备大干一场的架势。他临去三札的第二札便是请求不要调发陕西的义勇(民兵)去守边,可是,宣抚司却已经下令义勇轮番戍边。庆历年间的悲剧在重演。朝廷今天能把民兵调去守边,明天就能把民兵变成军人。陕西老百姓的日子已经如此艰难,万一战争爆发,他们又拿什么来支持军需呢?

永兴军衙门有一座"见山楼","见山"二字盖取陶渊明"采菊东篱下,悠然见南山"之意,登之可以远眺南山,舒心适意。司马光到任十日,才略有闲暇,可以登楼一观,然而"岁晚愁云合,登楼不见山",[4]眼中所见即心中所想,司马光的心中,也是愁云四合,不见南山。

司马光试图拼将一搏,抵制宣抚司那些急于星火的命令。他决定首先拿制作干粮的命令开刀。相较于征发义勇戍边的命令,这是小事，也是大事。粮食关系人命。官仓里的存粮已经不多，眼下救灾需要发放一批。到明年春天，还需要一批，才能让那些贫困户喝上粥，保住命，地里的庄稼也才能有人种。既然朝廷并没有下令开战，那么干粮就不是急需物资。干粮造出来，一时半会用不上，就会发霉变质成为废物。眼前的人命比想象中的战事更重要，陕西人的日子还要过，地还要种。顶着巨大的压力，司马光下令，暂不执行宣抚司制作干粮的命令，同时，他又向宣抚司打报告，请求取消干粮制备命令。[5]

冲撞青苗法

在永兴军的每一天，司马光的内心都在经历着痛苦煎熬。他努力用自己瘦弱的身躯抵挡着来自上面、来自开封的压力，想要多为永兴军百姓争一点活命的粮，可是，上面却一点松动、改变的意思也没有。司马光心里很清楚，他改变不了任何东西。神宗和王安石想要做的事，他在开封无法改变，到了长安就更是鞭长莫及，影响乏力了。然而，为了永兴军的老百姓，他愿意拼上自己的政治前途。大不了像范镇一样提前退休，没什么了不起。

自从接任知永兴军，司马光就拿自己的政治生命跟神宗—王安石的政策碰撞，最终，他撞到了王安石视为红线的青苗法。青苗法标榜的是以政府提供的低息贷款取代民间高利贷，帮助农民度荒。但是，根据当时人的观察，青苗法的贷款利息从来就不低，而且在实践当中，它以国家政权为后盾强制推行、强制回收，借款者根本就没有"不借"的自由，更没有"不还"的胆量。韩琦早就断言，青苗法就是政府的敛财工具。司马光从一开始就反对青苗法,他离开开封之前,曾经向神宗请求把永兴军作为特区,免于推行青苗法和后来兴起的免役法,"让陕西老百姓专心为陛下的国家供奉边防",可是这个卑微的请求却并未获准。熙宁三年(1070)十二月十一日,王安石升任宰相,二十二日,朝廷颁布诏令,正式推行免役法。熙宁四年正月,当春天即将到来的时候,作为永兴军的地方长官,司马光的面前出现了一道难题:催收青苗钱。

青苗钱是一年两次发放和回收:春散夏敛,春天发一次,夏天回收;夏散秋敛,夏天发一次,秋天回收。它的利息明文规定是不能超过二分的。但是,这不是全年利率,而是从春天到夏天、从夏天到秋天的利率,所以,它真实的利率水平不是20%,而是40%甚至更高。[6]为什么会更高呢?制定青苗法的人数学学得很好,只可惜良心不好。青苗法是以实物(粮食)形式发放和回收的,但不是借什么还什么。夏天借小米1石,到秋天还小米1石2斗。这是借什么还什么。青苗法不行,借什么,还什么,都是官府说了算。官府说,借小米要还谷子。怎么还呢?算一算谷子的出米率?把出米率加上?也不行。官府说,要这样算:小米1石计价75文钱,谷子1石计价25文钱。夏天借小米1石等于75文钱,也就是3石谷子,秋天要还本钱3石谷子加利息6斗谷子,总计3石6斗谷子。讨价还价?门儿都没有。你想说官府借出来的都是官仓的陈粮,我们还回去的是簇新喷香的新谷?想都别想!

大正月里,从初一开始,司马光一共上了五道奏状,有两道是说青苗法的。一道请求把青苗法里的算计拿开,借什么还什么,借1石的米还1石2斗。如此,"细民犹不至穷困,官中取利虽薄,亦不减二分元数"。[7]在政府与小民之间，司马光想要达成一个可持续的平衡，让王安石所主导的政府稍稍向后退一步，给已经遭受凶荒、挣扎在死亡线上的下层老百姓留一条活路。司马光的另一道奏状，则希望能暂缓追缴青苗欠款。青苗法推行已经一年多，经历了两次放贷，也应该有两次回收。可是，熙宁三年是个什么年成呢？夏天大旱、秋天淫雨，夏粮绝收，秋粮严重歉收，老百姓拿什么还这样高息的贷款？

还不上，怎么办？按照中央规定，受灾严重地区，春季的青苗借款，如果夏季无法偿还，可以拖延至秋季，但是，到秋季就绝不能再拖了，"不得将两次灾伤重叠倚阁"，必须还。这是一条死命令，由开封主管经济的司农寺下发到各地主管青苗法的常平司，再由常平司下发到各州府。可是拿什么来还呢？已经有那么多还不起的出去逃荒了，还想再逼走更多的人吗？

司马光直接给皇帝上书，为小民求情：

> 朝廷散发青苗钱，本来是为了救济穷困缺粮的百姓……让他们能生存下去，而不是想要乘人之危，规求利息的。……（司农寺的这项规定）我私下里揣度，恐怕它不符合陛下青苗法令的初衷。（陛下试想，）一次受灾，民间还有一点旧积蓄，不至于太困难，而朝廷还允许他们暂缓缴纳青苗钱。哪有说连着遭遇两次灾害，老百姓的日子变得更艰难了，朝廷却要催着他们还债的呢？旧有存粮都已吃完，新谷又没有收成，你让他们拿什么来还呢？（陛下再想，）各州各县看见司农寺有这样严厉的指示，必定是不问老百姓有没有，就尽力督促，严加科责，那让老百姓靠什么生活？我想，朝廷是百姓的父母，必定不肯如此……[8]

司马光以己度人，想象他的皇帝一定不会同意这种竭泽而渔的做法。所以，他告诉神宗，他已经下令下属八个受灾最严重的州，按照百姓受灾的实际情况，决定是否追缴青苗钱，不必执行司农寺的追债命令。

这封报告，司马光一式两份，一份让人快马加鞭送去开封，一份提交陕西常平司。结果怎么样呢？

不久，司马光得到了圣旨："命令陕西常平司疾速关牒永兴军，本路州军必须认真执行司农寺的催缴命令，一切按规定执行。不得执行司马光所下命令，以致耽误百姓及时缴纳青苗钱。"[9]

接到圣旨的第二天，司马光就递交了请求到洛阳出任闲职的报告。这一次，开封很快就批下来了。四月，司马光离开长安，前往洛阳。[10]

司马光在长安，熙宁三年十一月来，熙宁四年四月走，前后不到六个月。"恬然如一梦，分竹守长安。去日冰犹壮，归时花未阑。风光经目少，惠爱及民难。可惜终南色，临行子细看。"[11]"惠爱及民难"，是司马光最大的遗憾。能做的，他都已经努力做了，可是仍然抗不得开封，救不得百姓。此番告别长安，比之半年之前离开开封，他的心里有更多的不舍与担忧。

1 《司马光集》卷四三《谏西征疏》，942页。

2 《司马光集》卷四三《谏西征疏》，942—943页。

3 《司马光集》卷四三《谏西征疏》，943页。

4 《司马光集》卷一一《登长安见山楼》，369页。

5 《司马光集》卷四四《申宣抚权住制造干粮皱饭状》，953—955页。

6 漆侠《王安石变法》，132页。

7 《司马光集》卷四四《奏为乞不将米折青苗钱状》，959页。

8 《司马光集》卷四四《奏乞所欠青苗钱许重叠倚阁状》，956页。

9 《司马光集》卷四四《奏乞所欠青苗钱许重叠倚阁状》，957页。

10 据苏轼《司马温公行状》，在获得判西京留司御史台的闲职之前，神宗还曾命司马光知许州，但他没有接受。《三朝名臣言行录》引《闻见录》载："帝必欲用公，召知许州，令过阙上殿。方下诏，谓监察御史里行程颢曰：'朕召司马光，卿度光来否？'颢对曰：'陛下能用其言，光必来；不能用其言，光必不来。'帝曰：'未论用其言。如光者常在左右，人主自可无过。'公果辞召命。"据此，则神宗还有把司马光召回开封的意思。但是，这个记载可能是有问题的，因为程颢在熙宁三年四月就已经罢监察御史里行，贬为外任，见《宋史》卷一五《神宗本纪二》，276页；程颐《明道先生行状》记载相同而略详，[宋]程颢、程颐著，王孝鱼点校《二程集》，中华书局，2004年2版，2011年6印，634页。

11 《司马光集》补遗卷一《到任明年旨罢官有作》，1632页；卷一一《别长安》末二句同，前两句为"暂来还复去，梦里到长安"，370页。

第四部

长安不见使人愁，
1071—1085

1071年，司马光退归洛阳，开始了长达十五年的退居生涯。这十五年成就了伟大的《资治通鉴》，这是整个大宋朝廷在这十五年间对于华夏文明的重要贡献。在书局以外，从开封到各地，"王安石路线"成功统治整个宋朝十五年——前六年是王安石在前台，神宗在后台，君臣合力；后九年王安石退居金陵，神宗一身而兼二职，大权独揽，直把宰相当成了高级秘书。皇权走向专制，官僚沦为工具。这十五年的施政，理财富国基本成功，开疆拓土得少失多。最终，骄傲的皇帝在委屈愤懑中孤独地撒手人寰。

22

勇敢者的墓志铭

神宗的挫败

熙宁四年（1071）的春夏，对于司马光和宋神宗来说，都是一段艰难时光。

熙宁四年的正月初一，[1]身在长安的司马光无心过年，他奋笔疾书，为民请命，"昧死"请求神宗爱惜民力，切勿轻启战端。按照宋朝礼制，大年初一应当是正旦大朝会的好日子。一元复始，万象更新，神宗会在文德殿上接受百官朝贺。在司马光的想象之中，这一刻，在开封，巍峨的文德殿上，必定是香烟缭绕，章服灿灿，欢呼阵阵，"万岁"之声响彻云端。

司马光断然不会想到，开封的新年同样寂静凄寒，这一年的正旦庆典并未如期举行。《续资治通鉴长编》卷二一九载："熙宁四年春正月丁亥朔，上不视朝。"《宋史·神宗本纪》的记载基本相同。正旦大朝会取消，是极不寻常的事情，通常只有在皇帝"不豫"时才会发生。神宗为什么会取消这一年一度的新年庆典？《续资治通鉴长编》和《宋史》都没有说明。根据此前此后的情况推测，神宗做出这项决定，可能有两个原因：第一，陕西、河北的旱情继续恶化，神宗要用行动对上天表示敬畏；第二，神宗的西北拓边计划遇挫，他心中忐忑。

神宗撇开王安石、亲自主导的西北拓边行动遭遇了严重挫败。熙宁三年夏，宋和西夏在边境地区互相试探，军事摩擦不断，互有胜负。宋军曾经连破西夏五个边寨，让神宗很是兴奋，下诏褒奖了指挥这场军事行动的庆州知州李复圭。但是没过多久，西夏国主李秉常便亲率大军，包围了宋军的桥头堡大顺城，夏军前锋进犯榆林，距离庆州城只有四十里，震惊了整个陕西。九天之后，夏军退去。李复圭受到了降级降职的处分。[2] 这小小的挫败并未让神宗灰心，他把希望寄托在了韩绛的身上——熙宁三年八月，韩绛以副宰相的身份受命出征，担任陕西宣抚使；十一月，神宗改命韩绛为陕西、河东宣抚使，干脆将与西夏接壤的两个路的边防大权全数赋予韩绛；[3] 熙宁四年正月，神宗又派人把诰敕送到陕西前线，"即军中"拜韩绛为宰相，排名且在王安石之上。

然而即便如此，神宗的心中还是不安的。二月十六日，他发布诏书，调低了陕西边防策略的基调：

> 诏河东、陕西诸路经略安抚、转运、钤辖司：近来守边将吏，有人贪功生事，妄起衅端，以开边隙。（相关人等）虽已经审查，降职责罚，恐怕还不能充分展现朝廷镇抚四夷的意思，因此必须特行戒谕。夏国有错，已不许其朝贡。命令逐路帅臣，自今日起，遵守约束，务求安静，监察约束缘边将吏，切勿主动挑衅，引发边境冲突。如稍有违，当行诛责。[4]

事实证明，神宗的不安是有道理的。二月十六日诏书尚未抵达前线，十八日，西夏人便组织反击，攻陷了抚宁堡。宋朝新近从西夏夺取的土地、修筑的堡寨尽数丢失，更白白损失了一千多大好儿郎。三月,西北战区主帅韩绛"坐兴师败衄罢",遭到贬官处分,调任邓州知州。[5]皇帝总是正确的,韩绛承担了贸然"兴师"的罪名。

危辱时代

好抖机灵的开封政治观察家在私底下不厚道地笑了:"韩绛吃了败仗,皇帝的心气儿短了,这下王安石更得意了!"听的人先是一愣,定神想想,恍然大悟,不住地点头。这话应当怎么讲?

跟司马光一样,王安石反对贸然出兵攻打西夏;跟司马光不一样的是,王安石并不反对出兵本身,他所反对的是缺乏战略眼光、没有准备的贸然出兵。同神宗相比,王安石在领土方面的心胸更远大,想法更扎实稳妥,他主张步步为营,稳扎稳打,第一步笼络征服西夏周边的小部族,第二步对付西夏,第三步对付契丹,最终恢复汉唐旧疆。而实现这样一个大战略,必须建设强大的军队,建立雄厚的财政基础。如何建立雄厚的财政基础?那便是行青苗、免役、市易诸项新法。新法行而国家富,国家富而后可强兵,富国强兵而后可以对外。王安石的蓝图,神宗基本接受,可是他又按捺不住建功立业的急迫,所以才会抛开王安石,派出韩绛宣抚陕西,自己坐镇开封,主导开边。神宗的这点儿小心思,王安石了如指掌,知道拂逆不得,所以事先并未着力反对用兵——他甚至还表示愿意亲自上前线,以示姿态。如今韩绛开边受挫,正好让神宗吃一堑长一智,自己老老实实地回到王安石的路线上来。

这番推演,听起来有欠厚道,可是仔细咂摸,也确实有几分道理。

开边受挫之后的宋神宗开始接受王安石的主张,把内政暂时放到了第一位,加大了排斥、打击异己分子的力度,力图扫清新法推行路上的所有障碍。二月,朝廷下旨处分阻挠青苗法的官员;三月,又派出使者巡行各地,纠察奉行新法不力的情况。[6]凡遭遇调查的,多难逃处分。比司马光资格更老的前任宰相富弼,就因为拒不推行青苗法遭到了贬官处分,而在此之前,富弼已经获得神宗恩准,回洛阳家中养病。[7]王安石的醉翁之意显然不在富弼,而在于一切反对派。第二年(1072)正月,京城开始设置"逻卒","察谤议时政者收罪之"。[8]后来,王安礼做开封知府的时候,"逻者连得匿名书,告人不轨,所涉百余家"。神宗下令开封府"亟治之"。王安礼顶住压力找到了诬告之人,"即枭其首于市,不逮一人"。[9]王安礼之所以敢如此、能如此,显然因为他是王安石的弟弟,拥有神宗毋庸置疑的信任——换一个人做开封知府,可能就血流成河了。开封变成了一个不能随便说话的城市。那些自以为置身事外、洞若观火的政治观察家,也都闭紧了嘴巴,哪怕在自己家里——隔墙有耳,言者获罪。

一个"危辱"时代已经降临,大宋政坛,寒意渐深。"危辱"二字,出自司马光的诗《初到洛中书怀》:

> 三十余年西复东,劳生薄宦等飞蓬。所存旧业惟清白,不负明君有朴忠。早避喧烦真得策,未逢危辱好收功。太平触处农桑满,赢取间阎鹤发翁。[10]

"未逢危辱",是隐晦的说法。"危辱"在司马光身后已经影随多时。离开永兴之前，二月份，陕西转运司接到中央命令，调查司马光治下的永兴军官吏执行农田水利法不力的问题，一经核实，严加惩处。[11]司马光走后，八月间，中央调查组空降陕西，"体量陕西差役新法及民间利害"。[12]矛头所向，仍然是司马光。司马光虽然遭受调查，却并未受到进一步处分，所以，如果跟富弼相比，也可以说是"未逢危辱"。

勇敢者的墓志铭

洛阳，这个距离开封并不遥远的地方，正在成为一个危辱子余聚集的城市，"士大夫位卿监，以清德早退者十余人，好学乐善有行义者几二十人"。[13]司马光的前辈富弼、同辈吕诲都已经先期回到洛阳。这里还有著名的处士邵雍（1011—1077）。想要找人谈谈学问，再没有比洛阳更好的地方。如果你忘记开封，忘记天下国家，那么，洛阳就是天堂。可是这世上哪有天堂？天下、国家又岂是说放下就能放下的？

司马光去世之后，苏轼为司马光作行状，说他退归洛阳，"自是绝口不论事"，"事"者，国家事，天下事，事关神宗的朝廷、王安石的政府。是的，他不再给皇帝上疏，也不再给王安石写信。然而，在某些私人性质的文字里，国家事、天下事还是会忍不住跳出来，让我们看见司马光的真心。

这些私人性质的文字，便是墓志铭。墓志铭为死者而作，记录死者生平，表彰死者德业，同时承载着生者的思想与情感。墓志铭的作者，通常是死者的亲人朋友。因此，于作者而言，写作墓志铭本身就是一场悲伤的告别。熙宁四年一年之中，司马光竟然不得不接连作了两篇墓志铭！

一篇是给他的岳父张存。老人家已经八十八岁了，退休之后在老家冀州颐养天年。皇帝恩宠，把张存的独子保孙安排在冀州做官。保孙孝顺，把老人家的生活照顾得妥妥帖帖，三个女儿女婿又时常派人送信来问寒问暖，张存这一辈子，真可以说是没什么可遗憾的。司马光对岳父的感情是超出一般翁婿的，想当初，司马光才十六岁，张存一见之下，就主动提出把女儿嫁给他，那份知遇之恩，司马光没齿难忘。他恨只恨自己还挂着西京御史台的闲职，不能亲往河北为岳父送葬。这篇墓志铭，司马光写得情真意切，他叙述张存早年的功业、晚年的幸福、为人之忠孝笃厚、看人的眼光之准确，字字句句，皆见真情。从表面上看，这只是一篇私人文字、感情之作，可是细读之下，还是会发现家国情怀的流露。司马光记述了这样一个细节：

> （张存）临终前一日，呼门生问西边用兵今何如，朝廷法令无复变更否。[14]

张存过世前一日，距离开封得到抚宁堡陷落的消息已经过去了五天，而张存尚未得知。[15]在司马光的笔下，张存至死都在忧心国家，不放心西北用兵与新法，而这也是司马光所担心的。

如果说《张存墓志铭》中的忧国之情还只是不经意间的流露，那么，《吕诲墓志铭》则简直就是一篇檄文，一篇讨伐王安石的檄文！

吕诲是谁？最早站出来预言王安石终将误国，"以之为宰相，天下必受其祸"的人。吕诲弹劾王安石，司马光曾经阻拦，他觉得应该等一等，看看王安石所作所为的结果再说。吕诲没有听他的，愤然上殿，一本奏上，没弹倒王安石，却丢了自己的御史中丞之位。如今，斯人已去，王安石把持朝政，各项新法极尽搜刮之能事，排斥异己，使天下异见者万马齐喑。司马光追思往事，既痛吕诲之云亡，更痛国家之大势已去，难掩满腔愤怒。他以笔为枪，向王安石发难：

当时有个侍从官弃官家居，朝野上下，众口称赞，说他是古今少有的大才。天子把他请进宰相府，大家都额手称庆，以为大宋得人。唯独一个吕诲不以为然，大家都觉得奇怪。可是过了没多久，那个刚刚得到大权的人仗着自己的才干，排斥众意，一意孤行，讨厌传统，刻意求新，多变更祖宗法，专汲汲敛民财；他提拔自己喜欢的人，却常常任非其人，天下于是大失所望。吕诲屡次抗争无效，于是公开奏疏历数他的过失，断然预言："误天下苍生必此人。如久居庙堂，必无安静之理。"……皇帝派使者来劝解，吕诲的态度却更为坚决，于是，吕诲被罢免了御史中丞，出知邓州。[16]

谁都知道，"那个侍从官"指的正是王安石。墓志铭写出来，要刻到石头上。而石头会随死者下葬，同归于不朽。吕诲亲友当中有个叫刘航的人，书法极好。这篇墓志铭写出来之前，刘航主动请缨，要往石头上抄录，为吕诲尽心。可是拿到铭文之后，刘航却"迟回不敢书"，[17]畏手畏脚，不敢下笔。刘航怕什么？他怕自己抄过这样一篇文字之后，会被贴上反对王安石的标签，遭到打击。

而这样一篇文字，恰恰是性格耿直而有预见性的吕诲想要的。吕诲在病床之上，自觉来日无多，挣扎着起来，写信给司马光，请他为自己写作墓志铭。他的盖棺定论之作，应当由一个真正懂他的人来写！司马光接信之后，即刻赶往吕府，吕诲已经在弥留之际，眼神都涣散了。司马光俯下身子，喊着他的字问道："献可，献可，还有什么要嘱咐的吗？"吕诲勉强张开眼睛，看了司马光一眼，说："没了。"司马光含着泪告别而去，他刚刚出了吕府的大门，就听到身后悲声大作——正直的吕诲殁了！[18]

这篇墓志铭，刘航持笔踌躇，不敢书石。谁也没有想到，刘航的儿子安世却挺身而出，情愿为父亲代笔抄录。在这个二十五岁的年轻人心中，把父亲的名字与司马光、吕诲这两位正直的大臣联系在一起，是一桩可以传之千古的佳话。他为父代笔，正是要"成吾父之美"！[19] 刘安世（1048—1125）从此成为司马光忠诚的学生和追随者。[20]

千年之后，有位现代人写下了这样的诗行："卑鄙是卑鄙者的通行证，高尚是高尚者的墓志铭！看吧，在镀金的天空中，飘满了死者弯曲的倒影。冰川纪过去了，为什么到处都是冰凌？……告诉你吧，世界，我——不——相——信！"[21] 这首诗的作者是吕诲在千年之下的知音。在一个危辱的时代里，吕诲选择做一名挑战者，他用墓志对王安石的路线和作风做了最后的抗争。而司马光成全了吕诲，他和吕诲站在一起，对着王安石、对着开封的权威高声抗议："我不相信！"

关于吕诲和司马光最后的告别，还有另外一个版本：吕诲听到司马光问"你还有什么要嘱咐的吗"时，用力睁开眼睛，看着司马光，说："天下事尚可为，君实勉之！"南宋的史家李焘和大儒朱熹都选择相信这个版本，[22] 而我选择了司马光本人在《吕诲墓志铭》中的记载。但是我也相信,能够用墓志铭表达抗议的人,一定不会轻易放弃希望。

君实之文西汉之文

按照当时的习惯,墓志铭刻石之后、下葬之前,还要制成拓片,在亲友中广为散发,以宣扬死者的美德,展示作者的文笔、抄写者的书法。吕家世代高官,吕诲的伯祖父吕余庆是太祖朝的参知政事,祖父吕端(935—1000)做过太宗、真宗两朝的宰相,父亲是国子博士,吕诲官至御史中丞,在朝中好友众多。可是刘航却嘱咐吕家千万不要制作拓片,就让这文字深埋地下。万一拓片流传,司马、吕、刘三家只怕都要遭殃。刘航怕得罪王安石,却有人偏偏想要激怒王安石,挑起事端。有个叫蔡天申的小人,重金收买刻工,拿到拓本,献宝一般送到了王安石府上。那么,王安石会做出何种反应呢?

王安石让人把墓志铭的拓本挂在自家书房的墙上,仔仔细细端详之后,对身边人说:"君实之文,西汉之文也。"[23]司马光的文章相对古朴,跟当时流行的风格不同,苏轼也同意司马光文风似西汉。那么,西汉之文,究竟是谁的风格呢?司马迁!司马迁的风格又是什么?自由表达!再没有哪个后世的历史学家能够像司马迁那样直言无隐,自由地表达思想感情了!墓志的性质接近于史书的传记,实际上是私家历史记录。王安石称道司马光的文章是西汉的文章,我斗胆猜测,对于司马光所列举的关于吕诲的事实,他并不否认。王安石与司马光、吕诲，道路虽然不同，却同样具有直面事实的勇气。只不过，他们对事实的解读不同，在司马光、吕诲看来，王安石已经走上错误的道路；但在王安石看来，那却是通往正确的一条捷径！

1 司马光在熙宁四年正月频繁上疏,可以说是整月未闲,足见其"惠爱及民"的紧迫心情:一日,上《谏西征疏》;三日,上《乞罢修腹内城壁楼橹及器械状》;八日,上《乞不添屯军马》;十九日,上《求乞兵官与赵瑜同训练驻泊兵士状》;不详其日的正月上疏还有《奏乞所欠青苗钱许重叠倚阁状》。《司马光集》卷四三,945、948、951页;卷四四,957、961页。

2 宋夏战事及李秉常入侵事在八月辛未条,处分李复圭在十月丙子,《续资治通鉴长编》卷二一四,5203页;卷二一六,5258页。

3 《续资治通鉴长编》卷二一七,5283页。

4 《续资治通鉴长编》卷二二〇,5353页。《宋大诏令集》卷二一四《诫谕逐路各务安静诏》,814页。

5 《宋史》卷一五《神宗本纪二》,279页。

6 《宋史》卷一五《神宗本纪二》,二月辛酉,三月辛卯,279页。

7 《宋史》卷一五《神宗本纪二》,五月壬寅,279页。

8 《宋史》卷一五《神宗本纪二》,281页。

9 《宋史》卷三二七《王安礼传》,10555页。

10 《司马光集》卷一一《初到洛中书怀》,370页。"危辱"一词,先秦常用语,意为危险、屈辱。《司马光年谱》作"危逐",误,168页。"赢取"原作"嬴",基本古籍库所收四部丛刊影宋绍兴本同。《苕溪渔隐诗话》作"赢",据改。

11 《续资治通鉴长编》卷二二〇,熙宁四年二月戊辰,5348页。

12 《宋史》卷一五《神宗本纪二》,280页。

13 [宋]邵伯温《邵氏闻见前录》卷一八。《司马光年谱》,174页。

14 《司马光集》卷七七《吏部尚书张公墓志铭》,1567页。

15 据《司马光集》卷七七《吏部尚书张公墓志铭》,1563页,张存殁于三月癸巳,前一日为壬辰。据《续资治通鉴长编》夏人陷抚宁堡在二月十八日,《宋史》卷一一五《神宗本纪二》系之三月丁亥,当为开封得知确切消息的日子,279页。

16 《司马光集》卷七七《右谏议大夫吕府君墓志铭》,1570—1571页。
17 《三朝名臣言行录》卷一四《御史中丞吕公》。
18 《司马光集》卷七七《右谏议大夫吕府君墓志铭》,1572页。
19 《邵氏闻见前录》卷一〇。《三朝名臣言行录》卷一四《御史中丞吕公》。
20 《宋史》卷三四五《刘安世传》,10952页。
21 北岛《回答》,1976年4月作,原载1978年12月23日《今天》第1期,收入中国作家协会诗刊社编《中国新诗百年志·作品卷》,北京:中国工人出版社,2017年版,上册,590页。
22 《续资治通鉴长编》卷二二三,5417页。朱熹《三朝名臣言行后录》卷五。
23 《邵氏闻见前录》卷一〇。《司马光年谱》,169页。

23
独乐园中狮子吼

无奈独乐乐

随着时间的流逝,司马光好像真的忘记了天下国家、政坛纷争,他沉浸在自己的世界里,优哉游哉,自得其乐。他研究古典"投壶"游戏,亲自制定游戏规则,写文章论述游戏与个人修养之间的关系。[1]他跟老朋友范镇书信往还,继续多年以前开始的礼乐讨论,你来我往,不亦乐乎。[2]回到洛阳两年之后,熙宁六年(1073),司马光又在尊贤坊北面买下二十亩地,亲自设计、督造了一座小巧精致的花园别墅,取名为"独乐园"。独乐园中,既有"读书堂"以供骋思万卷,神交千古;又有"弄水轩""钓鱼庵"可供"投竿取鱼";复有"种竹斋""浇花亭",可以莳药草、灌名花、听竹赏雨;甚至还有一座高高的"见山台",可以凭栏纵目、远眺群山。简直就是一处自给自足的桃花源。"明月时至,清风自来,行无所牵,止无所柅,耳目肺肠悉为己有,踽踽焉,洋洋焉,不知天壤之间复有何乐可以代此也?"[3]远远望去,独乐园中的司马光,清闲自在恍若神仙。

"独乐"一词,出自《孟子·梁惠王下》。然而孟子的原意,却是反对独乐的:"独乐乐,不如与人乐乐;与少乐乐,不如与众乐乐!""迂叟啊,你这迂腐的老头,为什么要独乐呢?"司马光自问自答说:"自乐恐不足,安能及人?"何况我这老头所乐的,"浅薄简陋粗野,皆世之所弃也。"即使捧着送去给人，人都不要，我又怎能勉强他们呢？若真的有人肯来与我同享此乐，我必定拜他两拜，把我的快乐捧着献给他，又怎敢独享呢？"[4]《孟子》又说"达则兼济天下，穷则独善其身"。司马光的独乐，是"兼济天下"的理想破灭之后的"退而求其次"，在无奈的穷途里保持着积极的态度，退到最后，还有自己，然而也只剩下自己。

在洛阳，除了《资治通鉴》这部大书，司马光还编著了一部小书——《书仪》。《书仪》的内容是对各种礼的仪式规定，包括公私文书和家信的格式，冠礼、婚礼以及与丧葬祭祀礼有关的仪式。[5]《书仪》篇幅不大，内容琐细，在司马光的思想体系当中，却有着重要意义。文书家信是社会交往的书面表达方式，它既是人与人之间社会关系的体现，又是构建和维系社会关系的工具。冠礼即成年礼，是男性获得完全社会人身份的开始。婚礼通过一对男女的结合把两个家族联结在一起，构成更为广阔的社会网络。丧葬祭祀之礼连接生者与死者、现在与过去，慎终追远，让个人与家族获得了超越死亡、生生不息的意义。礼的核心是关系、等级和秩序，而仪式则是礼的外在表现形式。离开了仪式，礼就变成了空中楼阁，秩序亦将陷入混沌。而对秩序的尊重，是司马光思想的核心。司马光从来都不是一个食古不化的人，他所制定的各类仪式，皆斟酌古今，既力求与儒家经典相合，又能做到因时制宜、实用简朴。朱熹就认为司马光的"祭仪""大概本《仪礼》而参以今之所可行者……是七分好"。[6]

儒家讲究"修身、齐家、治国、平天下"，自"修身齐家"始，以"治国平天下"终。司马光二十岁中进士，五十三岁退归洛阳，这三十三年中，他人生的主要目标是辅助皇帝"治国平天下"。退归洛阳之后,"治国平天下"之理想已不能伸张,于是便退回来,退回到个人和家族。他所要"修"的,不止自身;所要"齐"的,不止自家;他希望影响社会,为宋王朝做"修身齐家"的建设。进则能治国平天下,退则能传播文化、发展思想,教化乡里。苏轼高度赞扬了司马光对民间社会的积极影响,他说司马光"退居洛阳,往来(故乡)陕州,陕州、洛阳之间的人都被他的道德感化,师法他的学问,效法他的简朴"。[7]不能出而"治国平天下"则退而"修身齐家",庙堂不可居则归乡行教化——到南宋,朱熹和他的同道与追随者又走上了同样的道路,当然,他们人数更众,成就也更大。

只是,这哪里是司马光真正想要的生活?

忽作狮子吼

熙宁七年(1074)四月,在"以衰疾求闲官,不敢复预国家之议"整整四年之后,司马光再度上疏神宗,直指朝政缺失,对神宗和王安石的施政进行了激烈的批评。对于王安石当政六年以来的局面,司马光毫不客气地这样总结说:"六年之间,百度纷扰,士农工商四民失业,人民怨愤之声,让人不忍闻听;自然灾害之烈,古今罕有其比。"而造成这一切的罪魁祸首,司马光认为,正是王安石的独裁作风:

> 好人同己,恶人异己。……独任己意,恶人攻难。只要是跟他意见一致的,破格也要提拔;谁敢发表不同意见,灾祸羞辱随之而来。人之常情,谁愿抛弃福祉自取祸患,撇开荣耀甘就屈

辱？于是天下急于富贵的官员纷纷来依附他，竞相劝说陛下增加对他的信任，听他的话，用严刑峻罚来杜绝异论。像这样的人，高官美差，唾手立得。几年下来，中央和地方掌握实权的职位上，就都是这一类人了。……

台谏官是天子耳目，其功能是规正朝政缺失，纠察大臣专权妄为，本应由陛下亲自选择，现在也交给宰相来选人了。而那宰相专门任用他的所亲所爱，对他稍有违背，就加以贬斥驱逐，来警告后来人，其目的就是要找出最能阿谀谄媚的人来，为他所用。这样一来，政事的错误差失，群臣的奸诈，下民的疾苦，远方的冤屈，陛下还能从哪里听到看到呢？

派到地方巡视调查新法实施利害的使者，也是他所亲所爱的人，都事先秉承了他的意旨，凭借他的气势，来逼迫州县官员。他们掌握着州县官员的评价，而这评价可以决定州县官员的升沉。那些州县官员，对他们奉迎顺承都还来不及，哪还有工夫讨论新法实施利害、跟他对着干呢？所以，使者回来报告，一定是说州县两级都认为新法利民利国，可以行之久远。陛下只看见他们交上来的报告粲然可观，就认为新法已臻至善，众人交口称赞，又怎么可能知道他们在外地的所作所为呢？

……（各级官员）不立即奉行新法，马上停职、换人。还有因为对新法不熟悉而误有违犯的，也会遭到停职处分，甚至遇到大赦也不予赦免。……如此一来，州县官员只好奉行文书，以求免于获罪遭罚，不再留心民间疾苦。

（为了封住批评者的口）又偷偷派出逻卒，到市场上去，到道路上去，偷听人们的闲谈，遇有谤议新法的，立即抓起来行刑。街头挂出了榜文,悬立赏格,鼓励告发诽谤朝政的人。[8]

这就是司马光看到的,在王安石治下的朝廷国家的景象,重压之下,官僚群体万马齐喑,皇帝被蒙蔽,新政快速有效地推行,而它是否利民,却变得无关紧要。

司马光指出,想要走出当前困境,就必须从作风和政策两方面出发。一方面,必须改变政治作风,开放批评,打通信息渠道,以便了解和掌握真实情况。司马光给神宗讲了一个故事:春秋时期,子产在郑国执政,郑人聚集在乡校里议论纷纷,有人请求拆毁乡校。子产说:"为什么呢?……他们赞成的,我就继续推行;他们反对的,我就加以修改。乡校是我的老师啊,为什么要拆毁它呢?我听说用忠诚善行来减少抱怨,没听过利用威权来堵塞抱怨。威权之下,难道不是能立刻终止抱怨吗?但这就像是防洪,大规模决口,伤人必多,来不及挽救;不如先开小口疏导洪流。对待议论,与其拆毁乡校,不如把我们听到的当做药石。""子产不毁乡校"的故事,四年前,司马光曾经在信里给王安石讲过,王安石没有听他的。[9]那么,这一次,神宗会听他的吗?

另一方面,在政策层面,应当废除一切新法。司马光认为,王安石所推行的青苗、免役、市易、保甲、水利诸法,皆属"朝之阙政",必须予以纠正,全盘废除。司马光还鼓励神宗"收威福之柄,悉从己出",收回对王安石的信任,亲自主持政务,亲自选任台谏官,恢复批评纠错机制。[10]

熙宁七年四月的这道奏疏,如金刚怒目,振聋发聩。闲居四年,已经安享独乐之乐的司马光,为什么会在此时忽然做此狮吼?

神宗的"求言诏"

作为皇帝的忠臣，君臣秩序的忠实拥护者，司马光早就明白一切荣耀归于皇帝的道理，如果皇帝不支持，臣子就什么也做不成。所以，当皇帝倒向王安石，一切皆不可为时，司马光只能选择放弃，退出政坛。在司马光的思想图景中，没有第三条路可走。能够让司马光再度奋发、积极进言的，必然是神宗态度的转变。

熙宁七年（1074）三月二十八日，神宗颁布了一则充满悔疚的求言诏书：

> 朕道德修为不足，昧于致治，导致国家治理失衡，干犯阴阳和谐。去冬今春，旱灾肆虐，受灾区域广大。朕已下诏减撤日常菜品、避开正殿，希望以此承担罪责、消除灾变。可是时间过去这么久，还没有得到老天的正面回应，老百姓嗷嗷待哺，奄奄一息。朕夜半惊醒，恐惧不安，可是这问题究竟出在哪里呢？[11]

诏书所遵循的逻辑，是早已被现代人所遗弃的"天人感应"学说。持续的旱灾代表着阴阳失和，而阴阳失和表明人间统治的失序，皇帝以个人生活的撙节谦抑向老天表达悔意，可是老天并没有原谅他。于是，皇帝害怕了，他知道自己所做的还不够，可是又不知道错在哪里。因此，他决定向"中外文武臣僚"开放言路，广纳批评。

变法之初，王安石曾经对神宗说过"灾异皆天数，非关人事得失所致",[12] 如今却出现了这样一篇因为畏惧天变而自责的求言诏,这分明是对王安石路线的否定和背离。诏书出自韩维之手,[13] 然而,它所透露的,却毫无疑问是神宗在彼时彼刻的真实想法。神宗动摇了。对于王安石主政六年以来的国家状况,神宗感到了由衷的担心和恐惧。

神宗之忧

诏书只提到了旱灾,而让神宗感到焦虑震恐的,却不止旱灾,还有财政困难与契丹的威胁。

旱灾的情况有多么严重呢?早在熙宁三、四年间(1070—1071),陕西、河北等广大的北方地区已经出现严重旱情。到了熙宁六年冬至七年春,遭遇旱灾的区域又扩大到两浙、江淮地区,朝廷不得不在这些地区开仓放粮、赈济灾民,而东南地区一直是帝国的粮仓。正常年景,每年通过汴河从东南地区运往开封的粮食高达600万石。这一年,真正抵达开封的粮食只有200万石。[14] 开封的米价暴涨至每斗150文,普通老百姓的生计大受影响,首善之区,辇毂繁华,竟然也有了饥荒之相,怎能不让神宗感到紧张?在"求言诏"颁布之前,神宗已经批示政府拿出220万斛存粮,以每斗100文、90文的价格面向首都市场出售,以平抑米价。[15]

让神宗感到担忧的第二件事是财政困难。熙宁四年,在王安石的支持下,军事天才王韶(1030—1081)开始主持西北战事。王韶的确是很能干的,他收服了青唐(青海西宁)地区势力最大的俞龙珂部,进而将宋朝的领土拓展到甘肃临洮、临夏、宕昌、岷县。熙宁六年夏秋之际，王韶发动攻势，"前后历时五十四日，军行一千八百里，收复五州，拓地两千里"。[16]捷报传来，群臣拜贺，神宗异常欣喜，当场解下腰中所服的玉带赐给王安石，以"表朕与卿君臣一时相遇之美也"。[17]

然而，西北用兵所造成的军费消耗显然也让神宗始料未及。熙宁六年八月，陕西永兴军的兵储"才支三季"。[18]而储备不足显然不是永兴军一路的特殊状况。俗话说，"兵马未动，粮草先行"，如今兵马在外，后方的粮草却渐渐空虚，这怎能不让神宗感到紧张焦虑？陕西的兵那么少，怎么会花掉那么多钱呢？！神宗没有打过仗，也没有管过账，他百思不得其解，想来想去，觉得一定是转运使不得力。按照神宗思路走下去，转运使必然会成为替罪羊。还好王安石不糊涂，他劝解神宗说："陕西财政用度不足，也恐怕不能只怪转运使，必是自有许多使处。比方说，熙州王韶那里用兵数也不多，可是所耗费的钱财物资却是如此之多。因为只要是打仗，钱粮物资的消耗必然是这样的。转运使的算计错误肯定是有的，但未必就能导致财用缺乏。"这番话显然未能完全说服神宗，他说："一件事算计错了，恐怕就要导致几十万贯的损失啊。"[19]

神宗的拓边行动是在巨大的财政压力下开展的，王安石的理财给了他一些底气，可是打仗竟然是这样的花钱，还是让神宗感到了心虚脚软。

让神宗感到担忧的第三件事是来自北方大国契丹的威胁。熙宁六年十一月，有情报表明契丹要来重新划分山西段的领土，神宗"深以为忧"；[20]不久，神宗又接获谍报，说契丹打算来讨要关南地。关南地在河北，属于后晋石敬瑭割给契丹的土地，后来被周世宗收复。按照

1005年订立的澶渊之盟，契丹已经承认了宋朝对关南地的领土主权。然而，这块地却成了契丹要挟宋朝的由头。仁宗朝宋与西夏交战正酣的时候，契丹曾经趁火打劫，遣使讨要关南地，最终逼迫宋朝增加岁币额度。如今宋朝拓边西北，兵力、财力、民力的投入重点都在西边，陕西军需已经捉襟见肘；而与此同时，宋朝还在湘西腹地展开了内陆拓疆行动，力图征服久居深山的"化外蛮夷"。当此之时，若契丹再从北边打过来，宋朝腹背受敌、三处用兵，当如何是好？"今河北都无备，奈何？"[21]

神宗发生了严重动摇，他开始怀疑王安石的路线、政策是否真的出现了问题。"上与安石如一人"[22]的神话出现了裂缝。三月二十八日的"求言诏"用了四个问句反思、检讨阴阳失和、上天降戾的原因：

> 意者朕之听纳不得于理欤？狱讼非其情欤？赋敛失其节欤？忠谋谠言郁于上闻，而阿谀壅蔽以成其私者众欤？[23]

这四问当中，"狱讼非其情"——司法不公是任何时代都可以说的。其余三问，每一问都暗指王安石。"听纳不得于理"等于说是朕所听从、采纳的路线方法出了问题。皇帝听谁的？王安石！"赋敛失其节"，对民间财富的收取失去了节制，这不正是反对派对青苗、免役诸法的批评吗？皇帝的视听被蒙蔽，小人阿谀阻塞言路以谋私利，那么是谁蒙住了皇帝的双眼、堵住了皇帝的双耳？王安石！

在政策的具体实施层面，神宗与王安石出现了越来越多的分歧。比如，当发现陕西永兴军的兵储"才支三季"时，神宗立刻下令三司使薛向彻查。薛向于是派人赴陕西调取六年以来的钱谷、金银、匹帛出入细数两本——这是要查账了，查账的时间段，正好是王安石以新法理财以来的六年！[24]这哪里是查陕西？分明是查王安石！最终，薛向的调查被王安石以"扰人至多"为名叫停。对于神宗没完没了的各种担忧，王安石很是不以为然，但是，他显然不能打消神宗的顾虑。

王安石目标明确，态度坚定，如山不动，而神宗却是忧形于色，"叹息恳恻"，想要取消部分新法了。[25]神宗与王安石之间，裂痕在显露，在加深。

皇族内压，神宗失控

神宗还受到了来自皇族内部的压力。两位老太太——太皇太后曹氏和皇太后高氏常常对着神宗哭哭啼啼地抱怨新法。一天，神宗与二弟岐王颢一起到太皇太后宫中向曹氏请安，祖孙三人之间发生了一场激烈的言语交锋。

曹太皇太后说："我听说民间被青苗、助役钱害苦了，为什么不取消它呢？"

神宗反对："这些都是利民的政策，不是要害民的。"

神宗的话，曹太皇太后当然是不信的，她矛头一转，直指王安石的去留，说："王安石的确有才学，可是抱怨他的人太多了，不如先把他调到外地去，过一年多再召回来。"太皇太后的意思，显然是为了神宗好，希望他与王安石适当切割，平息舆论，缓和矛盾。

神宗不领情，说："群臣之中，只有王安石能横身为国家当事啊！"

这个时候，一直沉默的岐王颢开口了："太皇太后的话，是至理，说得对极了。陛下不可以不深思啊!"

岐王的话,还有他的表情、语调都让神宗再也遏制不住内心的愤怒与委屈,他大声喝道:"是我在败坏天下吗?'汝自为之',你自己来啊!"

"汝自为之"这样的话,皇帝对享有皇位继承权的宗室亲贵说,简直就是恶毒的诅咒。太宗皇帝曾经对太祖的长子德昭说过类似的话,而德昭回转身就自杀了。岐王颢闻言,顿时就哭出了声,边哭边说:"何至是也?"[26]

一场意在表现天伦之乐的祖孙聚会不欢而散。

神宗还在试图维护王安石,他清醒地知道,要想大有作为,除了王安石,没有其他人可以依靠。然而,来自天地人各方的巨大压力却让神宗焦虑不堪、身心俱疲。"是我在败坏天下吗?"的反问,带着哭腔,流露出极度的委屈与不甘——他要做伟大的皇帝,他不要重蹈父亲英宗的覆辙!

熙宁七年(1074)四月十九日,神宗宣布,王安石罢相,出知江宁府。[27]然而,我们却很难说司马光的狮子吼在其中起了什么直接作用。司马光奏札上报的时间是四月十八日,而他投书的地点在洛阳。[28]也就是说,在司马光的奏札抵达神宗御览之前,王安石的罢相制就已经公布了。上天示警,来自官僚集团与皇室内部的压力如此之大,让神宗不得不罢免王安石以平息物议,与人、与天谋求和解。

那么,王安石罢相是否就等于神宗有意回到司马光路线?天章阁待制李师中(1013—1078)就作出了这样的判断。五月初一,他上疏建议神宗召还司马光、苏轼、苏辙,改弦易辙,放弃"富国强兵之事",转求"代工熙载之事"。所谓"代工熙载",即人臣辅佐君主,代行天命,建立天地人和的丰功伟业。李师中又毛遂自荐,自诩"天生微臣，盖为盛世，有臣如此，陛下其舍诸！"没想到神宗览奏大怒，吕惠卿又从旁添油加醋，故意歪曲，最终，李师中被一撸到底，押往和州监视居住。《宋史·李师中传》说他"好为大言，以故不容于时而屡遭贬谪"，其实，真正让神宗感到恼怒的，恐怕还不是李师中的大言炎炎，而是李师中对神宗—王安石富国强兵路线的彻底否定，他标榜自己"未尝有一言及钱谷甲兵者，盖知事君以道"，明确地把"事君"之"道"与"富国强兵""钱谷甲兵"直接对立起来。[29]殊不知，在神宗心中，讲求"钱谷甲兵"之术，以达到"富国强兵"的目的，却是"道"本身。

在明眼人看来，李师中是个彻头彻尾的糊涂人，完全看不清形势。神宗虽然不得已罢免了王安石，却给了王安石最优厚的待遇——级别一口气提高了九级；罢相制书中充满赞美眷恋之情，所用的罢相理由是王安石的恳辞。继任首相韩绛，出自王安石推荐，韩绛得到任命之后，随即向神宗提出要面见王安石，"有所咨询"，而神宗在给王安石的手诏中则殷切嘱咐"您要替朕把当今人情政事中的当务之急跟韩绛细细说道"。与韩绛的首相任命同时发布的，还有吕惠卿的参知政事任命，而吕惠卿是王安石一手提拔上来的。王安石最欣赏的人就是吕惠卿，他认为，吕惠卿的政策主张与自己"不异"，又有卓越的行政能力，是维护既定方针的不二人选。韩绛与吕惠卿，一个是王安石的"传法沙门"，一个是王安石的"护法善神"。有韩—吕组合在，王安石丝毫不担心他罢相之后的政策走向。至于司马光等人关于吕惠卿人品"真奸邪"的批评，[30]王安石如春风过耳，略不萦怀。他所看重的，是政治主张，是执行能力。

王安石人离开了开封，但是，他的政策还在。

1 《司马光集》卷六五《投壶新格序》,1344—1349页。

2 《司马光集》卷六二《答景仁论养生及乐书》《答范景仁书》两篇,1288—1296页;卷六三《答范景仁书》《答景仁书》,1303—1305页;补遗卷九《与范景仁第四书》《与范景仁第八书》《与范景仁第九书》,1736—1739页。司马光与范镇最初关于礼乐的讨论,始于皇祐二年(1050),补遗卷九《与景仁论乐书》《再与范景仁论乐书》,《司马光年谱》,38—41页。范镇《东斋记事》曾经回顾二人对乐的讨论,《司马光年谱》对范镇的记忆差失有辨正,196页。

3 《司马光集》卷六六《独乐园记》,1378页。

4 《司马光集》卷六六《独乐园记》,1378页。

5 司马光《书仪》共计十卷,"凡表奏公文、私书、家书式一卷,冠仪一卷,婚仪二卷,丧仪六卷",《四库全书总目提要》卷二二,180页。

6 《四库全书总目提要》卷二二,司马光"《书仪》十卷",180页。

7 苏轼《司马光行状》。

8 《司马光集》卷四五《应诏言朝政阙失状》,965—966页。

9 《司马光集》卷六〇《与王介甫书》,1258页。

10 《司马光集》卷四五《应诏言朝政阙失状》,963—973页。

11 《司马光集》卷四五《应诏言朝政阙失状》,963页。

12 《宋史》卷三一三《富弼传》载此言,但没有明指说话人是王安石,10255页。《富弼传》的记载出自苏轼所作《富郑公弼显忠尚德之碑》,《名臣碑传琬琰集》上卷四。南宋吕中的《类编皇朝大事记讲义》卷一六则直书"弼闻安石于上前"作此言,296页。邓广铭《北宋政治改革家王安石》把这句话记在王安石名下,人民出版社版,91页。

13 《续资治通鉴长编》卷二五一,6138页。

14 《宋史》卷一七五《食货志上三》,4254页。

15 《续资治通鉴长编》卷二五一,6137页。

16 陈振《宋史》,上海人民出版社,2003年版,228页。

17 《名臣碑传琬琰集》下卷一四《神宗实录·王荆公安石传》;《续资治

通鉴长编》卷二四七,6022—6023页。

18 《续资治通鉴长编》卷二四六,5990页。

19 《续资治通鉴长编》卷二四八,6050—6051页。

20 《续资治通鉴长编》卷二四八,6046页。

21 《续资治通鉴长编》卷二五〇,6087页。

22 《续资治通鉴长编》卷二一五,5238页。

23 《续资治通鉴长编》卷二五一,6138页。

24 《续资治通鉴长编》卷二四六,5990页;卷二四七,6019页;卷二四八,6037—6038页。

25 《续资治通鉴长编》卷二五二,6147页。邓广铭《北宋政治改革家王安石》,239页。

26 《续资治通鉴长编》卷二五二,6169页。

27 《续资治通鉴长编》卷二五二,6168页。

28 《司马光集》卷四五《应诏言朝廷缺失状》,校勘记一:明本、乾隆本、四库本于题下注云"熙宁七年四月十八日上"。《续资治通鉴长编》卷二五二系于熙宁七年四月乙酉十八日,6160页;《司马光集》校勘记误作甲申日。

29 《宋史》卷三三二《李师中传》,10679页;《续资治通鉴长编》卷二五三,6187—6188页。

30 《宋宰辅编年录校补》卷八,435—441页。

24
新法得失

在熙宁七年（1074）的奏状中，司马光对王安石的新法进行了措辞尖锐的激烈批评，他说：

> 方今朝之阙政，其大者有六而已：一曰广散青苗钱，使民复负债日重，而县官实无所得；二曰免上户之役，敛下户之钱，以养浮浪之人；三曰置市易司，与细民争利，而实耗散官物；四曰中国未治而侵扰四夷，得少失多；五曰结保甲、教习凶器，以疲扰农民；六曰信狂狡之人，妄兴水利，劳民费财。[1]

这六项"朝之阙政"，第一是青苗法，第二是免役法，第三是市易法，第四是西北用兵，第五是保甲法，第六是农田水利法。西北用兵带来的财政压力，是真真切切存在的。那么，司马光对于其他各项新法的批评，究竟是对真实情况负责任的反映，还是戴着有色眼镜的着意歪曲？

应当说，基本符合事实，但却未必能够事事切中肯綮。比如，司马光对青苗法的评价是两败俱伤，既造成了民间的贫困，"使民复负债日重"，又没给朝廷带来什么好处，"而县官实无所得"，"县官"指中央政府。这句话，前半是对的，后半则未免"想当然尔"。根据现代学者的研究，"政府得到了不少的好处。单以熙宁六年为例，青苗利息就达到了二百九十二万贯，为数是颇为可观的。这对青苗法法令上所标榜的，'皆以为民，而公家无所利其入'来说，不能说不是一个讽刺"。[2]市易法也让严肃的现代研究者得出了类似的结论："虽然立法时表现出摧抑兼并的外貌，但是，政策规定只是它阳宣的一面，财政考虑才是其阴伏的本质。"[3]

关于免役法，司马光认为它免去了富裕地主的劳役，向贫下农民敛钱，来养活所谓"浮浪之人"，也就是城市平民。这个评价反映了传统农业社会对城市平民的高度不信任，但却没有击中役法实施中的核心问题。宋代役法实施中最核心的问题，可以归结为两个"适用性"：一是地区适用性，不同地区有不同的情况，应当因地制宜；二是役种适用性，有的役种适合轮差，有的役种适合雇役，应当因役制宜。王安石实行免役法，用的是一刀切，解决了一些问题，比如"衙前"役造成富裕平民破产的问题；但也造成了一些新问题，比如，贫下农民有力而无钱，也要被迫出钱免役。后来司马光推翻免役，复用差役，仍然是一刀切，问题丛生。这是后话，且容后文再叙。

淤田辩护强为辞

司马光的批评是否准确，对于宋朝国家来说，可能并不那么重要；真正重要的，是王安石对待新法与批评意见的态度。而他为淤田法辩护的方式，简直可以说是强词夺理。

淤田法是农田水利法的一种，具体做法是把河道挖开一个口子，让河水把淤泥冲出来，以达改良土壤、提高单位面积产量的目的。这等于是人造的尼罗河泛滥，不能说不聪明。然而，人去模仿大自然的行为，却多半难以周全。反对派抱怨说"淤田如饼薄"。神宗于是派人去取了一方土，有一尺多厚，像块面饼。取样的人报告说"还有比这更厚的"。反对派的抱怨有以偏概全的嫌疑，而神宗的对策则是赤裸裸的选择性抽样，都不合乎理性。接下来的讨论就变成了小孩儿吵嘴，一方说"还是有薄的地方"，另一方说"反正不是都像饼一样薄"，完全不讲道理了。最后，还是王安石发声，结束了这种无谓的争论。王安石说："薄的地方如果水能到，那就让他们明年再淤好了，又有什么妨碍？"

关于淤田法，类似的争论还有淤田军人的逃亡问题，告状的人大约是为了耸动皇帝的耳目，说原本应该有五百人的一个指挥（军队单位名称）最后只回来了五名下级军官。而王安石直接拿来花名册追根究底，发现淤田士兵逃走、死亡比例最多的也只达到了三厘，也就是百分之三。[4]

在士兵逃亡和淤田厚度这两个问题上，王安石的态度可圈可点，比其他人都高明。但是，在接下来一个更关键的问题上，我们却看见了他的真实意图。

淤田靠的是人造洪水，洪水所淹之地，并不都是不毛之地、无主荒田，还有老百姓的田庐冢墓。因此，衡量淤田是否成功，既要算经济效益账，看淤田的投入产出比；也要算社会效益账，看它对当地老百姓的田地、房屋、坟墓等财产是否构成侵害。真州知州响应朝廷号召，要开凿新河，大兴水利。真州下属的六合知县朱定国（1011—1089）认为，此举"将会大量破坏民田屋舍，耗费人力物力，而最终所能带来的好处却不会太多"。朱定国一个小小的知县，因为算了经济账又算了社会效益账,决心抗命到底,情愿调离,最后干脆提前退休。[5]那么,王安石的账是怎么算的呢?

宦官程昉(?—1076)在河北淤田,提举河北路常平等事韩宗师(?—1098)弹劾他"堤坏水溢,广害民稼""欺瞒朝廷"等罪状。"欺瞒朝廷"的主要情节,指的是:程昉向朝廷上奏说"百姓乞淤田",而韩宗师的调查却表明"百姓元不曾乞淤田"。程昉的自辩材料承认,他派去实地勘察的官员拿到了"诸县乞淤田状,但不曾户户取状"。换句话说,程昉的确没有拿到老百姓的"乞淤田状"。因此,他向朝廷声称"百姓乞淤田",的确犯有欺瞒皇帝、误导朝廷的错误。

韩宗师状告程昉的报告抵达御前,听到"但不曾户户取状"这句话后,神宗的脸色顿时严峻起来,他抬头望向王安石说:"也就是说,没有民户的同意状?"

程昉未获民户同意便行淤田,欺瞒朝廷,又"广害民稼",损害了朝廷的形象和新法的声誉。作为新法的设计者和最高领导人,王安石是否会为自己的失察感到惭愧呢?

王安石丝毫没有回避神宗那带有强烈责备意味的注视,他理直气壮地答道:

> 淤田得到朝廷派出官吏和各县官员的请求状,这就够了,哪里用得着挨家挨户取得同意?程昉上奏说百姓请求淤田,既然没有状子,也就难以分辨虚实。但是,他为朝廷出力,淤田数量达到了四千顷。就算他上奏声称"民户请求淤田"这句话不实,也没有可以怪罪的道理啊!陛下对那些邪恶奸佞的小人尚且能够包容涵纳,为什么碰到这些为国出力的人,却不惦记他们的功劳,反而抓着一句半句的错话,就要治罪?!

这四句话，一句一个招式，招招凌厉。首先，王安石否定淤田必须取得民户同意，因此，程昉有没有取得民户的"乞淤田状"就变得无关紧要了。其次，他承认程昉没有取得民户的"乞淤田状"，但认为，没有状不等于百姓不同意，"难以分辨虚实"，就这样虚晃一枪，把韩宗师对程昉的欺罔指责模糊过去了。接下来，他彻底抛开了"乞淤田状"之有无这样的细节，正告神宗，程昉淤田四千顷，是对朝廷做出了实实在在贡献的。最后，王安石对神宗提出指责，指责他对为新法做出贡献的人不公平，伤害了实干家的感情。言外之意是，长此以往，还会有谁为陛下尽力？陛下开疆拓土、大展宏图的理想，又靠谁去支持？

果然，神宗立刻就软了下来，说："如果淤田确有实利，纵然有小小差失，又怎么能加罪呢？只是不知道淤田的效果究竟如何啊？"神宗最关心的，还是淤田能不能增加政府的财政收入，这一点，王安石再清楚不过了。

这话问的，让王安石既好气又好笑。然而，皇帝毕竟是皇帝。王安石还是认认真真地答道："经实地调查检定，程昉在河北清查出好田一万顷，又淤水新造好田四千多顷。如果陛下还要说不知道淤田的效果如何，那我就糊涂了，实在不明白陛下说的是什么！"[6]说完，王安石望向神宗，眼神中除了一如既往的刚毅果决，还有掩饰不住的伤心失望。

这下，轮到神宗感到尴尬局促了。

就这样，韩宗师状告程昉淤田"欺瞒朝廷"一节，在神宗略带羞愧的笑容中烟消云散了。至于程昉的淤田，是否"广害民稼"，是否会侵犯老百姓的田庐冢墓，同那一万四千顷好田所带来的收益相比，实在是微不足道。用收得的钱、辟得的田来"冲抵"政府的不义，这样赤裸裸的言论，在王安石，不是第一次。熙宁三年（1070），京东转运使王广渊强制推行青苗贷款，王安石就是用广渊在京东的敛财实绩来为他辩护的。[7]

"谢表"真伪岂不知

为了证明程昉对河北农田水利的贡献，王安石告诉神宗，漳河流域的老百姓曾经跑到开封来上谢表，感谢朝廷派程昉到河北来，消除了困扰了老百姓二三十年的水患。[8]

这件事情，李焘记在了《续资治通鉴长编》的正文里。同时，李焘还附注了另外一件事：郑州原武县的老百姓因为淤田浸坏庐舍坟墓，又妨碍秋天播种，相约去开封告状。淤田使者急忙责令当地县令去把人追回来。追回之后，"将杖之"。老百姓怕打，谎称"我们是要到朝廷去上谢表的"。于是，使者就真的替百姓写了一封《谢淤田表》，派小吏送到开封的登闻鼓院——这是宋朝接待上访的机构。在谢表上署名的有二百多号人，但到了开封的，只有两个小吏。收到谢表，"王安石大喜，神宗也不知道其中的虚妄"。李焘最后加了按语说："今附注，此当考。""此"，指的是正文中程昉得到谢表一事。[9]由此可见，对于这件事，李焘是不信的。

李焘不信，我也不信，王安石就真的信吗？我猜王安石不会真的信。为什么这样说？这一年的五月十九日，王安石就在堂堂宰相府的门口遭到了抗议民众的围堵,东明县的老百姓拖儿带女,来了好几百家,那阵势,饶是王安石,也感到了一丝畏惧。他们来抗议的是免役法实施不当。[10] 基层民众对新法的不满,王安石亲见亲闻,不容不知。王安石知道,新法并不完美,它有问题,需要完善。熙宁三年(1070),他的学生陆佃(陆游的祖父,1042—1102)应举入京,来拜见老师,王安石"首问新政"。陆佃回答说:"新法不是不好,只是推行之中不能贯彻初衷,结果反而扰民,比如青苗法就是这样的。"王安石闻言大惊,立刻与吕惠卿商量,派人前往调查。[11] 他后来说过:"法固有不及处,须因事修改,乃全无害。"[12] 在市易法遭到强烈攻击之后,他又曾对神宗说:"市易法一事,我每天都在认真思考,恐怕不至于像批评者说的那么不堪。只是请陛下不要急着做决定,且容我一一推究,陛下再加覆验,自然能洞见曲直。如果陛下被众人的诋毁诽谤所动摇,仓促作出什么决定,那就会导致反对派上下协力望风承旨欺骗陛下,恐怕会让忠良受到冤枉。"[13]

  王安石希望得到充足的时间和空间来改善新法,而这种等待改善的耐心,需要宽容的政治氛围。俗话说,"退一步海阔天空",可是王安石的身后哪里还有退路?——他没有给旧法以缓慢改进的机会,他的新法显然也很难得到宽容。而神宗太容易动摇了,他聪明绝顶然而感情丰沛,容易冲动。所以,王安石必须经常用"好消息"来宽慰神宗,安他的心。这就是为什么像《谢淤田表》这样的把戏,王安石明明一眼就能看穿,却必须当真地说,因为,他说了,神宗就会信。神宗信了,新法才能继续。而神宗是必须要信的,因为他的目的在于增收,用不断增加的财政收入去供养他开疆拓土的伟大理想。在王安石退隐之后,神宗推出更多的敛财措施,后人评价说:"所以用意于国家,收利于公上,不为不至。"[14]

1 《司马光集》卷四五《应诏言朝政阙失状》,968页。

2 漆侠《王安石变法》,132页。

3 葛金芳、柳平生《脚踏实地,开拓创新:评梁庚尧著〈宋代社会经济史论集〉》,漆侠、王天顺主编《宋史研究论文集》,宁夏人民出版社,1999年版,333页。

4 《续资治通鉴长编》卷二二三,5423页。

5 杨杰《无为集》卷一三《故朝散郎致仕朱君墓志铭》,朱定国退休时只有六十一岁,卒于元祐四年,享年七十九。

6 《续资治通鉴长编》卷二四九,6073—6074页。

7 刘成国《王安石年谱长编》卷四,998页。

8 《续资治通鉴长编》卷二四九,6074页。

9 《续资治通鉴长编》卷二四九,6074页。"今附注,此当考"的标点,标点本作"今附注此,当考",误。原武县民上《谢淤田表》事,李焘据林希《野史》。原武县,熙宁五年废为镇,则其事或当在熙宁五年前。

10 《续资治通鉴长编》卷二二三,5425页。刘挚《忠肃集》卷三《论役奏》。

11 刘成国《王安石年谱长编》卷四,1000页。《宋史》卷三四三《陆佃传》,10917页。

12 《续资治通鉴长编》卷二五一,6124页。

13 《续资治通鉴长编》卷二五一,6134—6135页。

14 《续资治通鉴长编》卷三六〇,8611页。

25
书局风波

忍耻窃禄修通鉴

自从熙宁四年（1071）退归洛阳，司马光一住便是十五年。这十五年中，他最大的成就，便是编年体史学巨著《资治通鉴》。《资治通鉴》记载了1,362年的历史，它的记事上起周威烈王二十三年（前403），下至宋朝建立的前一年（959），是宋朝人的古代史和近代史。直到今天，《资治通鉴》仍然是我们学习宋朝以前历史的重要书籍。

在将近一千年以后，我们回望那个时代，大宋朝堂上下的明争暗斗、喧嚣纷扰早已沉入深不见底的岁月之海，而《资治通鉴》静静地陈列在岸边高台之上，传递着有关华夏过往的消息，享受着人类文明的礼敬。作为政治家的司马光被遗忘、被脸谱化，作为《通鉴》作者的司马光却因岁月的打磨，散发出莹洁的辉光。《通鉴》不朽，司马光不朽。从这个意义上看，洛阳的闲居岁月倒像是老天的一种成全——对中国史学乃至华夏文明的成全，对司马光的成全。然而，所有这些，都是后来人的印象，是淡化过程、省略细节之后的美好想象。《通鉴》的史学成就，就像是摆在人们眼前的一颗珍珠、一枚琥珀，真实美好；然而，过程之中的痛苦、死亡、挣扎与忍耐都隐藏不见。关于司马光，关于《资治通鉴》，有一些细节是不应当被遗忘的。

书局的"特权"

所有的历史学家都同意,《通鉴》之所以能成书,除司马光个人的努力之外,还得益于两点:第一,是三位出色的助手,刘攽(1023—1089)、刘恕(1032—1078)、范祖禹(1041—1098)。第二,是皇帝—朝廷的支持。英宗特批,成立以司马光为主导的专门机构——书局,这个机构的唯一任务就是编修《资治通鉴》。英宗给了司马光两项特权和两项特殊待遇:特权之一是自主选择修史助手和工作人员,所有书局工作人员由朝廷提供俸禄待遇,连续计算工龄;特权之二是允许借阅宫廷图书馆龙图、天章二阁和国家图书馆三馆秘阁的藏书。特殊待遇之一是"赐以御书笔墨缯帛,及御前钱以供果饵",[1]这就等于是从皇帝的私房钱里拨款赞助修史;特殊待遇之二是"以内臣为承受",英宗安排了一名宦官在书局服务,以便沟通——宦官是能够进入宫中走动的,由此来确保皇帝对《资治通鉴》编修工作的直接关怀。书局的所有这些特权,神宗即位之后都保留了下来,神宗还为《资治通鉴》钦赐了书名,作了序。熙宁三年(1070)司马光离开中央、外放永兴军,熙宁四年(1071)离开永兴军回洛阳"靠边站",书局却一直保留在开封。

为一个人、一部书专设机构,赋予种种特权,这在中国历史上是不曾有过的。自有皇帝以来,还没有哪一个皇帝的恩典用在了如此正当崇高的文化事业上!这就是宋朝之所以是宋朝的原因!

熙宁五、六年间(1072—1073),书局和司马光经历了严峻的考验。有人开始散布谣言:"司马光这部书修了七八年了吧,为什么还修不完?很明显啊,书局的人贪图官府的笔墨绢帛,还有皇帝御赐的水果点心和赏钱啊!"书局的特权是先皇御赐、今上恩准的,竟然敢有人挑战?他们当然不敢挑战先皇和今上,这些势利小人、投机分子,从司马光的外放与赋闲中嗅到了特殊的味道,他们断定,司马光在政治上已经被神宗抛弃,那么既然《资治通鉴》是司马光的项目,就必须予以打击——落井下石正是小人的专长。怎样打击司马光?就是要利用司马光在道德上的洁癖,让他主动放弃书局,切断他和皇帝之间最后的直接联系。[2]

司马光是个太过方正的人,履历简单,干干净净,就像是正午阳光普照的大地,找不到一丝阴影。贪图笔墨绢帛、果饵金钱,事情不大,然而对于一向以清贫自诩、自律甚严的司马光来说,却已构成重大打击。司马光会不会主动提出解散书局,放弃皇帝和朝廷的支持?

司马光还没有做出反应,范祖禹却沉不住气了。

范祖禹是谁?范镇的侄孙,司马光最亲密的助手。他嘉祐八年(1063)中进士,那一年的考官正是司马光和范镇。这一层师生之谊加上司马光与范镇之间的深厚友谊,让司马光格外看重这个年轻后生。而范祖禹对史学又有着特别的爱好。熙宁三年(1070),就在司马光离京外放知永兴军前夕,范祖禹入书局,追随司马光修《资治通鉴》。从那时起,范祖禹就一直守在开封的书局。本来司马光离开首都,书局失去领袖,日子就不好过。如今势利小人又造谣诬蔑,把脏水泼到了司马光和书局头上,这让范祖禹感到愤懑委屈。一怒之下,他给司马光写信,建议"废局,以书付光令自修",[3]解散书局,不要朝廷的经济支持,依靠自己的力量修书。而范祖禹本人情愿放弃官员身份,追随司马光,献身于修史这一伟大事业!

宋朝优待士大夫,不杀大臣不杀言官,对于像司马光、范祖禹这样早年科举成功、又得师友提携的士大夫来说,生理上的饥寒疲痛基本与他们无关，他们人生最大的苦难来自心理上的挫败屈辱，而克服这一点，需要时间的打磨和个人的开悟。这一年，范祖禹三十三岁。这样的激愤之语，的确是一个三十多岁的人可以有、也应该有的。三十三岁不能忍的是委屈，不能放下的是面子尊严。孔子"五十而知天命"，也就是知道了上天授予自己的使命。⁴司马光已经五十五岁，早过了知命之年。为了使命，又有什么委屈不可忍，什么面子放不下？

司马光的生命和《资治通鉴》早已融为一体。他曾经因此辞任更加有实权的差使。⁵他奉命出使河北，视察黄河水患，知道"为臣岂得辞王事"，努力完成本职工作，然而内心深处却还想"只向金銮坐读书"。⁶甚至神宗想要给他一个"史馆修撰"的美职，他也拒绝了，理由就是"正在编修《资治通鉴》，万一朝廷要修国史，那我就难以两处供职了"。⁷

完成《资治通鉴》是司马光的人生使命，而要想在有生之年完成《资治通鉴》，就必须依靠皇帝的支持、朝廷的力量。"私家无书籍、篆吏（抄写员）"，1,362年的历史，需要调动的史料浩如烟海，需要投入的人力、物力和财力都不是普普通通的个人可以应付的，哪怕这个人是司马光。司马光给范祖禹回信，明确告诉他："今若付光自修，必终身不能就业。"为了《资治通鉴》，保留书局是唯一可行的道路。

是的，要完成《资治通鉴》，就必须保留书局、依靠朝廷，而要依靠朝廷，就必须忍受诽谤所带来的屈辱。可是，这又算得了什么？司马光对范祖禹说："如今我不得已保留的，又何止一个书局？我这西京留司御史台、提举嵩山崇福宫的闲职，都是对时代一点用处也没有的空头帽子，朝廷因为找不到我什么罪名，没打算直接把我放回老家去种地，拿出这一点微薄的俸禄来养着我，这不是不得已的残留又是什么?"我亲爱的小朋友,你觉得我们拿着朝廷的俸禄却好像什么都没干,你感到耻辱了。可是,不是每个人都像你的叔祖父、我的老同年范镇一样潇洒,能够直接退休。跟那些在第一线工作、直接奉行新法的官员相比,我们不用昧着良心残害老百姓,也不用欺君罔上,这已经是不幸中之大幸了。在这个混浊的时代,做一个闲官,编修一部伟大的史书,这已经是最好的选择,这叫做"避世金马门"。[8]

主动要求解散书局这样的气话,三十三岁的范祖禹会冲口而出,五十五岁的司马光则想都不会想。对于小人的诬蔑攻击,司马光已经习得了最聪明的对策,"不若静以待之",不申辩,不抗争,绝不以任何方式撩拨对手。那么,神宗究竟会做出怎样的裁决?

最终,神宗保留了书局,并且允许书局迁往洛阳,去追随司马光。这一切,都要感谢那位担任书局通讯员的宦官,他奉命暗查,结论是"初虽有此旨而未尝请也",也就是说,皇帝答应给书局御用笔墨绢帛和果饵金钱,但是司马光并没有领过。皇帝给的这项特殊待遇停留在口头上。

书局风波,有惊无险,给司马光猛敲了一记警钟,政治上不得志,是可能会影响到修史事业的。从此之后,他"严课程,省人事,促修成书",加快了修书的进度。[9]

《资治通鉴》成书

元丰七年(1084)十二月,《资治通鉴》正式完成,进献给神宗。它的最后定稿,正文294卷,目录30卷,《考异》30卷,共计354卷。

囊括了1,362年盛衰的皇皇巨著终于成书。此时，距离英宗皇帝下诏开设书局，已经过去了十九年。司马光扪心自问，"臣之精力，尽于此书"。[10]对于英宗皇帝的眷遇，神宗皇帝的庇佑，他问心无愧。

一部史书为什么修了这样久？最简单的回答，两个字就够了——认真！司马光要求助手尽可能搜集所有的资料，"遍阅旧史，旁采小说"，然后编辑草稿，起草的原则是"宁失于繁，毋失于简"，不怕烦琐，就怕漏落。司马光给自己安排的任务是斟酌删减，把草稿上无关宏旨的内容删去，让历史叙述呈现出清晰的脉络。《资治通鉴》的每一卷、每一行、每一个字都经过了司马光的审定，他绝不是"空头主编"。《通鉴》的叙事，说什么，不说什么，怎么说，都经过了司马光的思考。而《通鉴》直接表达观点的议论部分"臣光曰"，更出自司马光的手笔。《通鉴》所展现的是司马光眼中的历史和世界，以及司马光的历史思考，所以，虽然有刘攽、刘恕、范祖禹的协助，但是司马光仍然是当之无愧的《通鉴》作者,《通鉴》是司马光的书！

唐代部分是《通鉴》中篇幅最大的单元，资料极其丰富。范祖禹是唐代部分的助手，他后来也因而成为唐史专家，人称"唐鉴公"。司马光让范祖禹把所有资料按照年月日编成草稿卷子，一卷四丈长；然后给自己定功课，每三天删定一卷；万一有事耽搁了，后面就一定要加班补回来。

学历史的人都知道，资料太少是做不成文章的，资料太多则会让人感觉迷茫，无所适从。而历史资料从来都是越到晚近越丰富。唐代一共289年，前161年的草稿，范祖禹做了200多卷，加起来800多丈长。司马光每天删3卷，一共删了两年。后面的128年，草稿长度绝对在600卷以上，按三天一卷算，需要多少年？六年！可是《资治通鉴》定稿的唐代部分多少卷？81卷！这81卷是从接近800卷草稿中删改出来的，草稿与定稿的比例接近10:1。那800卷草稿，一卷4丈，加起来就是3200丈。3200丈漫漫长卷，要一个字一个字看下来，想想都让人觉得漫长，觉得不耐烦。可是司马光却在这漫长的工作中保持了始终如一的认真严肃。

司马光亲手改过的草稿，堆满了整整两个房间。后来黄庭坚参与《资治通鉴》雕版印刷之前的校对工作，翻阅过其中的几百卷，他看到，司马光在上面所作的批注，"讫无一字草书"，[11]每一个字都是端端正正的，正所谓"字如其人"。那曾经堆满了两个屋子的《通鉴》草稿，到今天就只剩下了短短的一截，宽33.8厘米，长130厘米，29行，465字，收藏在国家图书馆。[12]国图展出的时候，我曾经有幸隔着玻璃展柜与司马光的文字相亲，那是我一生中最幸福的时刻之一。

刘恕之死

《资治通鉴》成书之日，除了给皇帝上表交卸任务，司马光还做了两件事。一件是为范祖禹请求升迁。刘攽、刘恕、范祖禹三位助手之中，刘攽是最早完成任务离开书局的，[13]范祖禹最后进来，司马光手把手教会了他怎样搜集资料、怎样整理资料，为《通鉴》准备草稿。这个年轻人在书局十六年，跟随司马光在洛阳十三年，"安恬静默，就好像可以这样干一辈子一样"。"如今所修的书已经完成，我窃为朝廷珍惜这个宝贵的人才"。司马光希望神宗能够让范祖禹入朝供职。

另一件是思念，他比任何时候都想念早逝的助手刘恕。刘恕是司马光曾经最倚重的助手。最初，英宗让司马光自己选助手。司马光说："馆阁里的文学之士的确很多，可是对于史学有专门研究、精于此道的，我没有听说过。我所知道的，只有一个刘恕！"而刘恕不在馆阁。历代史书浩如烟海，"而于科举非所急，故近岁学者多不读"，大多数学者会写漂亮的文章却不懂得史学。刘恕是一个例外。他醉心史学，造诣精深，读书广博，记性又好。司马光回忆："坐在那儿听刘恕讲史，滔滔不绝，上下数千年间，大事小事，了如指掌，而且都有所依据可以查考，让人不觉心服。"[14]

刘恕的政治倾向也与司马光相同。他和王安石是旧相识，王安石爱惜刘恕的才华，想要让他进入制置三司条例司。刘恕反对王安石理财为先的主张，坚辞不受，又多次当面批评王安石的政策和作风，最终，二人绝交。[15]熙宁三年（1070），司马光离京外放，刘恕说："我因为正直得罪了宰相，现在我的长官也要走了，我怎么能安心留下呢？况且我父母都老了，我不能久留京师。"刘恕的父亲是欧阳修的同年，性格耿介，不愿委屈心志迎合上级，五十岁弃官还乡，在庐山脚下隐居。刘恕主动请求回南康军老家做了一个监酒税的小官，一边照顾父母一边坚持修史。

有一段时间，书局的三员支柱分在三处，司马光先在长安、后在洛阳，刘恕在南康军，范祖禹在开封，所有的讨论工作都必须靠通信完成，充当邮递员的有时候便是司马光的独子司马康。为了让范祖禹早日入门，司马光给他寄去刘恕的稿件作为范本，可是这稿件也不能留在范祖禹那里，范祖禹要抄一份自己留着，然后把原稿还给司马光。有三卷稿子就曾经在寄往南康军的路上遗失，幸好司马光手里还有一份抄本，不然，那损失简直无法弥补。这样的艰苦在熙宁六年

（1073）范祖禹随书局迁往洛阳后得到很大缓解。可是，刘恕却仍然被阻隔在南方。

司马光回到洛阳六年之后，刘恕终于得到朝廷允准，前往洛阳与司马光讨论修书之事。刘恕水陆兼程，赶了几千里的路抵达洛阳。七年未见，当风尘仆仆的刘恕站到面前时，司马光忍不住老泪纵横。刘恕瘦得几乎脱形，在那样大热的天气里却冒着寒气，说话一点力气都没有，唯独眼睛里闪烁着坚定的光芒。刘恕告诉司马光，他知道自己来日无多，生怕就这样走了，便再也见不到司马光，所以才拼死走这一遭。

刘恕在司马光的独乐园里住了几个月，和司马光、范祖禹一起讨论《通鉴》的编纂事宜。到十月，刘恕假期已满，不得不启程回南方去。初冬天气转寒，司马光怕刘恕瘦弱的身体受不了路途的寒冷奔波，特地为他准备了衣袜和一张貂皮褥子。司马光也不富裕，这貂皮褥子是身边仅有。刘恕推辞不过，带在了身边，可是走到颍州又让人送了回来。司马光担心刘恕苦寒，刘恕却担心司马光受冻。

回到老家不久，刘恕去世，终年四十七岁。可怜他的老爹，白发人送黑发人，是怎样的伤心！刘恕在病床上仍然坚持修书，"每呻吟之隙，辄取书修之"，但凡有一点好时候，就要工作。后来实在觉得不行了，才让人把所有资料打包送回洛阳的书局。[16]始终如一，刘恕是真君子！

如今《通鉴》成书，司马光怎能不格外怀念刘恕？可是他所能做的，也只有一杯浊酒，向南而祭！[17]《通鉴》不朽，则刘恕不朽！从孔子作《春秋》始，修史的大多是这样一种人：他们的理想在现世中无法伸张，只能整理过去的故事，希望为未来提供借鉴。孔子的《春秋》,到了汉代被捧上了圣坛,说是孔子预先为汉代立定的法度。一部极致简洁的编年史如何能成为法度,这中间经历了多少添油加醋、拐弯抹角、牵强附会!司马迁作《太史公书》,书成之后"藏之名山,副在京师",[18]生前并未公之于众。可是,司马光的《资治通鉴》不同,他奉皇帝的命令编纂,受到两代皇帝的直接关怀照顾,编纂的目的也是为了皇帝,要资皇帝的治。那么,他的皇帝又将如何报答?

1 《司马光集·补遗》卷二《进资治通鉴表》,1646页。
2 [宋]胡寅撰《致堂读史管见》卷二八。
3 司马光《答范梦得书》,《司马光集》补遗卷九,1741—1744页。
4 这一解释出自王曦学长,当得其真,我非常喜欢。"优入圣域：孔子回忆录——论语体贴之二十",微信公众号"闲着也是闲着——老白",2018年2月1日。
5 熙宁元年七月,司马光请辞免裁减国用,所持理由之一即"况臣所修《资治通鉴》委实文字浩大,朝夕少暇,难以更兼钱谷差遣"。《司马光集》卷三九《辞免裁减国用札子》,877页。
6 《司马光集》卷一一《再使河北》诗。《司马光年谱》系于熙宁二年四月,云"盖此时正以翰林学士修《通鉴》也",128页。
7 《司马光集》卷四一《辞枢密副使第三札子》,918页。
8 司马光《答范梦得书》,《司马光集》补遗卷九,1741—1744页。
9 胡寅《致堂读史管见》卷二八。《司马光年谱》,202页。
10 司马光《进资治通鉴表》,《宋文鉴》卷六五。
11 《文献通考》卷一九三《经籍考二十》。《司马光年谱》,203页。
12 关于国图所藏《资治通鉴稿残卷》的性质,学界迄今并无定论,相关讨论,见邬国义《宋司马光通鉴稿研究》,收入刘乃和、宋衍申主编《司马光与资治通鉴》,吉林文史出版社1986年版,144—174页,及邬国义《历史的碎片：国义文存》一集,上海人民出版社2016年版,15—38页。
13 《续资治通鉴长编》卷三五〇："颁在局五年,通判泰州,知资州龙水县范祖禹代之。"14册,8390页。
14 《司马光集》卷六五《刘道原十国纪年序》,1350页。
15 刘成国《王安石年谱长编》卷四,902页。
16 《司马光集》卷六五《刘道原十国纪年序》,1352页。
17 哲宗朝,书局同事与司马光为刘恕请命,官其一子,让刘恕也分享了《资治通鉴》的恩赏。《司马光集》卷五三《乞官刘恕一子札子》,1112页。《续资治通鉴长编》卷三八二,元祐元年七月辛酉,9307页。
18 《史记》卷一三〇《太史公自序》。

26
遗表真情献大忠

特殊的《遗表》

臣子献给皇帝的遗书,叫做《遗表》。大臣高官,将死之际,由亲友代笔,向皇帝表达忠诚,为家族谋取最后的特权,"欲乞一恩例,沾及寒族",[1]比如说:"我为陛下工作三十年,一个儿子都没安排下。我们家老大今年三十八,考进士没考上,祈求陛下开恩,给他安排个文官做做。"[2]宋朝恩待高官,有份上表的,多半照准。皇恩浩荡,泛滥成灾,"老婆娘家人、外孙子都能沾染恩泽,甚至家里的门客、仆人也能捞个官儿做"。[3]遗表献忠,当然不能说是假意;祈求特权,却毫无疑问是真情。但不是每一份遗表都流于俗套。

在司马光的文集中,就保留着一份特殊的《遗表》。它不是旁人代笔,每一个字都是司马光自己写、自己誊抄的。全文很长,却没有一个字提到家人。更为特殊的是,这封遗表的写作时间是元丰五年(1082),而这时候,距离司马光离世还有四年。那么,司马光为什么会在这个时候写作这样一份特殊的遗表?这封遗表究竟写了些什么?它又是否抵达了神宗皇帝的视听?元丰五年,在司马光的生命中,究竟是怎样的一段特殊时光?

耆英欢会苦中乐

不知各位是否还记得，司马光给自己定的规矩，《资治通鉴》的定稿工作，每三天要看一卷，如果有事耽搁，一定要补课。从元丰四年（1081）秋到元丰五年正月，司马光肯定没少了补课，他实在是太忙了，忙着赴宴，忙着喝酒吟诗，忙着玩儿。

跟他一起玩儿的，是一群七十朝上的白胡子老头儿，一共十一人。领头的是洛阳留守、前任宰相文彦博，七十七岁；最年长的是退休在家的前任宰相富弼，七十九岁；剩下的也都是退休高官。整个洛阳都在赞叹，这帮老头儿太会玩儿了。他们轮流坐庄，互相宴请，把洛阳的名园古刹游了个遍。几位老人家都是头发胡子雪白，衣着儒雅，气度非凡，看上去就像是天上神仙。而花前席间按管调弦、轻歌曼舞的家妓，面容清丽，歌喉婉转，跟勾栏瓦肆里卖唱的相比，更多一分典雅脱俗。每当老人家们从街市上经过，都会引来大批围观群众。一次活动结束，洛阳人又在盼着下一次。

这群老人家的聚会，洛阳人给起了个名儿，叫做"耆英会"——老年英杰的聚会。"耆英会"与唐代白居易晚年的"九老会"遥相呼应，成为洛阳古城新的人文景观。文彦博决定把"耆英会"佳话定格、传扬。他请来福建画家郑奂，在资圣院佛寺新落成的耆英堂墙上画了一幅大画。郑奂是一位写生的高手，画面上十三位老人家面貌神态栩栩如生，离近了仿佛能听到老人家喘气时吹动胡子的声音。且慢，十二个人聚会，怎么画出来是十三个呢？这第十三个人，是当过副宰相的王拱辰（1012—1085）。王拱辰家在洛阳，可是这会儿正在河北工作，他人在河北，听说了"耆英会"的事情，羡慕得心痒，写信给文彦博说:"照年龄、地位,我绝不在与会诸公之下,只是因为工作关系没办法参加,心里很遗憾。(如今画像,)求您把我也列上吧,千万别再落下我。"于是,十二人参加的聚会到了画面上就成了十三个。画面是虚假的,却也是真实的。洛阳这帮老头儿,跟司马光一样,都是被王安石排斥,从开封放逐出来的。开封的是当权派,洛阳的是反对派,是靠边站的队伍。王拱辰主动要求位列其中,看上去是凑热闹,其实是政治表态——他人虽然还在政府里,但心却站在王安石的对立面。

说到底,洛阳耆英会就是失意政治家的苦中作乐。对于现行政策,他们极力反对,却无从置喙。他们所能做的,只能闭目塞听,把这富贵的、安闲的日子过得张扬活泼、花团锦簇。然而,谁又是孤岛,可以隔离出现实?!更何况他们都是以修齐治平为己任的士大夫,是有理想、有能力、有经验的高级官员!当然,如果什么都做不了,也不妨把生活过得高雅快乐。

元丰五年(1082)正月初十,司马光奉文彦博之命,写了《洛阳耆英会序》,记录聚会的盛况和壁画产生的缘由。那个时候,他是忙碌的,也是快乐的。

丧偶中风惹离忧

然而,人生苦短,欢乐的时光是多么稀少!二十天之后,司马光便遭遇了他晚年最沉重的打击——相伴了四十四年的张夫人溘然离世,得年六十岁。司马光与张夫人,少年结缡,那时候司马光二十岁,刚刚金榜题名,张夫人十六岁,恰是青春年少。两人相伴四十四年，一朝撒手，便成永别！张夫人性情柔和，敦厚朴实，司马光就没见她发过一次大脾气。司马光生活作风简朴，张夫人夫唱妇随，从不乱花钱，可是接济亲戚朋友，一丝也没含糊过。司马光还记得，年轻时家里遭过一次贼，当时他在国子监工作，俸禄低，本来就没什么值钱东西，贼卷走的不过是几件衣裳，可是这也把司马光愁坏了。没有衣裳，怎么出门，怎么见人啊？司马光正在牢骚愁闷，张夫人轻轻拍了他一下，说："人平安就好，财物肯定会再有的。"到如今，张夫人仙去，她当时的笑容，当时的神态，在司马光的眼前却越来越清晰，越来越鲜活！这让司马光感到恍惚，他想，张夫人可能就在卧室里，可是，卧室是空的，布满灰尘的铜镜告诉他，他早已不再是那头戴宫花的少年，他的新娘也真的不在了。

两个月之后，司马光将张夫人安葬在涑水老家的司马氏家族墓地。这里安息着司马家的列祖列宗，包括司马光的父亲母亲，司马光曾经在此守丧五年，他死后也将回到这里，回到父母和夫人的身边。儒家讲究的是节制，喜悦要有喜悦的分寸，哀伤要有哀伤的尺度。安葬张夫人之后，司马光回到洛阳，表面上看情绪逐渐平静下来，身体却是每况愈下。入秋之后的一个早晨，家人发现，一向勤奋的司马光竟然未能按时起床。仆人喊了两声，没有回应，只好去请司马光的独子司马康。在司马康的呼唤和扶持之下，司马光醒了，能起床，能走，但是开始出现轻度口吃的状况。如同那个时代的很多读书人一样，司马光略通医理，他心里明白，自己这恐怕是中风的症候，倘若再度发病，只怕就过去了。夫人走了，自己的日子怕是也不多了。

死亡，司马光是不怕的。他放心不下的是国家。一种生命行将逝去的紧迫感抓住了司马光的心，他想要趁着还有一口气，把心中所想告诉皇帝——大宋朝不能再这样下去了！想到这里，司马光披衣下床，铺开了纸，拿起了笔，开始写作《遗表》：

> 臣光上言：臣世受国恩，常思补报，只是生性愚钝，见识粗陋，不合陛下的心意。因此这么多年来，闲居闭嘴，不敢再说什么。如今我身染重病，日渐衰弱，行将就木。这才胆敢把我的一腔忠恳，奉献给陛下。希望陛下知道我对朝廷没有任何要求，然而我的心却一时一刻也不曾忘记国家。

遗表真情谁能解

《遗表》是大宋纯臣司马光对皇帝的临终告白。

在司马光的眼里，宋朝国家已经是岌岌可危。皇帝信任、倚重王安石，而王安石作风刚愎，"足己自是，以为从古到今，没人比得上自己。别人赞同便欢喜，有不同意见就暴怒。喜欢的人几年之内平步青云，恼怒的人排斥打击，终身不用。到如今，从中央到地方，只要是实权职务要害部门，不是王安石的人是进不去的"。宋朝官场的宽容风气雪融冰消，几乎再也听不到不同意见。青苗、免役、保甲一层又一层加重农民负担，市易法弄得小商人纷纷破产。还有一帮奸诈之臣，教唆皇帝开边，轻启战端，刻剥来的百姓膏脂化作武器资仗，白白丢弃在异域的土地上，数十万大军"无罪就死"，"暴骸于旷野"。

司马光不明白，神宗如此圣明的一个皇帝，为什么不学习古代的圣王，反而要效法秦始皇、汉武帝这样的暴君，"纵然大军能越过葱岭,横绝大漠,又有什么了不起?自古以来,皇帝喜欢用兵,导致百姓疲敝,不堪忍受揭竿而起,或者外国窥伺觊觎的例子,实在是太多了!"

形势已经到这般田地,"宗庙社稷,危于累卵,可为寒心",可是却没有一人敢开口说一句实话,皇帝陛下深居九重,天天听到的都是阿谀奉承的话,还以为天下太平,沾沾自喜,这是比严峻的形势更严峻、更可怕的事情。这样下去,大宋王朝都不知道是怎么亡的!

所有这些最深切的忧患,司马光用最激烈的言辞,写在了元丰五年(1082)的这通《遗表》里。"我希望陛下知道我对朝廷没有任何要求,然而我的心却一时一刻也不曾忘记国家"。陛下是陛下,朝廷是朝廷,国家是国家,这三个概念,在司马光的文章里,区分是清清楚楚的。国家最大,它是天下万民,是江山社稷。皇帝代表国家,朝廷治理国家。治理有好治理有恶治理,皇帝会迷失,会走错路,会固执己见。大忠之臣要忠于的,是国家,而不是皇帝个人。愿陛下改弦易辙,"使众庶安农桑,士卒保首领,宗社永安,传祚无穷,则臣没胜于存,死荣于生,瞑目九泉,无所复恨矣!"唯有天下国家,才是司马光念兹在兹的终极关怀!

这封《遗表》,司马光亲自誊写,保存在卧室之内。他嘱咐儿子,一旦自己过世,要把《遗表》交给范纯仁、范祖禹,让他们交给皇帝。[4] 谏诤的最高等级叫做"死谏","言既不从,情既不移,可杀己身以厌彼志,是为死谏也"。[5] 元丰五年的《遗表》,正是司马光的"死谏"!

卅月之约有真意

司马光渴望再次见到神宗,当面向神宗剖陈心迹,以回圣心。他后来回忆说:"每当我看到老百姓的愁怨,便会忧心江山社稷的安危。夜深人静之时,我只要一想到这些,就会失声哀叹。我心里一直还盼望着神宗皇帝能够再次召见我,向我询问宫城外面的事情,让我有机会把心里的话都倒出来,即使说完之后立即处死,我也死而无憾。"[6]

那么,神宗呢?是否还想要再度召回司马光?

在司马光的心里,神宗与他曾经订立过一个"三十月后即召见"的约定。司马光在洛阳闲居,挂着一个"提举西京嵩山崇福宫"的闲职,虽是闲职,也有任期,一任三十个月,到期上报中央重新任命。元丰五年(1082)九月二十六日,司马光第四次担任这个闲职,当时神宗有指示,这一任三十个月任满,"不候替人,发来赴阙",[7]也就是说"不必等候继任者来接班,直接到开封来(见朕)"。宫观闲官,毫无职业,何须跟继任者交代?所以,在司马光看来,神宗这道"不候替人,发来赴阙"的敕旨,就是一个"三十个月后即召见"的约定。

然而,司马光又岂是寻常老臣?他是王安石路线的反对派领袖,召见他就意味着要做政策调整,离开王安石路线。神宗为什么会发出这样一道诏旨?他的真实想法究竟是什么?

皇帝毕竟也是人,人都受情绪的影响,而神宗显然是一个聪明易感的皇帝。只有回到当时,我们才能理解神宗发出"三十个月之约"的真实意图。元丰五年九月二十六日,比司马光的《遗表》略早。在这个时间点上,究竟发生过什么,竟然导致神宗对之前的路线发生了动摇?

这一年的八月十一日，神宗病重，无法听政。[8]这个年轻人究竟患了什么病，我们不清楚。二十五日，边境传来报告，宋朝边防军修筑永乐城，作为对付西夏的桥头堡。神宗一力推动的西北拓边事业，大见起色。九月九日，西夏三十万大军进攻永乐城，大将曲珍（1028—1086）在城外与夏人决战，大溃而归，收罗残兵剩勇，得一万五千人，骑兵皆弃马，缘崖而上。夏人围困了永乐城。而这个消息，要在八天之后才能抵达开封。因此，就在曲珍战败、永乐城遭到围困，形势急转直下之后，神宗还沉浸在永乐城修筑成功的喜悦中。九月十一日，永乐城被围困两天之后，神宗病愈，发布赦令，与京畿百姓同庆。十七日，永乐城被围困的消息抵达开封，神宗下令增援。二十日，救援的命令还没有抵达陕西，永乐城已经陷落。当天夜里，大雨倾盆，西夏人从四个方向同时对永乐城发起猛攻，城中守军饥饿疲惫，完全丧失了战斗力。夜半，永乐城陷落，一万军人，"得免者什无一二"。[9]

元丰五年（1082）九月永乐城的陷落是神宗西北拓边事业的又一次重大挫败。大约一年前，元丰四年初冬，宋朝曾经五路出师，攻打西夏，想的是"直捣西夏首都，颠覆夏人巢穴，一举平定西夏"。结果却是军粮不继，"士卒饥困无人色"，又遭遇大雪，非战斗减员百分之二三十，剩下的兵，一人逃奔则全军溃散。司马光在《遗表》中所说"百姓膏脂换来的武器资仗，白白丢弃在异域的土地上，数十万大军'无罪就死'，'暴骸于旷野'"，[10]便是元丰四、五两年间宋神宗拓边西北的惨烈现实。

元丰四年五路出师之后，神宗还是不甘心的，他在战后随即给在前线主持战局的宦官李宪（约1035—约1086）和武将种谔（1017—1083）下诏，让他们整军备战，"以俟春暖再出讨"。[11]然而，元丰五年九月永乐城之败彻底地把神宗（至少在当时）打垮了。神宗死后，宋朝人总结说,"及永乐陷没,(神宗)知用兵之难,于是亦息意征伐矣。"[12] 穷兵黩武并非正面形象,后人粉饰,容或有之。然而,如果我们回到当时,似乎也可以相信,元丰五年九月,在经历了死亡的恐惧之后,身体状况欠佳的神宗很可能会在短时间内心灰意冷,真的要"息意征伐"了。

于是,九月二十五日,当有关部门送上来司马光的"提举西京崇福宫"任命草案之后,神宗随手批下了一旦任满"不候替人,发来赴阙"八个字。为什么不即刻召见?因为,此刻的他心烦意乱,还没有心情接见司马光,他希望靠自己的力量整顿河山,然后再约谈司马光,讨论政策转向。这就是司马光心中的"三十个月后即召见"的约定。

这道敕旨,司马光极其珍视,却未敢贸然执行,在任满之际直接赴首都。元丰八年二月,司马光任期将满,特地打报告提醒神宗三十个月之约,[13] 希望神宗召见,给他一个正君之过、拯民出水火的机会。那么,司马光能够等来神宗的召见吗?

1　韦骧《钱塘集》卷八《代虞学士遗表》。

2　"臣长男年若干，习进士业，伏望圣慈特赐俞允，于文资内安排。"《钱塘集》卷八《代潘中郎遗表》；游彪《宋代荫补制度研究》，中国社会科学出版社，2001年版，123—125页。

3　"妻族、外甥悉皆沾恩，门客、仆隶亦蒙擢录。"《山堂群书考索》卷三九《官制门》；游彪《宋代荫补制度研究》，123页。

4　《司马光集》卷五七《遗表》，1202页。

5　柳开《河东集》卷三《李守节忠孝论》。赵冬梅《司马光和他的时代》，285页。

6　《续资治通鉴长编》卷三五五，8491页。

7　《司马光集》卷四五《再乞西京留台状》，976页。

8　《宋史》卷一六《神宗本纪三》记载"帝有疾"。而《续资治通鉴长编》卷三五三则直接写道"元丰五年秋，上不豫"，8455页。

9　《宋史》卷一六《神宗本纪三》，308页。曾瑞龙《北宋种氏将门之形成》，香港中华书局，2010年版，161页。

10　《司马光集》卷五七《遗表》，1204页。

11　曾瑞龙《北宋种氏将门之形成》，156页。

12　《续资治通鉴长编》卷三五三，8457页。

13　《司马光集》卷四五《再乞西京留台状》，976页。

27

神宗的眼泪

终老不相见

开封与洛阳，按照当时的道路里程，相距四百里，不过七八日的行程。然而，若无皇帝的旨意，臣子却不能随意进京。自从熙宁三年（1070）十一月二日转身西去，司马光已经有十五年没有重返开封、再见皇帝了。如今他站在天津桥上，眯细着昏花的老眼，翘首东望，甚至已无法想象汴梁城现在的模样。他印象中的汴梁，仍然是十五年前的汴梁，是三十年前的汴梁，是四十四年前的汴梁，是自由、舒展、繁华、热闹的汴梁城。衰朽残年，来日无多，在他的有生之年，是否还能再见皇帝、面献忠恳呢？司马光在不安中期待着来自开封的消息，然而，他等来的却是一个噩耗。

元丰八年（1085）三月五日，神宗在开封宫城的福宁殿驾崩，得年三十八岁，十岁的长子赵煦（1077—1100）即位，史称哲宗，神宗的母亲太皇太后高氏垂帘听政，"权同处分军国事"。[1]两天之后，三月七日，司马光在洛阳接获"大行皇帝奄弃天下"的消息，这才明白，他与神宗再也无缘相见了——抢先撒手西去的，竟然不是自认来日无多的司马光，而是理应正当盛年的神宗皇帝！

神宗与司马光这一对君臣，到头来竟然是"一别十五年，终老不相见"。同样与神宗"终老不相见"的，还有熙宁九年（1076）年离开相位、退居金陵的王安石。杜甫说"人生不相见,动如参与商",感叹命运作弄、人世浮沉、相逢不易。然而这三个人哪一个都不是任人摆布的小人物,特别是神宗,贵为天子,自从王安石下台之后,更是独掌大政,他想要见谁,都不过是一道旨意的事情。司马光与王安石是神宗生命中两位最重要的大臣,一位培养、塑造了他的政治形象,另一位则始终坚定地站在一旁,提醒他危险与错误。对于这样两位元老重臣,神宗都终老不相见,究竟是为什么?神宗的内心经历过怎样的纠结和斗争?

神宗晚年,的确动过召还司马光的念头。元丰五年九月的"三十个月之约"就是一个有力证据。神宗的心思,他晚年的宰相蔡确(1037—1093)是知道的。所以,蔡确刻意拉拢程颢的学生、司马光曾经的门客邢恕。[2]那么,既然有意相召,为何却至死未召?

岂因小人挠

很多人相信,神宗之所以未召司马光,是因为"小人"的阻拦。元丰三年(1080),神宗亲自设计、主导了一场官僚机构改革,史称"元丰改制"。宋朝政府的最高决策方式、官职名称与组织结构都发生了重大变化,皇帝的权力加强了。神宗赋予这场官制改革的任务,本来还包括对官僚队伍成分的调整——改变王安石新党一家独大的局面。他对宰相们说:"新官制即将推行,'欲取新旧人两用之'。"又说:"御史大夫非司马光不可。"[3]

闻听此言,首相王珪、次相蔡确"相顾失色"。王珪是翰林学士出身,"高级秘书做了十八年,资格最老",眼看着后起之秀都纷纷当了宰相、枢密使,心中委屈,赋诗感怀,神宗"见而怜之",这才把他也提上来当了副宰相。除了善写华丽公文,王珪的另外一大优点便是听话,从副宰相到宰相,足足干了十六年,没有提出过任何像样的意见和建议,只是顺情说好话,遇到任何事情都要"取圣旨",听皇帝裁决,"领(得)圣旨"向下达传,开口必称"已得圣旨",故而人称"三旨相公"[4]。所以,王安石都下台了,王珪却还屹立不倒,成了神宗朝的政坛"常青树"。蔡确则是王安石一手提拔上来的,属于"新党",他从副宰相提宰相时,富弼曾经上言反对,以为"小人不宜大用"。[5]听神宗说要让司马光回来,蔡确、王珪都很紧张。王珪"愁坏了,不知道该怎么办",蔡确就给他出主意说:"陛下最在乎的事就是拓边西北,相公如果能把这责任担起来,那么宰相的高位就保住了。"司马光反对西北开边,这一点,神宗知,王珪知,蔡确知,天下尽人皆知。如果神宗要开战,必然不会再召还司马光,而且即使神宗有旨相召,司马光也必不奉诏。王珪喜,谢蔡确。于是乎,王珪派人献上了"平夏策",而神宗果然就没再召还司马光。[6]

神宗至死不召司马光,真的是因为小人阻拦吗?这样的故事,我们在评书戏曲、电影电视里看过太多,皇帝的佳谋睿智,总是很容易地被那些平庸、腐败的邪恶小人所沮坏。谗言易入,忠臣难进。然而,皇帝果真如此愚蠢、没主见,这么容易被谗言打动吗?

缺乏主见显然不是神宗的特点。神宗是怎样的皇帝啊?!无比自信,"学问高远,讲话必定引经据典。……谈经论史,常常有出人意料的观点"。无比勤政,"励精求治,生怕做得不够好,总揽万务,无论大事小事,事必躬亲"。"放假也不休息,有时候太阳都落山了,午饭还没吃,太皇太后和太后两位娘娘只好派人去催"。[7]这样一个皇帝若真要召还司马光,又岂是区区一个王珪能拦得住的?别忘了王珪为什么能安居相位十六年,因为他听话——是王珪听皇帝的话,而不是皇帝听王珪的话!

如果不是因为小人拦阻,那么必定是神宗本人有不能、不愿召还司马光的理由。

法令由朕造

这理由便是神宗对王安石路线的固守。神宗在位十九年,王安石从副宰相到宰相,当政的时间前前后后加起来将近八年,[8]王安石下台之后,神宗乾纲独运九年,仍然坚持走王安石的路,用王安石的人。

熙宁七年(1074)四月十九日,在巨大的压力之下,神宗挥泪罢免了王安石。这是王安石的第一次罢相。然而,就在三日之后,却出现了这样一则诏书:

> 朕……八年于兹,度时之宜,造为法令,布之四方,皆稽古先王,参考群策而断自朕志。……虽然,朕终不以吏或违法之故,辄为之废法,要当博谋广听,案违法者而深治之。间有未安,考察修完,期底至当。士大夫其务奉承之,以称朕意。无或狃于故常,以戾吾法。敢有弗率,必罚而不赦。[9]

诏书的内容可以归纳为四点:第一,过去八年来所有的法令"皆断自朕志",是朕的法令,而非王安石的法令。第二,新法的问题不在于新法本身,而在于执行中的歪曲不力,在于"吏或违法"。第三,新法可以完善,不可以推翻。第四,敢有违背新法者,重罚不赦。用司马光的话来说,那便是"新法已行,必不可动"。[10]

这样一则诏书,是否反映了神宗的本意呢?不错,它的确出自王安石"护法善神"吕惠卿的建议,然而却不能不说是神宗的意图。神宗同意王安石下野,是忍痛割爱,不得已而为之。所以,他才会同意王安石的布局,在王安石罢相的当日,即任命韩绛为宰相、吕惠卿为参知政事,而这两个人都是王安石路线的忠实执行者。[11]当然,吕惠卿最终野心膨胀,背叛了王安石,"凡可以害王氏者无不为",[12]则是后话了。

那些相信神宗只是被"奸人"蒙蔽了双眼的,要么是政治上的瞎子,要么就是一厢情愿。李师中就是这样的瞎子,他在王安石罢相之后很快上疏请求神宗召还司马光,结果当然遭到贬谪处分。神宗对李师中的处理批示中有"朋邪罔上"[13]四个字,所谓朋邪,剑锋所向,正是被李师中推荐的司马光诸人。李师中是司马光的恩师庞籍提拔起来的,他反对开边,政治倾向与司马光接近。[14]贬谪李师中,正所谓"杀鸡儆猴",目的就是要警告司马光和所有王安石路线的反对派,正告他们,皇帝说新法"断自朕志"绝非虚言。

熙宁九年(1076)二月,王安石第二次罢相、彻底离开政坛,神宗是否会愿意对王安石路线稍作调整呢?对此,司马光曾经怀抱了希望。他给王安石的继任者吴充(1021—1080)写信,说"夫难得而易失者,时也。今病虽已深,犹未至膏肓",请求他调整路线、改变王安石的弊法,救民保邦。[15]后人说:"光遗以此书,而充不能用",[16]批评吴充坐失改革良机。其实吴充还是努力了的，只是阻力太大，而最大的阻力正来自神宗本人。"郑侠移居案"颇能说明问题。

郑侠（1041—1119）何许人？一个胆子极大的小官儿。他考中进士之前，曾经在江宁府向王安石问学，跟王安石的儿子王雱也很熟。但是，对于王安石的"青苗、免役、保甲、市易数事，与边鄙用兵"，郑侠都心存保留。所以，他进京之后，明确拒绝了王安石所指示的更便捷的升迁之路，做起了开封安上门的监门官，负责监督收税。从熙宁六年七月到第二年三月，持续大旱，麦苗干枯，黍、粟、麻、豆都来不及下种，谷物价格猛涨。而官府各项税费的催缴并不停歇，没奈何，老百姓只得"拆屋伐桑，争货于市，输官籴米"，乃至"典妻卖女，父子不相保，迁移逃走，形容困顿，衣衫褴褛"。郑侠在安上门日日耳闻目睹，忧国伤民，心如刀割，就把他所看见的，绘成了一幅《流民图》，想要让皇帝看一看宫外真实的世界。可是他地位卑微，没有正常渠道可以上书，于是就甘冒风险，利用职务便利，擅自动用了官府的邮政系统——马递，假称是快马急报，把图画和上书送进了宫。郑侠上书发生在熙宁七年（1074）的三月二十六日，神宗得图，反复观览，长吁数次，夜不能寐，第二天就采取了十八项政策措施，暂停了一些新法，要求对新法的实施状况严加督管，并且下诏自责，开放言路。天公作美，三日之后，大雨倾盆。群臣入贺，神宗向他们展示了郑侠的《流民图》。"《流民图》事件"助长了反对派的气焰，王安石只得自请罢相来平息压力，郑侠也因为擅自动用马递受到处分。四月十九日王安石罢相之后，郑侠继续上疏批评新法害民，主张罢黜吕惠卿，结果遭到了罢官、流放、监视居住的处分。吕惠卿又利用郑侠案，扩大打击面，趁机搞掉了比自己更资深的参知政事冯京

（1021—1094），王安石的弟弟安国（1028—1074）因为与郑侠有交往，也被一撸到底，免官为民。吕惠卿的醉翁之意，不在安国，而在安石。安国被贬，神宗怕王安石多想，特地下诏书安慰，"安石对使者泣"。照吕惠卿的意思，郑侠就该杀。还好神宗头脑清醒，说："郑侠上书不是为他自己，忠诚可嘉，怎么可以过度责罚呢？"最终，郑侠被贬到广东英州监视居住。[17]

吴充上台之后，曾经想利用大赦改善郑侠的状况，把他从英州转移到生活条件相对更好的鄂州（湖北）。吴充是一个温和而有智慧的政治家，他是王安石的亲家，了解王安石，也了解神宗。因此，他没有直接惊动神宗，而是利用宰相府对于"例行公事"的直接审批权，批状下发。如果此事能够成功，那就等于朝廷承认郑侠案惩罚过重、平反有望，那么，王安石时代的政策措施或者可以慢慢改变了。"郑侠移居案"就像是吴充抛出的一枚探路石子。结果怎样呢？石子尚未落地，便遭到拦截，被重重地扔回来，砸到了吴充的脚上。出手拦截的，不是别人，正是神宗本人。

神宗大怒，亲自批示："英州监视居住人郑侠原犯目无尊上、大逆不道罪行，情节极其悖逆，饶他不死，已经是极大的恩惠。不得变更居住地。"十来名宰相府和刑部的办事人员受到处分。吴充安然无恙，但宰相府却失去了最后的独立审批权。神宗下诏："从今以后，所有类型的入奏公务，都必须等皇帝亲自画可之后，宰相才可以签字下发。"[18]

在神宗执政的最后九年中，是否与王安石、与新法"异论"，仍然是一条裁定官员政治立场的"红线"。元丰五年（1082），王安石的亲弟弟、副宰相王安礼推荐张问作侍郎，神宗说："张问好为异论。他知沧州,上言本地老百姓宁可逃荒,也不愿意忍受新法的苦。"王安礼又推荐王古,又以同样的原因遭到神宗否决。[19]

神宗的最后九年,几乎处处事事都笼罩在王安石的影响之下。就这点来看,王安石可以说是宋朝最成功的政治家,他本人在金陵悠游山林,然而他所培养的人却遍布整个国家,延续他的作风,贯彻他的路线,执行他的政策。在皇帝宝座上的神宗毫无疑问是王安石最出色的学生。神宗从王安石那里学到的最大政治秘笈便是统一思想、集中权力。

垂泪对群臣

权力越来越集中到神宗一个人的手里。熙宁十年(1077),因为郑侠移居案,宰相府失去了最后的审批权,沦为皇帝的高级秘书。神宗用的宰相,最典型的就是"三旨相公"王珪,听话,好使,可是无甚用处。神宗喜欢用他们,却并不喜欢他们。元丰三年(1080)吴充退休之后,王珪独相直至元丰五年四月,蔡确自参知政事拜相,王珪为首相,蔡确为次相,直至神宗驾崩。这两个人,神宗"对他们的礼数很薄,多次因为小过错罚他们的款,每次罚款都要让他们到宫门谢恩。宰相罚款宫门谢恩,这是大宋开国以来从来都没有发生过的事情,人人都觉得耻辱"。[20]一个骄傲的人怎么会喜欢一点傲骨都没有的人呢?然而人若有傲骨,又怎会入得骄傲皇帝的法眼?帝王的骄矜之心,轻视大臣之意,是一剂毒药,它在皇帝的周围竖起一道无形的屏障,屏蔽那些真正的治国安邦之才与切中要害的批评。

满朝朱紫贵,办事靠何人?! 这是神宗的真实感叹。元丰五年(1082),陕西边事未息,需要大规模调集军需。可是靠谁来办事呢?举目四望无人能行。神宗不禁感叹:"想当初,秦国位于关中之地,仅仅靠着一国的力量,都能够统一九州。现在我大宋的天下十倍于秦,把东南的财赋调到关中来,保证充足啊,再得到名将练兵,想干什么干不成? 只可惜没有这个人啊!"[21]

陕西的军粮成了神宗的心病,几天之后,他再度召集宰相开会讨论。不知道说到了什么,神宗忽然激动起来,说:"仁宗朝的时候,西夏扰边,开启战端,契丹又趁火打劫,派人来勒索,仁宗皇帝在延和殿跟宰相们谈话,感慨愤怒,痛哭流涕。朕是列祖列宗的子孙,看守着祖宗传下来的神器,一想到列祖列宗的托付之重……该怎么办啊!"说完,面容转悲,泣不成声。"群臣震恐莫敢对"。[22]

"该怎么办啊!"这一哭,哭出了神宗所有的委屈愤懑。神宗生命的最后时光,大有"拔剑四顾心茫然"的孤寒悲怆,他是多么想成就一番伟大的事业,成为尧舜之上的皇帝,来证明父亲即位的正确、本支血统的高贵,然而他最最重视、投入精力最多的西北拓边事业,却是一败再败,消耗国力、损兵折将,几乎看不到胜利的希望。对于这些失败,神宗本人是要负极大责任的。西北拓边,从头到尾,都是神宗本人在主导。"每当用兵,有时候会整宿整宿地不睡觉,前线的奏报络绎而来,神宗用手札处置,号令诸将,丁宁详密地把制胜之机传授给他们。纵然是千里之外,神宗也是亲自节制"。[23]他自以为运筹帷幄,可以决胜千里;实际上却表现得像一个任性的孩子,随意挥霍着手中的权力,以及百姓的生命。[24]元丰五年陕西的粮草问题为什么让他如此伤感? 因为元丰四年,老百姓的忍耐就已经到达了极限。灵州之役，官府督促老百姓运粮，"役夫被斫，植立而不动"，宁可被砍伤砍死，也不愿意送粮上战场去送死。[25]

骄傲的神宗皇帝是在孤独中郁闷地死去的。

1 《宋史》卷一六《神宗本纪三》，313页。

2 《宋史·邢恕传》载："（邢恕）从程颢学，因出入司马光、吕公著门。……蔡确代（吴）充相，尽逐充所用人，恕深居，惧及。神宗见其送文彦博诗，称于确，乃进职方员外郎。帝有复用光、公著意，确以恕于两人为门下客，亟结纳之。恕亦深自附托，乃为确画策，稍收召名士，于政事微有更革，自是相与如素交。"《宋史》卷四七一《奸臣·邢恕传》，13703页。

3 《续资治通鉴长编》卷三五〇，8390页。

4 《宋史》卷三一二《王珪传》，10242—10243页。王珪卒于元丰八年四月，九月，尚书右丞李清臣奉诏作《王太师珪神道碑》当然没有提到这个情节。这篇文章收录在《名臣碑传琬琰集》上卷八，是一篇非常聪明的文字，巧妙地回避了王珪作为宰相的无所作为，所列举的王珪主要事迹就是写文章，终章盖棺论定，说："人以谓协济大事，有翰墨之功。……公荣遇最久，诸臣无以为比，而谦俭慎默，未尝有过焉。"

5 《宋史》卷四七一《奸臣·蔡确传》，13699页。

6 《宋史》卷三一二《王珪传》，10242页。

7 《续资治通鉴长编》卷三五三"史臣曰"，8457页。

8 熙宁二年二月担任副宰相，熙宁九年十月第二次罢相，刨除熙宁七年四月到八年二月短暂的离职，在相位时间共计八年。

9 《续资治通鉴长编》卷二五二，6172页。

10 《续资治通鉴长编》卷三五五，8490页。

11 《宋史》卷二一一《宰辅表》，5488页。《宋史》卷三二七《王安石传》，10548页。

12 《宋史》卷四七一《奸臣·吕惠卿传》，13706页。

13 《续资治通鉴长编》卷二五三，6188页。

14 《宋史》卷三三二《李师中传》，10677页。

15 《司马光集》卷六一《与吴相书》，1275页。

16 《宋宰辅编年录校补》卷八，470页。《司马光年谱》，177页。

17　《续资治通鉴长编》卷二五二，熙宁七年四月甲戌条，6152页；卷二五九，熙宁八年正月庚子条，6310—6315页。夏之文《郑侠墓志》，郑侠《西塘集》卷九附。《宋史》卷三二一《郑侠传》，10434—10437页。郑侠《西塘集》卷一《三月二十六日以后所行事目》是他本人的记录。

18　神宗关于郑侠的批示原文是："英州编管人郑侠元犯无上不道，情至悖逆，贷与之生，已为大惠。可永不量移。"关于宰相府独立审批权的丧失，原文作："仍诏中书自今入奏敕札批状，并候印画出方得书押。"《续资治通鉴长编》卷二八四，6953页。

19　《续资治通鉴长编》卷三二六，7845、7850页。王安石的两个弟弟安礼、安国与长兄安石之间都做到了"和而不同"，难得！《宋史》卷三二七《王安礼传》《王安国传》，10553—10558页。

20　《宋史》卷四七一《奸臣·蔡确传》，13699—13700页。

21　《续资治通鉴长编》卷三二六，7840页。

22　《续资治通鉴长编》卷三二六，7847—7848页。

23　《续资治通鉴长编》卷三五三"史臣曰"，8457页。

24　根据曾瑞龙的研究，神宗亲自、直接指挥的西北拓边充满了任性。治平四年最初的开边依靠知青涧城种谔、陕西转运使薛向，"神宗直接指挥薛向，薛向则取谋于种谔，都不是正式的关系"。神宗把经略使陆诜放在一边，"诏下谔奏付诜，乃诏薛向至延州召谔赴经略司"，讨论经营策略。又如，种谔出兵绥州一事，谋议的过程，中书、枢密院知道，但意见未一，中书欲战，枢密院欲守。最后种谔的出兵行动，则中书、枢密院皆不知。结果，绥州打不下来，种谔要受处分，有人为他抱不平："种谔奉密旨取绥州而获罪，后何以使人？"神宗也后悔。曾瑞龙《北宋种氏将门之形成》附录三《种谔的四次战役》有详细论述，146—147页。

25　《续资治通鉴长编》卷三二八，7902页。

第五部

黄叶在烈风中，1085—1086

在生命的最后十八个月，司马光抵达了他官僚生涯的巅峰，得到最高权力的信任，官至首相。瘦弱的司马光走向了全然陌生的开封政坛，"如黄叶在烈风中"，他头顶光环，心怀理想，赤手空拳，眼前一片欢呼，身后却了无队伍。"司马相业"几乎一事无成，只有破坏没有建设。政策调整蛮横无知、缺乏整体考虑，役法改革不顾实际，青苗法死灰复燃；政治风气没有得到丝毫改善，官僚集团的分裂在继续加深，对于神宗旧相的处分已经具有政治复仇的意味，政治和解如梦幻泡影。那么，这一切，是否出自司马光的意愿？或者说，司马光能否对这一切负责？

28
开封的呼唤

宋朝新换女主贤

元丰八年(1085)三月十七日,司马光离开洛阳前往开封,奔神宗之丧。《礼记》云:"奔丧之礼,日行百里,不以夜行。"何以速?"奔丧事急"。[1]只有身体上的疲惫透支,才足以表达心灵与情感上的痛楚。六十七岁的司马光不顾儿子的阻拦,坚持日行百里。正常情况下八天的路程,五天就走完了。二十二日黄昏,司马光一行抵达开封。五天的舟车劳顿,让司马光逐渐从神宗驾崩的震惊、恐惧中恢复过来,他身体虚弱疲惫,脑子却越来越清醒。

"宗庙社稷,危于累卵,可为寒心",国家已病入膏肓,必须做出改变。一直以来,司马光所抱定的宗旨就是拼死一谏,希望能令神宗幡然悔悟,下罪己之诏,痛改前非,改弦易辙,除苛政,息战端,与民休息。至于神宗能否听从,司马光其实并不抱多大希望。只是他不谏便如骨鲠在喉,他不谏便自觉对不起大宋的江山社稷。指出国家存在的问题、提醒皇帝面对现实,是士大夫的责任,司马光别无选择,他必须忠于自己的内心、以尽人事;拒绝或者接受,取决于皇帝的心意,司马光同样别无选择,他只能听天命。如今神宗骤然离世,却分明提供了一种全新的可能性。皇帝年幼,高太皇太后掌政。宋朝有了新的当家人,自当有一番新气象。换个角度想想,神宗简直是在用自己的死来成全江山社稷。

司马光抵达开封的当天晚上,高太皇太后就派了身边宦官前来慰问。宦官捎来了太后的口信:"国家不幸,大行皇帝升天。嗣君年幼,老身不得不代理国政。大人事奉过仁宗、英宗和神宗三位皇帝,忠诚坚贞之名,著于天下。请大人一定不要嫌麻烦,多上奏章,畅论国事,以弥补老身的不足。"[2] 这是问候,也是邀约。

这不是司马光与太皇太后的第一次接触。高氏与司马光的最早接触,是在英宗朝。当时,英宗与高氏和曹太后之间的关系非常紧张。司马光上疏调解,劝慰曹太后说,高氏因为从小在曹太后身边长大,所以在太后面前还像个孩子一样,闹点小别扭、耍个小脾气很正常,曹太后生气、责备,也是应该的。但是,"如果事情过去之后,太后还是不理她,不再疼她,反而像仇人一样对待她,那就过分了"。[3] 司马光的这番话,入情入理,对高氏寓辩护于责备之中,温暖贴切,让她于感动之余,不由得不检点自己的行为。高氏与姨母兼婆婆曹太后的关系开始破冰向好。曹太后于神宗元丰二年(1079)冬过世,享年六十四岁。在她过世之前,曹太后与神宗的祖孙关系、与高氏的婆媳关系都非常融洽。[4] 皇室成功地修补了英宗的荒唐所造成的声誉损失,树立了堪为天下表率的孝道形象。对于司马光,高氏一直心怀感激佩服。她关注司马光的动向,了解司马光,信任司马光。

对于高太皇太后,司马光也有所了解。就政治倾向而言,高太皇太后反对王安石新法,态度坚决,这在高层是人所共知的。她和曹太后曾经哭着向神宗诉说新法的种种弊端,并且断言:"王安石变乱天下!"[5] 就性格而言,高太皇太后素以坚毅著称。她是将门之后,血管里流着高、曹两家的高贵血液。她的曾祖父大将高琼,曾经护送真宗皇帝亲征澶渊。真宗的御辇在黄河岸边犹豫不前，是高琼一杖敲打在辇夫的背上，这才让皇帝的御辇过了黄河，达到了亲征的最佳效果！她的外曾祖父曹彬是宋朝征服南唐战役的总指挥，功勋卓著，为人却是无比的谦虚低调。高氏的母亲是仁宗曹皇后的姐姐。[6]高氏四岁入宫，与英宗一同在宫中成长，深得仁宗与曹皇后的器重。与英宗结婚之后，二人相互扶持，一起战胜了即位之前的诸多凶险与磨难。从英宗即位之后近乎神经质的表现来看，高氏才是这一对夫妇在艰难岁月中的主心骨。就在神宗去世的当天，高氏还失去了一个女儿。这位公主虽非高氏亲生，却是英宗夫妇的长女。想当年，英宗在位的时候，公主出嫁，高皇后亲自送她过门，并且在公主府上过夜，足见感情深厚。[7]一双儿女同日过世，这样的打击，高氏也挺过来了。司马光听说，身边的人试图隐瞒公主的死讯，太皇太后说："你们不要骗我了。我昨夜梦见曹太后、神宗还有公主在一座空旷的宫殿里举杯欢宴，当时我就疑心这绝不是个好兆头。"[8]这样坚毅的女子，世间罕有。

古今政治第一难

作为宋朝新的当家人，高太皇太后拥有诸多优势，也有致命的劣势。她最大的优势是政治上的正当性——她是先帝的母亲、今上的祖母，奉先帝的遗诏权同处分军国事，垂帘听政，权威性不容挑战！两个致命的劣势是：第一，太皇太后纵然尊贵，也终归是一个女子。与男性的皇帝相比，作为女性的太皇太后与前朝和外界的阻隔，既是空间的，又是性别的。太后主政须垂帘，垂帘的目的是严守"男女之大防"，然而它所隔开的却是最高领导人与政府。第二，太皇太后此前从未涉足前朝事务，政治经验几乎为零。也就是说，她被赋予了最高权力的代理权，却毫无政治经验。

而太皇太后所要面对的，却是古今第一政治难题——如何顺利地实现政策路线的调整而不引发政治派别之间的恶斗！太皇太后所要改变乃至推翻的，是饱受诟病的王安石路线，而眼下在朝堂之上、各级政府之中实际运作朝政的，正是神宗朝在王安石路线下培养出来的官僚，他们受益于也受教于王安石的政策路线，是王安石路线的学生和受益人，当然要维护王安石路线。路线的改变将无可避免地引发人事纷争乃至政治斗争。要应对这一切，需要高超的政治手腕和丰富的政治经验。而这些，正是太皇太后所缺乏的。此外还有更实际的问题，王安石路线对宋朝政治构成了损害，需要改变，那么，新的方向在哪里？回到王安石之前、重返仁宗时代，听起来似乎是一个不错的选择。然而仔细想想，却又几乎不可能。王安石的思想和路线已经统治宋朝十八年，影响无处不在，深入官心，想要改变，谈何容易？仁宗时代的宽容政治固然令人向往，但就具体政策而言，仁宗时代却也是问题重重的——不然怎么会有"庆历新政"与王安石变法呢？而王安石的新法，也并非全无是处。在新法与旧制之间，在新党与旧党之间，如何建立平衡，再造宋朝政治，这是古今第一政治难题。而这古今第一政治难题，偏偏让一个女主赶上了。

在九重宫阙之中，太皇太后能否做出正确的决策？隔着低垂的帘幕，太皇太后能否指挥宰相大臣，掌控这复杂的局面？难！难！难！

"司马相公"逃归洛

太皇太后的问候与邀约，让司马光感到欣慰与激动，他决心倾其所有，充当顾问，助太后一臂之力。然而，第二天所发生的事情却让司马光感到紧张和惶恐，他甚至不等太皇太后吩咐，就直接"逃"回了洛阳。

就奔丧而言，司马光已经来迟了。就在他抵达开封的前一天，二十一日，哲宗皇帝首次公开露面听政，接见百官，瞻仰大行皇帝的遗像，中级以上官员按顺序举哀，发声一恸。因为还在丧服之中，听政的地点不在正殿，而是在便殿。首次听政的意义，仪式大于实质，它是在向世人宣示，官方的哀悼即将结束，新天子就要行使他的权力了。宋朝皇帝的孝服，实行以日易月的规定，实际只有二十七日，到四月三日结束。在此之前，单日听政。司马光抵达开封的第二天正好是听政日，皇帝与太皇太后垂帘与百官朝会。⁹司马光出席了朝会仪式。

正是这场朝会前后所发生的插曲引发了司马光内心的不安。

洛阳闲散，他已经十五年没有出席如此隆重的典礼了。天刚蒙蒙亮，司马光就穿戴整齐，骑马前往宫城。在待漏院前面，他下了马，整理好衣冠，望着晨光熹微中巍峨的宫殿，忽然感到一阵阵的迷离恍惚。归来殿宇皆依旧，周围却没有几个熟悉的面孔。正在这时，有年轻的官员过来，恭敬地行礼，大声问候他。这问候引起了宫殿卫士的注意，由于还在站岗，他们不能擅离职守，可是远远的，他们也向司马光敛手为礼，躬身致敬。后排的卫士出现了短暂的骚动，司马光听见卫士中有人用兴奋的声音低声呐喊："这就是司马相公！"

"相公"是宋朝人对宰相或者前任宰相的尊称。"司马相公"的称呼，让司马光感到了一丝不安。他司马光何曾做过相公呢？神宗皇帝曾经允诺他的最高官职是枢密副使，但是被他拒绝了——高官厚禄非所愿，吾道不行皆可捐。"过称"不祥，卫士们称呼他"司马相公"，是尊重爱戴；反对派却未必这样看。新旧交替之际，正如眼下这乍暖还寒时节的天气，是最容易引发不适的。对于卫士的兴奋喜悦，司马光唯有报之以镇静安闲。

让司马光万万没有想到的是，朝会结束，在返回住所的路上，开封的大街两旁，竟然聚集了成千上万的百姓，他们迎着司马光的马头，跪倒尘埃，口中高呼："公无归洛，留相天子，活百姓！"您不要回洛阳了，留下来辅佐皇帝，给老百姓寻一条活路吧！人越聚越多，起初嘈杂不齐的呼喊声，也逐渐变得越来越整齐，就像是有人在指挥一样，伴随着呼喊声的，还有哭泣声。作为帝国的首都，开封荟萃八方人物、高官贵戚，开封人见过大世面；开封又多市井，商业繁荣，开封人头脑灵活。开封人是听话的，但又是敢于抗争的。能让开封人这样自发地聚集起来，发出如此整齐的声音，那得是对王安石的政策有着多么深刻的切身之痛！他们呼唤改变，并且把这希望明明白白地寄托在司马光的身上。然而，由谁来做宰相，又岂是市井之人，大街之上可以左右的？大街之上，可以有老百姓拦住宰相的仪仗喊冤、抗议。可是自从本朝开国以来，哪里有老百姓喊出来的宰相？别说本朝了，自古以来又何尝有过？司马光的不安在急剧增长。他向人群略一拱手，用目光示意陪伴在身边的儿子，继续前行，赶紧打道回府。人群非常配合地向两边分开，让出一条通畅的大道。"司马相公留下来"的哭喊声在司马光的身后久久不息。

谢表建议开言路

司马光的担忧不是没有来由的。熙宁六年（1073），司马光在洛阳买地筑独乐园，他的学生苏轼以长诗为贺，其中有句云："先生独何事？四海望陶冶。儿童诵君实，走卒知司马。持此欲安归？造物不我舍。名声逐吾辈，此病天所赭。抚掌笑先生，年来效喑哑。"[10]这原本只是一首学生赞美老师的诗，苏子瞻性情豪放，好开玩笑，说司马光声名满天下，却躲到洛阳去装聋作哑，实在可笑。司马光闲居洛阳，不论时事，撇开天下国家，独善其身，完全是无奈之举，苏子瞻以玩笑的口吻说来，是他的放达。司马光读来，也不过一笑而已。可是七年之后，这首诗却成了苏轼和司马光的罪证。王安石一手提拔的御史中丞李定、御史舒亶（1041—1103）告苏轼"作为文章，怨谤君父"。御史台成立了专案组，断章取义，肆意解读，从字里行间罗织罪名，欲置苏轼于死地。[11]幸赖宰相吴充营救，神宗又欣赏苏轼的才华，最终，苏轼只得贬官处分，而因此案牵连贬官受罚者，多达二十二人。首当其冲的便是司马光，受到罚铜处分。这就是宋朝臭名昭著的文字狱"乌台诗案"。"乌台"是御史台的别称。这首《独乐园诗》，专案组是怎样解读的呢？专案组从中读出了三宗罪。第一宗，诬蔑现任宰相。"四海望陶冶"，说天下人盼望司马光主政，陶冶天下，这不就等于说，天下人都痛恨现任执政，骂他们不称职吗？第二宗，预言司马光当政，推翻新法。"儿童诵君实，走卒知司马"，这分明是说，司马光早晚是要当政的，而司马光一旦当政，就必然要推翻新法。第三宗，怂恿司马光攻击新法。"抚掌笑先生，年来效喑哑"，笑话司马光哑口不言，这不是盼望司马光像从前一样攻击新法吗?！一首七年前的旧诗尚且可以罗织出这样的罪名来，那么眼前这开封百姓的齐声呐喊，还有早晨宫廷卫士的兴奋私语，又将掀起怎样的波澜?！神宗时代曾经专门设置巡逻队，在开封的大街小巷探察那些敢于批评时政的人。如今巡逻队已被太皇太后下令取消，可是那些惯于嗅察猎物气味的鹰犬还在，乌台阴影仍然笼罩在开封上空。改变是必需的，但必须审慎。眼前一步也错不得。司马光不能不有所顾虑。

当天晚上，司马光给太皇太后留下一封谢表，在拜别了神宗的灵柩之后，启程返回洛阳。

这封《谢表》是司马光给太皇太后的第一封施政建议书。司马光的施政第一策是广开言路，开放批评，打破王安石当政以来对"异论"的禁忌，允许官员百姓畅所欲言。他引用了《尚书》中的古训"木从绳则正，后从谏则圣。后克圣，臣不命其承"。加工木头，必须顺着绳墨的指引，才能做到方正。君主，只有充分听取多方面的意见，才能做到圣明。而如果君主能够做到圣明，不用命令，臣子就会顺从。

在这篇《谢表》当中，仁宗时期司马氏谏书那种循循善诱的风格悄然回归了。司马光没有直接对太皇太后说"你应该如何如何"，相反，他把太后向自己请教这一举动直接解读成开放言路、寻求批评的先声，赞美太后"实有圣人之德，明白什么是当务之急，所以在听政之初，首先开通言路"，并且希望"天下之士"都能从这一举动中"明白陛下的真心"，从而打开心扉、畅所欲言，让嘉言正论成为舆论的主流。这样的风格，在仁宗朝的司马氏谏书中是常见的，可是在神宗朝，它不知不觉地消失了。对于神宗，循循善诱是毫无用处的。如同他的老师王安石一样,神宗用自信给自己做了一个金钟罩,任何不同的思想、观点、政策主张都被斥责为"异论",金钟罩把"异论"弹射回去,变成伤人的利箭,打在建议者的身上。提意见的都是敌人,这就是神宗的逻辑。司马光眼看着神宗的方针政策把国家带向更深的困境,可是他却无法改变一丝一毫,他忧患、焦虑,以至愤怒,他的谏书怎么可能是温和理性、循循善诱的?只能是正面否定、厉声斥责与血泪声讨!如今,太皇太后虚心垂问,朝廷政风有望恢复,司马光焦虑纾解,《谢表》风格自然回归。

只要开放言路,允许批评,那么,"民间疾苦,何患不闻?国家纪纲,何患不治?"[12]问题的解决是从承认问题存在开始的,而承认问题存在是从发现问题开始的,要想发现问题,就必须打开下情上通之路,以开放的态度面对批评。开放言路,暴露问题,从而为下一步离开王安石路线、调整政策做舆论准备。这就是开言路的意义。

对于司马光"开言路"的建议,太皇太后深为首肯。可是朝政却还掌握在王安石的学生辈手里。那么,太皇太后的旨意能够穿透垂挂在她与宰相大臣之间的帘幕,越过高大深厚的宫墙,抵达朝堂,落实到政策中去吗?

1 《礼记·奔丧第三十四》。

2 《司马光集》卷四六《谢宣谕表》，981页。《司马光年谱》，205页。

3 《司马光集》卷一四《上皇太后疏》，治平元年五月二十八日上，712页。

4 《宋史》卷二四二《后妃上·仁宗慈圣光献曹皇后传》，8621页。

5 《续资治通鉴长编》卷二五二，王安石罢相条后，6169页。

6 《宋史》卷二四二《后妃上·英宗宣仁圣烈高皇后传》，8625页。

7 《宋史》卷二四八《公主·英宗四女·魏楚国大长公主传》，8779页。送亲事见《续资治通鉴长编》卷二〇八，治平三年十一月己巳条，5066页。

8 《续资治通鉴长编》卷三五三，8460页。

9 《续资治通鉴长编》卷三五三，8463页。

10 苏轼《司马君实独乐园》，[清]王文浩辑注，孔凡礼点校《苏轼诗集》卷一五，中华书局，1982年版，733页。

11 孔凡礼《苏轼年谱》卷一八，446—469页。

12 《司马光集》卷四六，《谢宣谕表》，982页。

29
言路何难开

太皇太后的德政

高太皇太后垂帘以来的政策，让生活在天子脚下的开封人感到了兴奋与喜悦。让开封人拍手称快的，是三项德政：第一，取消京城内的"诇逻之卒"。"诇"的意思是密告、侦查、探听，"诇逻之卒"就是特务。他们在街头巷尾偷听人们茶余饭后的闲聊、夜半三更的磨牙呓语，从中搜讨、捕捉不满的声音，嗅探反对的味道。第二，叫停了城池加固工程，把服役的老百姓放回了家。第三，停止了部分宫廷奢侈品的制作。这三项德政，均发生在三月二十二日司马光进京之前。

司马光离京之后，又有几项新政策相继出台，其中之一是斥退行为不端的宦官。熟知《水浒》故事的人都知道徽宗用童贯掌兵，是北宋破国的重要原因，殊不知，这根子却在他的父亲大人——神宗这里。神宗后期，在西北战场上最得神宗信任依赖的，其实是宦官。宦官是唯一可以在宫内宫外自由出入的人物，太皇太后以女子而掌大政，宦官是不得不依靠的力量。然而，越是如此，就越要格外约束宦官。这一点，高太皇太后最终做到了。这是后话。还有一项新政值得一提，那便是取消了政府对于某些商品的垄断，恢复自由经营。神宗朝实行市易法、免行法，名义上打击大商人的垄断经营，实际上是取而代之，政府跳到前台来直接经商，一手买一手卖，以国家权力为后盾，说一不二。许多中小商人因此破产失业，开封城也被搞得市井萧条。[1]

以上新政主要针对的是首都开封。如同春雨过后必然草长莺飞，政策一旦松绑，困顿了许久的小商小贩便迫不及待地恢复了营业。摆摊售货的，提瓶卖茶的，一时之间，各种店面摊贩布满了御街两旁的商业区。傍晚，高太皇太后登上宣德门，望着宽阔御街上来来往往的人流，心中感到无比欣慰。堂堂首善之区，天子的立足之地，与民结怨如此深重，实在是自毁长城。

太皇太后还做了一桩大快人心事，这件事情，不止开封人跳起脚来叫好，消息传到京东（今山东），京东人家家都放了炮仗，热闹得像过年一样。这桩大快人心事，便是处分吴居厚（1039—1114）。

吴居厚是谁？神宗亲自树立的理财能臣。吴居厚有多能？他担任京东路的转运副使三年，别的不说，单只酒税一项，比常规额度增加了175.9万缗，而他前任的业绩是什么？亏损21万缗！别人连正常额度都收不齐，吴居厚却有本事多收175.9万，上下相差196.9万。[2]这是什么业绩？什么水平？神宗亲笔批示：

> 吴居厚奉命出使，不辱使命。他"无黩乎上"，不辜负上级信任；"不扰乎下"，不打扰下民的生产生活；"不喧于闻"，不声不响，事先并无宣传；却能做到在二三年间获得财政收入数百万计。由于吴居厚的贡献，之前国家窘迫的财政状况，一下子变得宽纾，除了满足日常经费之外，还能应付突发需求。"内外理财之臣未有出其右者"。[3]

这是一个多么伟大的理财能臣,以一人之力,一路之大,竟然扭转了整个国家的财政困境,真真是理财能臣第一名!吴居厚理财,"无黩乎上"是毫无问题的,问题是,他真的做到了"不扰乎下"吗?如果此言不虚,那分明是王安石"民不加赋而国用饶"的现实版和升级版。可是,神宗所言果然不虚吗?

神宗御笔批示表彰吴居厚,是在两年之前的元丰六年(1083)。现如今,刚刚两年过去,京东就出了一伙强盗,规模多达几千人,这些人的口号是什么?要把"掊克吏吴居厚"扔进冶铁炉里烧死。什么叫"掊克吏"?就是搜刮民财的坏官。他们为什么要把吴居厚扔进炼铁炉里烧死?因为吴居厚发明出一种理财的好办法,官府铸造铁锅,逼着老百姓买,四口之家买一口,五口之家买两口,按户摊派,不得不买。[4]吴居厚的冶铁炉日日夜夜烧着,铸出了锅,铸成了钱,铸成了恨。走投无路的老百姓只得揭竿而起。吴居厚事先感觉风声不对,提前溜走,躲过了京东百姓的复仇。

太皇太后上台之后,借着老百姓造反的事机,有御史勇敢地揭发了吴居厚。这个神宗亲自树立的理财能臣,剥去华丽的光环,露出狰狞的面目,遭到了贬官处分,并且被一贬再贬。[5]耐人寻味的是,就是这个吴居厚,在哲宗亲政之后被重新起用,担任和州地方长官的时候,却创立了一种官营慈善医疗机构——将理院,免费提供医药,救死扶伤,全活数百人。吴居厚的将理院,后来成为宋朝中央创立安济坊的雏形。[6]吴居厚是"能吏",这一点毫无问题。"能吏"之"能",指的是超强的行政能力,特别是创造性解决问题的能力。而行政能力本身,是没有道德指向的,可以之行善,亦可以之作恶。神宗时代以富国强兵为目标,单方面追求中央财政收入的增加——这才是滋养

"掊克吏"的沃土。

处置吴居厚,自然是大快人心。把劣迹突出的个别官员抓出来处分示众,这是相对简单的事情。它并不能完全否定、动摇神宗时代的路线方针。关于吴居厚的行为,司马光可以认为这是神宗时代政治路线的恶,"上有所好,下必从之";那些新法的拥护者也可以认为这是吴居厚个人的恶,是他没能正确领会、执行中央政策,是吴居厚辜负了神宗的信任!

蔡确重申神宗路线

果然,就在吴居厚被处分三天之后,四月十一日,朝廷颁布了这样一则诏书:

> 先帝君临天下十九年,建立路线政策以润泽天下。而某些有关部门或者奉行失当,对社会造成烦扰;或者执行不力,浮皮潦草,不能把先帝的惠爱实实在在地传递给老百姓。中央及地方各级各类部门,必须齐心协力,奉行先帝政令,努力完成先帝惠爱百姓、安抚庶民的遗愿。

诏书的态度非常明确,先帝的路线方针没有错,错的只是某些部门、某些人的个别做法。先帝路线也就是王安石路线,必须坚持到底。这则诏书所传达的,当然不可能是太皇太后的旨意。太皇太后在帘子后面、在宫殿里面,前面的朝廷、政府在宰相的控制之中。当时的两位宰相，首相王珪奉命担任大行皇帝的山陵使，在巩县皇陵监工；次相蔡确主持大局。诏书所反映的，正是蔡确所代表的王安石一派的主张。四月十七日，同属新党的河东经略使吕惠卿对西夏发动了一次主动进攻，"破六砦，斩首六百余级"。[7]这显然也不是高太皇太后想要的。

高太皇太后亟需政治主张相同的大臣在前台主持政局，对抗蔡确。四月十四日，在太皇太后的坚持下，朝廷发布了两项任命，任命知扬州吕公著兼侍读，任命司马光知陈州。[8]用吕公著给小皇帝当老师，是先帝的意思。[9]蔡确当然不能拦阻。司马光闲居已久，太皇太后坚持请他出山知陈州，蔡确也无法坚决反对。可是，蔡确心里明白，知陈州绝不可能是太皇太后对司马光的最终安排。司马相公，只怕是呼之欲出了！

司马光再乞开言路

而司马光最关心的，仍然是开言路。三月三十日，他上《乞开言路状》，再度重申开放批评的重要性，建议朝廷"明下诏书，广开言路"。第一，在交通便利、人员密集的地方张榜告示，允许所有人——包括官员和百姓尽情极言。第二，所有批评文字一应"实封"，外地的由地方政府负责及时上报，但是地方政府不得审查，更不得要求上书人交出副本；在京的则由登闻检院、登闻鼓院负责接收。第三，必须申明言者无罪的态度。意见建议合情合理，立即施行，对建言者加以提拔；其次，取长舍短；纵然一无是处，也不加罪责。[10]

司马光的建议，太皇太后欣然首肯，可是当太皇太后旨意通过宰相蔡确传达到朝堂之上，成为行政命令时，却大大缩水了。四月上旬，第一份求言诏书颁出，它没有面向全国、全体官民人等，而是仅仅在朝堂之上、面向部分中央官员开放。太皇太后心里着急，却也无法可设。司马光得知消息，心情焦虑。四月二十一日，司马光在洛阳亲书奏札，第三次强调求言的迫切性。[11]然而，"无巧不成书"的是，就在同一天的开封，朝堂之上，却有两位中级官员因言获罪。

受到处分的官员是太府少卿宋彭年和水部员外郎王谔，处分他们的原因，是"非本职而言"，对于职责范围之外的事务发表了自己的意见。宋彭年建议"首都的禁军高级将领应当满编制"，以储备高级军事将领。王谔建议在太学增置《春秋》学博士，以便学生学习《春秋》。的确，将帅人才不是太府少卿该管的；学术教育也不是水利局的事儿。但是，他们所提的，究竟是不是真问题？司马光认为，宋彭年的建议属于"不识事体"，老生常谈，无关痛痒。而王谔的建议却抓住了宋朝学术思想建设当中一个不小的问题。熙宁四年（1071）王安石科举改革的重要成果之一，便是将《春秋》踢出了官学和科举的考场。儒家六经，《诗》《书》《礼》《乐》《易》《春秋》，《乐》经散亡，剩下的五经一直是天下读书人的必读、必考书。王安石对《春秋》经的态度，究竟是蛮横无理的抛弃，还是理性思考后的放弃，可以讨论。[12]无可争辩的事实是，到王安石这里，《春秋》经以及所有与这部经书相关联的著述、学问都被驱离了官方的主流知识体系，出现了瓦解消散的迹象。"考什么就学什么"，这句话放之四海而皆准，揆之古今都成立。谁控制了考试内容，谁就控制了考生的知识结构，进而控制他们的思想。王谔提出让《春秋》经重返科举考场，当然会让蔡确们感到紧张，"罚铜三十斤"[13]只是小惩大诫，相比之下，宋彭年更像是受了牵连陪绑的。

如果是实际存在的真问题，为什么不可以说？蔡确所掌控的朝廷给出的解释很简单：因为这不是你职责范围之内的事情！对职责范围之外的事情发表批评，宋朝的专有名词，叫做"越职言事"。禁止"越职言事"，就是要让人闭嘴，把士大夫的言论限定在职务的框架之内，让官员成为不能思考的办事工具。本朝有过禁言的先例。仁宗皇帝时，因批评宰相吕夷简，范仲淹等人被贬官外放，朝廷同时下令禁止"越职言事"。然而，真正的士大夫，"居庙堂之高而忧其民，处江湖之远而忧其君"，念兹在兹的是天下国家，他们的忧患关怀，又岂可以一职一位、一时一事束缚牢笼？勇敢的批评者前仆后继，最终，仁宗朝的"越职言事"禁令被取消，只存在了短短四年。[14]

自从王安石当政以来，打着"一道德"的旗号压制异论，到如今十八年了。十八年间，范仲淹时代那种"宁鸣而死，不默而生"的士大夫风骨，那种以天下为己任的浩然正气，已被消磨殆尽。官员们习惯了把苟且偷生当作生存智慧，把危言正论当作狂妄自大。好不容易有个敢说话的出来，却遭此当头棒喝。这哪里是求言诏？分明是禁言令！

不许人说话，对谁有好处？对掌权的大臣有好处，他们可以任凭自己的好恶作威作福，却不会受到任何批评；对那些毫无关怀的小臣有好处，他们可以把国家朝廷百姓放在一边，只管巴结上司，闷声发大财。可是最后的结果要谁来承受？是皇帝国家，是列祖列宗留下的江山社稷，"民怨于下而不闻，国家阽危而不知，于陛下有何利哉?!"[15]

一个言路堵塞，拒绝批评的国家，就像是一个人闭着眼睛、捂着耳朵,赤足狂奔,前路多荆棘险阻,能不受伤害吗?司马光痛心疾首。

"必罚无赦"假求言

在愤怒之中,司马光接到了知陈州的任命状。他随即上状,表示:"朝廷把陈州这么重要的地方托付给我,我义不敢辞,已经发公文给陈州让他们派衙役来接我赴任。到任之日,必当竭尽全力,勤于政事,恪尽职守。"司马光丝毫没有推辞,他"义不敢辞",也势不能辞,他不想再给对手任何顺水推舟的机会。他要出去工作,要表达态度,要发声,要为言论开一条生路。对于自己的价值,司马光有着清楚的认识,他说:"我禀赋愚钝,论文学论政事都不如别人,唯独不懂得忌讳,不依附权贵,遇到事情敢说话,无所顾忌,毫不避讳,仁宗、英宗、神宗三位皇帝之所以赏识我,人们之所以称赞我,都是因为我敢说话。如果连说话都不敢了,那么我对朝廷也就没什么用处了。"[16]

上面这段话,是司马光接到陈州知州任命之后给太皇太后的奏状里写的。在这封充满感情的奏状里,司马光再一次大声呼吁"开言路"。

应当是在司马光的一再敦促、太皇太后的一再坚持之下,五月五日,御史台又在朝堂上张榜告示,贴出了一份新的求言诏书。这份求言诏,"出榜止于朝堂,降诏不及诸道",[17]能够看得见这则诏书的,仍然只是那些有资格来上朝的中级以上中央官,也就是王谔、宋彭年的同僚们。王谔、宋彭年因言获罪的事情刚刚过去半个月,鸡血未干,猴胆犹颤,纵然有诏书在,又有谁敢启齿发声?而且,这是求言诏书吗?一头一尾是像的,可是中间却白纸黑字分明写着六个"必罚无赦":第一,"阴有所怀",私下里有所企图的,必罚无赦。第二,"犯非其分",说的事情不在自己职责范围之内的,必罚无赦。第三,"扇摇机事之重",对国家大事妄发议论,企图挑动不满情绪的,必罚无赦。第四,"迎合已行之令",对太皇太后上台以来的新做法吹捧迎合的,必罚无赦。第五,"观望朝廷之意",对朝廷动向心怀观望,批评新法,企图投机的,必罚无赦。第六,"炫惑流俗之情",夸大民间悲苦情绪的,必罚无赦。这六个"必罚无赦",一言以蔽之,就是"不许说"。"是诏书始于求谏,而终于拒谏也",[18]表面上是求言诏,实际上是拒谏书![19]

言路之难开,难于上青天。太皇太后的权威要转化为实际权力,影响改变朝政的走向,就必须对高层进行人事调整。太皇太后属意的第一人选,是司马光。她盼望司马光早日回到开封,主持外朝政局。司马光何时能够到来?

1 《司马光集》卷四六《乞去新法之病民伤国者疏》,990页。

2 此数,《续资治通鉴长编》中华书局本作"一百七十五万九千",基本古籍库引文渊阁四库作"一百七十九万五千"。

3 《续资治通鉴长编》卷三三九,元丰六年九月戊申,8161页。

4 《宋史》卷三四三《吴居厚传》,10920页。《东都事略》卷九七《吴居厚传》。《朱子语类》卷一二七。

5 吴居厚卒于徽宗朝,葛胜仲奉皇帝之命为他写作墓志铭,极尽赞美之能事,只字未提这段不光彩的经历。从神宗驾崩到哲宗亲政之间,吴居厚因贪酷遭到免官处分,《墓志铭》是这样记载的:"元祐中,公摈不用且十年,荣悴一不婴意。绍圣初,哲宗躬断,以前所坐非罪,亟召用之,起知鄂州,未赴,改苏州。"这样一写,明明是贪官被免,却成了淡泊名利、荣辱不惊的表现。这个例子提醒我们,读史必须谨慎。葛胜仲《丹阳集》卷一二《枢密吴公墓志铭》。

6 《东都事略》卷七九《吴居厚传》。

7 《宋史》卷一七《哲宗本纪一》,318页。

8 《续资治通鉴长编》卷三五四,8476页;《宋史》卷一七《哲宗本纪一》,318页。

9 《续资治通鉴长编》卷三五二"考异"载:"又据《实录》及《会要》等书……是冬,神宗谕辅臣曰:'皇子明年出阁,当以吕公著为师保。'"8420页。按照《宋史》卷三三六《吕公著传》的记载,"将立太子,帝谓辅臣,当以吕公著、司马光为师傅",10775页。据此,则司马光也是神宗钦定的哲宗师傅。然而,这条记载恐怕是靠不住的——倘若神宗有此口谕,苏轼的司马光《行状》《神道碑》不可能不写。

10 《司马光集》卷四七,1003—1006页。

11 《司马光集》卷四六《进修心治国之要札子》,984—987页。

12 杨新勋《王安石〈春秋〉"断烂朝报"说辨正》,《中国典籍与文化》2004年2期。

13 《司马光集》卷四七《乞开言路状》,1005页。

14 《续资治通鉴长编》卷一一八,景祐三年(1036)申明禁令;卷一二六,康定改元(1040),解除禁令。

15 《司马光集》卷四七《乞开言路状》,1005页。

16 《司马光集》卷四七《乞开言路状》,1006页。

17 《续资治通鉴长编》卷三五七,元丰八年六月丙子条录韩维奏,8535页。

18 《司马光集》卷四七《乞改求谏诏书札子》,1009页。

19 关于这份求言诏,韩维的观感与司马光相同,认为中间那一段"恐非元谕圣旨之本意,似增饰而为之者"。《续资治通鉴长编》卷三五七,8534页。

30
"黄叶在烈风中"

当仁不让

自从三月二十三日开封百姓喊出那一句"公无归洛,留相天子,活百姓",司马光必将入相已经成为一个公开的秘密,不满新法的人盼之如甘霖,新法的支持者畏之如洪水,却也无法阻挡太皇太后的心意。

四月十四日,在太皇太后的坚持下,朝廷发布了司马光知陈州的任命。四月下旬,司马光上书朝廷表示接受任命,同时发函要求陈州派衙役前来迎接上任。司马光摆出了积极的姿态,而陈州方面的动作却似乎有些不够迅速,一直到五月中,还不见人影。

五月十五日"平明",洛阳的司马府上响起了敲门声。这敲门声在清晨的静寂中显得格外响亮。这么早,是谁呢?难道是陈州的衙役?看门人揉着惺忪的睡眼开门一看,顿时醒了,来人竟是宫中内臣打扮,原来是太皇太后的特使!使者送来太皇太后御前札子一道,内容很简单,命令司马光赴任陈州之前,先往开封"过阙觐见",太皇太后嘱咐司马光要"早至阙庭"。[1] 太皇太后的殷切期望之情,让司马光不胜感激。可是"早"还能"早"到哪里去呢?无论如何,也是要等到陈州的迎接队伍来了才能出发的。显然,太皇太后是迫不及待了。

本朝惯例，老臣高官调任之际，奉旨"过阙觐见"，往往是入相的前奏。也有前任宰相千方百计谋求赴阙面君，以便营求复相的。太皇太后的心意已经十分明朗。郑州知州、司马光的老朋友孙固就已经把司马光看作是候任宰相。司马光途经郑州，孙固殷勤送迎。二人促膝长谈，纵论天下事。临别之际，孙固长揖到底，郑重地拜托司马光，言道："大人眼看着就要拜相了，请务必斟酌轻重缓急，审慎处置天下之事。"孙固的政治观点与司马光十分接近，是最初反对王安石参政的少数几个人之一，并且自始至终对新法持保留态度，但他是神宗的潜邸旧人，所以神宗对他宠遇不替。孙固官至枢密院长官，在神宗晚年和司马光一样称病退居，哲宗即位之后才又出来担任郑州知州。[2]

太皇太后在等待机会。五月十七日，首相王珪薨逝。王珪"自辅政至宰相凡十六年，无所建明，守成而已"，[3]是神宗朝服务时间最长、最听话的宰相。斯人已逝，宰相府空出了一个宝贵的位置，对于太皇太后来说，简直是天赐良机。五月二十三日，司马光抵京，三天之后，五月二十六日，司马光被任命为门下侍郎，也就是副宰相。

天下人千呼万唤的"司马相公"终于要出场了！司马光官僚生涯中最辉煌也是最富有争议的最后时光即将展开——如果没有这一段，那么司马光就只是一个被迫"在野"的批评者，是一个遭受排斥打击"而不改其乐"的贤良士大夫，铮铮其骨，磊落其心，通体透亮，没有任何瑕疵可供指摘。政治实践错综复杂，思想交锋、利益争斗、人事纠缠、风气浸染，可能是这世界上最复杂、最难以黑白分明的事情。而司马光脱离政治实践已经整整十五年了，他又是一个有道德洁癖的人，自知"禀赋愚暗，不闲吏事，临繁处剧，实非所长"，[4]此番重返政坛,出任宰相,无异于以皎皎如明月之身投浊流而欲其清,他的内心深处,是否也有过犹豫、动摇?

苏轼在《司马光行状》中说:太皇太后下诏任命司马光知陈州,并请他到首都来面谈。一路之上,太皇太后不断派出"使者劳问,相望于道"。司马光一到首都,就被任命为门下侍郎,官拜副宰相。司马光极力推辞。太皇太后不允许,几次颁下亲笔诏书,最后说:"先帝刚刚驾崩,皇帝是个小孩子,这是什么时候啊,您还要推辞吗?!"司马光这才不敢再辞了。照苏轼的记载,司马光本来是不打算接受门下侍郎任命的,要不是太皇太后极力相请,责以天下大义,司马光也许会推辞到底。

持类似说法的,还有司马光的哥哥司马旦的传,《宋史·司马旦传》描述了一个耐人寻味的细节:

> 司马光得到门下侍郎的任命,坚决不肯接受。司马旦晓之以大义,说:"你平生称颂尧舜之道,希望让咱们的皇帝达到那个高度。如今时机允许,而你却要逃避,这可不是进退的正道啊!"司马光闻听,幡然醒悟,随即接受任命。在那个时候,天下人都担心司马光会坚持不复出,听到这件事,都感到庆幸。人们称赞司马旦说:"老人家说的真是长者之言啊!"⁵

司马旦与文彦博同庚,比司马光年长十三岁。司马光住洛阳,司马旦在老家夏县,司马光每年回一趟夏县给哥哥问安,有时候司马旦也到洛阳来看弟弟,兄友弟恭,始终无间。《司马旦传》说:"凡司马光平时所讨论的天下事,司马旦都有帮助。"从《司马旦传》的记载来看，司马光在是否出任宰相的问题上是相当纠结的，如果没有哥哥这一"推"，他也许就真的不会接受门下侍郎的任命了。

然而，这两条记载，却恐怕都有夸张的嫌疑。朝廷发表司马光为门下侍郎是在五月二十六日，二十七日司马光打了第一道辞让报告，太皇太后接获之后，于二十八日派宦官吴靖方前来，敦促司马光接受任命。吴靖方的传信，并未打消司马光的辞职念头。他随即拟好了第二道辞让报告。正在司马光誊抄辞让报告的当口，太皇太后的特使宦官梁惟简送来了太皇太后的手诏。拜读手诏，司马光打消了辞让念头，所以这第二道辞让报告并未发出。应当是在三十日，司马光接受任命，正式出任副宰相。也就是说，从任命发布到司马光就职，前后最多四天，司马光只提交了一份辞让报告，而太皇太后那边，前后来了两拨特使，一传口谕，一送手诏。时间如此之短，远在夏县（或者洛阳）的司马旦怎么可能有机会劝说司马光？《司马旦传》的记载不免失真，而苏轼的文字文学色彩也未免过于浓厚了。

在司马光的心中，官职意味着责任，官职愈崇高，责任愈重大。他决定是否接受任命的标准，一是是否志同道合，最高统治者要认同自己的施政理念；二是是否德配于位，自己的能力要符合职务要求。仁宗朝，他先被任命为知制诰，后又得到谏官一职。知制诰人人羡慕，司马光自忖文采稍逊，才思不敏，无论如何也不肯迁就；谏官以批评为职业，而司马光自认无人能出其右，曾无一辞。神宗曾许以枢密副使的高官，要换取他对王安石新法的沉默，司马光坚拒，神宗无奈，只得收回成命——二府大臣的任命覆水重收，这在宋朝历史上是"破天荒"的。如今，能够得到太皇太后的信任，出掌国政，拨乱反正，救民出水火，司马光义不容辞。至于成败，那要看老天的意思,非所逆料。既然如此,身为儒者,司马光所能做的就是遵循"道"的指引,努力尽人事,鞠躬尽瘁,死而后已,又何辞焉?!这段心曲,他在元丰八年(1085)正月写就的《无为赞》中早已明白道出:"治心以正,保躬以静。进退有义,得失有命。守道在己,成功则天。夫复何为,莫非自然。"[6]可惜苏轼并不了解这些,却非要绕了那么大的弯子去编故事,竭力表白司马光的谦冲。

有惧无喜

司马光是当仁不让的,他从来如此;然而,面对天降大任,他的内心又是充满忧惧的。司马光曾经用了一个比喻来描述自己刚刚就任门下侍郎时的心情。这个比喻,在千载之后读来,仍觉惊心动魄。

司马光把自己比作什么?"如一黄叶在烈风中,几何其不危坠也?"烈风中的黄叶,离开枝头、坠入尘埃是它不可避免的命运。司马光所感慨担忧的,是生命的行将终结,还是使命的无法着落?!他在内心深处所畏惧的究竟是什么?

这个比喻出现了两次,一次是在给涑水亲人的家信中,这封家信作于六月三日,收信人应当是他负责主持家务的侄子司马育。[7]家信的主要目的是告诫家人,切勿因为自己荣任宰相而骄傲,"不可仰仗我的声势,做不公不法的事情,打扰地方政府,侵凌小民"。南宋的汪应辰(1118—1176)认为,此信是高级官员约束家人的典范,"对家人的训诫约束峻厉严密,凛凛然不可侵犯,这才是最真挚的爱"。[8]在家信中,司马光表示,荣任宰相是"出人意表"的事情,对于前路,他

"有惧而无喜"。为什么会这样?"放眼朝廷,看不见一个老朋友,而那些对我心怀忌恨的人,不知道有多少!像我这样性格愚蠢刚直的人,孤零零地处身于陌生的充满忌恨的官场,就像是一枚枝头的黄叶在烈风中,怎么可能不岌岌可危,摇摇欲坠呢?"[9]

同样的文字、同样的比喻又出现在给范纯仁的信中,这封信的写作时间应当也是在六月初。范纯仁(字尧夫)深得乃父范仲淹风范,正直敢言,不畏强权,不贪权势。他比司马光小八岁,二人政见相近,平辈相交,私谊甚笃;私谊之外,又为姻戚,范纯仁有一个女儿嫁给了司马光的侄子司马宏[10]。范纯仁也曾在洛阳御史台赋闲,那时,他常在司马光家留宿,他们秉烛夜谈,彼此不时在心内惊叹,两个人的心意竟然可以如此相通。离开洛阳之后,范纯仁寄诗给司马光,表达思念之情:"何情堪久别,无翼不能飞。愚直相知少,非公谁与归!"[11]玉壶冰心,肝胆相照。

此时,范纯仁正在陕西前线,担任的是范仲淹曾经担任过的边帅之职。司马光的动向,范纯仁一直在关注。在从洛阳到京师的路上,司马光两次接到范纯仁寄来的书信。敦促司马光复出,应当是范纯仁写信的最主要目的。司马光回信给范纯仁,一方面希望范纯仁回朝跟自己共济艰难,另一方面则希望得到范纯仁的帮助,"望深赐教,有不足之处,不吝督责",听说我有什么短处、错误,随时相告,千万不要客气。这一点,我唯独敢寄希望于尧夫,不敢寄希望于其他人。

司马光与范纯仁都自认"愚直",心意相通。因此,在给范纯仁的信中,司马光有更为深刻的自我剖白,他说:"我一向愚蠢笨拙,看事情不够敏锐,待人太实诚,对任何人说话都不懂得要有所保留——这是个人才能和品性上的短处,我自己知道。""我这样的一个人,又在洛阳闲居了十五年，本来想混到七十就按制度退休的，早就没有了上进心，不再管朝廷的事情；更何况这几年以来，又越来越糊涂健忘，实在没想到有一天会被抬上这样的高位。然而，太皇太后和皇帝的赏识待遇超出一般，我义难力辞，只得黾勉就职。只是，旧制度我都忘得差不多了，新法度我也全然不懂。朝廷官员，一百个人当中，我认得的不过三四人。我就像是一枚枝头的黄叶在烈风之中，怎能不岌岌可危，摇摇欲坠呢？世俗虚妄地把浮名加在我身上，他们不知道这里面其实空空如也。上上下下对我寄予了极高的期待，我该怎样才能应付得来呢?！尧夫，教我，鞭策我！"[12]

"上下责望不轻，如何应副得及？"这是司马光内心最深处的担忧与畏惧，他深知责任的重大与形势的复杂，也知道自己在政治经验与政治资源方面的双重不足。他因清醒而畏惧，因责任而畏惧，他"有惧而无喜"。在他的心里，高位只是意味着更重的责任。在闲居中，他担忧国家的命运，如今得上高位，他担忧自己德不配位，无法给国家一个更好的未来。这两封信中所展现的，是一个心怀畏惧的政治领袖，他战战兢兢、如履薄冰。然而，畏惧并不等于软弱，有所畏惧而不惮前行，这才是理性的勇敢。

忧心殷殷，却不惮迎难而上，这应当就是司马光当日心情的写照。他知道有多难，可是他义无反顾。

战战兢兢，如履薄冰

然而，在接到副宰相的任命之后，司马光还是写了两封辞让报告。他究竟为何而辞？他的第一封辞让报告是否属于礼仪性推辞？又为什么收回了第二道辞让报告？

机不可失时不再来，新旧间暗斗激烈，虽然许多人在呼唤司马相公，但也有很多人不想让司马光回来，在这种情形之下，任何过分的扭捏作态都恐怕要授人以柄。这一点，司马光很清楚。他没有推辞陈州知州的任命，太皇太后请他"过阙觐见"，他也很干脆地来了。太皇太后好不容易抓住王珪过世的机会，发表他出任副宰相，这一点，他十分清楚，可他还是老实不客气地打了第一份辞职报告。这一份辞职报告，措辞简单极了，寥寥数语，只说是年老多病，不堪重任，恳请朝廷收回成命，让自己依旧"赴陈州本任"，与之前所表达的积极态度全然相悖，令人费解。在短短的几天之内，司马光的态度为何发生如此变化？

这个答案就存在于那第二封没有发出的辞职信中。在这封辞职信中，司马光再度提到了五月五日那份"名为求谏，其实拒谏"的求言诏，他说"言路不通，新法为患，皆当今切务"，又说："如果陛下觉得我的建议是对的，就请亲自拿主意，予以推行，那么，我可以竭尽疲驽之躯，为陛下提供微薄的帮助；如果陛下认为我的建议没有任何可取之处，那就是我狂妄愚蠢，没有见识，不懂得政治，如果是这样，我又怎么可以窃据高位，让朝廷蒙羞呢？"[13]

简单地说，司马光给太皇太后出了一道选择题：要么接受我的建议，力排众议，真正打开言路；要么我离开，不做这个宰相也罢；总之，不能再拿那种"六个必罚无赦"的伪求言诏来糊弄事儿了！类似的选择题，熙宁四年，司马光曾经把它摆在神宗皇帝的面前，神宗皇帝以枢密副使的高位诱惑司马光向新法屈服，而司马光则说，要么陛下听我一言，重新思考新法，要么我离开。那一次，神宗皇帝选择了让司马光离开。这一次，太皇太后又会做出怎样的选择？

就在司马光在家中奋笔疾书、抄写第二道辞职报告的时候，宦官梁惟简送来了太皇太后的亲笔手诏。太皇太后写的是："我将再次降诏大开言路，但要等大人就任之后亲自来执行。"

得君如此，司马光自觉可以为政了。五月底，新的中央领导班子正式亮相，宰相府这边两名宰相——首相蔡确，次相韩缜（1019—1097），三名副宰相张璪（？—1093）、司马光、李清臣（1032—1102）；原副宰相章惇升任枢密院长官，枢密院这边除章惇外，还有副长官安焘（1034—1108）。太皇太后对司马光的倚重，是明眼人都看得见的。按照正常的排位顺序，宰相、枢密院长官之外，副宰相、枢密院副长官级别基本相同，应当"以除拜先后为序"，按照任命顺序排位。四位副宰相、枢密院副长官，司马光入职最晚，应当排在最后。六月四日，中央领导班子集体在延和殿觐见，张璪等人却共同请求让司马光排第一，而太皇太后竟然就允许了。

升任首相十天之后，蔡确接任神宗的山陵使，暂时离开了中枢。[14]六月十四日，司马光再上札子，以副宰相的身份建议开言路，强调求言诏书必须"遍颁天下，首都开封要在尚书省衙门前面还有最热闹的马行街张榜；外地，各州级单位都要在最热闹的通衢大道上张榜；允许一切官民人等讨论朝政缺失、民间疾苦，密封上报朝廷"。[15]六月二十五日，朝廷终于颁布诏书，下令"中外臣庶许直言朝政缺失、民间疾苦"。此时，上距司马光三月二十三日建言太皇太后请求开放言路，已经过去了三个月。

一个新的时代终于拉开了序幕。司马光心怀忧惧、战战兢兢地走上政治舞台的中央。

1 《司马光集》卷四七《谢御前札子催赴阙状》，1006页。

2 《宋史》卷三四一《孙固传》，10877页。

3 《宋宰辅编年录校补》卷九，509页。

4 《司马光集》卷一七《乞虢州状》，嘉祐三年上，516页。

5 《宋史》卷二九八《司马池传附子旦传》，9906页。

6 《司马光集》卷七四《迂书·无为赞贻邢和叔》，1517页。

7 涑水司马家有聚族而居的传统，每一代均有一人主持家政，见拙著《司马光和他的时代》。这封信的收信人是"五通直以下"，则此时主持家政的应当是司马旦的第五个儿子，而他当时的官衔是通直郎。与司马光子嗣孤零不同，司马旦一共生了十四个儿子，皇祐二年（1050），司马光回老家度假，为这十四个侄子都取了"字"。排行第五的是司马育，字觳之。《司马光集》卷六四《诸兄子字序》，1329页。

8 《古今事文类聚》后集卷七"人伦部"，《司马文正公与侄帖》。

9 《司马光集》补遗卷九《与侄帖》，1757页。

10 《范忠宣集》卷二〇《范忠宣公行状》，基本古籍库据元刻明修本。

11 《范忠宣集》卷二《寄君实》。

12 《司马光集》卷五八《与范尧夫经略龙图第二书》，1232页。

13 《司马光集》卷四七《辞门下侍郎第二札子》，1012页。

14 《宋宰辅编年录校补》卷九："是月庚戌，左仆射蔡确为山陵使。"511页。

15 《续资治通鉴长编》卷三五七，8536页。

31
"司马相公"的体制困境

"司马相公"动不得

司马光死后,苏轼为他作的《司马光行状》是第一篇司马光传,也是后来所有司马光传的蓝本。后人对"司马相公"的认识,主要便来源于此。在苏轼笔下,"司马相公"的形象崇高而伟大,堪称一时中流砥柱,政治主导,"当时皇帝恭敬孝顺,太皇太后俭朴慈爱,对老百姓的疾苦感同身受,锐意更张,毫无保留地听从司马光的指导。司马光知无不为,以病瘦的身躯承担起天下兴亡的责任"。[1]这一形象,就政治理想、政治态度而言,基本属实;就政治实践而言,则不无夸张。至少,在执政的前九个月时间里,司马光还做不到左右政局。

这实在是无可奈何的事。

首先,从中央领导集体的人员构成来看,新旧力量对比悬殊,司马光一派处于弱势。元丰八年(1085)五月底,司马光就任副宰相,七月,吕公著出任尚书左丞,中央领导班子的力量出现微弱调整,但是,真正主宰开封朝堂的,仍然是神宗留下来的旧人。宰相府的两名正职蔡确和韩缜都是旧人,四名副宰相司马光、张璪、吕公著、李清臣,两旧两新;枢密院长官章惇、副长官安焘都是旧人。这种新旧力量的对比状况,一直延续到第二年也就是元祐元年(1086)的二月,共计九个月。

更为要紧的是，从制度设计所造成的权力分配格局来看，新人司马光和吕公著是不可能在体制内主导政局的。元丰年间，神宗亲自主导了一场官僚制度改革，史称"元丰改制"。元丰新制与旧制的一大不同是对宰相府的改造，旧的宰相府（中书）就是宰相府，只此一家，别无分号。新的宰相府却一分为三，成了三家——中书省、门下省和尚书省，三省的主要负责人都是宰相，按照政务处理程序分工，"凡遇重大人事任免案或者政策调整、制度兴废，先由中书省长官与皇帝会议决策，形成决议后以诏敕的形式下发到门下省，由门下省审核通过，再下发到尚书省执行。三省宰相与皇帝的办公会是分省举行的。三省宰相同时面见皇帝商议大政的情况，不是没有，但是非常罕见"。三省宰相之中，门下省长官排名最靠前，为首相，名义地位最高；中书省长官为次相，排第二。但实际上，"政治的权柄却全归了中书省"，[2]因为中书省长官是面见皇帝参与决策的那名宰相，拥有稳定的议政权。那么，此时的中书省掌握在谁的手里？司马光和吕公著的位置又在哪里？中书省长官韩缜，门下省长官蔡确，司马光是门下省的第二把手，吕公著是尚书省的第三把手。[3]在三省宰相制的权力分配格局中，司马光与吕公著施政空间有限，这是"体制内的约束"。

当然，如果太皇太后和司马光愿意，那么，他们可以以至高无上的皇权为依托，打破体制，另起炉灶，绕开这种约束。这样做，本朝并非没有先例。最近的例子，便是王安石变法。变法之初，在神宗的强力支持下，王安石设置"制置三司条例司"，抛开旧有的财政主管机构三司，绕开宰相府，专门领导理财变法事宜。可是，王安石的做法，恰恰是司马光眼中的"乱政"，[4]他自己当然不屑于此。而太皇太后初涉政坛，更无此魄力。既然如此，"司马相公"的作为也就相当有限了。

在最初九个月的时间里,外界和后人想象中轰轰烈烈、说一不二的"司马相公",其实只做得两件事。

第一件是整理"告状信"。在司马光的反复请求、太皇太后的强力干预之下,六月二十五日,朝廷终于面向全国颁布诏书,允许全体臣民"上言朝政缺失、民间疾苦"。正常情况下,意见收集上来,经皇帝亲览之后,就要有所作为了。那些对改善朝政有帮助的陈情书,皇帝会亲自批示下发到宰相府或枢密院,要求拿出整改方案来。改善朝政,解民疾苦,这才是求言的最终目的。让司马光没有想到的是,都快到七月底了,这批辛辛苦苦征集来的"告状信",却仍然安安静静地躺在宫里,除了内尚书的宫中女官做了一些简单的整理装订工作之外,无人问津。

太皇太后究竟是何主张呢?司马光反复思忖,不得其解。一日退朝回家,路过刘家香药铺,见一小厮在门首坐着,貌似读书,手中的书卷却是倒持的。仆人当笑话指给司马光看,司马光笑罢,忽然心中洞明——太皇太后其实无甚主张,她只是没有能力快速处理这许多文字,仅此而已。初掌大政的太皇太后所需要的帮助和指导,比想象的多。

在司马光的建议下,太皇太后将第一批三十卷"告状信"发付司马光等人协助处理。司马光花了将近一个月的时间,对"告状信"进行了整理归类,凡有可取之处的,都用黄纸贴上标签,还附了简单的处理建议。[5]司马光最重视的,是其中一百五十道来自农民的"诉疾苦实封状",除重复部分外,他都贴了黄签。在给皇帝和太皇太后的奏状中,司马光深情而悲愤地写道:"士农工商四民之中,农民的日子是最苦的。正常情况之下，他们已经是最勤劳也最贫困的了……又有一班聚敛之臣，在租税之外，行青苗、免役、保甲、保马之法，巧取百端，以邀功赏。"农民"身受实患"，受新法的毒害最深。农民的告状信，"尽管文辞鄙陋粗俗，语言杂乱啰嗦，但是，"司马光说，"还是要请太皇太后陛下和皇帝陛下，都认真地读一读……因为，这才是建设太平事业的开端。"[6]让最高统治者听到来自下层的声音，这是"开言路"的题中应有之义，却不是它的终极目的——一切思想讨论、舆论动员，最终都还是要落实到政策调整上去的。而这项工作，靠着整理"告状信"是推不动的。

"司马相公"所做的第二件事，是主持司法改革。之前，曹州发生了一起强盗案，三名强盗抢劫伤人，数额巨大，但是被害人的伤情却未在第一时间经政府检验核实。曹州方面于是将此案作为疑案上报中央。中央的两大司法审核机构发生了分歧：大理寺依据《宋刑统》的律文，判定三名强盗当处死刑；刑部援引判例，判定三名强盗免死，刺配岭南。司马光支持了大理寺的判决，并且指出：第一，强盗罪危害公共安全，罪大恶极，应当按律严惩；第二，《宋刑统》是国家大法，地位高于判例，不能用判例破坏律条。尽管有刑部侍郎范百禄（1030—1094）等人的反对，司马光的意见还是成为了司法新规。关于这项司法改革的效果，北宋人留下了两种完全对立的说法：反对的人说它导致了死刑判决的增加；支持的人则说，"司马光当国时期，天下的死刑判决比之前减少了一半"。[7]孰是孰非，由于缺乏更多的材料，我们今天已经很难判定了，只能存疑。司法很可能是司马光在宰相府和门下省所分管的工作，在这方面，他遇到了范百禄等人的挑战，但双方的争论是职务和法理范围内的，不涉及其他。从总体上看，司马光在司法领域的工作是顺利的。

整理"告状信"和主持司法,是司马光入相初期的两项主要工作。这两项工作,都没有涉及国家的核心权力,也不是司马光的核心关注。司马光的核心关注是与国计民生直接相关的青苗、免役、保甲、保马诸法。而这些领域,都是他无法直接干预的。司马光主张立即废除保甲法,他的意见在四月末就已经向太皇太后表达过,七月十二日,他又利用宰相府和枢密院集体面见皇帝和太皇太后的机会,正式提出废除保甲法。然而,让司马光完全没有想到的是,六天之前,主管保甲法的枢密院就已经单独向太皇太后提出了他们的保甲法改造方案。这个方案非常保守,可是已经取得太皇太后的批准,变成了朝廷命令。纵然司马光说的全对,刚出台六天的法令就要推倒重来,朝令夕改,岂不贻笑大方?天下哪有这样的道理?!司马光的一番慷慨陈词,最终换来的是一句"保甲法仍按本月六日枢密院已得圣旨执行"。这分明是枢密院听说司马光要上奏,所以才利用枢密院和三省分班奏事的漏洞,搞了这么一出,来围堵司马光。

这件事让司马光忿恨不已,他在乎的不是自己的面子,而是老百姓痛失了一次彻底免除保甲之害的机会![8]这件事也在司马光的追随者心中投下了愤怒的种子,司马光可以不在乎自己的面子,追随者却无法忍受自己所爱戴的领袖受到欺骗和屈辱,一旦追随者的愤怒爆发起来,那种力量,纵然是领袖本人也未必有能力加以控制,这是后话。

歪打正着的制度改良

司马光一派的二号人物吕公著是仁宗朝宰相吕夷简的长子,深得乃父器重,吕夷简曾经预言此子"他日必为公辅"。《宋史·吕公著传》对吕公著父子的施政风格有一段耐人寻味的评价:"夷简多智数,公著则一切持正,以应天下之务……盖守成之良相也。"⁹这句话,倘若做庸俗化的理解,则可以认为,吕夷简有手腕能变通,吕公著是谦谦君子,一切从原则出发,不太懂得变通。同司马光比,吕公著相对务实,有"道"有"术";然而,比他老子,终究还是差了一截。换句话说,应对复杂局面,吕公著也和司马光一样,并非上佳人选。

在制度拘束中的司马光艰难图存求变,同样在制度拘束中的吕公著则把变革的目光投向了制度本身。司马光重视制度中的人,特别是人的道德水平,而吕公著更重视制度设计。在吕公著看来,神宗搞的这一套三省宰相分班奏事制度,存在严重缺陷,尤其不适应眼下的局面。三省宰相分班奏事,各管一段,没有一位宰相掌握完整的相权,相权被分割得七零八落,皇帝实际上成了"太上宰相",而宰相则成了皇帝的秘书和助手。这套制度,神宗自己用,是没有问题的。元丰五年(1082)三省宰相制推出的时候,神宗已经当了十几年的皇帝,是一位经验丰富的政治家,精力也尚称充沛。朝廷大事,神宗亲自拍板,宰相奉行成命,可以做到朝政运行平稳。但是眼下,哲宗幼小,太皇太后是女流,完全没有执政经验,再这样搞下去,三省宰相扯起皮来,事情非乱套不可。政策调整?那就更是想都不要想了。吕公著建议三省合班奏事——遇有大事,三省宰相一起觐见面商,退下来之后,再各回各省,分工协作。¹⁰

吕公著的建议是在七月十一日提出的,三省宰相合班奏事的实现却是在两个月之后。改制的直接原因,也不是吕公著那一套正大光明的说辞,而是由于两个人的私心。历史如此吊诡,真令人哭笑不得。

神宗的三省宰相制中,中书省长官握有稳定的议事权,虽名次相，实握政柄。元丰五年改制之初，首相王珪，次相蔡确。[11]朝廷大事，都是蔡确同神宗商量，王珪"拱手不复计较"。"三旨相公"王珪本来就是一个好说话的人，心中纵有不满，但既然一切都是皇帝的安排，也会微笑接受。倒是当时的副宰相王安礼眼见蔡确弄权，任用私人，愤懑不平，想要纠正又力所不及。[12]王珪过世之后，元丰八年五月底，蔡确从次相升任首相，韩缜自枢密院长官升任次相。这下，议事权落到了韩缜的手里，轮到蔡确"拱手"了。蔡确不是王珪，哪里肯"拱手不复计较"！自然是睁大了眼睛找寻韩缜的过失，随时准备出击。

韩缜也真不负所望，很快就让蔡确抓到了小辫子。按照规定，韩缜做了宰相，韩家子侄应当避嫌，调离尚书省等核心部门。八月十六日，韩缜的两个侄儿韩宗道从户部郎中调任太常少卿，韩宗古从司门郎中调任光禄少卿。同时避嫌调任的，还有吕公著的儿子吕希绩，从吏部员外郎调任少府少监。[13]这三项调令名义上是韩缜作为中书宰相与太皇太后商定的结果，但是以太皇太后当时的施政水平，是很难辨别其中猫腻的，所能做的也只是点头允准而已。明眼人一眼就看出，韩缜是藏了私的。同样是避亲，吕公子降到了本班的最末，两位韩公子，韩宗道升了两班，韩宗古升了一班。"本朝的传统做法，凡宰执避亲，都是在同等官职之中稍降名次处置……从来没有听说过要因此升官的。"九月，御史中丞黄履（1030—1101）上疏弹劾韩缜"以权谋私""公器私用"。最终，太皇太后亲自下令调低两位韩公子的职位，同时下诏三省，凡遇应当由皇帝批示的事情以及需要讨论的台谏官章奏，都由三省宰相共同觐见讨论——议政权不再是中书宰相的专属了！

这样一项重大的中枢决策制度调整，竟然是韩缜私心作祟、滥用权力的结果。弹劾韩缜并最终引发制度调整的，是御史中丞黄履；而隐藏在黄履背后的推手，则是蔡确。后来，刘挚（1030—1098）在弹劾蔡确时，所列的第四条罪状，便是"（蔡确）掌握中书两年，人事任免案从来没有跟三省合奏过；等到自己升任了门下长官，却暗地里唆使言官，要求改变三省宰相分班奏事制度"。[14]刘挚是站在司马光一边的，当他义正辞严地谴责蔡确的私心时，似乎全然没有理会，正是蔡确的私心歪打正着，引发了制度的改变，从而让司马光和吕公著可以更大程度地参与重大政务的讨论了。

赞"独断"司马真无奈

尽管如此，司马光仍然感到寸步难行。新制规定，"凡遇应当由皇帝批示的事情以及需要讨论的台谏官章奏，都由三省宰相共同觌见讨论"。在新制之下，问题的关键就变成了，由谁来判断什么是"应当由皇帝批示的事情"。判断的权柄在首相蔡确手里。新制实行之后，"大概每隔三五天，宰相和副宰相会有一次联合办公会"。不开会的时候，宰相们是分署办公的，日常政务，仍然由小吏抱着文书挨个到各位宰相的办公室报告，而最终拿主意的，是首相蔡确，其他宰相的意见很难影响决策、进入政令。司马光曾经恳求蔡确多开会，以便让宰相们各抒己见。蔡确微笑着听取司马光的意见，却并不接纳。[15]

肤浅的学者常常会截取古人的片段言语，完全不体贴当时人当时事当时情境，只作字面理解，给古人或者贴上"落后"的标签，或者戴上"进步"的高帽，然后得意洋洋地宣称自己发现了真理。他们喜欢给司马光贴的标签，一个是"保守"，用其贬义；一个是"专制"，说司马光鼓吹君主专制——下面这段话，就很可以用来论证司马光鼓吹君主专制。十一月末，司马光上疏，力劝太皇太后"独断"。司马光说：

> 皇帝陛下年幼，太皇太后亲临万机，大事小事，皆委托给宰相，想要学古代的圣王，垂拱仰成。可是万一群臣的意见有所不同，势均力敌，不能统一，还是要请太皇太后陛下特留圣意，审察是非。……不然，陛下纵然有求治的心，却无法获得成功。《尚书》上说："惟辟作福，惟辟作威。"不能让用人和赏罚之权柄，都归了宰相，那样的话，权柄就不再是皇帝的专属了。

又说：

> 古语云"谋之在多，断之在独"。……当今的执政之臣……若万一有议论实在不能统一的，请允许他们各自书面上奏己见，希望陛下能仔细审察其间的是非可否，做出抉择，然后，或者在帘前宰相办公会上当众宣布，或者亲笔在奏札上批示"按照某人所奏办理"。[16]

司马光主张皇权的至高无上，主张皇帝把握国家事务的最高和最终决策权，这一点，不必否认。司马光是一个帝制时代的纯粹的儒家学者，他维护君臣父子的等级秩序。在司马光的时代，这是保持国家稳定、社会和谐发展的正确道路。但是，仅此而已吗？当我们把上面这两段话回放到当时语境中，能够看到什么？那是执政半年以来的无奈、隐忍与焦虑——权力仍然掌握在旧人手中，太皇太后缺乏经验，根本驾驭不了这样的局面；而司马光与吕公著这两位诚实迂腐的君子，被牢牢地困在体制之内，只能眼睁睁地看着时间流逝。在体制的规定之内，能够有所突破的，就只能是太皇太后（作为皇权代理人）的"独断"了！可是以太皇太后的政治经验，又如何能料理如此棘手的问题？难！难！难！

1　苏轼《司马温公行状》,《苏轼文集》卷一六,490页。
2　《续资治通鉴长编》卷三五八,8561页。
3　《宋史》卷二一一《宰辅表二》,此时的三省宰相位序如下:首相尚书左仆射兼门下侍郎蔡确,次相尚书右仆射兼中书侍郎韩缜,副宰相门下侍郎司马光、中书侍郎张璪、尚书左丞吕公著、尚书右丞李清臣,5493—5495页。
4　《司马光集》卷六〇《与王介甫书》,1256、1257页。
5　《续资治通鉴长编》卷三五八,8575页。
6　《续资治通鉴长编》卷三五九,8589—8590页。
7　《续资治通鉴长编》卷三五八,8570—8572页。
8　《续资治通鉴长编》卷三五八,8566页。
9　《宋史》卷三三六《吕公著传》,10772、10780页。
10　《续资治通鉴长编》卷三五八,8561页。
11　《宋史》卷二一一《宰辅表二》,5493页。
12　《续资治通鉴长编》卷三五八,8561页。
13　《续资治通鉴长编》卷三五九,8584页。
14　《续资治通鉴长编》卷三五九,8595—8596页。
15　《续资治通鉴长编》卷三七七,9146—9148页。
16　《续资治通鉴长编》卷三六一,8648—8649页。

32

神宗旧相

蔡确的"体面"

每一个人都是"以己度人"的,我们把自己代入规定情境,想象着别人可能做出的选择,从而做出判断,这在心理学上叫做"感情投射效应"。

要想改变神宗的政策,就必须罢免神宗时代的旧宰相——"除旧"方可以"布新"。这道理,司马光明白。然而,该如何"除旧"?司马光所想象的,是一种自然平和、符合本朝政治传统的方式:蔡确上表请辞;太皇太后和哲宗下诏慰留;蔡确坚辞,愿处江湖之远,以适冲退之志;太皇太后和哲宗不得已而受之,下诏罢相。罢相诏书以褒扬老臣历史贡献开头,以伴随着优厚待遇的新任命作结。如此一来,"臣行其志,兹为自得之全;君笃于恩,深惜老成之去",[1]旧相的谦冲与新皇的大度相映生辉,既实现了高层的人事调整,又弘扬了"君子难进易退"的美德,为天下士大夫做了表率。整个罢相过程,从头到尾都闪耀着儒家政治理性的光辉,这就是司马光理想中的"除旧布新"方式。可能吗?可能。本朝惯例,先帝葬礼结束,旧宰执便会主动请辞,以便给新皇帝更为广阔的施政空间。想当初,神宗初政,韩琦就是这样体体面面地离开,衣锦还乡的。幼稚吗?有一点儿。因为蔡确不是司马光。

蔡确有两个时间节点可以请辞。第一个是元丰八年（1085）十月二十四日，神宗的安葬仪式结束。这一次，他没有请辞。[2]第二个是十一月五日，神宗的祔庙之礼结束，在庄严盛大的"大成之舞"舞乐伴奏下，神宗的神主被奉入太庙第八室，[3]进入"列祖列宗"序列，先帝葬礼正式告成。倘若蔡确是司马光，那么，这一次无论如何都应该上表请辞了。然而，五天，十天，二十天……直到十二月苏轼还朝，司马光所设想的那一幕仍未发生。旧宰相应得的升祔恩泽——品阶提升与优厚赏赐，蔡确坦然接受，却并未提出司马光预想中的辞首相表；相反，蔡确的追随者在不断地制造舆论，鼓吹蔡确在先帝驾崩之际拥立今上的定策之功。

蔡确怎么可能轻易放弃到手的权位呢？想都不要想，蔡确又不是你司马光！侍御史刘挚冷笑一声，摇摇头，继续奋笔疾书，写作他的又一份弹章。刘挚小司马光十一岁，长苏轼七岁、苏辙九岁，中第却在苏轼、苏辙兄弟之后（嘉祐四年，1059），是与苏氏兄弟资辈相近的政治人物。刘挚初任县令，便敢于顶撞上司，为民请命，政绩突出，因而得到韩琦、王安石的赏识，王安石试图将他延入门下，神宗又任命他做监察御史里行（助理监察御史）。刘挚目睹新法推行过程中的种种弊端，正愁无法上达，一旦得到御史之位，"欣然就职"，下班回来就吩咐家人"收拾好行李，我们在开封不会住太久的"。果然，不到四个月，刘挚就被贬去衡州管理盐仓了，[4]然而他该说的、想说的、能说的话，都说出来了。刘挚的名言是："做臣子的，怎能一受到权势的压迫，就缄口不言，让皇帝不知道实际情况呢！"[5]这就是刘挚，不畏强御，嫉恶如仇，正直敢言，朋友们赞美他堪比包拯、吕诲，刘挚也以此自诩，下定决心，要把蔡确赶下台。

神宗升祔之前,刘挚和监察御史王岩叟(1043—1093)已经几次上疏,请求罢免蔡确。司马光请人给刘挚带话,说:"过了多久,蔡确自己就会离开了,做事情何必如此露骨呢?"⁶司马光所爱惜的不是蔡确,而是朝廷大臣的体面,大臣的体面即是朝廷的体面。捎话的人是刘挚的上司傅尧俞。当着傅尧俞,刘挚没有多做辩解。私底下,他跟王岩叟都觉得司马光实在是过于一厢情愿了,蔡确倘若如此高尚,那就不是蔡确了。

高尚与蔡确无缘,蔡确的特点就是为了追求权位不择手段。他是怎样上来的呢?罗织罪名审查别人,搞掉一个,取代一个,步步高升。他搞掉的第一个人是知制诰、判司农寺熊本(1026—1091),然后他就当了知制诰、判司农寺;他搞掉的第二个人是御史中丞邓润甫(1027—1094),然后他就成了御史中丞;他搞掉的第三个人是参知政事元绛(1008—1083),然后他就当了副宰相。"批其亢拊其背而夺之位",⁷这就是蔡确的风格!

蔡确当然知道"体面"对于士大夫来说意味着什么,但是,他对"体面"的态度却是利用而不是维护。他搞掉参知政事元绛,是从太学的一个小案子入手的。太学生虞蕃控告学官,本来是桩小案子,结果却被蔡确搞成了一桩牵连甚广的大案,包括翰林学士许将(1037—1111)在内的一干人犯都被抓了起来。觉得冤枉,羞辱,不肯低下你们高贵的头颅吗?好办!蔡确把这帮"体面"的士大夫和读书人戴上刑具,关进一间窄小的牢房,吃喝拉撒都在里面,还派了狱卒混杂其中探听消息。牢房之中,置大盆一只,羹、饭、饼、肉都丢进盆里,用勺子粗暴地搅和在一起,就像是猪食狗食一样。然后,就这样关着这帮"体面"人,不审不问。过了几日,再拉一个出来审,就问什么招什么了。[8]这就是蔡确对于"体面"的认识——"体面"是士大夫的软肋,除了让人软弱,没有其他用处。所以,他怎么可能为了"体面"主动求退呢?要想让蔡确离开,必须抓住他的把柄,或者由太皇太后出面,因此,说服太皇太后才是当务之急。对于不爱惜"体面"的人,是不必讲究什么"体面"的,凡可以奏效者,皆可一试,何必择手段?这就是刘挚的态度。

灯花爆亮,旋即暗淡。刘挚唤书童进来给灯剪芯添油,自己趁机伸了一个懒腰。生性好斗的刘挚兴奋得头皮发紧、肌肉发痒,他决定不睡了,趁着思如泉涌,把这一篇弹章作好!蔡确必须下台,章惇必须下台!

章惇之嚣张

次相韩缜虽然名列第二,但是在台谏官的弹劾序列中却不占主要地位。被排在第二位的弹劾对象是枢密院长官章惇。刘挚认为:"蔡确和章惇,都是当初欺罔先帝造作法令,鼓吹维护新法态度最坚决、在位时间最久的人。如今这两位,一个占据宰相府为首相,一个占据枢密院为长官,气焰嚣张,权势震慑中外,又安插朋党,一天到晚地算计如何巩固权位,就等着有一天路线再翻转过来,好清算今天的事情。人们之所以恐惧观望,不能定下心来专心一意地为朝廷做事,就是因为这两个人的存在!"[9]

为什么是章惇?性格决定命运,此人太嚣张了!就连太皇太后也曾当面领教过章惇的嚣张与凌厉!十月初,三省—枢密院合署办公,同时面见太皇太后，第一项议程是讨论谏官人选。仁宗朝行之有效的谏官制度和谏议传统，在神宗朝遭到破坏，几乎荡然无存。御史台的监察御史则被新建的"六察制度"困在了琐细的行政监察事务中，"专事检点文书，计算得失，纠正过错"，无法对朝政展开有效批评；而在此制度之下，大小官员天天忙着改错都忙不过来，也没有心思认真检讨施政得失。[10]规定细如牛毛，管住了人，疏略了事。密如网罗的考核制度之下，是朝廷国家治理乏力的不堪事实。吕公著回朝之后，极力劝说太皇太后恢复元丰改制前的台谏言事传统，允许御史言事，重新充实谏官队伍，[11]作为政策调整的舆论先导。

会议伊始，太皇太后亲自提出了五名谏官人选，命令宰相、枢密共同讨论：左谏议大夫范纯仁，左司谏唐淑问（？—约1086），左正言朱光庭（1037—1094），右司谏苏辙，右正言范祖禹。这五个人都在吕公著和司马光的推荐名单上，资历、官声、人品都是响当当的。太皇太后很是得意，故意问道："这五个人怎么样？"众人回答："符合外界的期望。"照常理，太皇太后提名，中央领导集体通过，剩下的事情就是走流程形成公文下发了。

让太皇太后完全没有想到的是，就在议程即将结束之时，章惇忽然开口了。章惇说："按照惯例，谏官的任命首先需要由两制以上的官员推荐，然后由执政官拟定候选人，再报请皇帝选择批准。如今这个名单是从宫里出来的，但不知陛下是怎样了解这些人的呢？难道是身边的人推荐的吗？这个侥幸之门实在是不能开呀！"

太皇太后"身边的人"，不是宦官，就是外戚，外戚干政、宦官擅权，这在本朝的政治传统中是大忌。太皇太后爱惜羽毛，自律甚严，闻听此言，顿时就耸起腰背，挺身坐直，脱口而出，答道："这都是大臣推荐的,不是身边人!"

太皇太后急于为自己辩护,殊不知此言一出,正堕入了章惇的算计。章惇说:"大臣荐人应当公开,怎么能密荐呢?"

章惇说罢,用凌厉的目光将朝堂上的众人巡视一过,又转回头来望着帘子后面的太皇太后,接着说道:"台谏是用来纠弹宰相大臣的不法行为的,本朝传统,每任命新的宰相执政,他的亲戚、他推荐过的人中有做台谏官的,都要转岗。如今皇帝年幼,太皇太后摄政,更应事事遵循传统,不可违背祖宗法度。"章惇这一番讲话,义正辞严,并且有非常明确的指向。范祖禹是吕公著的女婿,范纯仁与司马光和韩缜都有姻亲关系。这都是要避嫌的!

果然,司马光先沉不住气了,说:"范纯仁、范祖禹做谏官,是众望所归。如果是因为我妨碍了贤者的进路,我情愿避位!"

老实说,这句话实在是不够高明,简直近于赌气,水平只与太皇太后接近。果然,这个球,章惇毫不费力地接住,又稳稳地击了回来:"韩缜、司马光、吕公著肯定不至于有私心,只是万一将来有奸臣执政,把二范的任命当作先例援引,引用亲戚和自己推荐的人当台谏官,蒙蔽皇帝的聪明,那就绝非国家的福气了。"在章惇的坚持下,朝廷重启了谏官的推荐程序,最终,最初的五个人选之中,除了范祖禹、范纯仁,都做了谏官。章惇成功地阻击了二范的谏官任命,也打击了司马光和吕公著。

这场交锋让太皇太后和司马光、吕公著深刻地领略了章惇的厉害!也让我们——这千载之下的旁观者——看到了司马光和吕公著的愚钝。章惇质问太皇太后的前提其实是大有问题的。章惇说,"谏官的任命首先需要由两制以上的官员推荐,然后由执政官拟定候选人,再报请皇帝选择批准"。这话对,也不对。第一,在宋朝的政治传统之中,一直都有皇帝"不经臣僚荐举而亲命台谏官"的做法,比如英宗朝,御史台两名御史出缺,"推荐的名单还没上呈,英宗就从宫里边降出了范纯仁、吕大防的名字任命为台官"。[12]第二,从政治伦理上讲,皇帝亲自任命台谏官是说得通的——台谏官最重要的功能是监督朝政,而朝政的领导人是宰相大臣,因此,台谏官盯防的重点是宰相大臣,所以,台谏官要严格回避宰执。作为个人的皇帝当然也在台谏官的监督范围之内,然而作为朝廷国家象征的皇帝则有权力选择台谏官,因为"这个皇帝"是大私为公,并无私利的。太皇太后虽然不是皇帝,但是此时此刻,她是皇权的代理人,直接任命台谏官,凭什么英宗做得,太皇太后就做不得?!司马光、吕公著的脑子如果足够快,搬出英宗、仁宗来,是完全可以驳倒章惇的!太皇太后政治经验有限,又是自身受到攻击、急于自卫之人,想不到这一点,可以原谅。司马光、吕公著也想不到,我们就只能说遗憾了。而他们之所以想不到,恐怕也和太皇太后一样,都太过在意自身道德的完美,一遭攻击,便转内省,完全忽略了自身所处的地位与所持的政治目标!这种道德洁癖,就政治家而言,简直就是幼稚病!

至于章惇所说的,生怕二范以宰执亲戚的身份为台谏官会被奸臣利用,也实在牵强尴尬。台谏官回避宰执的制度恐怕早就已经被破坏了吧?王安石执政之初,御史台上上下下,有多少是王安石的人?一心为新法唱赞歌的李定是在王安石的力挺之下破格进入御史台的;御史台的副长官谢景温一直跟王安石关系很好,而且还是王安石弟弟王安国的姻亲;薛昌朝、王子韶进入御史台,都是因为王安石的赏识。[13]这些事例,司马光、吕公著不容不知,然而这两个人都没有提到。是没有想起来,还是不屑于拉低水平,与较高下?这就不得而知了。

回到朝堂之上,十月初的这场宰执合署办公会,以章惇的趾高气昂,司马光、吕公著的惭愧不平宣告结束。章惇又一次成功地羞辱了司马光,但是,倘若他认为这是一种胜利,那么,我们只能说,章惇也犯了幼稚病,而且病得着实不轻。

苏轼的调停

章惇在羞辱司马光,司马光一味隐忍,这已经是开封政坛尽人皆知的秘密。十二月中刚刚回到开封的苏轼,幸而不幸地,做了司马光与章惇之间唯一的调停人。

元丰八年(1085)五月,苏轼被任命为登州知州,结束了黄州东坡七年的贬谪生涯。他于七月下旬启程赴任,十月十五日,抵达登州;五天之后,便接获了回京出任礼部郎中的调令。此时的苏轼,心中竟然不无遗憾——他早就听说登州有海市蜃楼,如此人间奇景,千里迢迢而至,不得一见而去,这如何使得?以苏轼的性格,岂容抱憾而归。他跑到海神广德王庙求告了一番,第二天竟然就看到了通常只在夏秋季节出现的海市奇观。老天如此眷顾,"率然有请不我拒,信我人厄非天穷。……自言正直动山鬼,岂知造物哀龙钟"。[14]苏轼高兴得简直要跳舞。苏轼本就生性乐观,在登州得见海市的幸运更加坚定了他的信心,他坚信他本人和大宋王朝都将迎来一个更美好的新时代。

元丰八年十二月初,苏轼抵达首都开封,就任礼部郎中。他先去拜访的,是老师司马光。在司马光家的客厅里,苏轼终于亲眼见到了闻名遐迩的"客位榜"。"客位榜"即"告来客书",是司马光就任副宰相之后,亲自起草亲手抄录的。[15]仆人去通报的当口,苏轼仰读榜文,心中大不以为然:

来访诸君,如发现朝政缺遗、庶民疾苦,想要向朝廷贡献忠言的,请按制度以合适的文书形式上报……倘若只是用书信的形式来报告我私人,是不会有任何好处的。……至于对官职待遇有所不满,要求调整的,有冤屈希望平反昭雪的,但凡与自身利益有关,并请按制度上狀申诉……私人宅第之中,请勿谈及。司马光再拜上禀。

今夕何夕?正当大门洞开,接纳申诉,凝聚人心,尽可能团结各路人马,形成一支调整变革的力量!而榜文之中所表达的,却是对规章制度近乎严苛的执守,对于潜在同盟的推拒。真真是个"迂叟"啊!司马光的"清德雅望"的确令人敬重,然而,他的"应务之才"却实在堪忧。[16]这样的"司马相公",如何能应付得了当下这复杂的局面?苏轼心中闪过一丝隐忧。

待看到"迂叟"本人,苏轼忍不住热泪盈眶。一别经年,司马光真的是一个老人了,须发花白稀疏,瘦得几乎脱相,精神却还好。见礼过后,又说了几段往事,司马光屏退左右,只剩下师生二人。苏轼以为老师这是要有所嘱托、有所吩咐了,没想到司马光所说的却是这样一件事——司马光要苏轼代为向章惇致意,希望章惇不要总是当众留难自己。这件事司马光说得十分吃力,虽然并无旁人在场,司马光的脸还是涨得通红。

这便有何难呢？苏轼满口答应，从司马府上出来，便直奔章惇府第。章惇一听是苏轼到了，先嚷着让夫人张氏置酒，要与苏轼同醉，一洗数年风尘。酒过三巡，半是真话，半是笑话地，苏轼把司马光托他的事讲了。章惇听罢，先大笑了一阵，然后便说起司马光的种种愚钝，又说："用这样的人来主持大局，太皇太后的眼力显然不行啊！"

等章惇笑够、说够，苏轼给他讲了一段三国故事："你老兄知道，蜀国有个许靖，名气大得不得了，可是没什么真本事。刘备很瞧不起他。法正劝刘备说：'许靖的虚名天下尽人皆知，倘若你不尊重他，天下人一定会认为你轻视贤人，这会搞坏你的名声。'刘备觉得很有道理，就用许靖做了司徒。"[17]说完，苏轼笑吟吟地盯着章惇，说："许靖尚且不可轻慢，更何况是司马光呢？"

章惇一怔，随即把杯中美酒一饮而尽，拊掌大笑道："好！说得有理！咱们且敬敬这贤人！"苏轼酒量不行，不再陪饮。刚好张氏带着丫鬟亲自来上刚出锅的热炒，说是特意为苏轼准备的，要他尝尝是什么。苏轼尝了一箸，不禁大叫起来："哎呀呀，苦笋！[18]真真的想死我了！子厚兄与嫂夫人厚意，轼感激不尽！"

在后来的历史书写中，章惇是奸臣，苏轼是忠良，忠奸判然，势不两立。然而回到历史现场，章苏之间的友谊却是那样真实。章惇比苏轼大两岁，嘉祐二年（1057），二人同榜中进士。但是，章苏友谊的起点却并非他们的同年关系——章惇弃官了，原因简单而粗暴：嘉祐二年的状元名叫章衡（1025—1099），是章惇的侄子，名次排在侄子后面，章惇感到羞耻，受不了，干脆回家"复读"去也。两年之后，章惇以第一甲第五名的好成绩再次考中，做了刘挚的同年，官授商洛县令。又过了两年，苏轼考中制科，也被分配到陕西工作。嘉祐七年

(1062)秋,长安(当时叫做永兴军)解试,苏轼和章惇都被抽调来参与考务,二人这才正式相识,结为好友。那一年,苏轼二十六,章惇二十八。[19]后来王安石变法,章苏政见分歧;再后来,祸起乌台,苏轼落难,章惇得神宗赏识,步步高升;章惇对苏轼的友谊却未有丝毫中断。"乌台诗案",章惇是为苏轼说了话的;苏轼被贬黄州之后,章惇又曾主动写信表示慰问。[20]锦上添花易,雪中送炭难,苏轼能不感激?

苏轼为司马光充当说客的底气,便来自章苏之间二十年的友谊,以及章惇对苏轼难得的"看得起"。章惇真正看得起的人,这普天之下,能有几个?

近乎变态的骄傲,构成了章惇生命的底色。"复读"只是一个令人惊艳的开端,更能说明问题的,是"绝壁题字"的故事,这个故事同样有苏轼的参与。有一天,章惇和苏轼把臂同游终南山,路过仙游潭,潭水下临绝壁,平滑可爱,远远观之,如同粉墙,邀人题诗。上去之后,章惇问苏轼要不要下去题字,苏轼摇手,笑说不敢。没想到,章惇却真的让人从附近的庙里找到了大笔、漆墨和绳子。他把绳子一头拴在崖边的树上,一头拴在腰上,又把袍子的下摆系在腰带上,慢悠悠地滑了下去。苏轼眼睁睁看着这一切,目瞪口呆。等到随从们把章惇拉上来时,苏轼的心还在突突地跳个不停,章惇却神色如常。下山路上,回首望去,绝壁上是五个龙飞凤舞的大字——"苏轼章惇来"!章惇得意地问苏轼:"这几个字还入得子瞻兄法眼否?"苏轼含笑点头,先抚了抚自己的胸口,又拍了拍章惇的后背,开玩笑说:"子厚兄将来一定能杀人!"章惇不解,问为什么。苏轼一本正经地说:"自己的命都不惜,更何况是别人的命呢!"苏轼说罢,两人一齐哈哈大笑。[21]

这样一个故事出现在正史的《奸臣传》中,具有强烈的暗示色彩,它仿佛在告诉读者:"看,这是一个狠角色,他将来是一定会造恶的!"奸臣自来恶,这是传统史书的书写逻辑。抛开这种逻辑,我们能看到什么?一个争强好胜到可以不要命的年轻人!章惇高大的躯体里蕴藏着巨大的能量,这种能量,无论遇到善,还是遇到恶,都可以发挥到极致。

那么,章惇遇到了什么?神宗—王安石对效率不顾一切的追求。所以,在章惇的身上,我们看到的便是排除一切"不可能"贯彻上级意志的力量。熙宁五年(1072),章惇主持梅山开边,武力征服现在湖南湖北山区的少数民族,"杀戮过当,无辜死者十之八九,浮尸遮蔽了南江的江面,下游的人几个月都不敢吃江里的鱼"。——章惇果然"能杀人"。我们还看到了一流的行政执行力和领导力。章惇管理首都的兵工厂"军器监"期间,三司发生火灾,他指挥救火,镇定自若、有条不紊,如大将临阵。神宗在楼上现场视察救灾,看在眼里,第二天就提拔章惇做了三司使。我们还看到了近乎苛刻的廉洁自律,元丰三年(1080),章惇就已经当上副宰相,进入了中央领导集团,但他从未为家人亲戚谋求官爵,即使是正史的《奸臣传》都承认,"他的四个儿子都是进士出身,只有老二章援进入了开封的馆阁,剩下的三个都是像普通人家的子弟一样,由人事部门按部就班地安排调遣,这四个儿子没有一个出人头地的"。[22]章惇的自律其实是有一点"过"的,作为宰相,他本来可以合理合法地给儿子更多的照顾。在当时,王安石、吕惠卿对自家子侄都没少了特殊关照。可是,作为章惇,追求极致则是必需的。

极致骄傲，极致自律，极致聪明，极致能干，对法令制度了如指掌，且具备一流的执行力，这就是章惇。这样的章惇是能够欣赏苏轼的，因为苏轼的才华亦臻极致。对于司马光这样的"迂叟"，以及其他所有人所表现出来的任何错误，章惇都会毫不留情地予以揭露和批评。他辞锋凌厉，笑声干硬，嘴角永远挂着一丝不屑，让被批评的人和旁观者既愤怒又无奈。章惇以为，这样的自己已经是天下第一了。他永远也不会认识到，作为一个国家的领导人，同宋朝最优秀的前辈相比，他终归还是差了一格。这一格便是包容大度的宰相格局，是整体感和大局观。章惇是神宗—王安石时代所培养出来的官僚中的佼佼者，时代要求于他们的，是服从而非思考，所以章惇的视野永远是在行政和执行层面，而不是在政治层面的。那种把江山社稷、天下苍生融为一体作战略性思考的自觉，章惇没有。他再优秀，也只是工具化的官僚，不是高屋建瓴的政治家。

1 《宋大诏令集》卷六六《韩琦罢相除陈郑两镇度出判相州制》,治平四年九月辛丑,332页。

2 《宋史》卷一七《哲宗本纪一》,320页。

3 《续资治通鉴长编》卷三六一,8636页。

4 熙宁三年四月,刘挚进入馆阁,次年二月,被王安石任命为中书检正官,成为"宰属"——王安石的直接下属,"才月余",改任监察御史里行,七月,被贬监衡州盐仓。《续资治通鉴长编》卷二一〇,5108页;卷二二〇,5337页;卷二二五,5488页。《宋史》卷三四〇《刘挚传》,10849页。

5 《宋史》卷三四〇《刘挚传》,10851页。

6 《续资治通鉴长编》卷三五九,8598页。

7 《宋宰辅编年录校补》卷九,右谏议大夫孙觉奏疏中语,529页。

8 《宋史》卷四七一《奸臣一·蔡确传》,13699页。

9 《续资治通鉴长编》卷三六四,8729页。

10 这是元丰八年苏轼为吕公著代笔所作的政论中的说法,是苏轼与吕公著的共识。[宋]苏轼著,李之亮笺注《苏轼文集编年笺注》卷四《上初即位论治道二首·刑政》,巴蜀书社,2011年1版,322页。

11 《续资治通鉴长编》卷三五七,8546页。

12 刁忠民《宋代台谏官制度研究》,巴蜀书社,1999年1版,294页。《续资治通鉴长编》卷二〇五,496页。

13 刁忠民的结论是:"仁宗以来的台谏荐举之制,遭到最全面破坏的一次是熙丰变法时期,尤以王安石执政之初为最。"氏著《宋代台谏官制度研究》,290—291页。

14 苏轼《海市诗并序》,《苏轼文集编年笺注》附录一《苏轼诗集》卷一五,276页。

15 《容斋随笔》卷四《温公客位榜》,46页。

16 苏轼与苏辙对司马光看法一致。苏辙曾说司马光"虽应务之才有所不周,而清德雅望贤愚同敬"。又说他"既以其清德雅望专任朝政,然其为人不达吏事"。前一句出自司马光当政之时所作的《乞责降韩缜第七状》,后一句出自司马光遭到清洗之后所作的《颍滨遗老传》,时局不同,表达方式各异,前后一致的,是对司马光政治和行政能力的怀疑。

17 《宋史》卷三三八《苏轼传》,10810页。苏辙《亡兄子瞻端明墓志铭》。

18 苦笋是蜀中名菜,苏轼的家乡风味。《东坡全集》卷九《春菜》诗云:"北方苦寒今未已,雪底波棱如铁甲。岂如吾蜀富冬蔬,霜叶露芽寒更苗。久抛菘葛犹细事,苦笋江豚那忍说。"

19 吴肖丹《北宋"奸相"章惇与苏轼的交游新论》,《海南大学学报(人文社会科学版)》,2017年第3期。

20 苏轼《与章子厚参政二首》,《苏轼文集》卷四九,1411页。

21 《宋史》卷四七一《奸臣一·章惇传》,13710页。

22 《宋史》卷四七一《奸臣一·章惇传》,13710、13713页。

33
僵 局

"对钩"行法谁之意?

元丰是神宗的第二个年号,元丰八年(1085)三月,神宗驾崩,按照传统,哲宗继续使用元丰年号直至年底,"即位逾年,改元布政",[1]次年正月初一,改元元祐。"元"是"元丰"的"元","祐"是"嘉祐"的"祐","嘉祐"是仁宗的最后一个年号。"'元祐'所表达的政治诉求,是说元丰之法有所不便,因此要恢复嘉祐之法加以补救;可是也不能全都变回去,总体而言,还是要新旧二法并用,只要对老百姓有利。"当时民间笑噱,管这叫"对钩行法","对钩"的意思是五五开。有人开玩笑说:"岂止是法令要五五开呢,年号也要对半分。"多年以后,时任司门郎中的吕陶(1028—1104)回顾改元往事,这样写道:"虽说是玩笑话,也颇有深意,由此可见当时改元意。"[2]

"当时改元意",究竟是谁之意?"对钩行法",肯定不是司马光之意。对于司马光和所有反对神宗—王安石政策、渴望深刻改变的人来说,眼前的大宋政治已经陷入僵局。太皇太后被困在帘子后面,司马光被困在体制中间,蔡确把持朝政,对司马光虚与委蛇,对太皇太后阳奉阴违。人人都知道,如今这朝廷是一个长着两个脑袋的怪物,这两个脑袋,一个要往西,维护神宗—王安石新法;一个要往东,"以母改子",恢复仁宗旧制。

高层的首鼠两端导致了恶劣后果：神宗朝曾经开足马力勇往直前（且不论方向是否正确）的官僚机构失去了方向，集体陷入犹疑观望，"文书命令的滞留成了经常现象，上上下下苟且偷安，得过且过"。[3]那些经司马光、吕公著建议所形成的政令，艰难地释出有限的善意，却又遭到中下层官员的抵制，基本上推行不动。[4]尚书省（相当于今天的国务院）尤其是重灾区，六部尚书、侍郎都做起了"甩手掌柜"，对于下面的郎中、员外郎，不管是能力不行的，还是工作态度敷衍的，一概不闻不问，任其自然，就让整个机构一天一天这么下去。那么，是谁在掌管尚书省呢？两个宰相，蔡确、韩缜分任左右仆射！[5]表面上友善和气的蔡确、韩缜实际上所采取的，是完全不合作的态度。要想打破僵局，就必须请蔡确、韩缜离开。而蔡确分明是拒绝主动请辞的，那么，接下来该怎么办？似乎只能由太皇太后下旨请他离开了，可是，这一步究竟该如何走，才能保全朝廷体面，不继续破坏残存的和气？眼前的情势远远超出了司马光的信仰、知识和阅历，他一时竟不知如何是好了，只得暂时搁置不想。

对于蔡确、章惇这些神宗朝留下来的旧宰执来说，眼前又何尝不是僵局？作为政策的执行者，他们当然明白，王安石的新法、神宗朝的旧政不是没有问题的。自从新皇登基以来，他们已经摆出了改变的姿态，配合太皇太后处分了一些民愤极大的官员，关停了一些民怨极大的项目工程，也准备对新法做进一步调整。然而，太皇太后显然并不满足于此。王珪一死，太皇太后就急慌慌地把司马光请回来做了宰相。司马光是谁？那是王安石反对派的精神领袖！王安石变法之初，遭遇强烈反对，神宗皇帝为了缓和矛盾，曾经想要提拔司马光做枢密副使。王安石说："司马光能力有限，但他是反对派所爱戴的人。把这样一个人提拔到宰执的高位，分明是在为反对派立赤帜！"⁶神宗不听，执意下达任命，却遭到了司马光的拒绝。如今，王安石言犹在耳，有太皇太后做后盾，这一面"赤帜"终究还是立起来了！

放任司马光掌权，必然会带来对神宗时代的全面反动。司马光不早就说了吗？"况今军国之事，太皇太后权同处分，是乃母改子之政，非子改父之道也，何惮而不为哉！"⁷他要撺掇太皇太后"以母改子"，那就没有什么不能做，没有什么可顾忌的了！要改变先帝的政策，必然要疏远、驱逐先帝提拔起来的人，蔡确、韩缜、章惇，这都是跑不了的。

这"以母改子"是何等的不通！《大戴礼记》云："妇人，伏于人也。是故无专制之义，有三从之道，在家从父，适人从夫，夫死从子，无所敢自遂也。"⁸儿子对母亲固然有孝道的义务，可是，自从周公孔子以来，有哪一本经书里说过，母亲有资格改变儿子的做法呢？退一步说，纵然太皇太后可以凭借权势"以母改子"，那么，如此一来，又将置小皇帝对神宗的孝道于何地呢？须知，这小皇帝才是赵宋王朝的正宗主人啊！待得小皇帝成年追思孝道之时，看你司马光如何应对?！每想到这一层，章惇便忍不住要冷笑，笑司马光的颟顸不通。这样一个不通的人，能有多大作为呢？早晚是要跌跟头的。章惇打定主意要拭目以待，作壁上观。

蔡确的心情就没有这么潇洒了，神宗祔庙之后，他仍然拒绝请辞，太皇太后和司马光也无可奈何，但是，蔡确也知道，这样的情形显然不能延续，接下来必然有一场恶斗。司马光在"朝廷体面"之前的踌躇与无奈，是蔡确不能想象的；蔡确所能想象的，是司马光正在磨刀霍霍，指使他的"爪牙"——台谏官对自己进行恶毒攻击。进入

正月以来,这帮人似乎就没有一日是安静的,蔡确所接获的通进司密报显示:

> 正月九日,侍御史刘挚、监察御史王岩叟上疏;十二日,左正言朱光庭上疏;十五日,监察御史王岩叟上疏;二十一日,侍御史刘挚上疏……

自从十月份复置谏官、允许御史言事以来,台谏官制度已经得到了恢复。但是,台谏官并未获得面见太皇太后言事的权力。能够获得太皇太后定期接见的,仍然只有三省宰相和枢密院长官。[9]台谏官的意见以书面的形式,从通进司奏报给太皇太后。台谏官的上疏是密封的,在抵达太皇太后之前,任何人不得开拆,所以通进司只有上奏记录,至于奏疏的具体内容如何,倘若太皇太后不说,便谁也无从知晓。而所有这些台谏章疏,都被太皇太后留在了宫里——这叫做"留中",是皇帝处理臣僚奏状的一种传统做法。留中不发,奏状就不会对朝政产生直接影响。但是,进奏的人员和频密程度是可以探知的,弹劾的大致方向也是可以揣度的。而揣度极易引发极端想象,在想象中,蔡确看到了黑云压城,暴雨将至,感到了呼吸困难,他喃喃自语,"不能再这样下去了"——僵局必须打破。

台谏章疏写决裂

蔡确没有误判,刘挚等人攻击的对象正是自己和章惇。

台谏官对蔡确所指斥的罪名，第一是不肯求退，第二是不敬。退意不坚，贪恋权位，只能说明道德水平低下，纵然不合前例，也不算是有罪。然而，当"不肯求退"和"拒不宿卫先帝灵驾"合在一起的时候，那便令人不能不重视了。神宗的灵驾从开封的皇宫送往洛阳巩县的皇陵安葬，作为山陵使，蔡确理应全程陪护。按照制度，出发前一天晚上，就应当入宫陪宿。可是蔡确竟然缺席了这关键的一晚！他到了吗？到了，是拖到深夜才到的，而此时宫门早已下钥。夜开宫门是大忌，更何况是在先帝晏驾、悲伤忙乱的关键时刻，守门官坚持原则，拒开宫门。蔡确大怒，在门口闹了一场，生了一回气，就回家睡觉去了，第二天凌晨才赶到先帝灵前。关键性的夜晚不能陪宿先帝，已然有错在先，事后又没有向太皇太后报告。想先帝在时，蔡确是何等的温驯，如今先帝一旦晏驾，竟然礼数阙如至此。是可忍孰不可忍！侍御史刘挚愤然上奏："做臣子的本分如何，蔡确岂有不知？这分明就是认为皇帝陛下年幼，可以不恭；认为太皇太后陛下是女子，出不了宫门，可以无礼；又觉得天下的公论反正早就废了，可以欺罔。所以泰然自若，一心贪恋权位！……大臣如此，朝廷的体面尊严何在，又怎么可能镇服百姓、让四夷尊重呢？！"[10]这话很对，也很恶毒，为了扳倒蔡确，刘挚不惜上纲上线，诛心立论，把可能是无心的疏失放大到极限。

监察御史王岩叟对章惇的指控同样散发着恶毒的气息，并且直指太皇太后的内心——他成功地把章惇塑造成了太皇太后个人的敌人。王岩叟报告说：

> 当初，执政大臣们讨论太皇太后陛下的垂帘仪制的时候，章

惇当众大言:"待与些礼数!"[11]

"还是要给些礼数的!"这用词,这语气,是何等的傲慢,简直无礼之极,哪里还有一点臣子对君上的尊重呢?!这样的指控其实不难核实,然而又何须核实呢?太皇太后丝毫不怀疑章惇会说出这样的话来,她亲眼见识过章惇是如何抢白司马光的,那高亢尖利的声气、轻蔑的微笑、咄咄逼人的态度,直往帘子上扑,让太皇太后觉得脊背发凉。

在撩拨愤怒、激发仇恨这一点上,台谏官大获全胜。在"文字"中,大臣之间、朝堂之上的矛盾性质早已上升到"忠贤"与"奸邪"对立的高度。九月底,王岩叟就已经吹响号角,大声疾呼"不摒除群邪,太平终是难致!""治乱安危,在忠邪去留之间尔!"[12]由于太皇太后的"留中"处理,这些充满火药味的台谏章疏并未公之于众。即便如此,通进司流出的上奏记录却足以搅动人心,仇恨的暗流伴随着猜疑蔓延滋长。海面上风平浪静,在大海的深处,一场火山爆发正在酝酿。

"倒蔡驱章"逐渐已经成为台谏官自觉的追求目标,元祐元年(1086)初春,他们终于找到了一个冠冕堂皇的理由——去年冬天以来,天下大旱,滴水不下,旱情如此,太皇太后和皇帝都已经亲自出来祈雨了,身为首相,蔡确竟然不肯主动辞职,以答天谴,"只此一事,自合窜黜"!这句话听起来理直气壮,杀气十足;然而老实说,理论基础并不牢靠。宰相固然有"燮理阴阳"的责任,但是,自从汉文帝宣称"天下治乱,在朕一人"以来,占主流的观点是君臣风险共担而以君为第一责任人,宰相可以因灾异请求避位,皇帝却是多半要慰留的。[13]为了促使太皇太后尽快下决心罢免蔡确、章惇,台谏官已经顾不得这许多了。刘挚、王岩叟辈相信，君子为追求正义之目标，使用不义之手段，仍不害其为君子。殊不知，手段之不义必将损害目标之正义。在未来的日子里，台谏官将越走越远，他们高举着正义的旗帜，罗织罪名，煽动仇恨，最终挖掉了宋朝政治的宽容根基，而当大厦崩塌之时，他们自己也将深陷其中。

台谏官自身的不安丝毫不逊于蔡确——攻击者更担心遭遇攻击，这是自然之理。在"文字"之中，台谏官已经宣誓与蔡确、章惇"势不两立"，他们把自己的忠诚连同仕途前程，乃至身家性命，一起奉献、托付给了太皇太后，而太皇太后却迟迟不肯表态，也不曾接见他们。太皇太后究竟作何打算？万一这中间有任何变故，他们必将成为首当其冲的牺牲品。在想象中，斗争已经趋于白热化。作为"君子"，他们并不畏惧牺牲，却唯恐这牺牲流于无谓。于是，他们纷纷在奏札的正文之外"贴黄"附言，请求太皇太后公开"我的章疏"，召集百官大会，"以决是非"。"倘若大会认为我说错了，那我甘愿接受开除流放的责罚；倘若众人认为我说得对，那么就请罢免蔡确、章惇！"[14] "只要章疏公开，即使受到责罚，我也心甘情愿，免得被人阴谋算计了！"[15] 要么蔡确、章惇下台，要么我们离开，"风萧萧兮易水寒，壮士一去兮不复返"，慷慨悲歌，壮心许国——这就是他们心目中此刻的自己，而这种状态，在很大程度上是他们自己靠文字和想象造成的。

苏辙的谎言

为达目的不择手段，这样的做法，正是司马光所不齿的；然而，他却没有出面约束台谏官。他唯一做过的事情，就是请老朋友傅尧俞带话给刘挚，请他耐心等待蔡确主动辞职，刘挚并未听从，而事件后来的发展则证明司马光判断失误。除此之外，司马光就再也没有对台谏官进行任何耳提面命，而是放任他们各行其是。王安石、神宗和蔡确都把司马光当作反对派的旗帜，反对新法的人也把司马光视为领袖。然而，这却是一个毫无组织意愿和领导力的领袖——他追随者众多，却没有一个听从号令、统一行动的队伍。那些把司马光和他的追随者视为一"党"的人，实在不了解司马光。

不错，苏轼在跟司马光争论役法的气头上，的确喊出过："难道说您如今做了宰相，就不许我说话了吗？"这段文字，我在《司马光和他的时代》中曾经也引用。那时，我的判断和之前几乎所有人一样，丝毫没有怀疑它的真实性，并且认为这一幕表明司马光已经走到了宽容的对立面，"'许人说话'的风气一去不返"。[16] 今天看来，这段记载的真实内涵是非常值得推敲的。兹事虽小，却关系到"司马相公"的政治形象与宋朝政治的走向，所以，请允许我花一点笔墨，细述端详。

在为苏轼一生盖棺论定的《亡兄子瞻端明墓志铭》中，苏辙这样写道：

> 司马光要改革役法，只有苏轼敢于公开反对。有一天，苏轼亲自跑到政事堂（宰相办公厅）去，当着司马光的面批评他的方案是如何的不可行。这让司马光很生气。苏轼也不理会，反而高声抗议说："想当年韩琦作宰相，要把陕西的民兵刺青变成准军人，您是谏官，极力反对。韩琦不高兴，您一点都不在意。这件事我从前听您详细说过。难道说您如今做了宰相，就不许我说话

了吗?"这话勾起了司马光对往事的追忆,他笑了,不再生气。[17]

司马光能够笑,说明至少现场气氛已经得到缓解。然而,紧接着,苏辙又继续写道:

> 苏轼知道司马光不会听从自己的意见,说了也白说,因此请求离开首都去外地做官,可是司马光没有批准。司马光生气的时候,已经萌生了把苏轼赶出中央去的念头,只是因为病故,没来得及付诸实施。

行文至此,苏辙成功地在读者面前展现了一副刚愎而虚伪的司马光形象。苏轼提起往事,他也笑了,笑归笑,心里头却已经厌烦了苏轼,要赶他走。然而,我们仔细推想,则可以发现,苏辙的说法不通之处甚多。司马光心里想什么,并没有说出来,苏辙是怎么知道的呢?还有,既然如此,当苏轼主动请求外放的时候,司马光为什么不放行呢?关于这一点,苏辙倒是有所暗示,他笔锋一转,说到了台谏官:

> 当时的台谏官大多是司马光的人,这帮人只想着迎合司马光来谋求升迁,讨厌苏轼正直,都争着挑苏轼的毛病,可是又抓不到把柄,只好旧事重提,拿"熙宁年间谤讪朝政的案子"来恶心苏轼,这让苏轼感到十分不安。

言外之意,司马光不放苏轼去外地,是因为他想要继续打击、挫伤苏轼,那些台谏官就是司马光的爪牙。只可惜,"台谏官"这个情节不仅靠不住,而且简直就没有良心。苏辙说"当时的台谏官大多是司马光的人",他似乎忘了,他本人也是受司马光推荐,在那一时期担任过"台谏官"的;那么,苏辙也是"司马光的人"吗?苏辙又说那些台谏官拿"熙宁年间谤讪朝政的案子"来恶心苏轼,哪有什么"熙宁年间谤讪朝政的案子"呢?苏轼被污蔑"谤讪朝政"的,分明是元丰年间的"乌台诗案"!而司马光分明是受到"乌台诗案"牵连的人![18]

所以,真实情况应当是这样的:苏轼与司马光的确就役法问题发生过争执,但是,司马光并未因此对苏轼抱持敌意,"他笑了,不再生气",此事到此为止。之后,苏轼继续在中央工作,独立思考,持续发声,表达自己的观点,直到司马光死后三年。

那么,苏辙为什么要故意编排这样一个故事,把司马光与苏轼的关系描绘得如此不堪呢?当我们把目光投向这篇墓志铭的写作时间,宋徽宗崇宁元年(1102),便恍然大悟了。"崇宁"者何意?"崇尚熙宁",而"熙宁"正是神宗的第一个年号,是王安石变法开始的时间——徽宗要崇尚熙宁,高举神宗—王安石的旗帜了!波折反复不断的北宋后期政治,又到了一个转折关头,反对司马光再度成为"政治正确"。作为一个在政治旋涡中摸爬滚打了四十年的老牌政治家,苏辙当然要尽可能地强调苏轼与司马光的分歧,标榜司马光对苏轼的排斥!

"司马相业"的宽容悖论

终其一生,司马光始终坚信,掌权者对不同意见要采取开放宽容的态度,"尊众兼听","尊其所闻,则高明矣;行其所知,则光大矣"。

司马光最欣赏的政治家是春秋时期的子产。子产主持郑国国政,改革力度极大,反对派聚集在乡校里指手画脚,手下人建议拆毁乡校。子产说:"乡校是我们的老师啊,为什么要拆毁乡校呢?……'我闻忠善以损怨,不闻作威以防怨'。我只听说过尽忠职守、善意为政可以减少抱怨,从未听说过诉诸暴力可以制止批评。"诉诸暴力制止批评,短期效应可见,长期效应可怕。人们的怨气就像是洪水,一直堵着它,不让它释放,早晚会出现大规模溃堤,而大规模的溃堤所造成的伤亡损失是无法弥补的,甚至可能带来灭顶之灾。[19]

司马光多次提醒掌权者要警惕刚愎自用,因为那会导致官僚集团的集体堕落和政治腐败,破坏朝廷国家的安定。他精准地描述了刚愎自用的掌权者把朝廷国家引向死路的过程:掌权者一意孤行,讨厌批评,破格提拔应声虫、跟屁虫,羞辱打击异议分子、反对派。那么,能够"立取美官"、升进到官场上层的,就会是一些"躁于富贵者"。而这些人的得志,将大大提升整体环境对于无耻行径的容忍程度,从而彻底败坏官僚队伍的作风。这样一来,台谏官员不再批评政治缺失、弹劾奸臣弄权、报告下民疾苦,中央派出的调查组只会依仗权势压迫州县官员以满足"上面的"意图,州县官员奉承上官还奉承不过来,哪还有精力去讲求本地治理的得失利弊?最终,皇帝得到了"粲然可观"的报告,对实际情况却一无所知。当权者变成了聋子、瞎子,在肤浅虚伪的吹嘘中飘飘然笃信天下太平,在自我麻醉中走向灭亡。[20]

晚年的司马光仍然主张宽容政治，希望宋朝在政治风气上能重返仁宗时代，恢复多元并存、"异论相搅"的政治局面。然而，坚信宽容政治的"司马相公"却注定无法实现宽容，王安石和神宗为宽容政治开掘了坟穴，而司马光将眼睁睁看着宽容政治被埋葬，他自己也将挥锹铲土。这就是"司马相业"的宽容悖论。

一方面，出于对宽容政治的信仰，司马光对台谏官采取了不管束的态度，放任他们恣意发声，哪怕是批评自己。司马光以为这样就回到了仁宗朝，回到了自己当谏官的时代。然而，这显然是一个严重的误判。仁宗朝的总体政治环境是宽松的：士大夫具有独立思考的精神，总体面貌积极向上；统治集团内部存在分歧，但没有严重裂痕，在国家需要的时候总能求同存异，一致向前。

而哲宗初政时期的统治集团，却是裂痕深嵌、矛盾重重，士大夫严重工具化，政治家缺乏大局观。对于神宗朝遗留下来的官僚集团而言，司马光的上台已经是一个不祥的信号。当此之时，一点风吹草动都会被他们放大解读，引发恐慌。唯有战战兢兢，如履薄冰，方能修补裂痕，培壅和气。在反对派的眼里，司马光所提拔的台谏官当然是司马光的爪牙，台谏官的一举一动都反映了司马光的意图。司马光对台谏官的放任，就等于放弃了对思想宣传战线的管理。而这群台谏官是什么人呢？他们大多四五十岁，就像是大多数处在那个年龄段的中生代政治家一样，他们饱读诗书，对自己和他人都悬以抽象的道德高标，高度自以为是，也略懂一些奇正相生的变通之术。因此在打击敌人时有不择手段的决绝，却唯独没有学会中庸之道，不懂得宽容和妥协的共存之理。在此特定背景之下，放任台谏官就等于放弃了宽容政治，而司马光对此显然缺乏警觉。

另一方面,在政策层面,信仰宽容政治的司马光必将固执己见——这听起来有些荒唐,然而却是一个真实存在的悖论。何以致此?第一,司马光理想的政治秩序是尊卑有序、权力与责任并重的。在朝堂之上,持不同意见的宰相大臣各抒己见,"异论相搅",互相竞争。在充分听取各方意见之后,皇帝"尊其所闻以致高明",综合评判,做出符合国家利益的决策。第二,在这个开放的朝堂之上,司马光的"己见"只是诸多意见中的一种,与其他意见是平等竞争的关系。而作为"己见"的持有者,司马光对"己见"坚决维护,誓死捍卫,因为他肯定认为,这种意见是正确的。第三,当司马光成为"司马相公",司马光的"己见"与其他意见之间,实际上已很难做到平等。地位变了,司马光的"己见"披上了道德的辉光,人们将越来越难以客观地看待它。最后,在司马光所构想的理想政治秩序的顶端,必须有一个具有超越性立场和一流判断力的皇帝(或者是皇帝代理人),只有这样的皇帝,才能做出符合宋朝国家利益的决策。但是,很不幸,在现实的政治实践中,并不存在这样一个人物。小皇帝哲宗年幼,代行皇权的太皇太后高氏,政治经验缺乏,政治立场也并不超脱。太皇太后对司马光的高度信任和依赖,导致的结果是司马光(借由太皇太后)来做出最终的裁断,那么,在司马光的眼里,哪一种意见最正确?当然是司马光的"己见"。在政策层面,主张宽容政治的司马光最终将倒向誓死捍卫个人立场的司马光,这就是"司马相业"中的"宽容政治悖论"。

当然,这一切都发生在蔡确、章惇离场,"司马相公"实专朝政之后。那么,蔡确和章惇是怎样离开的?元祐元年初春的政治僵局又是如何打破的呢?

1 《宋大诏令集》卷二《改元祐元年御札》,元祐元年正月庚寅朔,8页。

2 《续资治通鉴长编》卷三六四,8697页。

3 《续资治通鉴长编》卷三六四,8697页。

4 故元丰八年十月己卯诏书称:"比者诏令屡下,冀以均宽民力,便安公私。如闻官吏狃习故态,不切奉行,或致废格,使远近之人未尽被惠。"《续资治通鉴长编》卷三六〇,8609页。

5 《续资治通鉴长编》卷三六四,8698页。

6 《宋史》卷三六五《司马光传》,10765页。

7 《司马光集》卷四六《乞去新法之病民伤国者疏》,元丰八年四月二十七日上,992页。

8 [清]王聘珍撰,王文锦点校《大戴礼记解诂》卷一三《本命第八十》,中华书局,1983年1版,254页。

9 《续资治通鉴长编》卷三六一,元丰八年十一月十一日,刘挚言:"伏见陛下听政以来,除三省、枢密院执政奏中外,其余应合上殿臣僚,至今未降指挥。"8637页。

10 《续资治通鉴长编》卷三六二,8659页。

11 《续资治通鉴长编》卷三六一,8650—8651页。

12 《续资治通鉴长编》卷三五九,8600—8602页。

13 陈侃理《儒学、数术与政治:灾异的政治文化史》,北京大学出版社,2015年1版,189—210页。

14 《续资治通鉴长编》卷三六四,8711—8712页。

15 《续资治通鉴长编》卷三六三,8693页。

16 赵冬梅《司马光和他的时代》序言《写在前面的话:我为什么要写司马光》,1页。

17 原文为"君实笑而止",司马光并没有收回他的役法改革方案,所以,这个"止"字的对象应当是上文所说的"忿然"。苏辙《栾城后集》卷二二《亡兄子瞻端明墓志铭》,基本古籍库据四部丛刊景明嘉靖蜀藩活字本。

18 参见本书第29章《开封的呼唤》之《谢表建议开言路》。

19 《司马光集》卷四一《乞不拣退军置淮南札子》,熙宁三年二月十一日上，914页。
20 《司马光集》卷四五《应诏言朝政阙失状》，熙宁七年四月十八日上，964—966页。

34
"奸臣"去

役法诏书藏玄机

让蔡确不得不黯然离场的,正是他亲手炮制的役法改革诏书。

元祐元年(1086)二月七日,宋朝政府颁布了当年的"一号文件"——役法改革诏,宣布废除王安石所推行的免役法,恢复差役法。

免役法和差役法的差别究竟在哪里?宋以前的"役"可以分为"兵役"和"劳役"两种,兵役就是当兵报国,劳役就是以无偿劳动的形式向政府提供一定时长的服务。宋朝实行职业兵制度,老百姓没有"兵役",只有"劳役"。差役法和免役法最大的区别在于服役的方式。"差役法"就是轮差服役,老百姓以家庭为单位,按照男丁的数量和财产的多少轮流服役,轮到谁谁上,轮不到的时候休息。"免役法"就是交钱免役,老百姓出钱,政府拿这个钱雇人来干活,向市场购买服务,所以"免役法"又可以叫作"雇役法"。"免役法"与"差役法"的利弊得失,下一章会集中谈到,这里只说政策转变。北宋开国以来所实行的是"差役法",而王安石变法的一项重要措施就是改差为雇,实行"免役法"。

司马光痛恨"免役法",斥之为"大害",必欲除之而后快。他在给三省的咨文中这样写道:"当今法度,最先应当革除的,莫过于免役钱。它不仅苛刻地剥削贫民,使民不聊生;又雇佣四方无赖浮民,用这些靠不住的人来为官府服役，使官不得力。为今之计，不如全面取消免役钱，恢复差役旧制。"¹全面推翻免役法，改行差役法，符合司马光的想法。然而，二月七日，司马光却在病假之中——病弱的身体成了司马光的牢笼，北宋的官员仍然是骑马上朝的，而上马、下马这些简单的日常动作，他已经无法完成，更不用说跪拜行礼了。自正月二十日起，司马光便不得不休假在家，通过奏札向太皇太后，通过咨文向三省和枢密院提出他对朝政的意见和建议。二月七日的役法改革诏书便全文引用了司马光于正月二十二日所进呈的《乞罢免役钱依旧差役札子》。²

在过去的八个月里，司马光人在宰相府，当面力争，尚且寸步难行，被蔡确处处留难。如今司马光居家养病，不能亲自出席政务会议，蔡确所主导的政府竟然发生了急遽的政策转向，这怎么可能呢？

其中必有玄机。

第一个对"役法改革诏"提出质疑的，是新任右司谏苏辙。苏辙于二月十四日到任，十六日即上状讨论役法改革诏。在大方向上，苏辙赞成差役法，他认为"此法一行，民间必定鼓舞相庆，如饥饿的人得到食物，如久旱的土地得到雨水"。同时，苏辙特别提醒太皇太后要坚持差役不动摇，"既然役法改革的大方向已经摆正，即使出现一些小问题，只要随时随事调整，过个一年左右，各项法令制度也就完备了"。³新法刚刚推出，苏辙就已经在担心太皇太后发生动摇，为什么？

因为在苏辙看来，这则役法改革诏是先天不足的，它有两大缺陷，而这两大缺陷必然招致反对派的强烈攻击：第一，它没有实施细则，所以是漏洞百出、经不起实践检验的，一经推行，必然问题丛生。这些问题纵然并非差役法所固有的；然而，当问题成堆出现的时候，那些在免役法体系中得到好处的官员必然会归咎于差役法，群起而攻之。第二，诏书所展现的决策程序存在重大缺失，它完整地抄录了司马光的札子，在前面标注了司马光的姓名，在后面标注了太皇太后的批示"依奏"，却没有说明役法改革决策是否经过了三省宰相御前会议的集体讨论——而这一点，按制度是必须有的，倘若诏书不写，那就意味着"未经讨论"。如此重大的政令，未经宰相大臣集体讨论，单凭司马光一通报告、太皇太后简单批示便面向全国推行，岂不太过草率?! 这样的一则诏书，又是在向天下官员传递怎样的信息和情绪呢？

苏辙的性格比其兄谨慎，又兼初到谏院，所以，他给太皇太后的奏疏措辞相对温和克制：

> 我认为，司马光讨论差役的札子，大方向是合适的、恰当的，但是中间难免有疏漏，细节难免有问题，这些疏漏、这些问题，执政大臣怎么可能看不出来呢？倘若各位大臣是出以公心的，懂得同舟共济的道理，那就应当根据司马光所奏请的大方向，把实施细节尽量设计完整，然后再推出。如今只抄录司马光的札子，前面写着司马光建议，后面写着圣旨"依奏"，诏书炮制者的心思，可想而知。今后肯定会有人试图利用推行中出现的反对意见，动摇改革大计……[4]

同苏辙相比，监察御史孙升（1038—1099）的措辞就激烈得多了。他与苏辙同日上疏。孙升直言，诏书所显示的决策程序缺失，可能会导致地方大员们认为役法改革之意"独出于司马光一人",从而造成不必要的思想混乱,"兹事体大……此不可不察也"。[5]

役法改革诏书的两大缺陷,没有实施细则的问题是现实存在的——这本来应该是户部的工作。司马光请户部尚书曾布主持修订役法实施细则,曾布毫不犹豫地拒绝了,他说:"免役法的相关法令,事无巨细,都是我主持制定的,现在您让我自己动手去推翻它,出尔反尔,义不可为。"[6] 曾布是曾巩(1019—1083)的弟弟,王安石的追随者。这番回答掷地有声,让司马光心中暗赞。可是,制定新役法实施细则的工作也只得暂时搁置。司马光阵营的人才之匮乏,以及司马光作为政治领袖的资源调度能力之缺失,由此可见一斑。

作法自毙蔡确去

那么,决策程序的缺失是真实存在的吗?二月七日的役法改革诏真的未经御前会议集体讨论吗?我们来听听章惇的证词。

二月二十日左右,章惇上疏,分八条批驳了司马光两篇役法改革札子的"抵牾事节"。这则驳议充分展现了章惇的理性思维和杰出的行政才能,对于役法改革方案的完善起到了重要的推动作用。然而,它却直接成了压倒章惇迫其下台的最后一根稻草——历史的真实如此吊诡,令人唏嘘,具体细节,且容后述。这里先看驳议的开头,这一段是章惇对于役法讨论原委的介绍,非常详细。章惇是这样说的:

近来我奉旨与三省共同进呈司马光的《乞罢免役钱依旧差役札子》，已于（二月）初六日在御前会议，共同讨论，经陛下批示完毕。役法的事情，我本来认为不归枢密院管；事实上，自从去年秋天以来，直到今年春天，司马光都是在和三省商议，枢密院没有参与讨论；而且，司马光的《札子》陛下是只下发到三省的，陛下的亲笔批示也是只下发到三省的。但是不知道为什么，三省在初四日却请求枢密院参与共同讨论。初五日，枢密院与三省联合办公，我在会上提出，要想共同进呈，就应该让我把司马光的札子留下来，仔细阅读思考三五天，然后才能参透有关役法的利害本末。当时，韩缜说："司马光的文字，我们怎么敢滞留呢？明天就要进呈！"我既然没有参与之前的讨论，又没有仔细阅读过司马光的札子，相关利害，断断不敢随便评论。所以，在共同进呈的时候，我就只是跟随众人一起展开了司马光的文字，至于其中所述是否合适，一切由三省判断，我的确不知。三省共同进呈之时，虽然已经奉到圣旨要"依（司马光所）奏"，但我还是在帘外向陛下剖白了我与役法讨论之间的关系。后来，户部下发役法改革令，那上面有陛下的诏书，诏书里有司马光的札子，我利用一早一晚的时间反复阅读思考，才发现其中颇多疏漏。[7]

像章惇这样一个绝顶聪明的人，是不会费心为"迂叟"司马光辩护的，当然，他也不屑于抹黑司马光——在章惇看来，司马光本人所犯的错误就够多够愚蠢的了，根本无需抹黑。况且，这段文字的写作时间就在事发十多日之后，包括太皇太后在内的当事人一应俱在，也容不得章惇说谎。所以，这段文字反而是最真实可靠的。根据这段文字，再加上其他资料，我们可以大致复原出二月七日役法改革诏出台的全过程：

正月二十二日，居家养病的司马光向太皇太后提交了他的役法改革方案——《乞罢免役钱依旧差役札子》；与此同时，他以咨文的形式向宰相府通报了自己的改革思路，恳求蔡确、韩缜，"若太皇太后将札子降至三省，还望诸公同心协力，赞其成功，如此行之，可以革除长期以来的弊端，让疲惫的老百姓得到休息"。[8]

二月三日，太皇太后将司马光的札子下发到宰相府，交由三省宰相讨论，而蔡确已经打定主意要设计陷害司马光。对于蔡确来说，免役法与差役法孰优孰劣，已经无关紧要，要紧的是让司马光犯错、走人，不要在这里指手画脚了。可怜司马光一腔赤诚，只化作了蔡确嘴角一闪而过的一丝冷笑。

为了加大说服力，分摊责任，蔡确决定引入枢密院章惇的力量，所以，在二月初四，他请求太皇太后让枢密院参与讨论。让他没有想到的是，章惇偏偏是个认真的人，竟然要求细读司马光札子，这让他略感为难。在这个时候，愚蠢的韩缜替他解了围。是的，司马光的意见，我们怎么敢滞留呢？韩缜说罢，蔡确一脸无辜地看着章惇，全然不理会章惇目光中的怀疑与讥讽。

初六，三省、枢密院共同参与御前会议，共同进呈司马光的《乞罢免役钱依旧差役札子》，围绕札子讨论役法改革方案。会议进行得十分顺利，蔡确带头表达了对司马光勇于承担、敢啃硬骨头的钦佩，太皇太后指示"依司马光所奏"施行。

第二天也就是二月初七，蔡确就把役法改革诏搞出来了，完全

"依司马光所奏",且没有丝毫留滞。⁹太皇太后这个可怜的老太太对政治仍然是一窍不通,全然没有注意到实施细则和程序缺失的问题。蔡确带着一脸谦卑毕恭毕敬地告别了太皇太后,回到自家书房里,让人打开窗子,对着窗前盛开的红梅花,喝起了滚烫的羊羔美酒。花好,酒好,人也好!

蔡确大概没有想到,此举的最终结果是倒持干戈,授人以柄,为台谏官扳倒自己送去了一个重磅武器。正月二十日司马光的病休,让以刘挚为代表的台谏官感到了极度不安。二十七日,在给太皇太后的奏状中,刘挚写道:"如今司马光老了,又病弱得如此严重,万一事有不幸,司马光不能支撑,那么,陛下的仁政就没办法延续,老百姓也无法从苦难中得到复苏了,而陛下所提拔的善人君子将要遭到蔡确等人的陷害。善人遭难也就罢了,倘若让蔡确等人再次得志,肆其流毒于天下,肯定会变本加厉,比之前荼毒更甚。请陛下试着这样想想,如何能够不为江山社稷的大计而担忧呢!"在刘挚的心中,包括他本人在内的台谏官与蔡确、章惇是你死我活、势不两立的关系,台谏官的旗帜是司马光,倘若司马光有个三长两短,旗帜就倒了。到那时,万一蔡确、章惇用政府裹挟了太皇太后,重回神宗时代,那么,这一群台谏官将死无葬身之地。"倒章驱蔡"必须立见成效,否则功亏一篑,必将万劫不复。刘挚的注意力都放在了这上面,所以,二月七日的役法改革诏颁布之初,他并未十分留意。然而,一旦刘挚认识到蔡确在役法改革诏中的邪恶用心,他的攻击就是直接而猛烈的:

这样一份程序上有明显瑕疵的诏书,已经让所有地方官员感到了疑虑恐慌,他们说,这是因为朝堂之上,意见无法统一,大臣们各怀私心，谋国不忠，才把这样一份诏书鲁莽颁下。这样一份诏书的出台，目的就是引发异论纷纷，希望各地对役法改革提出质疑，从而让人们误认为役法改革本身就是动摇国本。此不可不察也！[10]

这一批台谏奏札，太皇太后没有全数留中，也没有原文下发，而是陆陆续续地把内容渗透给了三省和枢密院。二月二十三日，在强大的压力之下，蔡确终于递交了辞呈。九日之后，闰二月二日，蔡确罢相，出知陈州。[11]

太皇太后的新老师

蔡确亲手操盘的"役法改革诏"最终葬送了他的宰相生涯。难道说蔡确事先就一点也没有想到，搬起石头可能会砸了自己的脚吗？纵然想到，也顾不得这许多了，蔡确必须一搏，因为太皇太后的态度已经发生了根本性的变化。

二月三日，太皇太后下诏声明，自下个月也就是闰二月起，扩大垂帘听政的引见范围，而台谏官在此范围之内，可以提前一天提出申请，每次两人同对。[12]这与台谏官所期待的单人独对仍有差距，但是，台谏官终于有机会跟太皇太后面对面，连比带画，反复陈说，把道理掰开揉碎讲明白了。[13]四日，蔡确的亲信黄履被罢免御史中丞，调离关键性的喉舌岗位，改任翰林学士、知制诰兼侍讲。[14]从御史中丞到翰林学士是平调，黄履并无损失；喉舌之地，亲信全无，蔡确的损失大了！十二日，侍御史刘挚被提拔为试御史中丞，成为御史台的实际长官和台谏官的共同领袖。[15] 十四日，监察御史王岩叟被提拔为左司谏，成为更自由、言论责任更重的谏官。[16] 两个抨击蔡确、章惇火力最猛的台谏官都获得了升迁，这是再明显不过的政治信号了。蔡确明白，太皇太后虽然坐在帘子后面，但是，她的耳目和爪牙却将穿过帘子，越过宰相大臣，伸张开去。太皇太后的政治实习历经九个月，成绩斐然！

事实上，还没到闰二月，太皇太后就已经接见过王岩叟；让太皇太后最终下定决心罢免蔡确的，正是王岩叟的当面进言。

太皇太后之所以迟迟不能下定决心罢免蔡确、韩缜、章惇，有一个非常实际的顾虑，那就是，这几个人都是先帝留下来辅佐哲宗的老臣，他们有"受遗顾命"之功，"受遗"即"承受先帝遗诏"。宋朝的皇位传承与前代大不相同，基本上排除了外戚、武将、宦官这些传统势力的干扰，在其中起主导作用的，当然是先帝遗志，而秉承先帝遗志、帮助最高权力实现平稳交接的，则是文官士大夫集团的领袖——宰相大臣。这也是"陛下与士大夫共天下"的一个重要表现。对"受遗顾命"之功的承认和尊重，构成了宋朝皇室的一项重要传统。蔡确等人为"建储受遗之臣"，顾命之功人所共知。去年十二月，神宗祔庙礼毕，宰执普加官阶，司马光坚辞，理由便是当时自己"闲居西京""不预顾命"，司马光同时承认："宰臣蔡确等启迪神宗皇帝建立储贰，传授大宝，宜迁一官。"[17]

王岩叟终于得以觐见，当面劝说太皇太后罢免蔡确。隔着帘子，王岩叟能够感觉到太皇太后的顾虑犹疑。太皇太后低着头沉吟了一会儿，叹了一口气，无奈地说："只是因为他曾经受遗啊。"

王岩叟闻言，没有丝毫犹豫，干脆利落地说："启禀陛下，一个大臣怎么能够在受遗之后长期占定这个地位呢？况且大主意是太皇太后拿的，此辈只是坐享其成，却滥称受遗，实质上哪有什么功劳？！"这一席话冲口而出之后，王岩叟也觉得有些过了，他停顿了一下，接着说道，"就算他们是受遗的吧，但不知他们的功劳跟韩琦比如何？韩琦可是拥立了英宗、神宗两位皇帝的。然而在英宗入土之后，神宗坚决挽留，韩琦还是主动离开了！"[18]

同进札子、读札子相比，当面交流毕竟还是最有效的，哪怕隔着一层帘子。王岩叟的话，在很大程度上打消了太皇太后的顾虑，她慢慢地把台谏官的批评渗透给蔡确，终于促成了蔡确请辞，而她也顺理成章地罢免了蔡确。蔡确倒台之后，右正言王觌（1036—1103）更进一步否定了蔡确的"受遗定策"之功。他说，哲宗之立"都是太皇太后的圣德"，蔡确等人乃是"贪天之功，妄自张大，盗取受遗定策之名以自负"。[19]通过"文字"，台谏官把蔡确等人从"顾命大臣"丑化成与太皇太后争夺拥立之功的无耻之徒，从而成功地在太皇太后心中种下了嫉恨的根苗。

进入闰二月之后，太皇太后与台谏官之间的面谈频频举行，并且越来越私密。闰二月六日，右谏议大夫孙觉、右司谏苏辙联袂觐见，太皇太后有旨："等帘子放下，宦官们都出去，再开始奏事。"在潜意识中，太皇太后把台谏官当作了自己的老师和智囊，开始向他们讨教朝政的应对技巧，特别是与宰相大臣打交道的方式方法。太皇太后是信任司马光与吕公著的，司马光、吕公著也曾经充当过太皇太后的政治教练。但是，这两位进入宰相府，承担起繁重的行政决策事务后，已经没有多少时间和精力体察太皇太后的处境，为她出主意、解危难。相比之下，台谏官更为年富力强，又较少具体政务的拖累，而台谏官在奏疏中所表达的忠心也让太皇太后感动，于是，她选择了这群新的政治教练，开始与他们频密接触，主动寻求辅导。台谏官方面，当然是积极配合，献言献策。

老实说，这一群"新老师"对太皇太后的影响实在不正面。他们太热衷于煽动仇恨了。闰二月二日，蔡确罢相，制书所持的罢相理由仍然是经典的、体面的，它以小皇帝哲宗的口吻声称："蔡确在朕少年登基之初，膺受先帝顾命之嘱托。朕本想依仗旧德，共建太平。没想到蔡确屡上封章，表示愿意交还机务政柄。……（朕虽不舍，确意难回。只得放老臣出镇。）"[20]这样一封温情脉脉的罢相制书，台谏官是不满意的。苏辙批评道："蔡确等人都是被弹劾下去的，可是竟然不公布他们的罪状，这真让世人感到遗憾。"蔡确等人究竟有什么罪状呢？"前后反复、归咎先帝"！[21]先帝在时，积极追随先帝的政策；先帝死后，一反先帝之政，并且把之前的政策失误归咎于先帝。"前后反复"固然有之，但是倘若之前的政策错了，加以纠正，又何罪过之有？而那些错误，明明是先帝犯下的，归到先帝的头上，又何罪过之有？！照苏辙的逻辑，在一个刚愎自用的君主手下，想要保全清白，就只有靠边站一条路，而那些曾经跟随错误路线的人，就只能"一条道儿走到黑"，不然就会变成可耻的背叛者，唯有先帝将永永远远地光荣正确下去！这套逻辑倘若推广开去，那么，所有在神宗时代王安石路线下获得升迁和荣耀的士大夫就只能辞职，方可保全名节！可如果是那样，还有谁来支持政策调整，维护国家机器的运转？！蔡确的罢相制书是保全了大臣的体面的，然而这份体面，台谏官看不懂，也不屑一顾。

在台谏官的猛烈攻讦下,闰二月十三日,章惇被免去了枢密院长官的职位,出知汝州。章惇的罢枢密制书,可就没有那么客气了,役法讨论中的首鼠两端成了章惇的主要罪状:"讨论役法改革方案,本指望章惇参与修订。可是他在御前会议之时,什么意见都没说;等到政令下达之后,却又多方阻挠。朕加意包容宽贷,章惇却闹得越来越凶。鞅鞅非少主之臣,硁硁无大臣之节……"[22] "非少主之臣""无大臣之节",这罪名已达上限,再往上一点儿,性质就全变了。"鞅鞅""硁硁"二句,出自中书舍人钱勰(1034—1097)手笔,当时传诵一时。后来章惇上台,钱勰被贬,蔡卞(1058—1117)送行,问他:"您明知道章子厚这个人惹不得,为什么还要这样诋毁他?"钱勰苦笑,说:"让鬼劈了嘴了!"[23]

钱勰大概是忘了,这铿锵的文字固然是他写出来的,那上纲上线的罪名却并非他本人的发明。二月二十六日,右正言王觌在奏札中这样写道:

> ……章惇身为大臣,当时不能尽忠批评,待施行之后,才跳出来挑错,就是要向全天下彰显司马光的短处,表白自己的长处。这哪还有一点赤心直道裨补圣政的意思呢?!司马光的看法纵然有不足,不害其为君子;章惇的见解纵然有所长,岂免为小人!……章惇一贯奸邪欺罔,在役法这件事上,更加处心积虑,只想陷害司马光,而不顾伤害国体、误导陛下。陛下请看,像章惇这样的,还可以置于枢机之地,以为腹心之人吗?!……必须严厉黜责,以戒不忠![24]

在同一篇奏札之中,王觌还写下了这样一些话:"我听说章惇给陛下上了一封奏疏，讨论役法。……章惇的文字，我虽然没能看到，但是猜想其中必定有可以施行的，所以还是要请陛下与执政臣僚认真商议。倘若章惇所言果然有助于役法的完善，那么就按他说的办，又何必迟疑？关键是把事儿办好——'要之济务而已'！"[25]这段文字中所透露出来的态度，颇耐咂摸：论道德人品章惇是小人，必须严厉黜责；论才干经验章惇是行家里手，他的建议可行则行之。非大度君子，哪里能有这样的胸襟？然而实践起来，却是难！难！难！

1 《续资治通鉴长编》卷三六四，8732页。

2 《司马光集》卷四九《乞罢免役钱依旧差役札子》，1043—1046页。

3 《续资治通鉴长编》卷三六六，8789页。《苏辙集》卷三六《右司谏使论事十首·论罢免役钱行差役法状》，626页。

4 《苏辙集》卷三六《右司谏使论事十首·论罢免役钱行差役法状》，626页。

5 《续资治通鉴长编》卷三六六，8790页。

6 《宋史》卷四七一《奸臣·曾布传》，13715页。

7 《续资治通鉴长编》卷三六七，8822页。

8 《续资治通鉴长编》卷三六四，8733页。

9 《续资治通鉴长编》卷三六五，8760页。

10 《续资治通鉴长编》卷三六七，8832页。

11 《续资治通鉴长编》卷三六八，8854页。

12 《续资治通鉴长编》卷三六五，8748页。

13 元丰八年十一月十一日，刘挚请求"令台谏官以时上殿奏事"，认为靠文字根本说不透。"虽臣子论事自可列上章疏，然事固有言之犹不能尽者，而况文字之间哉！理之隐微，情之曲折，必假指画，反复于前，庶几为能明之"。《续资治通鉴长编》卷三六一，8637页。

14 《续资治通鉴长编》卷三六七，丁亥条考异，8820页。

15 《续资治通鉴长编》卷三六五，8770页。

16 《续资治通鉴长编》卷三六六，8777页。

17 《司马光集》卷四九《辞转官第二札子》《辞转官第三札子》《辞转官第四札子》《辞转官第五札子》，1036、1041、1042、1043页。

18 《续资治通鉴长编》卷三六八，8853页。

19 《续资治通鉴长编》卷三六九，8919页。

20 《宋宰辅编年录校补》卷九，528页。

21 《续资治通鉴长编》卷三六八，8854页。

22 《宋宰辅编年录校补》卷九，547页。

23　丁传靖辑《宋人轶事汇编》卷一三，中华书局，2003年1版，666页。
24　《续资治通鉴长编》卷三六六，8814页。
25　《续资治通鉴长编》卷三六六，8814页。

35

政治中的政策

章惇"说底却是"

那么，关于司马光的役法改革方案，章惇到底说了些什么？

章惇首先指出司马光两份役法札子存在前后矛盾之处，二月三日札子认为上户（乡村上等人户）是免役法的受害者，二月十七日札子则说上户是免役法的受益者，"十几天之内，两上札子，而所言上户利害正好相反，如此自相矛盾，究竟是为了什么？"章惇自问自答，"司马光是至诚之人……必定是对役法的调查研究不到位，大概一说吧！"诸如此类的错误，在传统时代的士大夫笔下并非罕见，同一事物从不同视角观照，可以有相反的判断，是非跟随笔意，只求文气相合，不做严谨的概念界定和性质分析。只要不是大是大非，写的人姑妄写之，读的人姑妄读之，彼此心照，两不追究，本无大碍。可是，经过章惇如此严格的比对分析，司马光作为役法改革设计者的严肃性顿时便大打折扣了，"以此类推，司马光设计变法的方式方法，恐怕是不能尽善尽美的了"。

在司马光的想象中，役法改革很简单，直接回到熙宁元年（1068）以前便好，"各色役种所需人数，一概依照熙宁元年以前旧制办理……着刑部检查熙宁元年所施行的差役条例，雕版印刷，下发诸州，照此办理"。章惇则毫不留情地指出，这种说法"全然不可施行"。别的不说,单说役人数量,"熙宁元年的数额是过于庞大的,后来屡经裁减,已经减掉了三分之一,如今怎么可以完全按照熙宁元年的旧额办理呢?!"而且,役是政府所需的服务,"如今的政务,与熙宁元年以前相比,不知发生了多少改变,今日之政务非昨日之政务,怎么可以按照熙宁元年的条例施行呢?!"过去是回不去的!

过去之所以回不去,是因为部分是整体的部分,部分的调整不可能单独实现。章惇说:"我揣度司马光的想法,肯定是以为役法就是役法,无关其他,既然要回到差役法,那么只需要把当时条例施行起来就可以了。殊不知,役法一事,牵涉上上下下各个有关部门,各级各类的各种制度条例,哪里是单单施行一个差役条例就可以搞定的?"在章惇看来,司马光的建议,处处流露出对于实际政务运作的无知与傲慢。司马光说:"当初差役法的最大弊端是富户因'衙前'役破产。可是后来'衙前'役中最害民的部分,比如:负责官府公务接待的厨酒库、茶酒司,已经改派军人管理;押送上京纲运物资,已经改为招募卸任官员或者武官、军人押送;粗重、零星物资的押运,也改由军人来管。因此,差役旧法中的'衙前'重役实际上已经消失。"改革"衙前"役、纾解富户重压,曾经是当初王安石改差为雇、实行免役法的最大动力。按照司马光的说法,"衙前"重役已经消失,免役法也就失去了推行基础。那么,实际情况究竟是怎样的呢?章惇冷笑着提醒太皇太后,司马光所说的这些现象都是事实,但是,司马光只知其一,不知其二,他不知道的是"管理官府公务接待的军人需要按月发放钱粮,应召押送上京纲运的官员、武官以及他们的随从,还有军人,都需要路费。这些钱哪里来呢?统统来自免役钱!"——司马光所说的"衙前"重役的替代措施,其实是免役法的一部分,要靠免役法提供资金支持。"如果改行差役,那就没钱可用了,还拿什么去差派军人、招募官员呢?"

章惇并不认为免役法没有问题,但是,他反对司马光对于免役法缺乏依据的指责。比如仓场钱物的管理、押运,差役法按照户籍摊派,能够摊到此类劳役的都是有田产的乡村上户;免役法改为收钱雇役,雇来的多半是"城里人"。宋朝是中国历史上第一个为"城里人"设置专属户籍的时代,"城里人"被登记为"坊郭户"。"坊郭户"的特点是住在城市之中,靠经营工商业、出卖技艺和劳力为生——他们多半没有田产,是所谓"浮浪之人"。传统中国是农业文明,重农抑商,一贯对"浮浪之人"怀有偏见,视之为社会的不安定因素,认为他们"无恒产,因无恒心。苟无恒心,放辟邪侈无不为已"。[1] 司马光认为,免役法雇佣"四方浮浪之人"充役,造成了官仓钱物的更大损失。章惇指出,司马光的说法缺乏事实依据,差役、雇役与官仓钱物损失之间的关系,尚有待查证。章惇建议,每路选取一个州,调取该州差役法施行最后三年和免役法施行前三年的数据,进行比对研究,数据应当包括侵占、盗窃官物的人数、社会背景和罪行轻重情况;比对之后,再做结论。即便是今天看来,这个方法也是相当"科学"的,章惇真不愧是行政专家。

作为经验老道的行政专家,章惇对于官僚群体的脾性了如指掌。经司马光建议的"役法改革诏"中有这样一条:"各县在施行过程中,倘若发现问题,限于诏书下达五日之内,将情况上报本州;本州汇聚整理下属各县的报告,限于诏书下达一月之内,将情况上报转运司;转运司汇聚整理下属各州的报告,限于诏书下达一季之内,将情况上报到中央。"这一条本来是"役法改革诏"预留的改善后门。章惇却一针见血地指出，此条全无诚意，"乃是空文"：第一，五日限期太短了，各县根本没时间认真考察差役法的实施给本县可能带来的问题。第二，五日之限已经透露出急如星火的意思，转运司和州看到这一条，必然会认定朝廷的意图就是迅速推行，根本不想让人说三道四。第三，为了配合中央，他们一定会立定期限，逼迫敦促各县立即推行差役法。"望风承旨，只求让上边满意，以速为能，哪肯还让底下人再提意见?!"

司马光历数了免役法的诸多弊端，章惇只承认其中的两条：第一，在差役法之下，乡村下户（贫困人口）并不承担"衙前"等重役，受害不多；而在免役法之下，他们也要交纳"助役钱"。穷人不缺力气和时间，缺的是钱，免役法的确损害了这一部分人的利益。第二，钱这个东西是官府铸造的，庄稼地里不长铜钱，老百姓必须把粮食卖了，才能换成钱来满足官府的需要。官府逼着收钱，老百姓急着售粮，粮食就越发的不值钱，这一点对所有老百姓都构成了伤害。这两条，章惇认为，的确击中了免役法的要害。但是，章惇辩解说，这两条并非免役法自身所固有的属性，而是因为当时推行免役法令的人，一心想要出政绩，一味地贪多图快，这才导致"新法推行之后，差役法的旧害虽然尽数除去，免役法的新害却又悄然滋生"。

制度改革，最怕的就是"急就章"，想法再好，推得太猛，也难以稳当。王安石变法，"以雇代差，推得太快，才导致了今天这些弊端。如今以差代雇，必须详议熟讲，才有可能成功"。[2]那么，怎样才能做到"详议熟讲"呢？章惇也给出了解决方案：

> 首先要调动地方官员的积极性，让他们结合本地实际，讲

求役法利弊，思考设计适合本地情况的具体役法。第二，先拿出京东、京西两个路来搞试点。由朝廷选拔公正强明、通达政事的官员充当役法改革专使，给与充分的信任和权力，让他们到地方上去，与路级主管官员一起，逐州逐县实地走访调查，究竟什么样的人户愿意出钱免役，什么样的人户愿意亲身服役；什么样的役种适合差派，什么样的役种适合雇佣；什么样的人户虽然不情愿但还是出得起役钱；有哪些役种繁重难耐，应当酌减；有哪些役种优厚清闲，可以适当增加。上述情况，"州州县县不同"，必须逐一调查，才能制定出适合本地情况的役法改革方案。役法改革专使的工作，就是聚合一路地方官员的智慧，拿出各州各县的具体方案来，然后再报中央批准，下诏施行。第三，逐步推向全国。京东、京西两路搞完之后，经验出来，人才也训练出来了。以这些经验和人才为基础，就可以向其他各路逐渐推广了。

以上就是章惇《驳司马光论役法札子》[3]的主要内容，观点明确，逻辑清晰，能破能立，反驳有理有据，建议实际可行。毫不夸张地说，这篇札子体现了王安石时代所培养出来的官僚的最高行政水准。

一百多年以后，朱熹给学生讲本朝史，讲到了这一节，他说："章惇和司马光争论役法，章惇悖慢无礼，诸公争相攻击他。然而，我看章惇'说底却是'。司马光的说法，自己前后无法照应的，被他一一捉住病痛，敲点出来。诸公想要维护司马光，所以排挤他出去。再说，章惇又是个不好的人，所以人们都乐于看他被赶出去。"[4]

政策分歧让位于"政治正确"

说上面这一大段话的时候，朱熹曾经仰头长叹了多少次呢？他的眼角是否有泪滴？明明章惇"说底却是"，可是"章惇又是个不好的人，所以人们都乐于看他被赶出去"。朱熹的这番话，无奈地道出了人性的真实。在太多的关键时刻，推动人们做出选择的，是情感而非理性。

在役法改革问题上，司马光的追随者——或者更准确地说，王安石的反对派意见并不一致，有人倾向于免役法，有人支持差役法。但即便是那些支持恢复差役法的人，也一致认为，司马光的役法改革方案，至少是有瑕疵的、需要进一步完善的。[5]

作为司马光最亲密的朋友，范纯仁在上奏之前就读到了司马光的役法改革奏稿，他极力反对司马光全盘推翻免役法、回到差役法的激进方案，建议先拿一个州做试点，再推广到一个路，缓行熟议，慢慢摸索，却遭到了司马光的断然拒绝。在给司马光的信里，范纯仁愤愤然表达了自己的不解和不满，他说："为什么您宁可把这疏略的方案交给悖谬的官吏去急速推行，要眼睁睁地看着老百姓再次遭到侵害和骚扰呢？一个农夫没有收成，您都感到心疼，可是您竟然忍心要把全天下的老百姓推到一场草率的政策变革中去。我想来想去，这实在不像是您的作为！我向您建议，把您的方案先在京西一路推行，只要做到让老百姓满意，那您的方案就成了。可是您竟然不为所动，我真不知道您是怎么想的！"[6]

中书舍人范百禄同样反对改雇为差，他用来劝说司马光的，是自己的亲身经历。免役法刚刚推行的时候，范百禄是开封府咸平县的知县，新法的推行让几百名本来应当承担"衙前"重役的老百姓松了一口气，就咸平县的情况来看，老百姓是支持免役法的。免役法后来之所以遭到诟病，是因为执法者一味追求朝廷增收，加重了人民的负担。因此，范百禄建议司马光，对于免役法，要减少役钱保留役法。范百禄与司马光渊源甚深，他的叔父是司马光的同年挚友范镇，他的侄子是司马光最亲密的学生范祖禹。范镇因为反对王安石的新法，提前退休，悠游林下。范百禄却在王安石当政时期稳扎稳打，受到神宗的赏识，不断获得提升，从普通的县令做到京县的知县，又被提拔为谏官。[7]范百禄是进士出身，又考取过制科。宋朝开国以来，制科考入第三等的只有三位，第一位是吴育做到宰执，第二位是苏轼，第三位便是范百禄。范百禄的学问之好，自视之高，可见一斑。从仁宗朝历经英宗、神宗两朝，直到哲宗初年，范百禄的履历一直是连续的、上升的，这在很大程度上得益于他的超越立场，范百禄是只认是非不管其他的。范百禄的建议，司马光也没有接纳。八年之后，范百禄过世，范祖禹为叔父作墓志铭，记录了范百禄的役法改革意见，并不无遗憾地写下了四个字——"温公不从"。范祖禹是多么希望司马光能够听进批评，不要在役法改革的路上走得那么远，可惜，"温公不从"！

二月七日的"役法改革诏"在开封政坛引发了两波热潮：第一波是台谏官利用诏书的程序缺失弹劾蔡确，最终导致了蔡确被迫辞职；第二波则是对于役法改革内容本身的讨论——司马光的役法改革方案简单薄弱，太过脱离实际了——真正完全站在司马光一边的人几乎没有。在所有的批评当中，章惇的批评是最有力的，很多人像王觌一样，还没读到就相信章惇的文章一定有切实可行的东西。随着章惇奏札内容的逐渐公开，其影响力越来越大。它就像是一把双刃剑，一方面推动朝廷重新审议役法改革方案,另一方面也对司马光的威望构成了强烈的威胁,这让司马光的支持者深感不安,许多曾经批评司马光方案的人因此改变了对役法改革的立场。比如谏官王觌,本来是支持免役法,主张谨慎改革的,[8]在章惇的批评公布之后,则改口说:"朝廷体恤老百姓的隐忧,不避繁难,恢复差役法,这是天下人的幸运。……即便是其中有小小不便,也要继续推行,不断完善。但愿良法早定,不为浮议动摇。"[9]其中的道理很简单:既然章惇出面如此有力地攻击了司马光,那么,拥护司马光就成了"政治正确"——具体政策可以讨论,"赤帜"绝不能倒!

派别利益占了上风,是非暂时退场。理性给情感让了路。

彼时的开封政坛,波谲云诡、瞬息万变,有一段小插曲耐人寻味。

就在蔡确下台之前,曾经出现过一个异常理性的声音,说当今的执政大臣,"皆苟且迎合,取容于世,无足赖者",没有一个值得依靠。一个"皆"字,否定了所有当时在位的宰相大臣,既包括饱受台谏官攻讦的神宗旧臣蔡确、韩缜、章惇,也包括深受太皇太后倚重、朝野爱戴的司马光和吕公著。当几乎人人都对"司马相公"的班子寄予厚望的时候,这个人对司马光、吕公著的评价却是"虽有忧国之志,而才不逮心"——才干配不上心志,虽然道德高尚,目标高远,然而终归是办不成事的。在八位宰相大臣当中,此人对章惇的评价反而是最高的,说他"虽有应务之才,而其为人难以独任",[10]行政才能毋庸置疑,只是难以独当大任,比较适合在别人的领导下工作。这个理性到令人在感情上难以接受的声音,究竟来自谁?

右司谏苏辙!苏辙建议太皇太后,早日罢免蔡确、韩缜两位宰相,"别择大臣负天下之重望、有过人之高才而忠于社稷、有死无二者以代之"。[11]这"有过人之高才"的宰相人选,肯定不是"才不逮心"的司马光和吕公著。苏辙属意的那个人究竟是谁?我猜想,很可能是他们兄弟的恩师张方平。[12]苏辙回京之前,曾经在南京驻留,与张方平盘桓数日。张方平曾经是神宗最初选定的宰相人选,虽已年近八十,身体状态却是极好的。当然,这只是我的猜测,苏辙并没有明说。大臣"皆无足赖"的说法,出现在元祐元年(1086)二月二十七日苏辙上给太皇太后的奏状中。太皇太后虽不以为然,却也对苏辙的孤立忠诚产生了好感。然而,这个理性的杂音一闪而过,没有产生任何影响就彻底消失了,就连苏辙本人也不再重申"别选宰相"的立场。

"小人之德草"

在《驳司马光论役法札子》中,章惇对司马光有一个总体评价:"光虽有忧国爱民之志,而不讲变法之术,措置无方,施行无绪。"老实说,这是一个相当公允的评价。"术"与"道"相对而言,"道"是意义是情怀,"术"是方法是道路;"道"可以凌空架虚、天马行空,"术"必须脚踏实地、切实可行。司马光的"变法之术"的确弱之又弱。

关于人性,司马光的了解显然不如章惇。司马光对免役法的一项指责,是针对"聚敛之臣"的。免役钱在满足雇役所需的常规役钱之外,还要加征一笔"免役宽剩钱",作为政府的运营成本和风险准备金。中央规定,"免役宽剩钱"按照免役钱的20%征收,但是,下边的具体执行官员却往往多收，以此来向中央表忠，为自己积累升官资本。[13]哲宗上台以后，已经三令五申，严令"免役宽剩钱"不得超过20%。而司马光仍然忧心忡忡，认为纵然如此，那些聚敛之臣还是会巧立名目，横征暴敛，损害百姓利益。因此，司马光认为，唯有彻底废除免役法才能根除聚敛之患。

对于司马光的担忧，章惇嗤之以鼻，以为"全然不合情理"。章惇说："大抵人之常情，自私自利者多，奉公爱民者少。因此，倘若朝廷政策奖励多收，那么大部分官员都会聚敛邀功。如今朝廷既然不许多收，又能严厉责罚聚敛之臣，那么，负责征收役钱的官员如果不是失心疯了，又怎么会主动谋求责罚呢？"[14]孔子曾经说过："君子之德风，小人之德草，草上之风，必偃。"[15]大多数官员的作风就像草一样，哪边风来哪边倒，一切以皇帝的意志为转移，这是人性的弱点。这一点，极致骄傲的章惇能够明白，谦谦君子司马光却不能明白。

司马光很快就有机会领教了什么叫"小人之德草"。司马光的役法改革方案，原本规定各县有五天的准备时间，可以提意见。这五天，却被很多人理解成推行差役法的期限。用五天的时间把一项关系到各家各户的法令恢复到十八年前的样子，人人都觉得不可能。但是，有一个人却毫无保留地做到了，他下属的两县在五天之内，变雇役为差役，完全回到了熙宁元年的状态。这人是谁？

开封府知府蔡京（1047—1126）！

所有人都觉得，开封府改雇为差的阻力应当是最大的：第一，此地富户极多，不差钱，情愿花钱买自由，改雇为差，富人们又要再度服役，焉能欣然接纳？第二，免役法推行十八年来，开封府的役种发生了变化，役人数量也有了大幅裁减，行之有效，重返差役法，怎么回去？回到哪里去?困难如此之大,人人都觉得头疼,蔡京却在五天之内完成了十八年的跨越,向中央报告"已经恢复旧制,下属开封、祥符两县,差一千人充役"。[16]

什么叫"令行禁止""符到奉行"?如蔡京者便是!

蔡京的做法让很多人感到不屑。苏辙更指责蔡京包藏祸心,"存心扰民,破坏差役法。老百姓长期饱受役钱剥削之苦,突然间取消役钱,差役还没有摊派下去,因此没有太多的牢骚。等时间一长,必定会出现各种纠纷、争斗,危害社会稳定"。苏辙质问蔡京:"明明知道本地恢复差役存在种种障碍,却不申请报告,而是像这样火急火燎地催督办理,究竟打的什么主意?"苏辙建议朝廷,"必须对蔡京进行惩戒,以警告天下那些怀揣私心、有意败坏法度的人"。[17]

但是,据说司马光闻讯之后,却喜形于色,当面称赞蔡京说:"如果人人都像阁下一样奉行法令,那还有什么做不到的呢?"[18]究竟是什么蒙住了司马光的眼睛呢?

章惇的批评最终还是起了效果。二月二十八日,经吕公著建议,太皇太后宣布成立"详定役法局",委派韩维、吕大防、孙永、范纯仁四人牵头,专门研究役法得失。四日之后,闰二月二日,朝廷又发文到各转运司,下令以两月为期,允许各州县的官员百姓陈述役法利害。一项关系如此重大的政策,竟然是先出台后调研。本末倒置,令人唏嘘;但亡羊补牢,或犹未晚。

太皇太后也许是被章惇说服了,对详定役法的工作表现出高度重视。闰二月八日,详定局四大臣觐见,太皇太后谆谆教诲,要求他们仔细考量,选拔属官一定要选当过知县、了解民情的。[19]然而,第二天,她却下令取消了允许各州县官员百姓陈述役法利害的命令。二日下令，九日取消。朝令夕改，何以至此？

促使太皇太后做出上述决定的，是她的政治教练——台谏官。台谏官所持理由可归结为三点：第一，要维护社会稳定，朝廷政令的尊严；第二，要维护司马光的威望；第三，要坚决防止反对派趁机动摇差役法，大方向绝不能变！此时的役法已经与政治力量的进退捆绑在一起，丧失了它的本意。

役法的本意是什么？一言以蔽之，是朝廷国家与社会之间关系的调节器。老百姓必须服役，才能维持政府的正常运作和社会秩序的稳定，而服役的正确方式，应当尽可能地实现朝廷国家的需求与百姓利益之间的平衡。诚如章惇所言："差役法和免役法，各有利害，关键是仔细考察，认真研究，制定切实可行的方案，才能做到尽善尽美。"[20]

在如此庞大的帝国范围内，一刀切地施行单一的免役法，或者单一的差役法，都会产生问题。以家庭为单位考察，则"富贵安逸的讨厌轮差，不愿意亲身服役；穷人却最好是出力，因为没有钱"；以地域而论，江南、四川拥护雇役，陕西、山西拥护差役。所谓"法无新旧，便民就是良法"，只有兼采差、雇之长而去其弊，才能创造出"可以长期行用的便民之法"。这话是谁、在何时说的？元祐二年（1087）十一月，时任户部尚书的李常。[21]这是一个心中有尺度、不以寒温改其节的人——李常曾经受到王安石的提拔，但他却反对王安石的青苗法，不惜因此被贬。在王安石已经成为禁忌的时代，他却敢于肯定王安石新法的可取之处！只是这样的人太少了。南宋吕中说过："因其利而去其害，那么，两种役法都是可行的。可惜啊，士大夫在熙宁年间得到提拔的，便主张雇役；在元祐年间得到重用的，便主张差役。是非取舍，全无公心，令人叹息！"

人性如此，奈何！

1　《孟子·梁惠王上》。

2　《续资治通鉴长编》卷三六七,8829—8830页。

3　《续资治通鉴长编》卷三六七,8822—8830页,标题为笔者所加。

4　[宋]黎靖德编,王星贤点校《朱子语类》卷一三〇,中华书局,1986年1版,3126页。

5　《续资治通鉴长编》卷三六七,8832页。

6　《续资治通鉴长编》卷三六七,8839页。

7　范祖禹《资政殿学士范公墓志铭》,《全宋文》,第99册,37页。《宋史》三三七《范百禄传》,10790—10791页

8　《续资治通鉴长编》卷三六六,8788页。

9　《续资治通鉴长编》卷三六七,8833页。

10　《苏辙集》卷三十六《右司谏论时事十首·乞选用执政状》,第634页。

11　《续资治通鉴长编》卷三六七,8819—8820页

12　苏轼《张文定公墓志铭》,《全宋文》卷一九九五,第45册,505页。

13　《司马光集》卷四九《乞罢免役钱依旧差役札子》,1043—1046页。

14　《续资治通鉴长编》卷三六七,8824页。

15　《论语·颜渊十二》。杨伯峻将这句话译为:"领导人的作风好比风,老百姓的作风好比草。风向那边吹,草向哪边倒。"《论语译注》,129页。

16　《宋史》卷四七二《奸臣二·蔡京传》,13721页。《续资治通鉴长编》卷三六七,8833页。

17　《续资治通鉴长编》卷三六七,8833页。

18　《宋史》卷四七二《奸臣二·蔡京传》,13721页。

19　《续资治通鉴长编》卷三六八,8874页。

20　《续资治通鉴长编》卷三六七,8827页。

21　《续资治通鉴长编》卷四〇七,9901页。

36
病榻上的宰相

居家拜相第一人

元祐元年（1086）闰二月的开封政坛经历了一场温和的大换血：二日，蔡确罢相出知陈州，司马光出任尚书左仆射兼门下侍郎，为首相；四日，吕公著出任门下侍郎，成为第一副宰相；十八日，吕大防出任尚书右丞；二十三日，章惇罢知枢密院事；二十七日，范纯仁被任命为同知枢密院事，成为枢密院的二把手，正式进入中央领导集体。神宗旧相中战斗力最强的两个——蔡确和章惇都被赶出了中央，力量大为削弱。司马光、吕公著的提升，范纯仁、吕大防的入阁，再加上二月底新成立的"详定役法局"中的韩维、孙永两位，主张改革王安石—神宗弊政的力量得到了空前加强，中央的新旧力量对比出现了明显的转折。当然，台谏官显然并不满足于此，他们乘胜追击，穷追猛打，向仍然在位的次相韩缜等人发起了密集攻击。到了四月初二，韩缜也下台了。

司马光的宰相任命仪式非常特别——太皇太后直接派人把告身和敕书送到了司马府上，拜相于私邸之中，这在宋朝历史上是前所未有的。司马光的身体状况，自元丰五年（1082）正月中风以来，就一直在走下坡路。元丰八年三月，神宗突然驾崩之后，他接受太皇太后的嘱托，重返政坛，出任副宰相，夙兴夜寐，日夜操劳，一直支撑到元祐元年正月二十，终于病倒，"以疾谒告"；二月下旬，病情略有好转，胃口也比之前好些，只是身体虚弱，容易疲乏，足部肿胀生疮，步履艰难，只能拄着拐杖在房间里走几步，无法正常出席朝会活动，只好在病榻之上通过书信参与国事的讨论与筹谋。[1]闰二月初二，是司马光病休的第四十二天。任命发布的当天，太皇太后派礼宾司的官员先行前往司马府上通报，请司马光出来接受任命。让太皇太后没有想到的是，这样简单的礼仪，司马光病弱的身躯竟也无法完成。司马光上表请辞。六日，太皇太后派出更高级别的礼宾官将任命文书送到了司马府上。司马光深感不安，第三次上表恳辞。第二天，太皇太后又派亲信宦官携带亲笔书信前往，敦促就职。[2]最终，司马光只得含泪接受。

一直到五月十二日，司马光才在儿子司马康的扶持之下，出席了延和殿的帘前办公会。此后，经太皇太后特许，每三天一次，司马光乘轿到宰相府集合中央领导集体议事，开始正式主持朝政。[3]

对于礼仪秩序的尊重是司马光生命的底色，纵然事急从权，然而，不能行礼如仪，还是让司马光感到万分不安。对于有些人来说，制度只是用来约束别人的把戏——他们服从制度，只是因为暂居人下；一旦大权在握，便会恣意妄为，把制度踩在脚下。司马光则不然，他对秩序的尊重是发自内心的。按照宋朝制度，告假百日停发俸禄。到了四月，司马光告假满一百天，随即停止领取俸禄。司马光虽然名义上在休病假，可是他哪有一天停止工作？太皇太后听说，无限感慨，亲自下旨，指示有关部门"宰臣司马光特旨给假养病，俸禄正常发放"，并且特地让人把这份文件抄录了一份送到司马光家里，以慰其心。太皇太后的好意，司马光只愿心领，他对太皇太后说，"百日停俸，著在旧章"，他身为首相，"当表率百僚，岂敢废格不行？"[4]这就是司马光,这才是司马光,在道德上,他是真正的凛凛松柏,寒温不能改其节!

太皇太后之所以坚持要把权力交给一个病榻之上的老人,是因为这老人是她本人和万千官员百姓心中的"司马相公"。司马光的个体生命,已经和政策调整,甚至大宋安危紧紧地捆绑在一起。他的健康成了政治风向标。追随者担心,"万一事有不幸,司马光撑不下去了,那么,太皇太后陛下的仁政便难以为继,老百姓的疾苦便无法解除,陛下所提拔的善人君子也将遭人陷害!"[5]反对派庆幸司马光年老病重,"望望然幸光之死",[6]期待他早日去逝,政策调整赶紧结束。

一个国家的命运竟然维系在一个病弱的老人身上,恐怕很难说是幸运。这份沉重,又岂是司马光承受得起的?!一人身死不足惜,国运兴衰岂可忽?!在得知太皇太后欲任命自己为首相的第一时间,司马光向太皇太后建议,请老臣文彦博(1006—1097)回朝来稳定局面。文彦博八十一岁,健康状况良好。司马光所看重的,除了他丰富的政治经验,更重要的是其平衡能力。"自古为人臣者,或得于君而失于民,或得于民而失于君",很难做到两全。比如司马光自己,在神宗朝便是"得于民而失于君",只能赋闲养志。而文彦博却能做到"上得于君,下得于民","君赖之如股肱,民依之如父母"。[7]有文彦博坐镇护航,吕公著与范纯仁掌舵,那么,即便司马光离世,大宋这艘大船也应当可以顺利地走过路线调整的险滩!这封札子关系重大,司马光亲笔书写,甚至对司马康都没有透露,司马光请求太皇太后:"如果能接受我的请求,请不要对任何人提起这是我的建议。如果我的首相任命已经进入程序,难以无故换人,那么,我可以公开上表保举文彦博,然后陛下只要把我的上表批示下发即可。"[8]这个建议,太皇太后并未接纳。没有谁可以取代司马光!

"若作和羹"

商王武丁是著名的贤君,他的王后是女将军妇好,他的宰相傅说则是贤相的代表。傅说做宰相的基本原则,来自武丁的教诲。武丁说,做宰相,"若作酒醴,尔惟曲糵。若作和羹,尔惟盐梅"。[9]这也是司马光所信奉的为相之道,他对武丁的话做了进一步的解释:"酿酒需要酒曲和酒米,曲子过多会太苦,酒米过多会太甜。制作和羹需要用盐、梅调味,盐放多了会太咸,梅子放多了会太酸。调和适宜,最为难得。好宰相为政,无论大事小事,都要努力在宽松与紧张之间寻找平衡,做到平和允恰,让方方面面都合适,这才是好。"[10]酒曲与酒米、盐与梅这些不同的东西以合适的比例混合在一起,才能酿出美酒、熬成和羹;朝堂之上多元共存,异论相搅,和衷共济,才能产生美好的政治。这其实就是儒家的"中庸之道"。

眼下宋朝的政坛风气已经远远地背离中庸之道。重返开封之前,司马光就明白,这朝廷早已不是教育他成长、锻炼他成熟的那个朝廷;如今九个月过去,现实更让他深刻地领教了过去十八年给大宋政坛带来的改变。

第一个给司马光当头棒喝的,正是蔡京。司马光要改雇役为差役,蔡京竟然就能够在五天之内给他想要的结果。当时,司马光还口头表扬过蔡京。可是后来揭露出来的事实却证明蔡京在中间玩了多少猫腻!范纯仁说的是对的,"如今这些官员执行起上级命令来,根本就不理会老百姓的利害疾苦，他们甚至会公开扬言'我只知道执行命令，哪里管得了其他！'"[11]只要上级满意，这就是他们的原则——这"原则"实在是太可怕了。像蔡京这样的人不是一个两个，而是很多。成都府路的绵、汉两州从来都没有过"乡户衙前"这个役种，可是，成都府路的转运判官蔡朦在接到中央役法改革命令之后的两个月内，竟然就"创造性地"把"乡户衙前"役种在绵、汉两州摊派开来。[12]上面要差役，我就给你差役。多么有效率啊！

中央的"役法改革诏"中明明写着，"若有妨碍，即具利害擘画"，允许地方官根据本地的实际情况提出适合本地的实施细则。既然绵、汉两州本来就没有过衙前摊派，那么就直接上报中央不好吗？蔡朦为什么不报？作为一名在王安石时代成长起来的官员，他已经习惯了不折不扣、甚至变本加厉地完成"上面"交下来的任务；而他对中央政策的理解也很简单——司马光上来了，就是要反对王安石。至于中央文件里说的什么"因地制宜"，在蔡朦看来，都不过是套路而已！

每个人所能看见的，都是他心里的世界。像蔡京、蔡朦这样的人，不可能明白，司马光想要的，不是跟王安石对着干，而是要改掉王安石政策的弊端，让新政策更加符合国家与百姓双赢的原则！

不断揭露出来的蔡京、蔡朦之流，让司马光感到愤怒、悲哀而乏力。他越来越悲哀地认识到，这些人才是当今官场的一般状况。大宋官场早已不是司马光青壮年时期所熟知的大宋官场，风气坏了。

风气是怎样败坏起来的呢？

让司马光至今印象深刻的，有两件事。一件是熙宁三年（1070）的王广渊事件，这是去年过世的程颢对他讲的。早在青苗法推行之前，熙宁二年初，京东转运使王广渊向本路富户强制摊派贷款，收取百分之五十的高利，引发巨大民愤。当时，程颢是御史台官，他和谏官李常一起弹劾了王广渊。[13]神宗基本上已经被说服。然而最终，在王安石的劝解下，神宗还是决定对王广渊免于追究。王安石是如何打动神宗的？王安石说："王广渊的为人，我不是很了解。但是，他见陛下想要追求功利实绩，便能努力跟上，来迎合圣意之所向，这种行为便值得嘉许。古代曾设有专职官员，向四方传布有关君主好恶的信息，让老百姓在行动上尽量避免惹恼君主，王广渊迎合上意，恐怕不应该怪罪。"司马光想到的第二件事，是熙宁七年的程昉事件。程昉在河北淤田，大水淹了老百姓的庄稼、坟地和田园；又谎称是当地百姓主动请求淤田的，犯有欺罔之罪。可是，王安石和神宗就因为程昉淤田为朝廷带来了"实利"，便不予追究。

害民无所谓，欺罔无所谓，得到"实利"最重要，迎合上意最重要，这是多么可耻的想法！而王安石引经据典，振振有词。王安石所说的那个专职传播君主好恶的官职，叫作"掌交"，是战国时期人们想象中的周代官职，出自《周礼·秋官》："掌交，手持使节，带着礼物去循行各诸侯国，宣扬周王的德行、心意、理想和关注，让他们都知道周王的好恶，在行动上避开王之所恶。"王安石直接把这段话解释成了"迎合有理"，从字面上看，并没有错。然而，以王安石之博学，他不应该不知道《礼记·缁衣篇》对于"掌交"的职责还有进一步的解释，那便是"章好以示民俗，慎恶以御民之淫，则民不惑矣"，提倡王之所好来引领民风民俗，宣扬王之所恶来防止人民放荡，人民就不会感到困惑了。程颢向司马光说起这一段时，二人都是义愤填膺，不住地摇头叹息。王安石是博学的，可惜，他的博学没有用对地方！

神宗要打仗，王安石要"理财"，"富国"为"强兵"之后盾，两者都追求高效。怎么才能高效？下对上唯命是从。为了做到唯命是从，当然必须鼓励"迎合"。朝廷树立的标杆是吴居厚这样不顾百姓死活的理财能臣，只要能够立竿见影、不折不扣地执行中央命令，增加朝廷国家的收入，便会得到褒奖提拔；是否会损害百姓利益，已经变得无关紧要。上行下效，风气焉能不坏?!

神宗朝十八年，"风俗颓弊"，士大夫的精神气质彻底败坏了。在绩效第一的政策之下，官员们习惯了欺上瞒下，来博取上级的欢心。一味追随的人被视为智者，独立思考、敢于批评的人被视为疯子。君主厌恶逆耳忠言，臣子只为自己考虑。[14]这条路，再这么走下去，绝对是死路一条，亡国就在眼前了。司马光忧心如焚。他遥想自己的青年时代，范仲淹、韩琦、富弼、文彦博和恩师庞籍掌政的时候，那是多么美好的年代啊！那个时候的士大夫是神清气朗、气宇轩昂的，人们心中有理想，有独立的是非判断，不论官职高卑，都自认为是顶天立地的儒者，为了江山社稷，敢于顶撞皇帝和上级。风气的颓败是很难扭转的，纵然是贵为首相——他们自有一套办法来对付你，让你昏昏然堕入算计而不自知。这一点，司马光从蔡京的身上已经领得教训。然而，今日不努力振作，明日更当堕入下流。既然占定了这个位置，也只有拼命努力，做得多少是多少了。

尔惟乡校

今日之官僚积习已成，难以顿改，司马光把振作风气的希望放在了学校和科举，这是未来人才的养成之地和选拔之道。

神宗—王安石时代，对学校和科举进行了三项重要改革，司马光的纠偏工作也围绕这三项展开。第一项，改革科举考试的内容，把考察重点从唐代以来的诗赋，转移到经义（儒家经典的阅读）和策论（对时务的观察理解应对）上。这一点，司马光是赞成的，考这些，比吟诗作赋更有价值，更贴近现实。但是，"只考校文学，不勉励德行"，司马光是不满意的。他和庆历年间的范仲淹一样，希望通过改革把道德水准引入人才的培养和考察。范仲淹的解题思路是通过学校，司马光的思路是通过荐举制——让现任官员推荐新进士，如果被推荐人后来有贪渎不法，推荐人连坐。

神宗—王安石时代的第二项教育改革，是把王安石学派的著作当作科举考试的标准教材，垄断思想，排斥不同观点。[15]用王安石的学术来统一思想，是神宗的主张。北宋建国以来，政治宽容，思想自由，儒学逐渐恢复成长，积累以至于神宗朝，优秀的士大夫普遍具有较高的儒学修养，他们好学深思，不迷信权威，敢于挑战传统注疏，新见迭出。王安石、程颢、程颐、张载便是其中的杰出代表。对于这种状况，神宗非常不满。他对王安石说："如今的经学理论，每个人都有自己的一套，怎么统一道德？我们可以把您的经学著作颁行于世，把学者统一在一套理论之下。"

神宗下令国子监雕版印刷王安石的《三经新义》，颁行全国，作为官学教材和科举考试的标准读本。名义上古人的注疏还能用，可是有皇帝的指示在上，哪个考官不心领神会，哪个考生不想金榜题名？自此以后，"考生只要写一句话，也要引用《新义》。有的人甚至连经书都不读了，只读王安石的书，照样考得上，读得滚瓜烂熟的还能名列前茅"。[16]就这样,在神宗"一道德、定于一"的方针指导下,依托先进的印刷技术和强大的国家机器,王安石的学术通过学校教育和科举考试以大水漫灌之势传播流布,整整十年,一代读书人都成了王安石思想的产物。

王安石的水平,司马光并不否认,但以王学来垄断学术,钳制思想,排斥异己,则是司马光深恶痛绝的。这一点,苏轼深有同感,他痛心疾首地控诉:

> 文字的衰弊,从来没有像今天这样的。衰弊的源头,毫无疑问出自王安石。王安石的文字,未必不好。他的毛病在于喜欢让别人跟自己一样。孔子都不能让别人跟自己一样,孔门弟子之中,颜回仁,子路勇,都不曾改变。王安石却梦想用他自己的学问统一天下。肥沃土地的共同点,是都适于庄稼生长,但是上面长什么,是不一样的。只有荒瘠的盐碱滩,才满眼望去一片黄茅白苇——这就是王安石所追求的统一。[17]

据说王安石还把儒家"六经"之一《春秋》斥之为"断烂朝报",并赶出了科举的考场。《春秋》固然简单,但《春秋》的学习一向是配合着"三传"的,而其中的《左传》是充满了政治智慧的史书。不考《春秋》,专用《新义》,一千年的政治智慧就这样被王安石和神宗扔到了一边。这一点,必须改变。元祐元年(1086)四月三日,经苏辙建议,朝廷下令,来年科场,考试科目等一切如旧,"然而有关儒家经典的解释,可以兼取前人注疏,以及诸家议论,或者独出新见,不专用王氏之学"。[18]

神宗—王安石时代的第三项教育改革是关于学校的,学校的规模得到了空前的发展。科举兴而学校衰,这是唐宋之间的一个有趣现象。神宗以前,国子监招收200人,太学100人。学校不仅规模小,而且教育功能弱,学生很少在学读书,学校只是为他们提供了一个参加科举考试的资格和录取优待。神宗把太学的规模提高到了2400人,并且让太学成为名副其实的宋朝第一学府。但是,太学的管理却走向了教育的背面——由于太学多次被卷到政治漩涡中,有关部门制定了简直比司法审判还要烦苛的制度,最终把学生管"死"了。各种千奇百怪的禁令,防范学生和老师就像防范盗贼一样。除上课外,老师不得随意接见学生,双方唯一的接触就是老师每月巡察所管的宿舍。宿舍的巡察制度就更奇怪了。宿舍是按照专业分配的,但老师负责巡察的却又不是本专业的宿舍。于是乎,《易经》老师巡察《礼经》宿舍,《诗经》老师巡察《尚书》宿舍,师生双方见面,客客气气地行礼、问好,甚至一句话都不说就可以解散了。这样做的目的就是防止私人请托,杜绝贿赂发生。在这样的学校之中,"上上下下,互相猜疑,各怀心事,以求苟且免于责罚"。

这哪里是学校应有的样子?这样的学校缺乏对人的基本尊重,因此绝不可能培养出真正的谦谦君子、忠厚长者。刘挚批评说:"学校培育人才,为首善之地,教化由此产生。即便是因为人多了要建立秩序,不能没了规矩,可是这规矩也要包含礼义。……必须要改革,取消这些恶毒的制度。"[19]改造学校,也在司马光的计划之中,然而他的改造计划尚未全面展开,太学就出事了。这件事情的起因,是王安石之死。

1 《续资治通鉴长编》卷三六六,元祐元年二月,8812页。

2 《司马光集》卷五一《奏为病未任入谢札子》《辞左仆射第一札子》《乞留仆射制书在閤门札子》《辞左仆射第三札子》,1073—1076页。《续资治通鉴长编》卷三六八,8854页。

3 司马光《乞与诸位往来商量公事札子》,元祐元年五月十八日上,《司马光集》卷五三,1102页。

4 《司马光集》卷五二《辞接续支俸札子》,1093页。《续资治通鉴长编》卷三七五,9099页。

5 《续资治通鉴长编》卷三六四,8729页。

6 《续资治通鉴长编》卷三七〇,殿中侍御史吕陶言,在蔡确、章惇离开中央领导职位之后,8958页。

7 司马光《伫瞻堂记》,元丰六年八月作。元丰三年,文彦博第三次留守西京,神宗赐诗重之,云"西都旧士女,白首伫瞻公"。洛阳人因此修建"伫瞻堂"供奉文彦博画像。《司马光集》卷六六,1379—1381页。

8 《续资治通鉴长编》卷三六八,8855页。

9 《尚书·商书·说命下》

10 《司马光集》卷五一《辞左仆射第三札子》,1076页。

11 《续资治通鉴长编》卷三五七,8555页。

12 《续资治通鉴长编》卷三七五,9104页。

13 刘成国《王安石年谱长编》卷四,998页。《宋朝诸臣奏议》卷一一〇,李常《上神宗论王广渊和买抑配取息》。

14 《司马光集》卷三一《乞开言路札子》,983页。

15 刘成国《荆公新学研究》,上海古籍出版社,2006年版,158—159页。《三经新义》中《周官新义》为王安石自注,《诗经新义》《书经新义》为王雱、吕惠卿带人做的,王安石审查定稿。熙宁八年六月,修成,六月己巳,送国子监镂板颁行。元丰五年,《字说》完成,虽未立学官,有司仍据以取士。颁行《三经新义》的目的,"就是统一思想和舆论,为新法的顺利实施清除道路"。用王学来统一思想,是神宗的主动提议,熙宁五年正月，他对王安石说:"经术，今人人乖异，何以一道德？卿有所著，可以颁行，令学者定于一。"

16 《宋史》卷三三六《吕公著传》，10775页。

17 《苏轼文集》卷四九《答张文潜县丞书》，1427页。

18 《续资治通鉴长编》卷三七四，9060页。

19 《宋史》卷三四〇《刘挚传》，10854—10855页。

37
复仇与和解

盖棺论定王安石

元祐元年四月六日（1086年5月21日），王安石薨于江宁府（今南京）。

王安石的生命已经结束，盖棺论定的权柄掌握在司马光的手上。他们曾经是朋友，后来成为政敌。对于朝廷国家，两人怀着同样炽烈的热爱和深沉的责任感，可是他们所主张的路线方针却是南辕北辙、水火不容。犹如冰炭不能同器，司马光与王安石不能同时并立于朝堂之上，所以，当王安石得君行道之时，司马光拒绝了枢密副使的高位，主动离开政治中心，这一走便是十五年。这十五年，可以说是司马光的主动选择，也可以说是拜王安石所赐。如今，司马光大权在握，已经死去的王安石等待着司马光的评判。司马光必须给王安石，给他们共同经历、共同塑造的过去、现在，以及在他们影响之下的未来一个交代。

司马光的态度如何？

消息传到开封时，刚过晚饭时分，司马康正搀扶着父亲在堂前的小院欣赏新开的第一朵白芍药。宰相府的差人送来江宁府的文书，司马光捧读之后，命人焚香，取来公服和幞头。在儿子帮助下穿戴整齐之后，司马光对着南方长长一揖，而后肃然站立，默默不语，许久，眼角淌出两行清泪。司马康不知道该说些什么，正踌躇间，只听司马光轻声吩咐："去书房。"

司马光要写一封信，这封信，他不要儿子代笔，坚持自己亲笔书写。收信人是吕公著，信中所谈的，正是他们共同的朋友和对手王安石：

> 介甫（王安石的字）这个人，文章、节义过人之处甚多，只是性子不通达，喜欢跟大家对着干，以至忠诚正直的人都疏远了他，他的身边围绕着阿谀奉承的奸佞小人。最终导致国家制度败坏，到今天这个地步。如今我们正努力矫正他的错误，革除他施政的弊端，而不幸介甫谢世。那些反复之徒必定会趁机百端诋毁他。所以，我认为，朝廷一定要对介甫予以特别的优厚礼遇，以此来振作浮薄的风气。倘若你觉得我说的有几分道理，就请转告太皇太后和皇帝。不知晦叔（吕公著的字）以为如何？你也不用再麻烦回信了。只是两位陛下面前，全仗晦叔主张了。

这封信是司马康连夜亲自送往吕公著府上的。吕公著读罢，也是默然不语，老泪纵横。

在司马光、吕公著的主持下，太皇太后宣布停止朝会活动两天，以示哀悼，赠给王安石正一品的太傅官阶，给予七名王安石后人入官资格，并下令江宁府配合王家料理丧事。[1] 王安礼一直在担任江宁知府，目的就是为了方便就近照顾哥哥。四月四日，朝廷已经发布王安礼调任青州知州。长兄过世后，安礼请求继续留任，以便营办丧事。朝廷立即批准了他的请求。[2]

何其大度乃尔！清人蔡上翔赞叹说："司马光与王安石虽然意见不合，但是论人品都是君子！"这话固然不错，却未免小看了司马光，他忘记了司马光作为政治领袖的身份。作为一个政治领袖，司马光要顾全的是大局，是朝廷的体面，是大宋王朝统治集团内部的团结。废除新法，厉行政策调整，这是司马光所坚持的。其中是非，当时与后世各有评说，却很少有人注意到司马光为修复团结所做的努力。王安石追求"同"，司马光追求"和"。"同"是单调的一律，而"和"是"不同"的和谐共处、融为一体。"若作和羹，尔惟盐梅"，[3]这就像是烹制美味的羹汤，需要水，需要火，需要盐，需要梅，需要各种调味酱，"水火醯醢盐梅，以烹鱼肉"。[4]王安石的理想朝廷是"我"最正确，别人都听我的，所以他鼓励迎合，为达目的不择手段。司马光的理想朝廷则是像仁宗时期那样，各种意见并存，所以他鼓励批评和讨论。司马光愿从本人做起，提倡和解，提倡对不同意见乃至政敌的宽容。

敕：朕式观古初，灼见天意。将有非常之大事，必生希世之异人，使其名高一时，学贯千载；智足以达其道，辩足以行其言；瑰玮之文，足以藻饰万物；卓绝之行，足以风动四方。用能于期岁之间，靡然变天下之俗。

具官王安石，少学孔、孟，晚师瞿、聃。罔罗六艺之遗文，断以己意；糠粃百家之陈迹，作新斯人。

属熙宁之有为，冠群贤而首用。信任之笃，古今所无。方需功业之成，遽起山林之兴。浮云何有，脱屣如遗。屡争席于渔樵，不乱群于麋鹿。进退之美，雍容可观。

朕方临御之初，哀疲周极。乃眷三朝之老，邈在大江之南。

究观规模,想见风采。岂谓告终之问,在予谅暗之中。胡不百年,为之一涕。於戏。死生用舍之际,孰能违天;赠赙哀荣之文,岂不在我。宠以师臣之位,蔚为儒者之光。庶几有知,服我休命。可。[5]

以上就是《王安石赠太傅制》的全文,它出自中书舍人苏轼的手笔。如椽苏轼笔,是否忠实地传达了司马光的意思?中书舍人的职责是"代王者立言",准确地传达高层的政治意图,然而,执笔者总有办法把自己的观点和情绪带入文字。苏轼这一篇制书,表面上看都是赞美之词,细读却能品出诸多的不满。

制书首先肯定,王安石是老天用来成就"非常之大事"的"希世之异人",王安石的智术、辩才、文章之美与影响力之高,都是睥睨当世、旷绝古今的;也只有这样一个人,才"能于期岁之间,靡然变天下之俗",在短短的一年内,赢得皇帝的绝对信任,获取巨大权力,改变整个国家的政策、风俗与走向。这几句话是写实,却未必是赞美。因为在苏轼这里,学问、智术、辩才、文章、影响力都是中性词,本身并不包含价值判断,可以服务于仁,可以服务于义,也可以服务于功利;而一个追求功利的人,倘若才智过人,则会走得更远,错得更严重。[6]而"智足以达其道,辩足以行其言"一句,更是化用了《史记·殷本纪》对商纣王的评价"知足以距谏,言足以饰非",[7]对于王安石的学术指向暗含深刻批评。

王安石"于期岁之间,靡然变天下之俗",那么,他所创造的新风俗究竟是好是坏?在制书中,苏轼保持沉默,并未加以评论。可是,在另一篇大约作于同一时期的文字中,苏轼却把王安石时代的文学园地比作长满了"黄茅白苇"的盐碱滩,发出了痛彻心扉的呐喊。[8]

在制书中,苏轼还总结了王安石的学术渊源,说他"少学孔、孟,晚师瞿、聃"。孔、孟是儒家;瞿指佛家——瞿昙今译乔达摩,是释迦牟尼的姓氏;聃指道家——老子姓李名耳,字聃。这就等于在说王安石的学术是驳杂的,他从儒家出发,最终却倒向了佛道。这种并不纯粹的知识取向,一方面催生了更具创造力的《三经新义》,另一方面却也把《春秋》赶出了科举的考场——这是创造,也是破坏!苏轼运笔至此,胸中蕴蓄着多少愤怒与无奈!

最后,苏轼轻描淡写地提到了王安石的政治作为,说神宗对他的信任是"古今所无"的。对于安石相业,苏轼不置一词,既不肯定,也不否定,而这种绝口不提实际上就是无言的否定。紧接着,苏轼就谈到了王安石的罢相,他称赞王安石主动退休是洒脱高蹈的。再往下,就是以哲宗名义说的一些客气话了。[9]

苏轼以高度克制的笔法曲折地表达了对王安石的高度不满和有限敬意。这番意思,我们今天能读出来,当时那些饱读诗书的士大夫怎么可能读不出来?!这则制书,在颁布之前,作为门下省长官的司马光和吕公著都是读过的,他们也都签了字——王介甫高才,只可惜路走错了。此时不便明言,是为了团结。要革除王安石施政的弊端,又要通过对王安石身后事的处理来表达和解的意图,振作风气、维护团结——这是司马光和吕公著想要的。然而,把"安石其人其学"与"安石相业"一分为二,区别对待,是难之又难的,并不是每一个人都有这样的认知高度。

复仇之火

既然王安石倒了,那么,跟他有关的一切人、一切事都应该被打倒、被推翻。这应该就是太学副校长兼教务长——国子司业黄隐的真实想法。

王安石去世的消息传到太学之后,有太学生集资,打算在学中为王安石摆设灵堂,公开祭祀,以表达哀思。结果王安石的写真像还没有挂好,黄隐就怒气冲冲地带着随从赶到,冲散了灵堂,卷走了王安石像,把领头的学生关了禁闭,罪名是非法敛财。[10] 黄隐的做法在太学诸生中引发了强烈不满。什么叫"非法敛财"?分明是反对纪念王安石!皇帝和太皇太后都停止上朝致哀了,为什么不许我们哀悼!太学里这么多年读的都是王安石的《三经新义》,受王安石的教导,就是王安石的学生,学生祭祀老师,天经地义!他黄隐小小一个的国子司业有什么资格阻拦?!朝廷都在说要给太学更大的自由,礼遇诸生,黄隐却背道而驰,对学生滥施刑法,是何道理?!

太学诸生通过各种渠道纷纷上告。一时之间,黄隐的种种恶行被揭发:朝廷命令并没有禁绝王安石的《三经新义》,只是强调不能只用《新义》,可是,这黄隐却在去年十二月到任之后,[11] 即刻下令焚毁《三经新义》的书版,摆出一副与王安石的学问势不两立的架势。朝廷命令并没有禁止学生在作文时引用《三经新义》,可是黄隐判卷子,只要一见到"新义"两个字,就会大为光火,狠狠地打上难看的红叉不算,还会在旁边东拉西扯、上纲上线地批上一大篇,最后,还要把这份试卷张榜示众。

太学诸生早就恨透了黄隐,可是也拿他没办法。太学不是现代学校,而是官员养成所。经神宗改革后的太学分为三舍,也就是三级:外舍2000人、内舍300人、上舍100人,通过考试,一级一级往上升,上舍考试合格,就可以直接当官了。上舍考试的功能与科举中的省试相当,所以,上舍考试的级别也是省试级的。下上舍考试一等,是从内舍升上舍的考试,称为"公试",朝廷也极为重视,一直都是从谏官、御史等官员中临时任命考官,以防作弊。元祐元年(1086)三月,太学制度改革,把"公试"的考试权正式赋予太学。负责主持"公试"的,正是国子司业![12]也就是说,黄隐其实把持着太学2300名内舍生和外舍生的前途命运!正因如此,对于黄隐的作为,诸生一直敢怒不敢言。而王安石祭祀事件正好提供了一个出口,诸生蓄积已久的愤怒这才爆发了。

大多数台谏官都站在太学生这边,对黄隐提出了批评。殿中侍御史吕陶的看法最合司马光的心意,吕陶说:"关于经文意义的解释,无论古今新旧,最可贵的是恰当。汉代以来儒家的解释未必全都对,王安石的解释未必全都不对,善于学习的人可以做出自己的判断。又何必是古非今,厚此薄彼,一定要赶时髦呢?想当初王安石得势的时候,他的书成为标准读物,天下流传,肤浅之士尊崇他、信奉他,把他比作孔、孟之间的人物;等到王安石失势了、死了,这帮家伙又群起而诋毁他,认为他的学问没有任何可取之处,这实在是一群不明道理的混蛋!"

吕陶又说:"士大夫最可怕的毛病,就是势利跟风,不能独立做出公正判断。势利跟风这种行为,往小处说,是一个人道德廉耻的沦丧;往大处说,是社会风俗的败坏。"[13]吕陶是有资格说这番话的。他是唐介的门生,而唐介是仁宗朝最耿直的台谏官,后来做到副宰相，被王安石活活气死（见本书第15章之"唐介之死"）。熙宁三年（1070），吕陶应唐介推荐参加制科考试，在对策中批评王安石新法，一度打动神宗。当然，那一榜批评王安石最犀利的，不是吕陶，而是孔文仲（见本书第19章之"孔文仲制科风波"）。在神宗朝，吕陶曾经因"抵制破坏新法"而遭贬。在哲宗朝，吕陶则敢于反对司马光，在役法的问题上，他主张"不如参用新旧二法，裁量取中"。[14]吕陶所秉持的永远是自己心中的标准，他从未势利跟风。

那么，黄隐就是势利的吗？说黄隐势利，似乎也有欠公平。元丰五年（1082），黄隐入朝担任监察御史里行。当时正是王安石的学问最盛行的时代。神宗问黄隐以谁的学术为皈依，黄隐大声回答"司马光"。[15]出任国子司业之前，黄隐所担任的职位是御史，他积极弹劾熙丰旧相，支持司马光的政策调整。[16]可以说从头到尾，黄隐都没有改变他的立场，他并不是随风倒的墙头草。那么，如此不顾体面地焚烧《三经新义》印版、阻止学生纪念王安石，黄隐意欲何为？唯一的解释只能是，在黄隐的心中，王安石与司马光是你死我活的关系，他既然是司马光的"忠臣"，那就一定要把王安石的影响连根铲除！在黄隐近乎癫狂的行为之中，蕴含着一种仇恨的力量，这种力量不顾大局，拒绝和解，就像是野火一样，倘若放任它蔓延，必定会烧毁整个官僚集团。

范纯仁谋和解

范纯仁在"邓绾事件"上看到了同样的仇恨之火。邓绾这个人，我们在第20章中早已做过介绍，此人以歌颂新法得官，从一个小小的宁州通判被直接提拔进宰相办公厅，从此青云直上。"笑骂从汝笑骂，好官我须为之"[17]就是此公名言。他曾任谏官，又长期在御史台任职，为新法鼓吹张目，后来得罪王安石，被贬出朝，徘徊地方。再后来，经过多次大赦恩典，邓绾的官衔待遇得到恢复，四月四日，也就是王安石过世前两日，邓绾被从邓州调往扬州。这本来是一次正常调动——前任宰相韩缜外放，出知颍昌府（今许昌），现任颍昌知府曾孝宽要给韩缜腾地方；而曾孝宽是前任吏部尚书，要换也得换个好地方，于是改任知邓州（今邓县）；所以，现任邓州知州邓绾要改任扬州知州，以便给曾孝宽腾地方。[18]颍昌府、邓州、扬州虽然都是州级单位，但在宋朝的官场序列当中，权重是依次递减的。邓绾改任扬州知州是一次多米诺骨牌式连环调动的最后一环，本来很正常。然而，谁也没有想到，这番调动却惊动了新任殿中侍御史林旦（？—1091），[19]惹来了一连串杀气腾腾的攻击。林旦上疏，指责邓绾"人品下流，是个天生的两面派、马屁精"，又说邓绾冥顽不灵，从邓州改扬州，尚且心怀不满，因此请求太皇太后对邓绾"特出圣断，重行诛殛！"由于林旦的弹劾，朝廷将邓绾的任命从扬州知州改为滁州知州。林旦却仍不满意，继续穷追猛打，"请求朝廷削去邓绾一切官职，把他流放到边远地方，终身不予恢复，以谢天下！"[20]

邓绾纵然曾经荒唐，可无论如何也罪不至死；况且，邓绾已经为自己曾经的无耻付出了代价，朝廷又有什么理由对邓绾削官夺职？难道真像笑话里讲的，龙王要杀死所有长着尾巴的水族，连青蛙也不肯放过，就因为青蛙在蝌蚪时期曾经有过尾巴？倘若这样处置邓绾，那么，所有那些在王安石时代曾经逢迎的官员都将不寒而栗，不能安心本职，而试看今日之大宋，三十岁以上的官员，又有哪一个不是王安石和神宗提拔起来的？倘若如此，搞得官心惶惶，这天下靠谁来治理?！范纯仁感到了强烈的不安。在御前会上，当太皇太后拿出林旦的弹章征求意见时，范纯仁据理力争，终于打动太皇太后，为邓绾赢得了滁州的任命。退朝之后，范纯仁左思右想，仍然觉得不安稳。他自己做过御史，了解言官那种除恶务尽、务求必胜的心态，他担心林旦恼羞成怒，把矛头指向自己，更担心太皇太后改变主意。于是，他又给太皇太后连上了两道奏疏，一道重申宽宥邓绾的意义："如此，则陛下的度量包纳洪荒，广如天地，那些过去犯了错误的人，都有机会改正，心里辗转反侧的人，都可以获得安宁，这是事关朝廷治国根本的事情。"一道表明自己无由偏袒邓绾："先帝在时，曾经任命我知襄州，因为邓绾的弹劾，降级改任小州知州。邓绾与我，无恩有隙。我今天所说的这些，不是为了邓绾，而实在是痛惜朝廷的体面，还望太皇太后陛下详察。我昨日在帘前为邓绾分说，已蒙陛下当面表扬，表示接纳。我担心其他宰相大臣的意见可能与我不同，因此不免多说两句，希望陛下认真考虑。"[21]

此时的范纯仁，年届六旬，已经是政治场上一名饱经风霜的老将。三十四年前，他父亲范仲淹去世，欧阳修以老友的身份为范仲淹作神道碑铭，坚决主张范仲淹在中年时期与他年轻时弹劾过的宰相吕夷简实现和解，二十六岁的范纯仁强烈反对，甚至把欧阳修的神道碑文删掉了二十几个字才刻石，结果彻底惹恼了欧阳世叔，欧阳修当面扔掉了范纯仁送来的碑文拓片，说："这不是我的文字！"那个时候的范纯仁不理解，为什么欧阳修一定要在碑文中让范仲淹与吕夷简和解。在年轻的范纯仁心中，父亲是正义的化身，吕夷简则是邪恶的代表,正义与邪恶之间,怎么可以有和解的空间!二十一年前,范纯仁是侍御史,韩琦是宰相,欧阳修是副宰相。英宗要尊崇生父濮王,欧阳修、韩琦主张英宗可以称呼濮王为"父亲",范纯仁坚决反对,愤然上疏,甚至暗指宰相操弄权柄、威胁皇权,惹得韩琦当众堕泪。那个时候的范纯仁四十岁,他相信自己是正义的代表,他越是激烈地批评韩琦、欧阳修,便越是对大宋王朝好。如今时光流转,范纯仁坐到了当年韩琦、欧阳修的位置,也终于明白了韩琦的伤心与欧阳修的坚持。父亲有父亲的伟大之处,作为宰相,吕夷简也有他不可磨灭的贡献。英宗是否称呼濮王父亲,对于本朝政治又有何损伤?真正分裂了士大夫群体、损伤了大宋元气的,不是濮王的称号,而是围绕着濮王称号的那一场旷日持久的激烈争论。现实政治之中,不可能有纯粹的非黑即白,妥协、和解都是必需的,"召和气"才是当务之急。

第二天,范纯仁收到了太皇太后派心腹宦官送来的密封手诏。范纯仁一边读,一边在心中赞叹太皇太后的圣明。这封信是这样写的:

> 我读了你关于邓绾一事的奏疏,所论公允恰当。那些逢迎拍马、刻剥百姓最严重的官员,朝廷已经罢黜、放逐。当时迎合时势、苟求利己、靠搞钱晋身的人太多了,如果朝廷一个都不放过,那么追究起来会没完没了,这恐怕不是安定团结的路子,只会让那些人日夜恐惧,不能自安。我有意颁降一则诏书,宣布宽大恩泽,对于上述行为不再追究,让官员们各安职业,改过自新。你以为如何?请你仔细斟酌,说明你的意见,亲笔书写,密封报告。

范纯仁请送信的宦官饮茶相待。不一会儿，他就写好了回信：

> 陛下的这番心意实在是圣明……我忻欢感叹都来不及，哪还有什么愚见可以补助陛下的睿智与聪明呢？陛下只要把这番意思交付给学士舍人，让他们敷衍润色，就是一篇极好的训诰，可以垂之万世，永为帝范了！[22]

范纯仁的赞美是发自内心的。

可惜，这样一封承载着太皇太后"圣意"的和解诏书，并未如约产生。四月二十八日，惴惴不安的邓绾在邓州过世。邓绾之死引发了更大范围的恐慌，很多人相信邓绾是吓死的——因为，这些人相信，倘若邓绾不及时消亡，必然会面临一系列严厉处分。

1 《续资治通鉴长编》卷三七四,9069—9070页。

2 《续资治通鉴长编》卷三七六,9124页。

3 《尚书·商书·说命下》。

4 [清]阮元校刻《十三经注疏》清嘉庆刊本七,《春秋左传正义》卷四九,昭公二十年,中华书局,2009年1版,4546页。

5 《苏轼文集》卷三八《王安石赠太傅制》,1077页。

6 苏轼《东坡书传》解释《商书·说命下》"惟学逊志"一句作:"'逊'之言随也,随其所志而得之。志于仁,则所得于学者皆仁也;志于义,则所得于学者皆义也。若志于功利,则所得于学者,皆功利而已。智足以饰非,辩足以拒谏,皆学之力也。"《苏轼文集编年笺注》附录六《东坡书传》卷八《商书·说命下第十四》,378页。

7 《史记》卷三《殷本纪》,105页。

8 《苏轼文集》卷四九《答张文潜县丞书》,1427页。此文的写作与《王安石赠太傅制》大约同时。

9 《宋大诏令集》卷二二一《王安石赠太傅制》,850—851页。《续资治通鉴长编》卷三九〇,9497页。

10 《续资治通鉴长编》卷三九〇,9498页。

11 元丰八年十二月乙酉,黄隐(当时名黄降)自殿中侍御史改国子司业,《续资治通鉴长编》卷三六三,8683页。

12 《续资治通鉴长编》卷三七一,8991—8992页;《宋史》卷一六五《职官志五》"国子监",3911—3912页。《宋史》卷一五《神宗本纪二》,298页。

13 《续资治通鉴长编》卷三九〇,9497—9498页。

14 《宋史》卷三四六《吕陶传》,10978—10979页。

15 《宋史翼》卷三《黄隐传》。

16 《续资治通鉴长编》卷三六八,8868页。

17 《续资治通鉴长编》卷二一六,5252页。

18 《续资治通鉴长编》卷三六二,8668页;卷三七四,9060、9063页。

19 《续资治通鉴长编》卷三七〇,三月己卯,考功员外郎林旦为殿中侍御史,承议郎韩川、权发遣开封府推官上官均并为监察御史,从御史中丞刘挚之举也,9024页。
20 《续资治通鉴长编》卷三七五,9101—9102页。
21 《续资治通鉴长编》卷三七五,9102页。
22 《续资治通鉴长编》卷三七五,9102—9103页。

38

人间最是宽容难

台谏复仇理旧账

这种猜测并非空穴来风——就在范纯仁力图谋求和解的同时,台谏官正在积极清理旧账。

首先遭到清算的是神宗的亲信张诚一和王安石的干将李定。这两位,按照当时的道德规范,的确都够得上是混蛋。张诚一的父亲张耆,从真宗还是皇子的时候就服侍左右,真宗最心爱的女人——后来的刘皇后、刘太后被太宗嫌弃的时候,就藏娇在张耆府上。这样的靠山,奠定了张耆一生的荣华富贵。作为张耆的小儿子,张诚一靠恩荫起家,做到神宗的枢密都承旨——枢密院的第三把手,深得信任。可这个张诚一,却是个彻头彻尾的不孝子——生母过世,他明明有条件,却不肯及时营葬。这还不算,更离谱的是,张耆的墓遭盗掘未遂,张诚一赶去安抚亡魂,发现老爹的犀角腰带漂亮,竟然就取出来修整一番,洋洋得意地扎在自己腰上到处显摆;又是这厮,还趁机把嫡母身上的陪葬首饰洗劫一空,拿回家来"子孙永保用"了。李定也是个不孝子。他是王安石当政之初破格提拔的御史,后来一直做到御史中丞,苏轼"乌台诗案"就是他的"杰作"。跟张诚一相比,李定的劣迹略轻一些——他只是拒绝承认自己的生身庶母,以此来避免服丧。但是,李定是科举出身的文官士大夫,在宋朝的政治文化中,理应遵循更高的道德标准。想当初，王安石提拔李定的时候，就遭到了台谏等一众官员的强烈抵制，而王安石力排众议，谁反对就拿掉谁，硬是把李定推了上去。张诚一、李定都是混蛋。但是，他们的混蛋事迹已经过去很多年了，此时翻出来重加处分，还是让人觉得有政治报复的味道，很多人感到了强烈的不安，前任参知政事吕惠卿就是其中之一。

吕惠卿（1032—1111）是王安石一手提拔起来的干将，对新法"投入的心计和力量最多"。[1]熙宁七年（1074）四月，王安石第一次罢相离朝前，为保新法推行不辍，力荐吕惠卿为参知政事，号称"护法善神"。吕惠卿长于吏干，精于算计，然而格局褊小，人品低劣，掌政之后，野心膨胀，以权谋私，失去了神宗的信任，熙宁八年十月，罢政外放，从此徘徊地方，至今已十年有余。[2]哲宗即位时，他正担任太原知府兼任河东路军政长官，负责整个河东战区的边境防御。吕惠卿是奸邪小人，这一点，好像从王安石变法一开始就已经成为定论——司马光就曾经预言"颠覆王安石的，一定是吕惠卿"。可是，这奸邪小人外放已久，远在河东，而且遭到王安石和司马光两大阵营的唾弃，对中央政治已经毫无影响力。按道理讲，不应该再有人去找他的麻烦，吕惠卿是安全的。可是，吕惠卿的旧账还是被翻了出来。

认真说起来，暴露了目标的，倒是吕惠卿自己。

太原春晚，三月桃花始开。在干冷的空气中，吕惠卿一遍又一遍读着从开封来的邸报，认真咂摸着中央人事变动的消息，感到了彻骨的寒冷和强烈的危机。思来想去，吕惠卿决定靠边站，主动上疏朝廷，请领宫观闲职——这是宋朝官员特有的福利，挂一个"主管某某宫或者某某观"的虚衔，有工资可领，"官龄"也可以连续计算，却不必管事。比如，司马光在洛阳就挂过"主管嵩山崇福宫"。

吕惠卿请领宫观的报告打到开封，台谏官就像猎人忽然发现了猎物一样，兴奋得鼻翼抽动、目光灼灼。第一个发现目标的，仍然是苏辙。苏辙对吕惠卿的定性是非常骇人的，必欲置之死地而后快："像这种小人，天生邪恶，安于不义，性本阴贼，尤喜害人。若不死亡，终必为患。"[3]可是，苏辙的弹劾似乎并未打动太皇太后——五月十九日，苏辙发起弹劾，而太皇太后直到六月中旬才有所反应。

原因其实是不难想见的。苏辙所指称的吕惠卿罪名，比如助成青苗等恶法、排挤忠良引用邪党、主动对西夏发起挑衅、背叛陷害王安石等等，都是前朝旧账，因此很难触发太皇太后的警觉。真正触动了太皇太后的是"吕惠卿违赦出兵事"。其大致情节如下：元丰八年（1085）三月六日，哲宗发布登极赦书，严令缘边守将不得侵扰外界，保持边境和平。三月中旬，登极赦书已经抵达太原，皇帝和太皇太后的旨意，吕惠卿不容不知。然而，就在四月十七日，吕惠卿却发动几万大军入侵西夏，挑起战端。五月，夏人发起反攻，宋朝损兵折将。"违赦出兵"性质恶劣，是对皇帝和太皇太后权威的悍然挑衅，"劳师动众，谎报功勋，挑起边境争端，这些都还无所谓。公然违反诏令擅自发兵，内心深处已经毫无人臣之礼，如此罪行是不可以不惩处的！"[4]"像这样的强臣，废诏出兵都敢做，还有什么事是他不敢做的?!"[5]"正当先帝驾崩之际，臣子理应哀悼，吕惠卿却猖狂发兵，这是大不孝！正当陛下登极之时，大臣应当礼敬，吕惠卿却傲慢违令，这是大不忠！"[6]如此不忠不孝的"强臣"，竟然没有受到任何惩罚，还梦想着请领宫观，悠游山野，颐养天年，君臣之大义何在?! 本朝之纲纪何在?!

六月二日，右正言王觌首言"吕惠卿违赦出兵事"。八日，御史中丞刘挚、左司谏王岩叟各自上疏弹劾吕惠卿，攻击的目标却一致集中在"违赦出兵事"上。如果说他们事先不曾有所沟通，那实在也太过巧合了。右司谏苏辙暂时保持了独立的姿态，没有加入到声讨"违赦出兵"的行列中去。他于八日再上弹疏，提醒太皇太后"近岁奸邪，惠卿称首"，必须诛杀。[7] 透过太皇太后，来自台谏官的舆论压力不断传递到宰相府，十八日，朝廷发布命令，褫夺吕惠卿文臣荣誉职衔，连降四级，发往苏州，监视居住。对于这一处理结果，台谏官十分不满。二十日，四名谏官全员出动，采取了集体行动。左司谏王岩叟、左正言朱光庭、右司谏苏辙、右正言王觌在太平兴国寺戒坛集会，联名上疏，重申吕惠卿罪在不赦，要求太皇太后"特赐裁断"，"为国去凶"。[8] 接获奏札之后，太皇太后当即批示："吕惠卿罪恶贯盈，目前的处分太轻，谏官意见极大。要流放到更偏远荒凉的地方，以平息公论。"谏官的集体奏札、太皇太后的批示与十八日的"吕惠卿苏州监视居住令"一起，被送到了宰相府。就在司马光、吕公著等人还在商讨之际，二十二日，御史台全台出动，声讨吕惠卿违赦出兵，无父无君之罪，请求太皇太后"要毫不迟疑地清除奸邪，赐吕惠卿一死，以安天下！"[9] 喊杀之声，甚嚣尘上。

太皇太后的批示，吕公著在宰相办公会上反反复复读了三遍，最后总结说，太皇太后的意思，只是要把吕惠卿贬到更偏远的地方，以示警戒。二十三日，经宰相府集体讨论，上报太皇太后和小皇帝批准，朝廷公布了对吕惠卿的新处分——贬往条件更差的建州监视居住，官阶降为建宁军节度副使，不得签书公事，这与苏轼被贬黄州的情形差相仿佛。[10]

吕惠卿的贬官制书同样出自苏轼的手笔。这一次，苏轼丝毫没有掩饰复仇的快感，他以小皇帝哲宗的口吻，这样写道："凶人在位，民不安居。惩罚不当，士有异论。滔天罪恶，必须严加惩处，才能垂范后世。……我即位之初，首先发布的就是安边诏令，而吕惠卿假称号令，肆行奸谋。王者发令，譬如出汗，汗出不返，令行禁止，却没想到会被奸贼利用。如此祸国无道的行为，自古罕闻。孔子治鲁七日即杀乱臣少正卯；舜帝英明仁武，对奸臣贼子流放的流放，杀戮的杀戮。朕初即位，心怀宽宥，对吕惠卿只薄示惩戒。"换句话说，论罪行，有三个吕惠卿也不够杀；不杀他，只是因为太皇太后和皇帝的仁义。

在这样的背景之下，太皇太后怎么可能想到发布和解诏书？

范吕决意示宽仁

吕惠卿固然有罪，然罪不至死，眼下尤其不是穷追猛打的时候。司马光、吕公著、范纯仁不约而同地想起了晁仲约的故事。那还是在仁宗朝，范仲淹与富弼主持新政，晁仲约为高邮知军，贼来无兵可挡，为保一方平安，竟然以地方长官的身份亲自出面号召富户出钱来犒劳土匪，土匪拿了钱物，果然就绕道他往了。晁仲约的荒唐事迹报到开封，富弼勃然大怒，誓必杀之，以为不杀不足以明朝廷之尊严、正官场之风气。范仲淹却坚持认为事出有因，二人在仁宗面前发生了激烈争论，富弼乃至面红耳赤、怒发冲冠。终于，在范仲淹的坚持下，晁仲约的脑袋保住了。富弼当时极度不服。范仲淹说："本朝不杀大臣，这是非常仁厚的好传统。你今天撺掇皇帝杀死一个晁仲约不要紧，万一他杀得手滑了，早晚有一天会杀到你我头上啊！"[11]

没有任何人、任何机构和制度可以硬性约束皇帝，而皇帝却掌握着每个人生杀予夺的大权。这便是秦始皇建立帝制以来华夏政治的最大秘密。本朝以仁厚立国，"与士大夫共天下"，不杀大臣，不杀言事官，这才有了一百二十年的清明政治。台谏官与大臣同在"不杀"之列，同样是被"祖宗之法"的宽容滋养着的。而如今这群台谏官却杀声震天，这样下去，本朝的仁和之气必将消失殆尽。必须寻找机会，重提和解议题，恢复本朝和气。这是司马光、吕公著、范纯仁的共识。

重申和解的机会被吕公著找到了，这就是"贾种民任命案"。神宗朝的大理寺一度专治刑狱，特别是官员犯罪，而大理寺丞是法官。贾种民在担任大理寺丞期间，与时任御史中丞蔡确遥相呼应，"专门中伤善良"，后来被贬到地方担任副州长。[12]如今贾种民副州长任满回朝，正在等待新的任命。贾种民的到来引起了殿中侍御史林旦的注意，林旦旧事重提，弹劾贾种民"舞文深酷之罪"，请求予以严惩。林旦所举的例子，恰好是贾种民借"陈世儒杀母案"陷害吕公著一事。

对于"陈世儒杀母案"，太皇太后印象深刻——那可是当年轰动朝野的恶性案件，审理过程长达三年，从开封府转到大理寺，又从大理寺转到御史台，最终，包括陈世儒在内的十七名案犯被处斩，因此案遭受处分的官员多达数十人。

陈世儒是前任宰相陈执中的儿子。陈执中家风着实不堪，仁宗朝就出过陈执中爱妾张氏凌蔑正妻、打死婢女的丑闻。嘉祐四年（1059）四月，陈执中过世之后五日，正妻谢夫人获得仁宗皇帝允准，在陈执中枢前剃发出家，与陈家一刀两断，京城之人，"莫不称快"。[13]这位性情残暴的张氏如夫人，就是陈世儒的生母。陈世儒"颇承母教"，同样喜欢虐待婢女。终于，在元丰元年（1078），有婢女不堪忍受，逃离陈家到开封府上告，揭发陈世儒夫妇谋杀张氏。杀母悖逆人伦，大伤风化，是十恶不赦的大罪。神宗立即指示开封府严查。陈世儒夫人李氏的母亲吕氏，是吕公著的侄女。吕公著当时是枢密院的二把手。[14]吕氏回到娘家，一把鼻涕一把泪地恳求吕公著给开封知府苏颂递个条子为女儿说情。吕公著深知神宗脾性，知道请托不但于事无补反而会牵连无辜，咬紧牙关一口回绝，眼睁睁看着老侄女抽抽噎噎地走了。

后来这案子从开封府移送大理寺，大理寺丞贾种民在讯问的时候故意诱导李氏，试图把吕公著拖下水。吕公著的女婿都被叫去问了话。吕公著则一度主动停职谢罪，直到神宗亲自出面澄清，这才重新出来工作。大约正是因为意图诬陷吕公著，让神宗对贾种民产生了结党营私的怀疑，最终，贾种民被贬出京，降级担任副州长。[15]

林旦的弹章，勾起了太皇太后的回忆，她忽然产生了强烈的好奇，想要看看吕公著会怎样处理这旧仇人。在第二天的帘前办公会上，太皇太后主动抛出了林旦的奏札。让太皇太后完全没有想到的是，吕公著却要求任命贾种民为州长，这分明是提拔了。太皇太后大惑不解。

吕公著说："太皇太后明鉴，这个人的确害过我，但是他已经得到了惩罚。如今我正在相位，倘若贾种民因为过去的错误而获罪，那么，这会向天下传递怎样的信息呢？惩罚贾种民是小事，朝廷因此丧失宽容的大体，这才是大事啊。"[16]

这句话，显然并非只针对"贾种民任命案"而发，太皇太后陷入了沉思。"朝廷大体"是司马光、吕公著、范纯仁反复陈说、极力维护的。恶要除，但是除恶不能伤了和气。王安石的路线统治宋朝十五年，几乎眼下所有的官员都是在王安石路线下成长起来的，政策调整和高层的人事变动已经让他们感到了不安，再继续扩大打击面，只会让不安的情绪持续发酵。想当初朝廷罢黜吴居厚的时候，开封城里的鞭炮声噼噼啪啪响了一宿，那种喜悦，太皇太后是感受得到的。而如今，蔡确、章惇已经下台，可是朝廷的各项政策、措施仍然推行不利，似乎各地的官员都在犹豫观望。那种不断蔓延的疲沓情绪，太皇太后在帘子后面也能感受得到。吕惠卿的处分案，甚至在宰相大臣中都得不到共鸣。这样下去，实在不是朝廷之福。唉，恐怕是时候告别先朝旧怨，卸下包袱，勉力向前了。

太皇太后一宿没合眼。

"和解诏书"遭阉割

六月二十六日一早，宫中传旨，今日视朝，着三省与枢密院共同进对。见礼已毕，帘子后头递出了一封太皇太后的亲笔手诏。吕公著奉命宣读，展开捧定，未及开口，一眼扫去，顿时泪盈于睫。诸大臣听罢，也是异口同声赞美太皇太后圣明。手诏内容如下：

> 先帝变法，目的是要行宽厚之政，让老百姓得到好处。而某些官员不能体会朝廷本意，一味追求立功受赏，导致先帝法令在推行中出现重大偏差。政策制定不当者有之，搜刮聚敛毫无节制者有之，奸邪附势者有之，掩盖错误者有之，结交权贵者有之，

开边生事者有之。上述种种，对民生造成了极大伤害，时间越久，弊端越突出，导致舆论一片批评之声。倘若不加肃清，必定扰乱纲纪。朝廷因此对其中的罪大恶极者进行了贬谪驱逐。但这也造成了其余相干人等日夜恐惧，焦灼不安。朕则以为，当此新政初开之际，一定要存恤朝廷大体，昭示宽容之恩。对于上述人等，一概不再追究弹劾，令其改过自新，安心本职。请照此意，拟作诏书，布告中外。[17]

这是真的要抛弃前嫌，协力向前了。何天下之幸也！

吕公著召来了中书舍人范百禄，[18]当面叮咛，要他务必仔细体会太皇太后的美意，斟酌成文。太皇太后的这封手诏，最核心的内容是什么？第一是要对神宗朝做一个总结，结束争论，稳定人心——先帝的政策，出发点绝对是好的，问题都出在了执行层面上。保住先帝这面旗帜，才能避免思想的混乱，维护大局的稳定。第二是要肯定太皇太后摄政以来惩处贪官恶吏，整肃政风、调整政策的做法，罪大恶极者必须惩处，此事大快人心。第三是要宣布整肃的结束——整肃是必须的，但绝不能扩大化，扩大化就乱了。第四是要给那些在神宗—王安石时代成长起来的官员吃一颗定心丸，让他们能与朝廷同心同德——这便是"朝廷大体"。范百禄草成之后，吕公著反复斟酌。两天之后，六月二十八日，一封洋溢着和解精神，维护朝廷大体的诏书呈送到了太皇太后面前。范百禄完美地传递了太皇太后手诏和吕公著口头指示的精神。诏书以哲宗皇帝的口吻宣布：

朕追思先帝在位，讲求法度，目的就是要行宽厚之政，惠泽天下百姓。而某些官员,不能推原朝廷本意,或揣测圣旨肆行掊克,或胆大妄为骚扰边境,或接连兴起大狱牵连无辜。弊端积累,久而弥甚。这就是为什么批评不能停歇,朝廷必须惩奸处恶,革除弊端。端正风俗,振作纲纪,是出于公心,不得已而为之。如今罪行昭彰者已正法度,作恶为巨者已遭贬斥。其余的错误问题则可以宽大处理,不再追究,以免破坏天地间的和谐。孔子不为已甚,舜帝崇尚宽容,为国之道,务必要保全大体。凡今日以前有相关问题错误的,一概不问,言官不得再行弹劾,有关部门不得再加惩处,让他们自我反省,共同营造美好的风俗。谨此布告,中外臣僚,深体朕意。[19]

这是一则信号明确的"和解诏书",它相当于一次专门针对官员的大赦,目的就是要营造团结的氛围,把官僚集团从旧日恩怨、恐惧和焦虑中解脱出来,共同应对当下的治理任务。

六月二十八日,"和解诏书"草成。与此同时,和解的信息像春风一样迅速传遍了开封政坛——这是宰相大臣们不约而同的"有意为之"。然而,出乎所有人意料的是,这则"和解诏书"一直拖到七月十一日才得颁降;[20]并且,最终的诏书中删掉了至关重要的一条,那便是"言官不得再行弹劾"八个字。[21]没有了这八个字,整个诏书就成了一纸空文。那么,究竟是什么力量让太皇太后改变了心意?

台谏官!御史中丞刘挚、殿中侍御史林旦、监察御史上官均、左司谏王岩叟、右正言王觌闻风而动,纷纷上疏猛烈攻击"和解诏书",说它是"戒言之诏",[22]"名义上是安慰罪人,其实却是要约束台谏官,不让人说话!"[23]"惩处一两个奸臣就担心他们的同类会恐惧,因此感到疑惑，要说好话来慰劳他们，这分明是姑息之政！"[24]"这样一则诏书颁降之后，老奸巨猾倒是安心了，可是忠臣义士呢？陛下让他们如何安心？如何自处？"[25]

台谏官沉浸在他们用文字所构筑的"忠奸对立"当中，把任何一点有关和解的信号都看作是对"奸邪"的妥协，对"忠贤"的背弃。而太皇太后此时显然缺乏作为一个最高统治者应有的格局、襟怀和定见，她在两种政治势力之间摇摆，司马光、吕公著、范纯仁是她所信任的，台谏官也是她所信任的。司马光、吕公著、范纯仁拼命想把她往上拉，拉到一个超越派别、超越个人得失的立场上去，从江山社稷的长远利益出发来看问题，把大宋看作是一个整体，要给大宋体面，抛弃前嫌，领导朝廷团结一致向前走。而台谏官则拼命想把她往下拽，拽回到更为现实的利益得失中来，"陛下以为吕惠卿违敕出兵是这么简单的吗？吕惠卿一个地方官哪有这样的能力？陛下试想，当时如果没有蔡确、韩缜、章惇这些人的支持，区区一个吕惠卿又怎么可能做出这样的大事？陛下，陛下！""必定是宰相大臣与边帅内外勾结，才会发生这样的恶性事件，这样的事情也要放弃追究吗？倘若如此，太皇太后与皇帝陛下的权威何在？若陛下之权威都不能保全，那还有什么'朝廷大体'可言？"

太皇太后被台谏官所描述的阴谋吓住了，又是一夜未眠。第二天上朝，她隔着帘子看诸位宰相大臣，怎么看都觉得面目模糊，态度可疑。"和解诏书"被再度提交到帘前办公会，太皇太后表现出了前所未有的坚决，"'言官不得再行弹劾'八个字必须拿掉"。

宰执之中，司马光病情恶化，自六月十二日起再度病休，缺席讨论。在场众臣，乍闻此语，都有一种被打了一记闷棍的感觉，随即低头嗫声，范纯仁争而不得，吕公著欲言又止，最终，还是集体"领旨"退下了。

"和解诏书"遭遇宫刑。台谏官开始了对"吕惠卿违敕出兵"一事的穷追猛打，最终得到了他们想要的答案。八月十四日，王岩叟、朱光庭在延和殿奏对，与太皇太后当面"复盘"此事。

朱光庭先发言，他说："吕惠卿擅自发兵一事，无疑是蔡确、章惇有意欺罔陛下。不错，吕惠卿确实拿到了两份中央命令，那两份中央命令上也确实有'三省、枢密院同奉圣旨'的字样。但是，请陛下务必留意时间，那两份命令，第一份是在先帝弥留之际。以先帝那个时候的健康状况，怎么可能有力气签字批示？无非是蔡确他们要应付吕惠卿，故意作假！"

"没错！"王岩叟接着说，"第二份命令的发出时间是先帝的二七之日，太皇太后陛下正在哀痛悲伤之际，哪有精力仔细审察每一份文件？！肯定是蔡确、章惇他们把这份文件混杂在常规政务当中，蒙蔽陛下，骗取了签字！"

王岩叟、朱光庭正说得义愤填膺，忽听得帘后一声怒喝："恁时那里理会得，只做熟事来谩过！"[26]

那一刻，就在那一刻，太皇太后相信，台谏官才是最忠诚的臣子，宰相大臣们都是有私心的，权力越大私心越重。

1　邓广铭《北宋政治改革家王安石》，252页。

2　吕惠卿罢参知政事制称其"为谋弗臧，卒陷吏议。挠例成于京邑，怀请托于私家。刻奏自明，尤为欺诬。行治如此，朕何望焉"。《宋宰辅编年录校补》卷八，449页。

3　《续资治通鉴长编》卷三七八，9180页。

4　《续资治通鉴长编》卷三七九，9200页。

5　《续资治通鉴长编》卷三七九，9202页。

6　《续资治通鉴长编》卷三七九，9204页。

7　《续资治通鉴长编》卷三七九，9205页。

8　《续资治通鉴长编》卷三八〇，9235页。

9　《续资治通鉴长编》卷三八〇，9239页。

10　贬建宁军节度副使，本州居住。《续资治通鉴长编》卷三八〇，9240页。宋太宗端拱元年二月甲辰，升建州为建宁军节度，《宋史》卷五《太宗本纪二》，82页。

11　赵冬梅《司马光和他的时代》第12章《庆历，庆历》之"晁仲约的故事"，118—122页。

12　《续资治通鉴长编》卷三八〇，9243页。

13　《续资治通鉴长编》卷一八九，4563页。

14　《宋史》卷二一一《宰辅表二》，元丰元年九月，吕公著除同知枢密院事，5491页。

15　《续资治通鉴长编》卷三〇二，7359页。《宋通鉴长编纪事本末》卷六五《何正臣诬吕公著》，清嘉庆宛委别藏本，基本古籍库电子版。

16　《续资治通鉴长编》卷三八〇，9244页。

17　《续资治通鉴长编》卷三八〇，9245—9246页。

18　范祖禹《资政殿学士范公墓志铭》绍圣元年七月，《全宋文》卷二一五五，34—44页。

19　《续资治通鉴长编》卷三八一，9248页。

20　《续资治通鉴长编》卷三八一，9248、9249页。

21 《续资治通鉴长编》卷三八二,9316页。
22 《续资治通鉴长编》卷三八一,林旦语,9256页。
23 《续资治通鉴长编》卷三八一,王岩叟言,9260页。
24 《续资治通鉴长编》卷三八一,上官均语,9256—9257页。
25 《续资治通鉴长编》卷三八一,王岩叟语,9259页。
26 《续资治通鉴长编》卷三八五,9386页。

39
葬礼与哀歌

黄叶落

六月十二日,司马光病情再度加重。这一次发病,脚上的疮引发的脓肿一直肿到前脚掌,导致整个脚面都不能着地,只能仰面躺着。[1] 太皇太后遣来的医官回去之后,得到的结论是"司马相公恐怕是来日无多了"。太皇太后闻言,神色泫然,良久不语,随后下旨,司马相公居家休养,为国珍摄,暂可不必忧劳国事。

然而,值此新旧交替、路线变换之际,司马光哪里可以静得下心来踏实休养?他的心里有太多的事情放不下。

司马光放心不下的头一件事是对西夏政策。他主张尽早与西夏正式休兵,结束边境的紧张状态,与国休息,与民休息。司马光认为,用兵是神宗时期一切恶政的源头。他在给哲宗和太皇太后的形势分析报告中写道"在我看来,如今公家和民间资源耗竭,疲敝不堪,这一切的根源都是因为用兵",[2] 尤其是既无战略规划、又无充分准备的非正义的用兵。先帝为什么要打仗?说得好听点,是因为先帝认为本朝的疆域"跟汉、唐相比,还不够完整,深感耻辱,于是慨然生出征伐开拓之志"。说得难听点,还不是为了满足大国虚荣、证明自身血统的高贵?![3] 打仗您倒是认真打呀,十年生聚,十年教训,厉兵秣马,选将练兵,搜集情报,充分准备,认真谋划。可是,神宗的西北拓边行动,既没有通盘的战略考虑,也缺乏有秩序的战场组织。一个大国主动发动的对外战争,就像是做小买卖,放任"边鄙武夫"去折腾,赢了是皇帝英明,输了便处罚将领。战场之上,宦官成为统帅,神宗遥控指挥,朝令夕改——打着打着,一封手诏下去,将领之间的统属关系就变了——种将军手下的军队、所控制的给养,原本归王宦官节制,忽然就不归他管了,王宦官的如意算盘全数落空,只好眼睁睁地看着麾下的数万军队在沙漠的朔风里饿死、冻死和逃跑。这样的战争简直就是灾难本身!

司马光希望,趁着新帝即位,摆出大国胸怀,高屋建瓴,早下诏书,赦免夏人罪过,归还宋朝从西夏掠取的土地,恢复之前的朝贡关系,重建两国间的和平。只有这样,才能重新把握宋夏关系的主动权,恢复"天子"的体面与尊严,[4]与民休息,与国休息。

六月,听说夏国使节前来,司马光连上三札,请求扶病入见,早定大计。太皇太后制止了司马光。司马光建议将边疆问题交由文彦博讨论,最终,文彦博的意见与司马光相同,太皇太后接纳了二人的建议,宋与西夏恢复了和平交往。

役法改革也是司马光心心念念的。司马光坚信,原则上差役优于雇役;但他也承认,部分役种"雇"优于"差",各个地区的情况也有不同,必须予以尊重。蔡京、蔡朦事件更让他意识到事情的复杂性。六月二十八日,司马光专门上疏重申役法改革问题,特别强调,权力下放到县,允许各县因地制宜,制定适合本地的差役执行办法,他说:"对于民间利弊的深入了解,转运司不如州,州不如县。"[5]假以时日,司马光也许可以成长为一个更为务实的政治家。

八月六日,司马光最后一次上殿,面见太皇太后。这是一次突如其来的上殿,事先并未报告。司马光为什么要上殿?因为竟然有人要恢复青苗钱!青苗钱,在司马光眼里是如假包换的害民之法。在司马光的坚持下,朝廷已于闰二月下令废除青苗钱。可是谁想到,才到四月间,"青苗钱"竟然改头换面,又偷偷地溜回来了。司马光起初被蒙在鼓里,到八月五日,才得知真情。他愤然上殿,在帘前高声抗议:"不知是哪一个奸邪之人,劝陛下复行此事的!"[6]

当司马光拼着老命喊出这一声的时候,有一个人的脸色顿时变得煞白,像被雷劈了一样站在当地,一句话也不敢说。这人不是别人,正是范纯仁。司马光所选定的政治接班人范纯仁做出了部分恢复青苗法的提议。范纯仁有充足的理由——政府缺钱花啊!神宗朝攒下的钱并没有拿出来打入正常的财政支出,司马光主政之后所做的主要努力是减少民间税费,换句话说,也就是减少政府的收入,可是政府的开支并没有相应减少。在范纯仁看来,青苗法害民,是因为执行不当,如果适当控制,为什么不可以用?当然,他也知道司马光对青苗法的态度,所以,青苗法的恢复推行是遮遮掩掩的。如今,被司马光当面这么一喝,范纯仁真如五雷轰顶,不能动弹。

司马光感到了深深的失望。他没有能力也没有时间像我们一样理智地思考青苗法与国家财政之间的关系。他只是感到了失望,并因失望而愤怒。

在接下来的日子里,司马光的失望在一点一点加深。朝廷要求推荐学官,司马光推荐了王大临,那是他在郓州做通判管理州学的时候认识的一个老学生,"通经术,会讲课,安仁乐义,誉高乡曲,贫不易志,老不变节"。[7]朝廷立刻批准,任命王大临为太学录。可是朝廷的任命状抵达的时候,王大临已经过世。司马光并没能等来多年后的师生重逢。

坏消息接踵而至。司马光推荐过的一个官员孙准出了问题。孙准跟老婆娘家的人发生诉讼,遭到了罚金处分。这件事本身跟司马光没有关系,可是司马光自责,自己可是在推荐词里说"孙准行谊无缺"的,这能算得上"行谊无缺"吗?司马光上奏朝廷,自责"举非其人,请连坐"。"我最近上奏,要求提高荐举在官员选任中的权重,建议举人不当者,荐举人要负连带责任。……我是宰相,自己立的法,自己第一个违犯。倘若不加处罚,又凭什么约束别人?"[8]这件事情发生在八月二十六日。

两天之后,司马光上奏朝廷,请求授予已故殿中侍御史里行陈洙的一个儿子官职。陈洙是谁呢?仁宗末年的御史,跟司马光一起力谏仁宗及时立储,"忘身殉国,继之以死,而天下莫知"。[9]他们共同奋斗,把英宗扶上了皇位,可是英宗之子神宗却把国家搞成这个样子。司马光泪眼迷离。

三天之后,九月一日清晨,司马光溘然长逝,得年六十八岁。那一枚烈风中的黄叶终于坠落。

举国同悲哭文正

司马光死了,他是累死的。病中的司马光"躬亲庶务,不舍昼夜"。朋友担心他的身体,劝他说:"诸葛孔明二十罚以上的罪过都亲自处理,操心太细,因此落下一身的病。大人不可不引以为戒啊!"司马光答以"死生,命也",反而更加用力。

在生命的最后时光，司马光已经失去意识，他喃喃自语，就像是在说梦话，又像是在做临终嘱托。司马康俯身贴耳倾听，断断续续听到的都是朝廷、天下，只听得司马康满脸泪水。司马光死后，家人在他的书房里找到八页文稿，那上面说的都是当世要务。司马光真的是在"以身殉国"，他用生命实践了修齐治平的理想。[10]司马光二十岁中进士，为宋朝服务四十八年，官至宰相，位极人臣，然而终身衣着朴素、饮食简单，保持了书生本色，只在洛阳置下一处小小宅院和三顷田地，那三顷田地，元丰五年张夫人去世，"质田以葬"，已经不无损失。

在司马光的心中，是非最大。他直道而行，梦想建立一个上下和谐、秩序井然、安定富足的国家，"让中外之人都能安闲地吃饭、喝茶、游赏、嬉戏，不受战乱的惊吓，不用担心有人窥视窃听"，[11]没有战争和动乱，社会秩序稳定，老百姓春耕夏耘、秋收冬藏，丰年留客有鸡有肉，腊酒虽浑，宾主尽欢。这是最简单的梦想，也是最宏伟的蓝图。为了这个理想，司马光反对朝廷对百姓的过度剥削，他主张皇帝和国家要削减开支，要藏富于民，给老百姓休息的时间。当朝廷政策违背他的理想，司马光断然离去，对于神宗捧出的枢密副使的高位，他不屑一顾，情愿躲在洛阳编著《资治通鉴》，一躲就是十五年，开封的荣华富贵只等闲。当太皇太后发出召唤，委以大政，给他调整政策、救民于水火的机会时，司马光明知艰险，仍毅然还京，主持调整大计，"尽人谋而听天命"，[12]这就是"司马相公"的态度。司马光曾经为韩琦祠堂写作碑文，他借韩琦的口说："为人臣者，当尽力以事君，死生以之，只看事情本身的是非如何。至于成败，那是天命。怎么可以因为事先担心事情不能成功，就撒手不管呢！"[13]

这样的司马相公死了。太皇太后得到消息，恸哭了一场，小皇帝也掉了眼泪。司马光是九月初一过世的，初六日正是每年一度明堂祭天大典的日子，而这一次的明堂是哲宗即位以来的第一次。作为首相，司马光本来是当仁不让的明堂大礼使，这个光荣的差使，由于身体状况，司马光辞掉了。可是谁也没有想到，司马光竟然没能撑到明堂这一天。想到这里，太皇太后、吕公著、范纯仁诸人都无比感伤。国之大典不可废，六日，太皇太后忍住悲伤，完成了明堂大典。可以告慰司马光的是，此番明堂大赦所颁布的利民措施，比以往任何一次都多。[14]明堂大典完毕，哲宗宣布，由于司马光之丧，此次明堂，取消祥瑞展示、百官称贺环节，只行大赦之仪。[15]大赦仪式后，太皇太后和皇帝一起驾临宰相府，吊唁司马光，"哭之哀甚"。

哲宗下令，司马光"赠太师、温国公，赙银三千两、绢四千匹，赐龙脑、水银以敛"。[16]哲宗御篆，亲自为司马光书写了神道碑的碑额——"忠清粹德之碑"，并命令苏轼为司马光写作神道碑文，又赐银二千两，专门为司马光修盖碑楼。司马光的谥号被定为"文正"，这是一个文官所能得到的最崇高的谥号。

司马光得到了一个宋朝高官所能得到的所有哀荣，还有一般高官得不到的老百姓的爱戴。得知司马光过世的消息后，"首都百姓主动罢市，前往司马府外吊祭，很多人典当了衣物来置办祭品"。司马光的灵柩离开首都，运往涑水老家安葬，起灵那天，开封人"巷哭以过车者，盖以千万数"。

司马光在涑水故园下葬的日子，是元祐二年（1087）正月初八日。这一年的冬天，天气格外寒冷。可是在初八这天，从四面八方赶来送葬的人却有好几万，从司马家的墓园一直排到远处的峨眉岭上。这些素昧平生的人素服哀嚎，就像是在哀悼自己死去的父母亲人。负责主持司马光安葬仪式的户部侍郎赵瞻、大宦官内侍省押班冯宗道回朝报告，惹得太皇太后又是泪水涟涟。开封有人画了司马光的像，刻印出来到市场上去卖，开封人家几乎一家一幅，外地人也纷纷到开封来购买司马光像，不少画工因此致富。人们像供奉祖先和神明一样供奉司马光。

为什么人们这样爱戴司马光？答案很简单，因为司马光爱百姓，在朝廷与百姓之间，司马光所考虑的，不单单是皇帝和朝廷，还有老百姓。皇帝、朝廷、文武百官和老百姓合在一起才构成了宋朝国家，司马光所关注的是国家的整体利益，他希望在朝廷和老百姓之间求得和谐，建立平衡的统治秩序。司马光的这番努力，这番心意，老百姓收到了。

盖棺重说先帝知

苏轼为司马光书写了《行状》和《神道碑》。这是两种完全不同性质的写作。《行状》是私人写作，代表着司马光家族；《神道碑》是官方书写，代表宋朝官方对司马光的评价。在这两份出自一人之手的不同性质的文字当中，苏轼反反复复地提到一个关键词，强调着同一件事。

这个词就是"神宗"，这件事就是"神宗对司马光知遇最深，司马光的复出是神宗的旨意"。《行状》说："司马光历事四朝，皆为人主所敬重，而神宗对他的知遇是最深刻的。"《神道碑》说得更为直接

透彻:

舆论只看见今上（哲宗）与太皇太后对司马光的提拔之快，任用之至，却不知道神宗皇帝对司马光的知遇之深。

在苏轼的笔下，神宗对司马光的知遇是一种更高级的知遇，"知之于方异"——明知意见不同而格外爱惜：

从普通老百姓到公卿大夫，不管是上下级、师生还是朋友，即便是彼此间都没有足以干涉对方命运的权力，可还是会亲近跟自己观点相同的，疏远跟自己观点相左的，没有人听到批评而欢喜、受到教训而不怒。更何况是君臣之间呢？可是在熙宁年间，有关朝廷政事，司马光没有一件不反对的，他上疏几十封，全都直言不讳、言无不尽。这样的情形，平等相交者尚且难以忍受，而先帝安然受之，非但不生气，反而想要让司马光做自己的宰相大臣，甚而至于亲自为司马光的书作序，在迩英阁研读。倘若不是深知司马光，怎么可能做到这些呢？

苏轼总结说：

今上和太皇太后对司马光的知遇，是"知之于既同"；而先帝对司马光的知遇，是"知之于方异"。

苏轼所说的，司马光对神宗政策的批评，神宗要司马光做枢密副使，为《资治通鉴》作序，将《资治通鉴》纳入经筵讲读，都是事实。然而事实与事实之间的关系和解释，却显然是苏轼的"创作"。苏轼力图在司马光与神宗之间建立更为紧密的良性联系。在《行状》中，苏轼把司马光在哲宗朝的复出描述成神宗的意图：

> 尽管司马光的言论违逆了神宗的意思，但是神宗却深知他的心意，待他越发的好。神宗晚年，拜司马光为资政殿学士，肯定是有意再度起用司马光的。有意再度起用，难道会白用吗？他必定会践行司马光的主张！司马光也懂得神宗的心意，因此当政之日，锐意调整，自信而不疑。呜呼！像先帝这样，才可以说是"知人"，他的知遇是深刻的；像司马光这样，才可以说是"不负所知"，他的报答是伟大的。

可是，神宗毕竟没有用司马光做过宰相。关于这一点，苏轼解释说，司马光是神宗为下一代皇帝所储备的宰相人才。在苏轼的笔下，神宗对司马光的安置高瞻远瞩，充满了预见性：

> 古代的君主为子孙考虑长远的，都是这样的，宁可自身不享有"知人"的虚名，也要让子孙享受"得贤"的实利。神宗如此了解司马光而终于未尽其用，谁知道他的心意不是这样的呢？

对于"司马相业"，《神道碑》的铭文做了如下总结：

> 为政一年，疾病半之。功则多矣，百年之思。知公于异，识

公于微。匪公之思,神考是怀。天子万年,四夷来同。荐于清庙,神考之功。

未来的人将会怀念司马光的功德,而在对司马光的怀念之中,天然寄托着对神宗的感激,因为是神宗的赏识、拔擢把司马光推上了宰相的高位。

这样的说法,在熟知本末的人看来,简直近乎胡编乱造。然而,在这样的"胡编乱造"之中,却蕴含着苏轼作为政治人的高度敏感。司马光当政以来所进行的一系列路线政策的调整,都是"反王安石"或者直接说是"反神宗"的——这一点,千真万确,不容否认。司马光的权力来自哪里?来自神宗之母太皇太后高氏的授权;而在当时的政治伦理结构中,太皇太后自身无权干政,她的权力来自皇帝——哲宗年幼,无法行使皇权,作为祖母,太皇太后代行皇权。所以,原则上,太皇太后所行使的皇权应当贯彻哲宗的意志,太皇太后本身无所谓意志。那么,哲宗是谁呢?神宗之子!子之于父,孝道第一。何为孝道?"三年无改父之道",继承发扬父亲的想法和做法,这才是孝道的正宗!司马光在太皇太后的支持下大改神宗之政,对错得失姑且不论,这种行为本身就隐含着巨大的政治风险。哲宗亲政之后不认怎么办?万一哲宗不认,要重回神宗路线,那么,司马光必定死无葬身之地——不仅司马光,所有跟随他一起推翻神宗路线的人都将粉身碎骨。因此,必须让人们相信,司马光的当政和他所推行的反神宗路线都出自神宗的本意。

"现在"需要跟"过去"和解,才能走向更好的"未来",此事关系"天下所以治乱安危者"。[17]悠悠万事,唯此为大。苏轼已经嗅到了统治集团分裂、恶斗的危险,他想要用文字来补救。神道碑就矗立在那里,它是司马光的丰碑,也将成为神宗赏识、支持司马光的明证。苏轼想要给司马光的事业和大宋王朝的未来加上一道保险。然而,谈何容易!

风更烈

葬礼是与死亡相联的仪式,而仪式提供了不同于日常的氛围、场合和规则。葬礼的主题是哀悼,它的规则是死者为大,庄严肃穆,哀伤而节制。在葬礼中,真实生活中的矛盾对立暂时退场,人们掩藏起素日的不满和愤懑,专意表达哀悼——"日常"暂停了。然而,仪式过后,"日常"还要继续,旧问题仍待解决。

司马光死得很不安静。司马光生命最后十八个月的大宋朝廷就像是一艘大船,路线政策发生了方向性调整,换了船长、大副,调整了航线。那么,应当怎样对待那些旧日的船员水手?照道理,旧的船长撤职了,可以换去做非领导性的事务。一般水手,只要不捣乱,就应当留下他们,既往不咎。这才是同舟共济的道理。只可惜,人世之中,宽容最难。在很多时候,人们会忘记大家是在同一条船上,会因为人与人之间眼前鼻尖的矛盾纠葛忘记海上的惊涛骇浪。

司马光过世的当天,左司谏王岩叟即上疏太皇太后,指出"'去奸'和'进贤'是稳定局面的两大法宝。如今司马光薨逝,更不能把奸人继续留在中央领导岗位上了"。这"奸人"指的就是神宗旧臣副宰相张璪、李清臣等人。九月二十四日,张璪出知郑州。第二年四月,李清臣出知河阳。[18]

元祐元年(1086)十月间,还发生了一件对后来政局影响深远的人事案。章惇自汝州调任扬州,途经开封上任,却被堵在城门之外"奉圣旨",当场收缴了知扬州的任命敕书,勒令即刻返还汝州旧任。章惇跪接圣旨,心中羞愤难当,满腔的血一下子冲上脸颊,脸红得就如残阳一般。如果不是儿子章持在一旁扶持,恐怕直接晕死在当地亦未可知。等到章惇在儿子的连扶带抱之下挣扎站起身来,挺直了腰杆,他脸上的血红已经褪去,人们看到的,又是那个骄傲无比的章惇了。他嘴唇紧闭,牙关紧咬,显露出颌角坚硬的轮廓,昂着头,一语不发,面色就像日落之后的天空一样阴沉平静,深不可测。看到那一幕的人,心中都充满了恐惧。

遭遇了这样的奇耻大辱,章惇竟然一语未发。只有他的儿子章持忿然上疏,为父鸣冤:"太皇太后、皇帝陛下把我的父亲调任扬州,是为了方便他就近照顾我八十七岁的老祖父。两位陛下的深恩厚德,我们祖孙三代感激涕零,粉身碎骨,无以为报。可是,没想到却发生了这样的事。这一定是执政大臣与台谏官相互勾结,欺罔陛下……"

章持的话只对了一半——台谏官的确对章惇进行了猛烈的攻讦。谏官王岩叟说:"像章惇这样跋扈的人,心怀怨望,任性无礼,对太皇太后和皇帝所为悖逆,要是按照制度来,绝对是应当杀头的。给他一个汝州知州,已经是罪大责轻,凭什么又改到扬州?!一定是有人想要为章惇翻案,扬州之后,必定还有后续节目,请陛下务必留意。"章持没有说对的,是执政大臣的态度。隔着帘子,太皇太后手中挥舞着台谏官的奏疏,怒气冲冲地问道:"是谁在为章惇主张?"吕公著毫不犹豫地回答说:"大家的意见。"太皇太后又要处分章持,也被吕公著拦下了，吕公著说："儿子为父亲，做什么都不过分。"[19]孝道在上，太皇太后不再穷追。然而，想当初章惇在讨论垂帘仪制时说过的那句话却一直在她的耳边回绕——"待与些礼数！""待与些礼数"，轻慢无礼，大逆不道，这样的人就应当万劫不复！惟其如此，才能让他们明白君臣之道！

在维护自身权威的问题上，太皇太后心如铁石，不可转移。[20]司马光死后三年，元祐四年（1089），前任宰相蔡确被指控所作《车盖亭诗》谤讪太皇太后，责降英州别驾，流放到新州（今广东新兴）监视居住。蔡确的贬谪决定是太皇太后在帘前办公会上当众亲口宣布的，事先并未与宰相们商量。各位宰相的第一反应是倒吸了一口凉气，流放岭南，岂不是要置蔡确于死地吗？本朝上一次给卸任宰相如此严厉的处分，还是在六十年前。真宗晚年，丁谓当政，把寇准流放到雷州；仁宗即位，刘太后当政，又把丁谓流放到崖州。寇准和丁谓虽然忠奸有别，但都是当时在位的宰相，在激烈的政治斗争中败北，遭遇对手清算，容或有之。可是蔡确三年以前就已经离开相位，如此处置，岂不过分？这一年的二月，吕公著已薨，当时的首相是吕大防，次相范纯仁，副相孙固、刘挚、王存。吕大防、刘挚想用孝道来打动太皇太后，说："蔡确的母亲已经很老了……"却没想到，这话被太皇太后直接打断，帘后传出的圣谕简短有力，不容置疑："山可移，此州不可移。"太皇太后的回答透露出满腔的怨愤。今上即位奉的是先帝遗诏，还有太皇太后的庇佑，蔡确当时恰在相位，躬逢其时，又非首相，却敢自夸有定策大功，眩惑皇帝，谋求复相，是可忍孰不可忍！话已至此，吕大防只得率领一众宰相领旨退下。只有范纯仁不死心，与王存二人单独留下，继续为蔡确求情，太皇太后没听完，就转身回宫了,丢下范纯仁和王存两个,从头顶凉到了脚底。

范纯仁一身疲惫,满面忧伤地对吕大防说:"这条往岭南的流放之路荒废了七八十年了,为什么要重新开启呢?此路既开,咱们这些人恐怕也无法幸免啊!"这句话,像极了庆历新政时期范仲淹对富弼说过的,不要引导皇帝杀人,"万一他杀得手滑了,早晚有一天会杀到你我头上!"范仲淹说这话的时候,富弼是不服的,后来,当富弼遭到皇帝猜疑,命悬一线的时候,他终于理解了范仲淹。庆历一代的政治家与皇帝之间,终究还是做到了君敬臣忠,有始有终。那么,范纯仁的话是张大其词的杞人忧天,还是会一语成谶呢?

又一次延和殿会议,太皇太后主动问起了外间舆论对责降蔡确的反应。吕大防回奏说:"蔡确积恶已久,此番罪状尤其不堪,正该这样处理。心中不乐的,只有蔡确的朋党。"谁是蔡确的朋党呢?难道说所有反对蔡确流放岭南的人,都是蔡确的朋党吗?对于这样的质疑,太皇太后会毫不犹豫地回答:"是的。"经历了五年的垂帘听政,太皇太后想问题的方式,已经非常接近神宗——这是王安石思想的伟大胜利!

因为"不言"——没有批评蔡确或者试图"营救"蔡确遭到处分的官员已达八名。到了六月,范纯仁、王存主动上章求退,二人的奏章,太皇太后"皆留中不出,亦不批答,亦不封还,亦不遣使宣押",只等宰相主动表态。最终,还是老臣文彦博体悟圣意,主动提出了对范纯仁、王存的处理意见。范纯仁罢相,出知颍昌府;王存解除副宰相职务,出知蔡州。虽是外放,所得之州都是好地方,太皇太后的意图是明确的——她并不怀疑范纯仁、王存的忠诚,但是,在蔡确这件事上,二人处置严重不当,必须惩戒,以观后效!

就在司马光的吊祭过程中，还出现了一段小插曲。明堂大礼之后，一群中央官打算前往司马府上吊丧。崇政殿说书程颐觉得不合适，说："'子于是日哭则不歌'，怎么能大赦才了，就去吊丧呢？"程颐（1033—1107）是大儒，一直不肯做官，司马光和吕公著联名推荐他以布衣身份直接出任小皇帝的老师，程颢、程颐兄弟与司马光都住在洛阳，忘年相交，相知甚深。程颐曾说，与范纯仁讨论，十件事若能有三四件争论到底，便觉得满足；与司马光讨论，则可以斤斤计较，不放过任何一处细节。别人问他为什么，程颐说："司马光是真能容纳直言不讳的，不管别人怎么违逆他，也不会生气，这是司马光的好处。"[21]程颐的毛病是书生气太重，喜欢掉书袋。这一句"子于是日哭则不歌"出自《论语·述而》，意思是说孔子遇到哭丧之事，那么在这一天之中就不会再唱歌了。

苏辙当即表示反对，说："孔子说的是'哭则不歌'，没有说'歌则不哭'。现在咱们庆贺大赦已毕，前往吊丧，论礼是没问题的。"苏辙的话是顺着程颐的逻辑来的，程颐掉书袋，苏辙也便跟着他掉书袋，只不过比程颐分析得还要精准。苏辙的话纵然不能完全说服程颐，但基本在理论上解决了大赦之后吊丧的问题。这番谈话，倘若到这里就结束，双方面子上都还是过得去的。可是，就在这个当口，苏轼说了一句俏皮话，他笑着对程颐说："您这是枉死市上叔孙通所制的礼呀！"周围的人都哈哈大笑。[22]枉死市是民间传说中冤死鬼的所在，叔孙通是汉初儒生，为汉高祖制礼；叔孙通所制的礼，在后世儒家看来是简陋无比的。"枉死市上叔孙通所制礼"，何其不通乃尔！这样聪明的比喻，大概也只有苏轼想得出。

程颐用大笑遮掩了尴尬，程门弟子却咽不下这口气。元祐元年

（1086）十二月，左司谏朱光庭上疏，指控学士院馆职考试出题官"不忠"，这出题官便是苏轼。[23]

馆职是宋代文官的高级人才储备库，进入馆职需要考试，考试内容是一篇命题策论。苏轼在题面中代天子立言，表达了对于当前局势的深刻忧虑，问计于宋朝未来的领袖人才："当今之势，我们在政治上左右为难，想要师法仁宗的忠厚宽容，却担心百官有司不能振举职事，陷入偷堕；想要效法神宗的励精图治，又恐怕路、州、县各级长官不能领会精神，流于苛刻。……汉文帝是宽大长者，却没听说他治下有怠惰废弛效率低下的问题；汉宣帝综核名实，却没听说他治下有监督审察过分严苛的错误。这是为什么呢？我们怎样才能进入中庸平衡的状态？"

这样一段忧国忧民的叙述，竟然被朱光庭读出了"不忠"的味道："仁宗、神宗的伟大，只能赞美，岂容评论？策问如此措辞，实在不知大体。仁宗这样的深仁厚德，竟然被指为偷堕；神宗这样的雄才大略，竟然被指为苛刻。一面赞颂汉文帝、宣帝完美，一面声称本朝仁宗、神宗不足为法，还有比这更加不忠的吗！必须惩处，以戒人臣之不忠者！"[24]朱光庭的指控，完全不顾苏轼原文的逻辑，断章取义，深文罗织，诬以重罪。

类似的诬告，元丰年间苏轼就曾经遭遇过，那一次，诬告来自王安石的爪牙；而这一次，诬告来自二程的学生、司马光提拔的谏官。难道他们不应该是一条船上的人吗？然而，这样的诬告也便发生了。"王安石的反对派"内部也在严重分裂中。

尾声：石头的故事

人都是会死的，哪怕权势赫赫。元祐八年（1093）九月初三，太皇太后高氏薨逝，结束了长达九年的摄政，十八岁的哲宗终于亲政了。九月二十八日，司马光的学生范祖禹对哲宗发出了祈求：

> 如今一定会有小人进言说"太皇太后不当改先帝之法，放逐先帝旧臣"。这是离间陛下与太皇太后感情的话，陛下一定要警惕啊！……太皇太后与陛下一同改法，是顺应天下人心而改，非为一己之私而改。……她所放逐的那些人，都是上负先帝，下负万民，为天下人所切齿痛恨的。对于这些人，太皇太后本人哪有个人憎爱呢！只是因为，当时若不如此，则天下不安啊！

范祖禹的话流露出强烈的不安。可惜，在哲宗看来，这番话说得太晚，也太虚伪了。什么叫"与陛下一同改法"呢？哲宗有充足的理由感到悲愤——这九年来，这帮人张口闭口都是"太皇太后"，有谁把他这个皇帝放在眼里吗？！在他们的眼里，朕就是个小孩子，一言一行都受到严格管束，连饮食器具都是陶制的，说是要"疏远纷华""服勤道义"，[25] 敢问他们在私宅之中也是如此吗？太皇太后和元祐众臣所营造的威压时代终于结束了！第二年四月九日，哲宗下令，改元祐九年为绍圣元年。"绍"，意思是继承发扬；"圣"，指的当然是先帝神宗。

又一个新的时代开始了，死去的和活着的都将被重新安排，从前在上的要打入泥潭，从前在下的要奉上高台。神宗朝的历史被改写。

太皇太后摄政时期臣僚所上章疏被编类整理，编类章疏的对象从三省、枢密院扩大到侍从台谏官，然而并未就此打住，哲宗去世之后，有关部门发现，已经编类整理的章疏达到了1,900册，如果按"人为一本"算，那么就是1,900人的规模了。编类的目的是甄别立场，提供未来官僚选任的依据，凡是曾经反对神宗—王安石的，就算是"记录在案"，永不提拔了。[26]报复和打击都不再遮遮掩掩，而是光明正大，理直气壮。

章惇还朝，出任首相，安焘、许将、蔡卞等出任副宰相，曾布出掌枢密院。太皇太后提拔起来的宰执范纯仁、吕大防、刘挚、苏辙、梁焘被一贬再贬，同样遭到贬谪的，还有苏轼、范祖禹、程颐等人。已经退休的文彦博、韩维等人也遭到了黜责。贬谪报复性地不断加重，比如苏轼先贬惠州，后来又被赶到昌化军（在今海南）。他的老朋友章惇未再援之以手。以上是对活人的处置。

死人方面，同样是天翻地覆，王安石获得了配享神宗庙庭的荣誉，富弼被赶出了配享队列。蔡确恢复名誉，追赠高官美谥。司马光先被剥夺了谥号，继而又被追贬为清远军节度副使，最后是崖州司户参军。受到类似处分的还有吕公著等人。据说，章惇和蔡卞本来是主张要对司马光"发冢斫棺"的，掘开坟墓、砍裂棺材，暴露尸骸，还有比这更恶毒的吗？哲宗没有允许，只是下令褫夺了司马光的"文正"谥号，推倒了他亲自撰额的司马光神道碑。曾经铭刻着光荣与恩宠的丰碑轰然倒地，跌为三块，逐渐被杂草所覆盖。

元符三年（1100）正月，哲宗驾崩，刚刚迈入生命的第二十五个年头，在位十五年，亲政六年零四个月。在哲宗嫡母、神宗向皇后的主持下，哲宗异母弟、十九岁的端王即位，这就是徽宗。对于端王的即位，章惇曾表示反对，理由是"端王轻佻，不可以君天下"。事实上，即位之初的徽宗也曾胸怀大志，有过敉平新旧矛盾的想法和努力，只可惜力不从心，"建中靖国"（1101）只维持了短短的一年，便改志"崇宁"，宣示重归神宗—王安石之道，崇尚熙宁，拜王安石的学生蔡京为相。

蔡京应当是非常迷信石头的告示和铭记作用的，他热衷于刻石。拜相两个月之后，蔡京就搞出了一个120人的黑名单，自司马光以下，举凡元祐年间曾得太皇太后重用者悉入其中，名为"元祐奸党"，由徽宗御书刻石，竖立于端礼门外。端礼门为皇帝正衙——文德殿的南门，是文武百官入朝的必经之地，[27]设碑于此，目的是不言而喻的。"上行之，下效之"，为了向中央表达忠诚，陈州有人在本州复刻了端礼门的石刻。陈州的做法反过来又启发了中央，徽宗于崇宁二年（1103）九月下旨，命令各路、州长官在官厅复刻"元祐奸党碑"。但是，蔡京并不满足于此，第二年六月，他又搞出了一个更大规模的黑名单——"元祐党籍碑"。[28]这个黑名单上，除了司马光、吕公著、范纯仁这些"元祐奸党"以外，王珪和章惇的名字也赫然在列，这两个人的罪名是"为臣不忠"。什么叫"为臣不忠"？据说王珪是因为没有绝对支持哲宗的上台，而章惇当然是因为反对徽宗即位！凡是反对徽宗的，反对蔡京的，都属奸党。凡入党籍者，生者"不得与在京差遣"，"不得擅到阙下"，监视居住者不得同在一州；"不得入京"的禁令同样适用于党人的子孙和兄弟，"不得到京城注官，入太学、应科举，甚至京城有宅亦不能归"。[29]"元祐党籍碑"也分为中央和地方两个版本，中央的版本仍由徽宗御书，"置之文德殿之东壁"，地方的版本则由蔡京亲笔书写，"将以颁之天下"。[30]蔡京和宋徽宗都是中国历史上造诣极高的书法大家，可惜了这样的两手好字！

崇宁二年九月、三年六月的两次刻碑，等于是两次全国范围内的石刻黑名单的活动。这两次刻碑活动，几乎没有遭遇来自官僚集团内部的任何抵制，却有两名卑微的刻工表达了抗拒。

应当是在崇宁二年九月的刻碑活动中，江西九江的碑工、"琢玉坊"主人李仲宁对江州知州祈求说："我们家原来穷得揭不开锅，后来刻印苏东坡、黄庭坚的诗词文章，才吃饱穿暖了。如今这碑文却把苏、黄两位当作奸人，我实在是不忍下手。"

崇宁三年六月，刻碑的命令下达到永兴军（古长安，今西安），当差的石工名叫安民。面对着光滑的石头，安民迟迟不忍动刀，他说："我是个愚蠢的人，实在不知道立碑的用意。但是像司马相公这样的人，全天下都赞美他正直，这碑文却说他是奸邪。这样的碑，我实在不忍刻啊！"

这两位刻工的遭遇大不相同，李仲宁得到了江州知州的谅解，赠给他美酒，批准了他的请求。知州甚至感叹，李仲宁的行为"贤哉！士大夫所不及也！"那么，江州的这块碑还要不要刻呢？当然要，换一个只认得刻刀不认得文章的便好。安民的祈求则令管事的人大怒，威胁说要治他的罪。安民无奈，哭着请求说："既然是轮到我当差，那我也不敢不刻。我只求老爷允许我不在石头上刻上我的名字，我怕后世的人会怪罪我啊！"说完嚎啕大哭，碑，还是刻了。[31]

在大宋的疆域之内，曾经存在过多少块"元祐党籍碑"呢？徽宗初年的州级单位是316个，[32]分为24路，路级衙设四种机构，粗略计算，州级衙门需立碑316块，路级衙门须立碑96块，两者相加，400块应当是有过的。那么，这些碑到今天还有多少块呢？荡然无存。消灭这些碑的,并非岁月,而是政治风云和行政命令。崇宁五年(1106)正月初五,"彗出西方,其长竟天",[33]徽宗下令毁弃"元祐党籍碑",表面上是应答"天谴",实际上则是在对蔡京势力的膨胀表达不满和抵制。[34]用行政命令立起来的碑,又被行政命令毁弃,无根之物,片石不存。

说到这里,有必要对广西桂林龙隐岩的摩崖"元祐党籍碑"做个简单的介绍。那是对北宋政治斗争的遥远回响。在徽宗和蔡京的手上,北宋走向了灭亡,北方异族的打击固然是灭亡北宋的直接原因,然而,徽宗和蔡京也难辞其咎,是他们的施政让北宋政治走向了彻底的腐败,完全失去了应变抗击的能力。徽宗是神宗之子,蔡京是王安石之徒,他们高举的正是神宗和王安石的旗帜。皇帝永远正确,臣子的忠奸却是可以随政治形势而发生变化的。在南宋,高宗金口玉言,宣布王安石为导致北宋灭亡的罪魁祸首;相应的,王安石的反对派获得了无比崇高的评价,作为王安石反对派的绝对领袖,司马光则被塑造成为一个完人,一个本来可以挽救北宋的,出师未捷身先死的英雄——这样的故事,得是多么一厢情愿的人才肯相信!伴随着政治的翻云覆雨,"元祐党人"也从罪人的标签变成了英雄的勋章,甚至有人冒充党人后裔。于是,敏感的党人后裔开始了重刻、重刊、重抄"党籍碑"的活动。这便是龙隐岩摩崖的来历。党人后裔所关心的,其实也只是那一点来自皇帝和朝廷的微小的实惠罢了。但不知,南宋之人,站在龙隐岩摩崖之前,可曾有片刻回想起东京梦华?

1　司马光《与太师书》,《全宋文》卷一二一五,437页。

2　《司马光集》卷三四《革弊札子》,1037页。

3　《续资治通鉴长编》卷三八一,9283页。文彦博的讨论:"臣以所议地界,不出二理,其一论义理曲直,其一计利害大小。(宋朝所兴非义兵,得地亦无用,徒靡费钱粮,耗散国家。)""且秉常来求我,如其意而得之,必须感恩戴德,三数年间,方且保无事。朝廷近经灵州永乐不振之后,可以粗得整齐兵势,全养民力。异时或有边事用兵,庶几有备无患。"

4　《续资治通鉴长编》卷三八〇,9222页。

5　《续资治通鉴长编》卷三八一,9277页。

6　《续资治通鉴长编》卷三八四,9367页。

7　司马光《荐王大临札子》,《全宋文》卷一二〇七,303页。

8　《续资治通鉴长编》卷三八六,9399页。

9　《续资治通鉴长编》卷三八六,9413页。

10　《司马光行状》,《司马光年谱》,475页。

11　司马光《传家集》卷七一《韩魏公祠堂记》,元丰七年作。

12　张载《横渠易说》卷二。

13　司马光《传家集》卷七一《韩魏公祠堂记》,元丰七年作。

14　《续资治通鉴长编》卷三八七,9419页。

15　"司马光薨,适在明堂散斋日内。严父配天,国之大典,固不可废;至于御楼肆赦,恐亦难罢。惟紫宸殿受贺一节,缘庆贺之事,比之宗庙之祭为轻,为圣情轸悼元臣,而群官拜舞称庆,恐于礼义人情,未为宣称。"诏:"明堂礼毕,紫宸殿文武百官并依班次起居,更不奏祥瑞称贺,并楼前行肆赦仪外,其称贺并罢。"《续资治通鉴长编》卷三八七,9417页。

16　《司马光行状》,《司马光年谱》,474页。

17　《司马光行状》,《司马光年谱》,474页。

18　《宋史》卷二一二《宰辅表三》,5502页。

19　《续资治通鉴长编》卷三九〇,9478页。

20　方诚峰《北宋晚期的政治体制与政治文化》,北京大学出版社,2015

年版。78—79页。

21 语出《河南程氏遗书》卷一九:"先生每与司马君实说话,不曾放过;如范尧夫,十件事只争得三四件便已。先生曰:'君实只为能受尽言,尽人忤逆终不怒,便是好处。'"《二程集》,253页。

22 《续资治通鉴长编》卷三九三,元祐元年十二月壬寅。《续资治通鉴长编》卷三八七,9420页。

23 《宋元学案》卷三〇《刘李诸儒学案》之"学士朱先生光庭":"先生……后从二程于洛……其为谏官,奋不顾身,以卫师门,遂名洛党之魁。"[清]黄宗羲原著,全祖望补修,陈金生、梁运华点校《宋元学案》,中华书局,1986年1版,2013年6印,1068页。[清]钱大昕著,陈文和主编《潜研堂文集》卷二《论·洛蜀党论》,凤凰出版社,2016年1版,54页。

24 《续资治通鉴长编》卷三九三,9564页。

25 方诚峰《北宋晚期的政治体制与政治文化》,104—112页。

26 方诚峰《北宋晚期的政治体制与政治文化》,133—135页。

27 陈乐素《桂林石刻〈元祐党籍〉》,《学术研究》1986年第3期,63—71页。

28 《宋史》卷一九,365、368、369页。

29 朱义群《北宋晚期党禁的形成与展开(1085—1125)》,北京大学2018年博士论文,169—173页,189、192页。

30 杜海军辑校《桂林石刻总集辑校》,《宋饶祖尧跋刻元祐党籍碑》,中华书局,2013年版,第268页。

31 安民故事,见邵伯温《邵氏闻见录》卷一六,176页;李仲宁故事,见王明清《挥麈录》三录卷二,中华书局上海编辑所辑,中华书局,1961年1版,239—240页。

32 聂崇岐《宋代府州军监之分析》,氏著《宋史丛考》,中华书局,1980年1版,70—126页。

33 《宋史》卷二〇《徽宗本纪二》,375页。

34 朱义群《北宋晚期党禁的形成与展开(1085—1125)》,174—175页。

北宋（1063—1086）大事记

英宗（1063—1067）

嘉祐八年（1063）

正月，范镇主持科举省试，王安石、司马光同为副主考；范祖禹中进士甲科。

三月二十九日，仁宗驾崩，四月一日，赵宗实（已改名赵曙）即位，尊曹氏为皇太后。赵曙庙号英宗。

四月五日，英宗突发疾病，曹太后垂帘听政。

八月，王安石丁母忧，扶柩归金陵。

治平元年（1064）

四月二十八日，英宗首次出宫祈雨，表现了"君临天下"的能力。

五月二十九日，宰相韩琦强撤帘，次日，曹太后还政。

帝后生隙，身为谏官的司马光多次上书调解。

十一月，司马光六次上言请罢陕西义勇，与宰相韩琦激辩于中书。

治平二年（1065）

四月，英宗命群臣议崇奉其生父濮王赵允让典礼，"濮议"之争起。韩琦、欧阳修等庆历一代政治家（除富弼）主张称濮王为"皇考"，中生代政治家司马光、王珪、范镇、吕公著、吕诲等主张称"皇伯"。

十月初四，司马光、吕公著除龙图阁直学士；司马光免谏职，专任经筵侍讲，重心转向编撰《通志》(即后来的《资治通鉴》)。

十一月，南郊大典。知杂侍御史吕诲弹劾韩琦专政。

治平三年（1066）

正月，范镇罢翰林学士，外放知陈州。吕诲集合范纯仁、吕大防，集全台之力，对以韩琦为首的宰相府提出全面弹劾。

在宰相的斡旋下，曹太后出面下诏，命尊濮王为"皇考"，吕诲等争之愈激，皆罢职出京。

司马光多次上书，称"皇考"为非礼虚名，营救"皇伯派"，且请同受降责，英宗不予理会。

三月，出使契丹的台谏官傅尧俞、赵鼎、赵瞻回京，与吕诲等同进退，自请罢言职。

三月起，英宗将注意力转向国事，颁布多项改革措施。

四月，司马光将《通志》八卷进呈英宗，英宗命续修为"历代君臣事迹"，特命专设书局。刘攽、刘恕入书局。

神宗（1067—1085）

治平四年（1067）

正月初八，英宗驾崩，皇长子赵顼嗣位，史称神宗。二十五日，司马光主持科举省试，韩维、邵亢为副主考，至三月二十二日放榜，三人在贡院中度过了神宗即位初的两个月。

三月，参知政事欧阳修罢政，出知亳州。

三月底，司马光被任命为翰林学士；四月，新任御史中丞王陶对宰相府发起攻讦，外放陈州，司马光转任御史中丞。

四至九月，司马光先后弹劾王广渊、高居简、王中正；反对神宗招纳西夏叛将，主张先勤内治。

九月，神宗下诏召王安石自知江宁府入京，为翰林学士。

九月二十六日，神宗罢免首相韩琦、参知政事吴奎，任命张方平、赵抃为参知政事；任命枢密副使吕公弼为枢密使，罢免枢密副使陈升之，任命韩绛、邵亢为枢密副使。司马光极力反对张方平任参知政事。

九月二十八日，司马光罢台职，任翰林学士兼侍读学士。

十月初，张方平丁父忧离职；熙宁三年正月，张方平服丧期满，出任陈州知州。

十月初四，神宗"开经筵"，命司马光讲《通志》，九日，神宗为《通志》作序，赐名《资治通鉴》。

熙宁元年（1068）

四月初四，刚刚抵京的王安石奉诏"越次入对"，神宗、王安石君臣初会。

夏末，阿云杀夫案引发司法大讨论。允许在谋杀罪中适用自首减刑原则，成为司法新规。

八月，神宗在延和殿召见群臣讨论南郊赏赐方案，司马光和王安石意见分歧。

熙宁二年（1069）

二月，王安石任参知政事，设立"制置三司条例司"，相继颁均输法、青苗法，开始实行变法。滕甫、郑獬、吕诲、范纯仁、苏辙、富弼等，先后以反对新法而罢职出京。

三月二十九日，副宰相唐介去世。

熙宁三年（1070）

二月初五，韩琦状告青苗法，神宗动摇，王安石"告病"。

二月十一日，神宗擢司马光为枢密副使，司马光连上六道扎子，坚辞不就。二十八日，神宗收回成命，令司马光重回翰林学士院供职。

二月二十一日，王安石结束病假，重回宰相府，开始对反对派进行严厉打击：范镇、李常、吕公著、程颢、赵抃、陈襄等先后被罢职出京。

三月，因与王安石争论青苗法不胜，宰相曾公亮、陈升之告病。

八月，司马光提出武举省试改革方案，被否。

八月，韩绛以副宰相身份出征，任陕西路宣抚使；十一月，改任陕西、河东宣抚使；十二月十一日，即军中拜相，排名在王安石之上。

九月二十六日，司马光自请离京，以端明殿学士知永兴军（今西安），临去三札，为永兴军百姓请命。

十二月十一日，王安石拜相，始行免役法、保甲法。王珪参政。

是年，范祖禹入《资治通鉴》书局，成为司马光助手。

熙宁四年（1071）

二月，西夏攻陷宋抚宁堡，主帅韩绛被贬，调任邓州知州。在王安石的支持下，王韶开始主持西北战事。

四月,司马光以端明殿学士判西京留司御史台,自此闲居洛阳十五年,转向《资治通鉴》。

朝廷全面推行免役法,立太学三舍法。反对新法者黜罢略尽。

是年,岳父张存过世,司马光为作墓志铭,流露出强烈的忧国之情;吕诲病故,司马光以笔为枪,讨伐王安石。

熙宁五年(1072)

朝廷推行市易法、保马法、方田均税法。

《资治通鉴》书局由开封迁往洛阳。

八月,欧阳修卒。

熙宁六年(1073)

三月,置经义局,由王安石主持修撰《诗经》《尚书》《周礼》义(即《三经新义》),吕惠卿及安石之子雱参修。

司马康入书局,负责校检文字。

熙宁七年(1074)

三月二十六日,监安上门郑侠进"流民图"。

三月二十八日,颁布"求言诏"。旱灾、财政困难、契丹的威胁让神宗发生动摇,神宗与王安石分歧加深。

四月,太皇太后曹氏、皇太后高氏向神宗哭诉"王安石乱天下"。

四月十八日,司马光应诏上疏,指斥朝政缺失,批评新法。

四月十九日,王安石罢相,出知江宁府。韩绛继任首相,吕惠卿参知政事。

熙宁八年（1075）

二月，王安石复相。

六月，王安石所撰《三经新义》颁于学官。

七月，神宗"命韩缜如河东割地"。宋辽地界交涉持续四年，神宗退让，最终导致宋朝失地七百里。

十月，吕惠卿罢政，出知陈州。

熙宁九年（1076）

十月，王安石第二次罢相，出判江宁府。吴充、王珪并相。

熙宁十年（1077）

七月，黄河决口，在澶州曹村，向东汇入梁山泊。分为二道：南入淮，北入海，淹四十五县。

元丰元年（1078）

正月，王安石受封舒国公。

四月，曹村黄河新堤筑成。

元丰二年（1079）

五月，蔡确参知政事。

十月，仁宗曹后崩。

"乌台诗案"：御史中丞李定、御史舒亶罗织罪名，诬陷苏轼作诗诽谤，苏轼八月入狱，十二月定罪，流放黄州。受其牵连，苏辙等三人责降，司马光、张方平等二十二人罚铜。

元丰三年（1080）

二月，章惇参知政事。

九月，宋神宗开始推行官制改革，史称"元丰改制"。首先推行的是文官品位制度改革。王安石改封荆国公。

元丰四年（1081）

三月，章惇罢政，出知蔡州。张璪参政。

十一月，宋五路出师，攻打西夏灵州，大败。

元丰五年（1082）

正月三十日，司马光夫人张氏去世。

四月，"元丰改制"推行至中枢机构，宰相府一分为三：中书省取旨，门下省审议，尚书省下达政令，监督推行。王珪与蔡确并相。

九月，西夏攻陷永乐城（今陕西米脂西），宋军再度遭遇惨败。

是年秋，司马光预作《遗表》，请罢青苗、免役、保甲、市易法，禁约边将贪功危国，防止宦官握兵生乱。

元丰六年（1083）

自春至夏，西夏屡次进攻兰州。

闰六月，富弼卒。应西夏请求，宋夏开始和平谈判。

元丰七年（1084）

宋夏边境局势持续胶着，互有胜负。

十二月，《资治通鉴》历时十九年而成，进献神宗。

哲宗（1085—1100）

元丰八年（1085）

三月，神宗驾崩，十岁的长子赵煦即位，史称哲宗，祖母高太皇太后临朝。三月十七日，司马光奔丧开封，上表请开言路。三月三十日，再乞开言路。

高太皇太后施德政，处分吴居厚。四月十一日，在蔡确的主持下，朝廷发布诏书，重申神宗路线。

四月，朝廷发布司马光起知陈州，太皇太后急诏司马光过阙觐见。

五月，首相王珪卒，蔡确代为首相。章惇出任枢密使。司马光出任门下侍郎（副宰相），七月，吕公著任尚书左丞。"新""旧"联合执政。

十月，恢复台谏官制度，在谏官人选问题上，章惇高调戏弄司马光。台谏官连章弹劾蔡确、章惇。

元祐元年（1086）

二月七日，蔡确主导的政府颁布役法改革诏，遵从司马光建议，宣布废除免役法，恢复差役法。诏书表述扭曲事实，意图打击司马光。

闰二月，蔡确罢相出知陈州，章惇罢枢密使。司马光出任首相，吕公著、吕大防出任副宰相，范纯仁进入枢密院。"旧"势力增强。

同月，废除青苗法。成立"详定役法局"，研究役法得失与实施细则。

四月六日，王安石卒于江宁府。

六月，在司马光、文彦博建议下，宋与西夏恢复和平交往。

七月一日，被阉割的"和解诏书"颁布。吕公著、范纯仁力劝太皇太后谋求政治和解，摒弃前嫌，以安反侧，存朝廷大体。台谏官坚决反对，终令"和解诏书"沦为空文。

八月，范纯仁以财力不足恢复部分青苗取息之法。

九月初一，司马光卒，谥号"文正"。同日，谏官王岩叟上疏，要求加大"去奸""进贤"的力度；二十四日，张璪出知郑州，次年四月，李清臣出知河阳。

附：司马光身后的北宋

元祐二年（1087）

正月初八，司马光葬礼在夏县涑水故园举行。哲宗亲撰碑额"忠清粹德之碑"。

元祐四年（1089）

蔡确被指控作《车盖亭诗》谤讪太皇太后，责降英州别驾，流放新州（今广东新兴）监视居住，四年之后，死于贬所。范纯仁、王存为其求情，被罢黜出京。

元祐八年（1093）

高太皇太后卒，临朝九年，悉罢新法。哲宗赵煦亲政，次年改元绍圣，重回神宗—王安石路线。章惇还朝出任首相，安焘、许将、蔡卞等出任副宰相，曾布出掌枢密院。旧党范纯仁、吕大防、刘挚、苏辙、梁焘、苏轼、范祖禹、程颐、文彦博、韩维等遭黜责。

元符三年（1100）

正月，哲宗驾崩，无子，异母弟赵佶为帝，史称徽宗。徽宗初政，试图"建中靖国"，打破新旧，重建平衡；一年后改志"崇宁"，拜王安石的学生蔡京为相。司马光、文彦博等人被列入政治黑名单，名曰"元祐奸党"。政治斗争日趋激烈，"元祐奸党"名单举凡三变，队伍不断扩大，甚至王珪、章惇也上了榜。直至崇宁五年（1106），徽宗下令毁碑除禁，以表达对蔡京势力的抵制。在蔡京的支持引导下，徽宗好大喜功，大作表面文章，政治日趋腐败；又昧于国际大势，弃宋辽一百二十年的和平协定于不顾，与新势力——金朝结盟，共击辽朝。

宣和七年（1125）

辽亡。金攻宋，徽宗禅位给太子赵桓，是为钦宗，年号靖康。

靖康之变（1126—1127）

靖康元年（1126）年底，金军攻陷东京；靖康二年三月，金人扶立张邦昌傀儡政权；四月，已经沦为臣虏的徽、钦二帝与三千宗室被逼北行。

五月，徽宗第九子康王赵构在南京（今商丘）即位，为高宗改元建炎，赵宋王朝在风雨飘摇中挣扎图存，前途未卜。

元丰改制前北宋朝国家机构与政府组织示意图

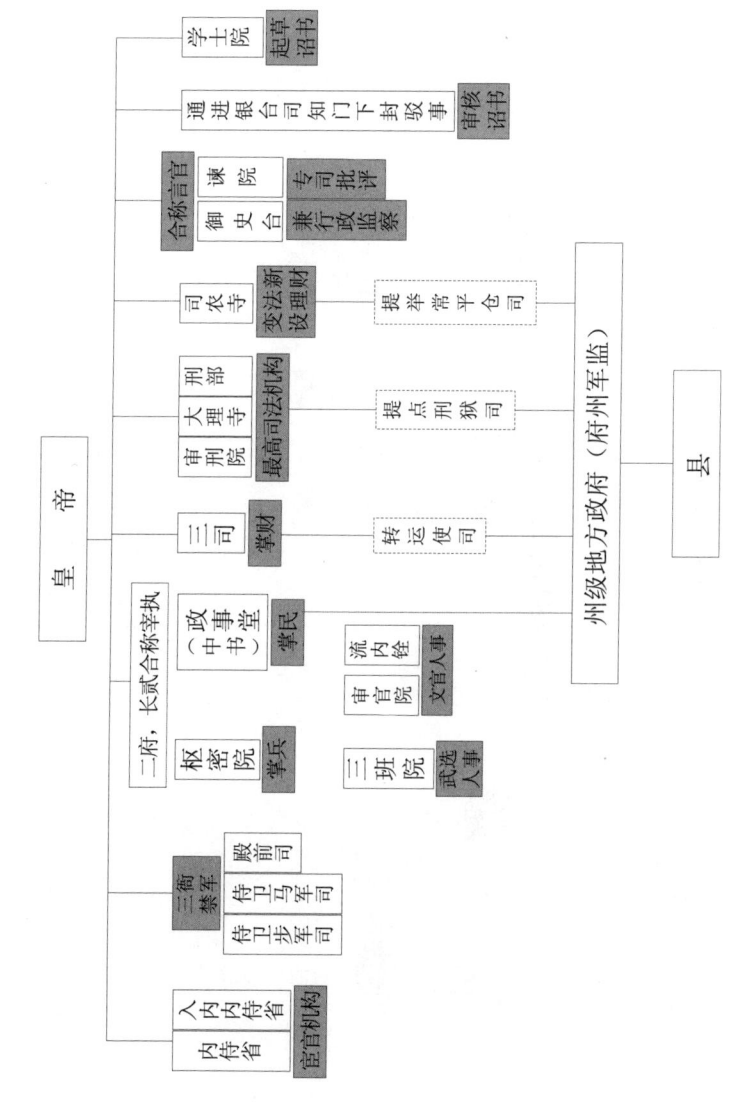

```
                              ┌── 学士院 ── 起草诏书
                              │
                              ├── 通进银台司／知门下封驳事 ── 审核诏书
                              │
                              ├── 谏院 ┐
                              │       ├ 合称言官 ── 专司批评／兼行政监察
                              │   御史台 ┘
                              │
                              ├── 司农寺／变法新设理财 ── 提举常平仓司 ┐
                              │                                          │
                              ├── 刑部／大理寺／审刑院 最高司法机构 ── 提点刑狱司 ┤
皇 帝 ──┤                                                                  ├── 州级地方政府（府州军监）── 县
        ├── 三司 掌财 ── 转运使司 ───────────────────────────────────────┘
        │
        │  二府，长贰合称宰执
        ├── 政事堂（中书）掌民 ── 审官院／流内铨 文官人事
        │
        ├── 枢密院 掌兵 ── 三班院 武选人事
        │
        ├── 三衙禁军 ── 殿前司／侍卫马军司／侍卫步军司
        │
        └── 宦官机构 ── 入内内侍省／内侍省
```

元丰改制后末朝国家机构与政府组织示意图

皇帝

学士院
- 起草诏书

合称言官
- 谏院
- 御史台
- 察行督监

三省（枢密院与三省长官合称宰执）
- 门下省：审核
- 中书省：出令
- 尚书省：执行
  - 吏部
  - 户部
  - 礼部
  - 兵部
  - 刑部
  - 工部
    - 转运使司
    - 提举常平仓司
    - 提点刑狱司

枢密院
- 掌兵

三衙禁军
- 殿前司
- 侍卫马军司
- 侍卫步军司

宦官机构
- 入内内侍省
- 内侍省

州级地方政府（府州军监）
- 县

后 记

2019年11月5日晚9点，我完成了本书的第39章《葬礼与哀歌》——"光哥"的生命故事终于讲完，还差一个《尾声》，要交代北宋政治史的后续发展，然而水入河床车入轨，大势已定，剩下的——不管是我的稿子还是北宋政治——都只是时间的事儿了。我微信问编辑张洁，稿子交了还能再改吗？她显然更希望得到最后的定稿。我于是没有交稿。接下来是各种忙，还差一个《尾声》的稿子就停在那里。11月14日，飞美国去看泱，在跨越太平洋的航程中，我开始了又一轮的通读和修改。有一阵子，飞机遭遇不稳定气流，晃得像拖拉机在土路上开，我心里忽然怕得要死——万一我"中道崩殂"了，我的泱肯定会更迅速地成长为一个顶天立地的男子汉，老爹老妈也有晓寒和李嶙照顾，可是"光哥"怎么办呢？我的稿子还没交，那这世界上就失去了这样一部如此用心的"'光哥'和他的时代"的传记了。第一次，我觉得自己是一个"死不得"的人了，可发一笑。

从2013到2020年，七年了，在漫长的写作过程中，有太多的人和事让我心怀感激。

首先要感激的是中央电视台"百家讲坛"的朋友们。栏目组容忍了我的一贯拖拉、偶尔停顿甚至推倒重来，允许"司马光"成为录制时间可能是最长的节目。2018年1月12日到2月8日，"司马光"第三部[1]28集在CCTV10播出，删繁去冗，保留了我所讲的核心内容。"司马光"第三部所涵盖的时间段与本书相同，但其内容只是本书的一小部分。我采取的是"麦地里种玉米"的"套作"方式，埋头写作书稿，然后提取其中冲突相对激烈的部分，转换成口语，对着镜头把"故事"讲出来。书本所能呈现的信息，远比镜头里的更为致密、丰富和辽阔。当然，电视的传播能力，却也是书本无法媲美的。感谢"百家讲坛"，让我拥有更广大的读者。

从"司马光"第三部播出开始，就一直有朋友询问"书何时出"，还有不少出版界的朋友发出热情的邀请，我会铭记你们的认可和支持！我最终"托付终身"的，是从未谋面的广西师范大学出版社。打动我的，是张洁编辑的"做书梦"，还有赵艳主任的严谨与热忱。而本书的编辑过程让我深感"所托得人"。

我还要感谢宋史学界的前辈与同行，学术共同体的知识积累，以及越来越开放的学术态度，让本书的写作成为可能，请恕我不一一称名道谢。邓小南老师、冀小斌兄、刘成国、方诚峰二君，我或曾当面请益，或熟读其书，深受启发。学辉范兄是我"云端"好友，拙作《和解的破灭：司马光最后十八个月的北宋政治》蒙范兄抬举，被《文史哲》杂志收容，只可惜付梓之时，范兄已经仙逝。范兄为人，有古人风，如今真是古人了……2018年，我得柏文莉教授提携，在加州戴

---

[1] 我为"百家讲坛"所作的系列讲座"司马光"共分三部，第一部8集、第二部12集，2013年12月播出，讲稿部分内容包含在《司马光和他的时代》（北京：生活·读书·新知三联书店，2014年版）一书中。

维斯分校访学半年，柏文莉教授和 Mark Haleprin 教授在写作上对我有极大启发。

2014年1月的一天，在巴黎的大街上，我和蓝克利老师边走边聊，我向他描述我正在写的这部以司马光为线索的北宋政治史，对我的生命有多重要。说着说着，我忽然停了下来，看着蓝老师，说："不行，不能再拖了。我必须得专下心来写作，不然就永远也写不完了。"我当时的眼神一定是充满焦虑的。然后，我听见蓝老师操着他那口有一点地方口音的流利普通话说："当然。你自己决定！"

蓝老师是70年代的北大校友。2010年我的《文武之间：北宋武选官研究》刚刚拿到最初的几本样书，蓝老师正好在北大开会，我照例先送前辈，包括初次见面的蓝老师。过了些日子，他突然打电话到家里，问我愿不愿意去巴黎社会科学高等研究院讲学。我当然愿意了。2012年12月，我抵达巴黎，蓝老师亲自接机，让我顿生"晚辈何德何能"之叹。本来是单次一个月的访问，蓝老师又协助申请，改成三年三次。我既享受巴黎的自由读书讲学之乐，又苦于长途奔波不能专心写作，于是就有了2014年1月街头的那一幕。最终，我放弃了第三年的访问——当然，书稿也并未因此如我所想的迅速完成——毕竟，生活不是在巴黎读书，它太复杂了。

最后，我想感谢生活本身，它给我的一切好的、不太好的，都增加了我对生命的理解。我的导师祝总斌先生今年九十岁，我去看他，他说："我这一辈子，没有别的，就是想得开！"学历史学的人，多经历一点，是好事，只要"想得开"，能过去。

赵冬梅，于2020年4月7日，新冠阴影将褪的北京，阳光常满的空中花园